সবাই রাজা

জীবনচক্র সমীক্ষার ইতিকথা (JEEVANCHAKRA SAMIKHYAR ITIKATHA)

মৃগাঙ্ক শেখর রায়

‘সবাই রাজা’ পুস্তকটি হল মানুষের জীবনচক্র সমীক্ষার ইতিকথা। আমি এই অভিজ্ঞতার দলীলটি আগামী প্রজন্মের নবজাত শিশুদের কল্যাণে উৎসর্গ করলাম।

বিষয়বস্তু

বিষয়বস্তু

অনুক্রমণী								vii

ভূমিকা								ix

স্বীকার								xi

প্রস্তাবনা								xiii

অনুক্রমণী

বিষয় পৃষ্ঠা

ভূমিকা

‘সবাই রাজা’ কথাটা সকল মানুষের জীবনকে উদ্দেশ্য করে লেখা হয়েছে। কিন্তু সদ্যজাত শিশু কি এই পুস্তকের ভাষা বুঝতে পারবে? সেকারন পিতা-মাতার দায়িত্ব ও কর্তব্যের দিকগুলি পুস্তকে বর্ণনা করা হয়েছে। শিশু যখন ধীরে ধীরে বড় হয়ে উঠবে তখন তাকে কি ধরনের সমস্যার সম্মুখীন হতে হয়, পিতা নিজে উপলব্ধি করতে পারবেন। কিন্তু সতর্ক না থাকলে জীবনের বিভিন্ন ধাপে কি ধরনের সমস্যা আসতে পারে? সে বিষয়ে পুস্তকে আলোচনা করা হয়েছে। মানুষের জীবনচক্র শুরু হয় শূন্য বয়স থেকে। ধীরে ধীরে মানব সন্তান জ্ঞান আরোহনের ধাপ অতিক্রম করতে করতে বড় হয়ে উঠে। তারপর সে দীর্ঘকাল জীবিত থেকে সমাজ ও বিশ্বকে সমৃদ্ধ করার প্রয়াস করে। তাকে জীবন সংগ্রামে কতকগুলি ধাপ অতিক্রম করতে হয়। কিন্তু কতক ভুল, ভ্রান্তি ও অস্থির সিদ্ধান্ত তার জীবনকালকে সংক্ষিপ্ত করে অকালে মৃত্যুর সম্ভবনা সৃষ্টি করতে পারে। সে কারন লেখক পুস্তকটিতে একশ বছর বাঁচার কৌশল বর্ণনা করেছেন। তিনি মানব জীবনের সংগ্রামকে চারটি স্তরে উন্নত করে চক্রবুহ্য ভেদের পরামর্শ দিয়েছেন। অর্থাৎ পুস্তকটি শূন্য বয়সের মানব জীবন থেকে একশ বছর বয়স্ক ব্যক্তির জীবনে প্রভাব সৃষ্টি করতে সক্ষম। পুস্তকটি পাঠ করলে পাঠক নিজেই বুঝতে পারবেন যে, “শিশুর পিতা লুকিয়ে আছে সব শিশুরই অন্তরে”। পুস্তকে শিশুকে কিভাবে যেকোন স্তর থেকে মহামানব হিসাবে গড়ে তোলা সম্ভব, সে বিষয়ে বিশেষ ভাবে দৃষ্টিপাত করা হয়েছে। বিগত জীবনে ঘটা বহু তথ্যের আধারে লেখা এই পুস্তকটি এক অভিজ্ঞতার দলিল হিসাবে গণ্য হতে পারে। সেকারন পরবর্তী প্রজন্মের মানুষ যাতে আরও সতর্ক হয়ে সমাজ ব্যবস্থাকে টিকিয়ে রাখতে সমর্থ হয়। অথচ নিজ নিজ জীবনচক্র সুরক্ষিত করে মানব সমাজকে সমৃদ্ধ করতে পারে, সেই উদ্দেশ্যে পুস্তকটি লেখা হয়েছে। অভিজ্ঞতার ভালো দিকগুলি পাঠকের জীবনকে সুরক্ষিত, গৌরবান্বিত ও আলোকিত করলে প্রকাশনার উদ্দেশ্য সার্থক হবে। পরবর্তী প্রজন্মের মানব সন্তান ও সমব্যথী পাঠক কুলের প্রতি আন্তরিক অভিনন্দন ও শুভেচ্ছা জানাই।

ধন্যবাদান্তে – ইতি

লেখক - শ্রী মৃগাঙ্ক শেখর রায়

স্বীকার

কোন মানুষই একার চেষ্টায় সারা পৃথিবীর জ্ঞান সঞ্চয় করতে পারে না। মানুষ বার বার সমস্যার সম্মুখীন হয়ে অথবা সামাজিক পরিবেশে সংঘর্ষ রত মানুষের সহযোগীতায় সে জ্ঞান সঞ্চয় করতে সমর্থ হয়। আমার লেখা 'সবাই রাজা' বইতে লিখিত প্রতিটি অভিজ্ঞতা ও সিদ্ধান্ত বিষয়ে মানবাধিকার সংস্থার সদস্য, পীড়ীত অসদস্য নাগরিক, কর্মী, ডাক্তার, লাইফ প্লানিং এ্যাও রিসার্চের বিজ্ঞানী, অবসর প্রাপ্ত ইঞ্জিনয়র, বরিষ্ঠ নাগরিক ও অনুভবী পাঠক বর্গের সহযোগীতা উল্লেখযোগ্য। তাঁদের এই অকৃপন সহযোগীতার কারনে আমি মানব জীবনের অধিকার ও উন্নয়নের সম্ভবনা বিষয়ে অনুভূতি প্রকাশে সমর্থ হওয়ায় সমস্ত সহযোগীদের কৃতজ্ঞতা জানাই।

এই প্রকাশনে যদি আরও কোন সংযোজন বা উল্লেখযোগ্য তথ্য পরিবেশনে পাঠক লেখকের দৃষ্টি আকর্ষন করতে সমর্থ হন, প্রকাশন তার গুরুত্ব অনুসার মূল্যায়ন করে কৃতজ্ঞতা জানাতে বদ্ধ পরিকর। সবাইকে ধন্যবাদ ও অভিনন্দন জানাই। বিনয়াবনতঃ

শ্রীমৃগাঙ্কশেখর রায়,
লেখক

প্রস্তাবনা

লেখকের মতে প্রতিটি মানুষ হলেন ব্রহ্মাণ্ডের জ্ঞান ভাণ্ডারে পরিপূর্ণ এক শক্তিশালী প্রাণী। তথাপী সকল মানুষ নিজের জ্ঞানকে বিকশিত করে সফল জীবন রচনা করতে সক্ষম হন না। "সবাই রাজা" বইটিতে একটি সংগ্রামী জীবনের অভিজ্ঞতা উপস্থাপন করে পৃথিবীর মানুষকে বেঁচে থাকার ও সফলতা অর্জনের জন্য উৎসাহিত করা হয়েছে। প্রকাশক ও লেখক এই পুস্তকে লিখিত উপস্থাপনা গুলির ব্যাখ্যা অথবা লিখিত তথ্য প্রমান বা ভুল ভ্রান্তির জন্য আইনগত দায় স্বীকার করে না। পাঠকগনের প্রতি অনুরোধ, আপনারা এই পুস্তকে বর্ণীত অভিজ্ঞতাগুলি বিশেষজ্ঞের পরামর্শ ক্রমে ও নিজ নিজ অভিজ্ঞতা অনুসার গ্রহন করে মূল্যায়ন করলে কৃতজ্ঞ হব। উল্লিখিত শর্তানুসার এই পুস্তকটি প্রকাশের জন্য প্রস্তাবিত হইল।

সবাই রাজা বইটি পড়ে আমরা জীবনের দিশা খুঁজে পেয়েছি। বইটিতে লেখা বহু তথ্য যেমন আত্মচক্র, পরিবার চক্র, সমাজ চক্র ও বিশ্বচক্র বিষয়ে প্রত্যেকটি মানুষের যে কর্তব্যের কথা বলা হয়েছে, তাতে সবার কর্তব্য অধিকার ও দায়িত্বের সীমা নির্দিষ্ট হয়েছে। তাই এই পুস্তকটি প্রকাশের প্রস্তাব করছি ও পাঠক গনের দৃষ্টি আকর্ষন করছি। বিনীত

পূজা মিশ্র, অযোধ্যা।

1

আমরা সবাই রাজা

(এক)

শিক্ষক মহাশয় বলতেন, তোমরা হয়তো রাজাকে দেখনি। তবে রাজার অভিনয় সিনেমা অথবা থিয়েটারে অবশ্য দেখে থাকবে। প্রাচীনকালে রাজাদের বেশ দাপট ছিল। তাদের অনেকে প্রজাদের মানুষের মর্যাদা দিত না। সাধারন মানুষ পরিশ্রম করে যা রোজগার করতো, তার একটা অংশ রাজাকে কর হিসাবে দিতে হত। এই করের অর্থে সকল প্রজার সুবিধার জন্য রাস্তা তৈরী, শিক্ষা ব্যবস্থা, হাসপাতাল, দরিদ্র উন্নয়ন, দেশের সীমানা সুরক্ষা, সরকারী কর্মীদের বেতন ইত্যাদি চলার কথা। কিন্তু এইসব রাজা জনগনের সুযোগ সুবিধার পরোয়া না করে সরকারী ভাণ্ডার থেকে সকল টাকা সরিয়ে নিয়ে নিজের পরিবারের সুখ, বিলাস ও সম্পদ বাড়াতো। তারা জনগনকে কৃতদাসে পরিনত করে জোর করে কর আদায় করতো। আর দরিদ্র মানুষ কর দিতে না পারলে তাদের উপর অত্যাচার করা হত। সরকারী কর্মীরা তাদের ঘরের নারীকে তুলে নিয়ে যেত ও নাগরিকদের বিভিন্ন কায়দায় অত্যাচার করতো। দেশের মানুষ রাজা ও সম্রাটদের অত্যাচার বহুদিন ধরে সহ্য করেছেন।

তারপর ব্রিটিশ আমাদের দেশ দখল করে নেয়। তারা করের টাকা নিয়ে লন্ডনে পাঠিয়ে দিত। তাই ব্রিটিশও 200 বছর এইভাবে আমাদের বংশধরদের উপর অত্যাচার করেছে। অবশেষে 1947 সালে 15ই আগষ্ট ভারতবর্ষ স্বাধীন হলে আমরা ভারতবর্ষে প্রজাতান্ত্রিক সাশন ব্যবস্থা চালু করেছি। আজও আমরা সরকারকে সমাজের উন্নয়নের জন্য কর প্রদান করি। কিন্তু সেই করের এক পয়সা আইনতঃ কেউ বেআইনিভাবে নিতে পারে না। সব কিছুর হিসাব দিতে হয় ভারপ্রাপ্ত সরকারকে।

অবশ্য চোর এখনও মিথ্যা হিসাব লিখে অর্থ চুরি করতে পারে। তবে চুরি করলে শাস্তি পেতে হয়। সেকারন অনেক অপরাধী এখন জেলও খাটছেন। তাই আমাদের সাশন ব্যবস্থা এখন হল উল্টো নিয়মে চলে।

* যেমন পূর্বে রাজা দেশ চালাতো।
* এখন আমরা সকল জনগন মিলে দেশ চালাই। দেশের 130 কোটি জনগন রাজার কাজ করে। তারা সবাই দেশের মালিক। অর্থাৎ তুমি সহ আমরা সবাই রাজা। আর এই পদ্ধতিকে গনতান্ত্রিক পদ্ধতি বলা হয়।
* এই সব রাজারা কিভাবে দেশ চালায় জানো? প্রত্যেক নির্বাচন এলাকার জনগন ভোট দিয়ে বিধানসভার জন্য একজন সেবক নির্বাচন করেন। তাকে আমরা "বিধায়ক" (এম.এল.এ.) বলি। বিধায়করা মিলে রাজ্যে মন্ত্রী পরিষদ গড়ে। বিধায়কের কাজ হল তাঁর এলাকার মানুষ কিভাবে শান্তিতে বসবাস করতে পারবে? জনগনের সবার যেকোন সমস্যা কিভাবে দুর হবে? জনগনের জীবন, স্বাধীনতা, সমানতার অধিকার কিভাবে সুরক্ষিত হবে? সে বিষয়ে বিধানসভায় ও মন্ত্রীপরিষদে তথ্য পেশ করে সমাধান করবে। আর আইনের ঘাটতি থাকলে সবার স্বার্থে আইন তৈরী করে চিরকালের জন্য সেই সমস্যার সমাধান করবে।
* আবার সাংসদের বেলায়ও একই নিয়ম। তারা কেন্দ্রে মন্ত্রী পরিষদ গঠন করে। সাংসদের (এম.পি.) কাজ হল তাঁর এলাকার মানুষ কিভাবে শান্তিতে বসবাস করতে পারবে, তাদের সবার যেকোন সমস্যা কিভাবে দুর হবে, তাদের জীবন, স্বাধীনতা, সমানতার অধিকার কিভাবে সুরক্ষিত হবে, সে বিষয়ে লোকসভায় ও কেন্দ্রীয় মন্ত্রীপরিষদে তথ্য পেশ করে সমাধান করবে। আর আইনের ঘাটতি থাকলে সবার স্বার্থে আইন তৈরী করে সমস্যা সমাধান করবে।

- যদি বিধায়ক বা সাংসদ জনগনের সেবক হিসাবে কাজ করতে অসমর্থ হয়, তবে জনগন আবার ভোট না দিয়ে তাকে বাতিল করে দেবে। দুর্নীতি করে টাকা চুরি করলে তাদের জেল খাটতে হবে।
- তারপর জনগন তার জায়গায় নূতন লোককে পাঠিয়ে সেই কাজ করাবে।
- তবে দল কি? দল হল প্রতিষ্ঠান। যেমন ক্লাব, ট্রাষ্ট বা সমাজ সেবা প্রতিষ্ঠান তৈরী হয়, ঠিক তেমনি এর রেজিষ্ট্রেশন করা হয়। নির্বাচিত বিধায়ক বা সাংসদ দলের নীতি অনুসার জনগনকে কতটা স্বাধীনতা ও সুখ দিতে চায় তা দল নির্দিষ্ট করে থাকে। সেকারন নির্বাচিত সাংসদ ও বিধায়ক জনগনের মনের মত উপকার অথবা উন্নয়ন করতে না পারলে অথবা দুর্নীতি করলে দলই সে দায় বহন করে। তখন দলের ও নেতৃত্বের বদনাম হয়। ভুক্তভোগী জনগনের মতে দলের মতলব সেই রাজাদের মত জনগনকে প্রতারিত করার হলে, জনগন অত্যাচারিত হন। তাই একই পরিবারের লোককে নেতা বানালে দেশে সেই রাজাদের মতো লুটের কাজ চলতে থাকে।
- প্রজাতন্ত্রে যে কোন নাগরিক, যেকোন সময় সেবক পরিবর্তন চেয়ে অন্য পক্ষকে দেশ চালানোর ভার দিতে মতদান করতে পারে। এইভাবে বেশীরভাগ লোক যাকে ভোট দেবে, সেই আবার তোমার ও সবার হয়ে দেশ চালানোর জন্য নির্বাচিত হয়।
- তবে দেশে কিছু লোক আছেন, যাঁরা আজও নিজেদের কৃতদাস ভেবে নামী লোকেদের গোলামী করে থাকেন অথবা করতে অভ্যস্ত। তাঁদের সবার কল্যান ও সুখ-শান্তি, দেশের নিরাপত্তা ও উন্নয়ন ইত্যাদি বিষয়ে সিদ্ধান্ত নেওয়ার যোগ্যতা নাও থাকতে পারে।
- এমন পরিস্থিতিতে তুমি নিজেই ঠিক কর, কেমন সেবক চাই? পক্ষপাত দুষ্ট, অত্যাচারী,-না অনুগত, না দেশ প্রেমী?
- তাই ভোট দেওয়া হল তোমার মত রাজার প্রথম কর্তব্য। তুমি যতদিন নাবালক থাকবে, ততদিন তোমার বাবা তোমার হয়ে ভোট দিবেন। তারপর তুমি বড় হলে আঠারো বছরের পর নিজে গিয়ে ভোট দিও। মনে রেখো যদি তুমি নিজেকে রাজা মনে কর, তবে অবশ্যই ভোট দেবে। আর যদি গোলাম ভাবো তবে ভোট দেওয়ার প্রয়োজন নাই। লোকে বলে-যে ক্ষমতায় আসবে তারই গোলামী করো।

এই পৃথিবীতে কিছু পেতে হলে কিছু দেওয়ার নীতি প্রচলিত রয়েছে। এই নেওয়ার পর দেওয়ার কাজকে কর্তব্য বলা হয়। কর্তব্য কোন দাবী বা অধিকার হিসাবে গ্রাহ্য হয় না। এটিকে স্বেচ্ছা প্রতিদান বলা যেতে পারে। অনেক সময় গৃহীতা কিছু নেওয়ার পর অজ্ঞানতা বসত অথবা ইচ্ছাকৃত ভাবে কর্তব্য করেন না। ফলে দাতার ভাণ্ডারে অভাব সৃষ্টি হয়। সেকারন সামাজিক নিয়মস অনুসার বিবেকবান মানুষ কর্তব্য করতে ভুলেন না। কর্তব্য জীবনকে সুবঞ্ছিত করার জন্য মানুষকে নিশ্চিন্ত করতে পারে। নিজের মনে বিশ্বাস সৃষ্টি করে। তাই মানুষ সকল কাজে কর্তব্যের কথা স্মরন রাখে। মানুষের জীবনের প্রথম কর্তব্য হল আত্মরক্ষা। সেকারন নিজেকে বাঁচিয়ে রাখতে মানুষ উপার্জন করে বেঁচে থাকার উপকরন সংগ্রহ করতে থাকে। স্ব-উপার্জনে নির্ভরশীল হওয়াকে আত্মনির্ভরতা বলা হয়।

আত্মনির্ভর মানুষ নিজের পরিবারকে আত্মনির্ভর করতে চাইলে-

1. পরিবারে তিনটি আয়ের উৎস তৈরী করতে হয়। একটি হল ক্ষুদ্র-শিল্প, দ্বিতীয়টি হল ব্যবসা, তৃতীয়টি হল চাকরী। যাঁরা কৃষক পরিবারে জন্মেছেন, তাঁরা অনায়াসে কৃষি, শিল্প ও বানিজ্য করতে পারেন। সাধারনতঃ যাঁরা কৃষি, শিল্প ও বানিজ্যের সঙ্গে যুক্ত তাঁরা চাকরী করতে চান না। কারন চাকরীতে শিল্প ও বানিজ্যের মত বেশী উপার্জন হয় না। যেমন গোপালের মিষ্টির দোকান আছে। এটি হল শিল্প। তার বাড়িতে সবাই মিলে মিষ্টি তৈরী করে। তারপর সেগুলি দোকানে বিক্রয় করে। তার ভাইরা মাঠে চাষ করে। সেকারন তারা কেউ বেকার হয় না। এইভাবে পরিবারটি স্ব-নির্ভর হয়ে উঠেছে। আবার তার ছোট ভাই অনেকদূর পড়ে চাকরী পেয়ে গেছে। সে ব্যাংকের অফিসার।

2. গ্রামে সামান্য অসুখ হলে সহজে ডাক্তার পাওয়া যায় না। ডাক্তার নার্সিংহোমে যেতে বলেন। সেখানে দৈনিক বেড ভাড়া দিতে হয়। গ্রাম থেকে অনেক দূর। এই সমস্যা দূর করতে গোপাল নিজের ঘরের সাথে একটা চিকিৎসা ঘর বানিয়েছে। সেখানে চিকিৎসার প্রাথমিক উপকরন কিনে রাখা আছে। ডাক্তার বাবুর কাছে জেনে ফাস্ট-এইড-বক্স রাখা হয়েছে। এখন ডাক্তার বাবু এখানে এসে চিকিৎসা করে যান। এইভাবে একটি পরিবার আত্ম-নির্ভর হয়ে উঠে। পরিবারকে আত্মনির্ভর করার জন্য পরিবারের সন্তানগনকে শিক্ষিত ও দক্ষ করে তুলতে হয়।

3. পরিবারকে আত্মনির্ভর করতে হলে পরিবারের প্রয়োজনীয়তা জানতে হবে। পরিবারের কর্তা সকলের থাওয়া-পরা, চিকিৎসা, শিক্ষা ও সমানতার অধিকার বজায় রাখতে সক্রিয় থাকেন। কর্তার জ্ঞান অনুসার পরিবারের প্রয়োজন হলঃ 1) সবার জীবনের নিরাপত্তা, 2) খাদ্যের যোগান, 3) কৃষি, শিল্প অথবা বানিজ্যের দেখাশুনা, 4) উপার্জন বৃদ্ধি, 5) লাভ ক্ষতির বিচার করা, 6) রোগ নিরাময়, 7)স্থায়ী সম্পদের সুরক্ষা, 8)সরকারী খাজনা দেওয়া 8) বহিরাগতের আক্রমন থেকে পরিবারকে রক্ষা করা। 9) সন্তান শিক্ষা নিশ্চিত করা 10)পরিবারের উন্নয়ন করে প্রতিষ্ঠা সূচিত করা।

সবার জীবনের নিরাপত্তাঃ পরিবারে জীবনের নিরাপত্তার অভাব হওয়ার কারনগুলি বিভিন্ন ধরনের হয়। একটা মাকড়সা গরম দুধে পড়ে বিষক্রিয়া করলে বিপদ ঘটতে পারে।সর্প ও বিষাক্ত কীটের দংশন, পারিবারিক কলহ, হিংসা, সম্পত্তির অধিকার বঞ্চনা অথবা গ্রাস, দুর্ঘটনা, রোগ, প্রতিবেশী কলহ, বন্টন বিপত্তি, চুরি, ডাকাতি, ভূমি বিবাদ, অনটন বিপর্যয় ও নারী সম্ভ্রম সুরক্ষা ইত্যাদিও নিরাপত্তা হীনতার কারন হতে পারে।

পরিবার কর্তাকে উপরের সকল সমস্যা সমাধান করতে সর্বদা তৈরী থাকতে হয়। তিনি আলোচনার মাধ্যমে সমান দৃষ্টিভঙ্গীর নীরিখে পারিবারিক কলহ, হিংসা, সম্পত্তির অধিকার, বন্টন বিপত্তি সমাধান করতে পারেন। কিন্তু দুর্ঘটনা, জটিল রোগ, চুরি, ডাকাতি, প্রতিবেশী কলহ, ভূমি বিবাদ, নারী সম্ভ্রম ও সন্তান শিক্ষা বিষয়ে সমাধান করতে পারেন না। এই বিষয় গুলির জন্য শিক্ষক, ডাক্তার, প্রতিবেশী ও গ্রাম্য সমাজের উপর নির্ভরশীল হয়ে পড়েন। বর্তমান রাজনীতির ক্ষমতা দখল প্রচেষ্টা নাগরিকদের আরও ভাবিয়ে তুলেছে। রাজনৈতিক দলগুলি ঘরে বিবাদ সৃষ্টি করে অত্যাচার করার সুযোগ খুঁজছে। কেবল একটা অজুহাত থাড়া করে মানুষকে খুন করে ফেলছে। গোয়েন্দারা বলেন, প্রতিটি হত্যার পিছনে জমি, নারী অথবা টাকার স্বার্থ জড়িত থাকে।

পরিবার ও নীতিঃ পরিবার হল একটি বেসরকারী উদ্যোগ। ধর্মীয় সংস্কৃতি ও শিক্ষার পীঠস্থান। এখানে সাধারন মানুষ ভালোবাসা ও সহযোগীতার বন্ধনে একে অপরকে পরিপুষ্ট করে।

একে অপরের প্রতি কৃতজ্ঞতা, সহানুভূতি ও ত্যাগ-স্বীকার করতে অভ্যস্ত হয়। এখানে জীবন্ত দেবতা মাতা-পিতা অথবা অভিভাবক বসবাস করেন। তাঁরা অন্তরে স্নেহ ও বাহিরে কঠোরতা দেখিয়ে সন্তানকে শাসন করেন। একতার শুরে কাজ করা হল পরিবারের ধর্ম। তাই একত্রিত পরিবারকে বলবান পরিবার বলা হয়। পরিবারের প্রয়োজনগুলি হল-

- একটি বাস গৃহ।
- বিচক্ষন গৃহকর্তা।
- সকলের আহার তৈরীর মানুষ।
- উপার্জনের আধার।
- আহারের উপকরন।
- পরিধানের উপকরন।
- শিক্ষা, চিকিৎসা সুবিধা।
- যোগাযোগের সুবিধা।
- কেনা-বেচার বাজার।
- জীবন সুরক্ষার নীতি বা আশ্বাস।
- সম্পদের নিরাপত্তা।
- ইত্যাদি।

সাধারন মানুষ বলেন-আইন কোথায়? –থানা অনেক দূরে। সেখানে অপরিচিত চতুর লোকেরা আইনের রক্ষা করে। তাতে কি সাধারন মানুষের সমস্যা মিটানো সম্ভব? তাই যুগ যুগ ধরে দেশের সাধারন নাগরিক সুবিচার থেকে বঞ্চিত হয়ে কালাতিপাত করছে।

গ্রামের প্রয়োজনঃ

- বাস গৃহ নির্মানের দক্ষ কারিগর।
- গ্রাম উন্নয়নের মূল্যায়ন করার মত অরাজনৈতিক কতৃপক্ষ।
- কমিটিতে সবার অধিকার।
- সকলের কাজের সুযোগ ও উপার্জনের আধার।
- আহারের উপকরন পাওয়ার দোকান।
- পরিধানের উপকরন পাওয়ার দোকান।
- শিক্ষার জন্য স্কুল, খেলাধূলার স্থান।
- চিকিৎসার জন্য সহজ লভ্য ডাক্তার।
- কৃষি পণ্য বিপননের জন্য যোগাযোগের রাস্তা।
- সরকারী সুবিধার সূচনা ও সমবন্টন।
- কেনা-বেচার জন্য গ্রাম্য বাজার। শিল্প, বানিজ্য স্থাপনে সরকারী সহযোগ। ব্যাংকের সুবিধা। ইত্যাদি।
- জীবন সুরক্ষার জন্য দরকার গ্রাম সুরক্ষা বাহিনী।
- পারিবারিক কলহ মিটাতে দরকার নিরপেক্ষ, সঠিক ও সুবিচারের সুযোগ।

সমস্যাঃ গ্রাম্য পরিবারগুলি বিশ্বাস করে যে পরিবারের মত দেশের আইন, দয়া, মায়া, বিচারবোধ ও আচরন করতে বাধ্য। আর সরকারী কর্মীরা ভাবেন-তাঁরা উপার্জনের জন্য কাজ করেন। তাই কোন মানবতা নয়, যে অতিরিক্ত অর্থ দেবে তাকে অগ্রাধিকারের ভিত্তিতে পরিষেবা দেবেন। এই দুই বিপরীত চিন্তার কারনে চতুর সরকারী কর্মীদের একাংশ জনগনের প্রতি সমান পরিষেবা দিতে ব্যর্থ হচ্ছেন। জনসাধারনও আইনের বাধ্যবাধকতা না মেনে সুযোগ নেওয়ার চেষ্টা করছেন। এই পরিস্থিতিতে জনগনের বিশ্বাস 'গ্রাম উন্নয়ন কতৃপক্ষ' (Village Development Authority) গঠন করে সোসাইটি রেজিস্ট্রেশন এক্ট অনুসার নিবন্ধভূক্ত করলে, তাদের পরিচালনায় (অরাজনৈতিক কমিটির দ্বারা) গ্রামের প্রয়োজন মিটানো সম্ভব হতে পারে।

আশংকা রয়েছে, 'কমিটির সদস্যও দুর্নীতিবাজ রাজনৈতিক দলের সংগে যুক্ত হতে পারে অথবা স্বজন পোষন করে গ্রামের উন্নয়নে বাধা পৌঁছাতে পারে'। সেকারন কমিটির মেয়াদ এক বছর করা আবশ্যক হবে। আর সকল পরিবারকে পর্যায়ক্রমে ঐ কমিটির সদস্য হওয়ার অধিকার দিতে হবে। গ্রামের সকল পরিবারের কমিটিতে প্রতিনিধিত্ব শেষ না হওয়া পর্যন্ত দ্বিতীয় বার কেউ কমিটির সদস্য হওয়ার যোগ্য হবেন না এই মর্মে সংস্থার নীতি তৈরী করতে হবে। অনেকের মতে গ্রামোন্নোয়ন কতৃপক্ষ গড়তে পরিকল্পনা, রূপায়ন ও মূল্যায়ন বিষয়ক তিনটি পৃথক ক্লাব থাকা দরকার।

গ্রাম উন্নয়ন কতৃপক্ষ-

- বাস গৃহ নির্মানের দক্ষ কারিগর তৈরী করতে বিশেষ প্রশিক্ষনের জন্য ব্যবস্থা করবেন অথবা সরকারের দৃষ্টি আকর্ষন করবেন।
- গ্রাম উন্নয়নের মূল্যায়ন করবেন। কি আছে আর কি নাই তার সমীক্ষা করে তার প্রয়োজনীয়তা বিষয়ে গ্রামবাসীদের সাথে আলোচনা করবেন ও সবার সম্মতি ক্রমে পঞ্চায়েতে পেশ করার পরামর্শ দেবেন।
- গ্রামের প্রতিটি পরিবারের কর্তাকে ঐ কমিটির ফ্রি সদস্য করতে হবে।
- সকলের কাজের সুযোগ ও উপার্জনের আধার বিষয়ে পরামর্শ দেবেন।
- আহারের উপকরন পাওয়ার দোকান স্থাপনে পরামর্শ দিবেন।
- পরিধানের উপকরন পাওয়ার দোকান স্থাপনে পরামর্শ দিবেন।
- শিক্ষার জন্য স্কুল, খেলাধূলার স্থান তৈরীর কাজে অগ্রনী হবেন।
- চিকিৎসার জন্য সহজ লভ্য ডাক্তারের ব্যবস্থা করবেন।
- যোগাযোগের জন্য রাস্তা মেরামত ও উন্নয়ন বিষয়ে তদারকী করবেন।
- সরকারী সুবিধার উপযুক্ত ও সমবন্টন হচ্ছে কি না লক্ষ্য রাখবেন।
- কেনা-বেচার জন্য গ্রাম্য বাজার। শিল্প, বানিজ্য স্থাপনে সরকারী সহযোগ। ব্যাংকের সুবিধা। ইত্যাদি বিন্যাসে উদ্যোগী হবেন।
- জীবন সুরক্ষার জন্য গ্রাম সুরক্ষা বাহিনী গড়বেন।
- সঠিক ও সুবিচারের সুযোগ পেতে পীড়ীত নাগরিককে সাহায্য করবেন।
- গ্রামে তৈরী করতে হবে গ্রাম্য আদালত। সেখানে গ্রামীন পরিবেশে দক্ষ আইনজীবীদের দ্বারা সুবিচার প্রদান করে সরকারী আইনের পরিষেবা প্রদান করতে হবে প্রত্যেক নাগরিককে।

তাই গ্রামের প্রয়োজন সকল পরিবারের সুবিধা। গ্রামে বসবাসকারী সকল পরিবারকে নিয়ে "ভিলেজ ডেভেলপমেন্ট অথরিটি" (VDA) বানাতে হবে। তাঁরা নিরপেক্ষ ও সোসাইটি রেজিস্ট্রেশন এক্ট অনুসার সংগঠিত হতে পারে। তারা প্রতি বছর এক বছরের জন্য কমিটি তৈরী করতে পারে। তাদের দাবী অনুসার গ্রামের উন্নয়নে পঞ্চায়েত সহযোগীতা করতে পারে। এই VDA গ্রামে-

1. বিপনন কেন্দ্র
2. চিকিৎসা
3. আদালত
4. রাস্তা উন্নয়ন,
5. পূজা, শিক্ষা, জীবন সুরক্ষা বিষয়ে সহযোগীতা,
6. খেলাধূলা,
7. কেন মানুষ মরছে তার সমীক্ষা,
8. আইনি পরিষেবা সংকট বিষয়ে গ্রামবাসীদের মতামত নিয়ে বিধায়ক, জেলা সাশককে পাঠাতে হবে।
9. প্রতিগ্রামে গ্রামবাসীদের সহযোগীতায় গ্রাম সুরক্ষা বাহিনী গড়ে তুলতে হবে। তাঁদের ভিডিএ-র অধিন নিয়োগ করে নূন্যতম বেতনও 100 দিনের কাজের মাধ্যমে দিতে হবে।
10. পীড়ীতের মৌখিক বক্তব্য রেকর্ড হওয়ার পর, তার অনুবাদ করে মামলা করার ব্যবস্থা করতে হবে।
11. প্রত্যেক গ্রামের জন্য প্রতি বছর একজন করে ছাত্রকে ডাক্তারী, ইঞ্জিনিয়ারিং, আইন ও ব্যবসার জন্য বি বি এ পড়ার সুযোগ করে দিতে হবে।
12. দেশে গ্রামীন এম.বি.বি.এস. ও গ্রামীন বি. টেক. পড়ার কোর্স চালু করতে হবে। কারন এই ধরনের ডাক্তার ইঞ্জিনিয়ররা শহরে বেশী রোজগারের লোভে পালানোর চেষ্টা করতে পারবেন না।

পরিবারের উন্নয়নের জন্য প্রথমে পরিকল্পনা করতে হয়-
ক) পরিকল্পনার পর প্রত্যেক সন্তানকে শিক্ষিত করতে হয়।
খ) শিক্ষার পর প্রত্যেককে কাজের উপযুক্ত করে দক্ষ করে তুলতে হয়।
গ) তারপর তাকে কাজে লাগিয়ে উপার্জন করাতে পারলে ও পরিবারের সমস্যা মিটলে পরিবারটি আত্মনির্ভর হয়ে উঠে।

1. সেইরূপ গ্রামকে আত্মনির্ভর করতে হলে গ্রামের সকল পরিবারের প্রয়োজন মিটাতে হবে। গ্রামের সকল মানুষের প্রয়োজন হল-

- মজবুত ঘর। যা সকল পরিবারকে নিরাপদে বসবাস করতে সাহায্য করবে। সেজন্য দরকার ইঞ্জিনিয়র।
- পানীয় জল, বিদ্যুৎ ও রান্নার গ্যাস।
- ডাক্তার ও ঔষধ দোকান।

- কৃষি, শিল্প ও বানিজ্য সংক্রান্ত লেন-দেনের জন্য চাই "ভিলেজ ট্রেড সেন্টার" গ্রামীন ব্যবসা কেন্দ্র।
- যোগাযোগের জন্য রাস্তা, ফোন ও ইন্টারনেট।
- জীবন সুরক্ষার ব্যবস্থা ও সুবিচারের আশ্বাস থাকলে দেশ অমনি স্বনির্ভর হয়ে উঠবে।

5. আবার শহরের জন্যও এইরূপ পরিকাঠামো গড়ে তুলা দরকার। এইভাবে সারা দেশে সংস্কার হলে, ভারতবর্ষ উন্নত হয়ে উঠবে।

এক নজরে নাগরিকের কর্তব্য

নাগরিকের কর্তব্য বিষয়ে বিশদ ভাবে সংবিধানের 51(ক) ধারায় বিশদভাবে উল্লেখ করা হয়েছে। সেই লক্ষ্যে সফল হতে হলে সবাইকে প্রথমে নিজ জীবনের প্রতি কর্তব্য, দ্বিতীয় পরিবারের প্রতি কর্তব্য, তৃতীয় দেশের প্রতি কর্তব্য পর্যায়ক্রমে সম্পন্ন করতে হবে। যেমন-

নিজ জীবনের প্রতি কর্তব্যঃ

- প্রথম কর্তব্য হল যে কোন মূল্যে, যে কোন পরিস্থিতিতে নিজের জীবনকে সুরক্ষিত করতে হবে।
- অর্থাৎ জীবনকে বাঁচিয়ে রাখা ও উন্নয়নের পথে নিজেকে সক্রীয় রাখতে হবে।
- প্রত্যেক কাজে আত্ম-নির্ভরতাকে অগ্রাধিকার দিতে হবে।
- একটি স্থায়ী উপার্জনের পথ নির্নয় করতে হবে।

নিজ পরিবারের প্রতি কর্তব্যঃ

- পরিবারের সবার জীবন সুরক্ষিত করার পরিকল্পনা করতে হবে।
- সবার জন্য খাদ্য, পরিধান, বাসস্থান, চিকিৎসা, উপার্জন পন্থা নিশ্চিত করতে হবে।
- পরিবারের আর্থিক সঙ্গতি, সুখ্যাতি, একতা, নিরাপত্তা ও শিক্ষা বৃদ্ধিকে সুদৃঢ় করতে হবে।
- সবাইয়ের সাথে সুখ ও দুঃখ ভাগ করে নিতে হবে। কাউকে বঞ্চিত করা চলবে না। সমানতার অধিকারে সবাইকে সমৃদ্ধ করতে হবে।
- পরিবারে সুবিচারের প্রথা জারী রাখতে হবে। বাইরের সকল বাধাকে সম্মিলিত ভাবে প্রতিরোধ করতে হবে।
- সিদ্ধান্ত নিতে "জৈষ্ঠ কি কনিষ্ঠ যে বিবেকবান, সেই শ্রেষ্ঠ" নীতি গ্রহন করতে হবে।
- কৃতজ্ঞতা স্বীকার করা ও নিজের বিচার শক্তিকে জাগ্রত করতে হবে।
- পরিবারে কর্তার পরিষেবার মূল্যায়ন করতে শেখতে হবে।
- যেকোন কাজে পরিবারের সবার স্বার্থ আছে কি না তা বুঝে সিদ্ধান্ত নিতে হবে।

নিজ গ্রাম অথবা সহরের প্রতি কর্তব্যঃ

- গ্রামের বা সহরের উন্নয়ন বা কাজ সবার সার্থে হচ্ছে কি না তা বিচার করা। রাস্তা, চিকিৎসা সেবা, নিরপেক্ষতা, শিক্ষার সুযোগ, পণ্য ক্রয় বিক্রয়ের সুবিধা, আইনগত সুবিধা, রক্ষী

বাহিনীর সক্রীয়তা, সমবন্টন পরিষেবা ও সামাজিক উন্নয়নে একতার মূল্যায়ন করা দরকার।

নিজ রাজ্যের প্রতি কর্তব্যঃ

- প্রসাশনের কাজ কর্মে, অর্থাৎ সরকারী পরিষেবায় সাধারন মানুষের জীবন, স্বাধীনতা, মর্যাদা সুরক্ষা ও সমানতার অধিকার সুরক্ষিত হচ্ছে কি না তা ভেবে দলকে ভোট দান করা।
- বিধায়কের কাজ হবে আইন তৈরী করে সরকারী দপ্তরের অসাধু কর্মী, অসৎ পুলিশ ও অপরাধীদের নিয়ন্ত্রন করা। সুবন্টনের প্রথা জারী রাখা। আর জনসাধারনের সম্পত্তি, অধিকার, জীবন রক্ষা করা। এই সব দেখাশুনা করার জন্য ভোট দান কারী বিধায়ককে ভোট দিয়ে সেবক নিযুক্ত করেন।
- সে কারন যেকোন আইন প্রনয়নের পূর্বে নির্দিষ্ট ফরমে সমীক্ষা করে জনমত সংগ্রহ করা হল বিধায়কের কর্তব্য। কারন তিনি নিজে সংকীর্ন স্বার্থে অথবা কারুর প্ররোচনায় আইন প্রণয়ন করলে নাগরিক নির্যাতীত হতে পারেন।
- অপরাধ প্রবন নেতারা যাতে রাজ্যের সরকারী কর্মীদের বাধ্য করে সরকারী টাকা না লুটতে পারে। দেশে নাগরিকের নিধন, প্রতারনা, ধর্ষন আদি ঘটনায় যাতে কোন আদালতে বিচারের নামে মিথ্যা নাটক না হয়। থানা, পুলিশ, সরকারী অফিসে দুর্নীতি বা ঘুষ প্রথা থাকলে যাতে বন্ধ হয়, বেকারদের চাকরীর জন্য সংবিধানের 16 ধারা অনুসরন করা হয় ও দুর্নীতি বন্ধ হয়, তা বিচার করে ভোট দিতে হয়।
- যদি কোন বিধায়ক নিরপেক্ষ কাজ করতে অক্ষম হয়, তবে তাকে ভোট না দিয়ে পরাজিত করা দরকার। মনেরাখতে হবে কোন বিধায়ক রাজার বংশধর নয়, আপনার মত নাগরিকের সেবক মাত্র।
- রাজনেতা (সেবক) দেশের সীমানা সুরক্ষার পক্ষে কাজ করছে কি না তাও বিচার করা দরকার। নয়তো দেশ বিপন্ন হলে ভোট দাতার পরিবারও অসুরক্ষিত হবে।
- সারা দেশের 135 কোটি মানুষ প্রজাতন্ত্রের আইন অনুসার সেবক (বিধায়ক) নিয়োগ করে দেশকে পরিচালিত করেন। কিন্তু কোন কোন পরিবার নিজেদের চালাক ও সম্ভ্রান্ত দাবী করে তাদের পরিবারের লোকজনকে নেতা বানিয়ে সরকারী ক্ষমতা ভোগ করছেন কিনা তা জনগনকে নিরপেক্ষ ভাবে ভাবতে হবে।
- নাগরিককে ঠিক করতে হবে-'চিরকালের জন্য একটি বা কয়েকটি পরিবারের লোককে দেশ চালানোর অধিকার দেওয়া ভালো না অন্যদেরও সুযোগ দেওয়া উচিত'?
- এই সিদ্ধান্ত নিতে গিয়ে ভুল করলে যদি বিধায়ক অাহংকারী ও অপরাধী চরিত্রের হয়, তবে কাজের সময় সে ভোট দাতাকে চাকরের দৃষ্টিতে দেখবে।
- এখন ভোট দাতাকেই বিচার করতে হবে, সে নামী ও দুষ্ট পরিবারের চাকর হতে চায়, না নিজের বিচারকে জাগ্রত করে সম্মান সুরক্ষিত করতে চায়?
- এবিষয়ে সমাজের প্রতিষ্ঠিত ব্যক্তিগন নিজেদের মতামত জানাতে গিয়ে বলেন, "সিংহের লেজ হওয়ার থেকে কুকুরের মুখ হওয়া ভালো"। অর্থাত দেশ যখন সকল নাগরিককে সর্বোচ্চ সম্মান দিয়েছে, তখন ক্ষমতাবানের পদ লেহন করে দাসত্ব বৃতি করার চেয়ে নিরপেক্ষ থেকে নিজের

মর্জি অনুসার বিচার করে ভোট দেওয়া দরকার।

নয়তো মানুষ হিসাবে যোগ্যতা নির্ণয় সম্ভব হবে কি? অথবা একজনের ভুলের জন্য পরবর্তী বংশধর যে গোলামীর পথ অনুসরন করবে না, তার গ্যারেন্টি আছে কি?

রাজত্ব কায়েমঃতুমি হেসে যেমন অনেকের মন জয় করতে পারো। তোমার মা-বাবা, আত্মীয়, অনাত্মীয় সবাই তোমাকে স্নেহ করতে আগ্রহ প্রকাশ করে, তেমনি বিভিন্ন কৌশলে পৃথিবীর সকল দুরন্ত শক্তিকে অনুগত ও নিয়ন্ত্রন করাও সম্ভব। যখন মানুষ বুদ্ধির বলে সম্মুখে উপস্থিত দুরন্ত শক্তিকে অনুগত ও নিয়ন্ত্রন করে মানব কল্যান সূচিত করতে সক্ষম হয়, তখন তার রাজত্ব কায়েম হওয়া স্বীকৃত হয়। কারন উপকৃত মানব সমাজ তার অবদানকে সম্মান জানাতে অন্তরের ভালোবাসা উজাড় করে দেয় ও তার কীর্তিকে চির স্মরনীয় করে রাখে। বীর সৈনিক, ডাক্তার, ইঞ্জিনিয়র, বৈজ্ঞানিক, সমাজসেবী, জননেতা, মুনি, ঋষি ও বহু মানুষ এইরূপ সমাজ কল্যানের কাজ করে আমাদের মাঝে অমর হয়ে রয়েছেন। তাই বলা হয়, 'কীর্তি যস্য স জীবতি'। এর ব্যাখ্যা হল যিনি কীর্তি করতে সমর্থ হন, তিনি চিরকাল মানুষের মনে বেঁচে থাকেন। আমাদের দেশে প্রতিটি পরিবার যদি এইভাবে তাঁদের সন্তান সন্ততিদের গড়ে তুলতে সমর্থ হন, তবে ঘরে ঘরে মহাপুরুষ জন্ম নেবেন। তাই সারা বিশ্বে শান্তি ফিরে আসবে ও মানব জাতির প্রতিষ্ঠা সুদৃঢ় হবে। তাই নাগরিকের জীবনকে সফল করতে উপযুক্ত সময়ে পিতা-মাতা, সাবালকত্ব প্রাপ্তির পর নিজে ও অসহায় মুহূর্তে পরিবার কি করবে সে বিষয়ে অগ্রিম সিদ্ধান্ত নিতে হবে। যে সিদ্ধান্তে প্রতিটি মানব সন্তান-

1. নিজের শৈশবকে সুরক্ষিত করে সারা জীবনের নূন্যতম কর্মপন্থা, ভবিষ্যত নির্মান, সংস্কার ও সকল শিক্ষা 18 বছর বয়সের মধ্যে অর্জন করতে সমর্থ হয়।

2. 18 থেকে 60 বছরের মধ্যে সঠিক সিদ্ধান্ত গ্রহন করে ও যোগ্যতা অর্জন করে বার্ধক্য সুরক্ষা, বংশধর উন্নয়ন ও কীর্তি স্থাপনে সক্ষম হয়।

3. নিজের জীবনচক্রে আসা আত্মচক্র, পরিবারচক্র, সমাজচক্র ও বিশ্বচক্রকে সহজে অতিক্রম করতে সমর্থ হয়।

4. আর রেখে যেও, এমন কীর্তি যার দ্বারা পৃথিবীর সবাই তোমাকে চিনতে পারে। মনেরাখতে পারে। আর তোমাকে ভালোবাসতে পারে।

5. কীর্তি স্থাপন বলতে অসম্ভবকে সম্ভব করে দেখানোর মাধ্যমে সাধারন মানুষ অপরের মন জয় করে ফেলে।

আসলে অনেক সময় মানুষ বন্যা, খরা ও প্রাকৃতিক দুর্যোগে অসহায় হয়ে নিজেদের জীবন সুরক্ষা করতে সক্ষম হন না। সে সময় কীর্তিমান মানব সকল বিপরীত পরিস্থিতিকে অগ্রাহ্য করে বিপন্ন মানুষকে বাঁচাতে সক্ষম হয়। এইরূপ নিঃস্বার্থ অবদানকে মানব সমাজ কীর্তির স্বাক্ষর হিসাবে মেনে নেয়।

মানুষের জীবনকাল
(দুই)

গড় আয়ুঃ মানুষের জীবনকাল নির্ভর করে সংস্কার, খাদ্য গ্রহন, সময় অনুসার পরিষেবা অথবা শরীরের যত্ন নেওয়া, বিশ্রাম, ঘুম ও মানসিক নিয়ন্ত্রনের উপর। ক্রোধ, অস্থির সিদ্ধান্ত ও ষড়রিপু নিয়ন্ত্রন না হওয়ার কারনে মানুষের অকাল মৃত্যু ঘটে। জীবনকাল বাড়াতে হলে নিজের শরীরকে বাঁচার লক্ষ্যে নিয়ন্ত্রন করতে হয়। পৃথিবীর বিভিন্ন দেশের মানুষ সেকারনেই সমান জীবনকাল ভোগ করতে পারে না। বিভিন্ন দেশের জীবনযাত্রার মান ও পরিবেশ অনুসার মানুষের গড় আয়ু ভোগকারীদের মধ্যে 10টি সর্ব নিম্ন মানুষের দেশ হলঃ-স্বজিল্যাণ্ড-33.5 বছর, বোষ্টওয়ানা-37.3 বছর, লেসোথো-37.3 বছর, জিম্বাবোয়ে-37.9 বছর, জাম্বিয়া-38.5 বছর, সেন্ট্রাল আফ্রিকান রিপাব্লিক-41.3 বছর, মালাবি-41.7 বছর, এ্যাঙ্গোলা-42.8 বছর, সিইরা লিওনে-42.8 বছর, মোজাম্বিক-43.9 বছর ইত্যাদি। আবার সর্ব্বোচ্চ আয়ু ভোগকারী দশটি দেশ হল- জাপান-84.0 বছর, আইস ল্যাণ্ড-82.7 বছর, সুইজারল্যাণ্ড-82.5 বছর, অস্ট্রেলিয়া-82.3 বছর, সুইডেন-82.2 বছর, ইটালি-82.1 বছর, কানাডা-82.0 বছর, ইজরাইল-81.7বছর, ফ্রান্স-81.5 বছর, স্পেন-81.5 বছর ইত্যাদি। (বর্তমান সমীক্ষায় সামান্য পরিবর্তন হয়েছে) 2005 সালের সমীক্ষা অনুসার বর্তমান ভারতের নাগরিকগনের গড় আয়ু হল 69.16 বছর।

মৃত্যুর কারনঃ পৃথিবীর উন্নত ও অনুন্নত দেশ গুলির নাগরিকগন বিভিন্ন কারনে অকাল মৃত্যু বরন করতে বাধ্য হন। সমীক্ষার ফলাফল অনুসার জানা যায় অনুন্নত দেশের মানুষ সংক্রমন জনিত রোগের শিকার হয়ে, মশা, ডেঙ্গু জাতীয় পতঙ্গের কামড়ে, ম্যালেরিয়া ও অন্যান্য জীবানু ঘটিত রোগে প্রাণ হারায়। আবার উন্নত দেশের নাগরিক বেশী খেয়ে মোটা হওয়ার কারনে অথবা বেশী উগ্র খাদ্য গ্রহনের কারনে অকাল মৃত্যু বরন করতে বাধ্য হন। এইভাবে পৃথিবীতে গড়ে প্রায় 57,029,000 জন মানুষ প্রতি বছর মৃত্যু বরন করে থাকেন। অন্যান্য কারন গুলির মধ্যে

হৃদরোগ, ক্যান্সার, ফুসফুসের রোগ, শ্বাস-জনিত রোগ, এইডস বা এইচ-আই-ভি, হজম জনিত সমস্যা, টিবি, ম্যালেরিয়া, করোনা, রাস্তায় দুর্ঘটনা, শিশুরোগ, স্নায়ু জনিত রোগ ইত্যাদি অন্যতম। রোগ ছাড়া প্রতিহিংসা পরায়নতা, হত্যা ও শাস্তির কারনেও অকাল মৃত্যু হয়। অভিজ্ঞ মানুষগনের মতে সংস্কার অনুসরন করে যেকোন মানুষ অকাল মৃত্যুর সম্ভবনা এড়িয়ে যেতে পারেন। কোন পরিস্থিতিতে কিধরনের আচরন করা প্রয়োজন, তা সংস্কারে শেখানো হয়। তাই বিপর্যস্ত মানুষ বিপদের সময় মানসিক ভারসাম্য না হারিয়ে আত্মরক্ষা করতে সমর্থ হন।

সতর্কতাঃ অকাল মৃত্যুর হাত থেকে বাঁচতে ব্যক্তি ও সমাজ বিভিন্ন রকম সতর্কতা অবলম্বন করে। যেমন-

- হঠাৎ আঘাত অথবা সামান্য অসুখের জন্য চিকিৎসা করার পদ্ধতি।
- সামাজিক আইন দ্বারা জীবনকে সুরক্ষিত করার পদ্ধতি।
- খাদ্য যোগান ও জীবনমান সুরক্ষিত করতে স্থায়ী উপার্জন পদ্ধতি।
- বুদ্ধির বলে সমস্যা সমাধান শিখতে শিক্ষা পদ্ধতি।
- অক্ষমতা অতিক্রম করতে গবেষনা পদ্ধতি।
- ইত্যাদি।

মুখ্যতঃ এই পাঁচটি পদ্ধতি জীবন রক্ষার জন্য বহুল প্রচলিত রয়েছে। তবে এইসব পদ্ধতি পরনির্ভর হওয়ার কারনে অনেক সময় জীবন রক্ষা সম্ভব হয় না। সেকারন শিক্ষিত মানুষ আত্মনির্ভর হতে বিকল্প পদ্ধতি অনুসরন করেন। যেমন-

1. হঠাৎ আঘাত অথবা সামান্য অসুখের চিকিৎসা করার সময় দূরে ডাক্তার থাকলে, অথবা ঔষধের অভাব মিটাতে 'ফার্ষ্ট-এইড-কিট' ঘরে রাখেন। অপরের সাথে কথা বলার সময় মুখে মাস্ক লাগিয়ে রাখেন।

2. সামাজিক আইন দ্বারা জীবনকে সুরক্ষিত করার সময়ও সতর্কতা অবলম্বন করতে হয়। কারন সরকারী পরিষেবা দানকারী পুলিশ বা অফিসার পক্ষপাত আচরন করতে পারে, অধিকার থেকে বঞ্চিত করতে পারে। এটিও পরনির্ভরশীল পদ্ধতি।

3. এইরূপ সমস্যা অতিক্রম করতে প্রতিটি পরিবারকে সতর্ক ও দক্ষ করে তুলতে হবে। পরিবারের সদস্যদের বোঝাতে হবে যে জীবন নাশের ঝুঁকি নিজের জীবনযাত্রার বাইরে সৃষ্টি হতে পারে না। শত্রু-মিত্র, ভালো-মন্দ সবই সৃষ্টি হয় মেলামেশার মধ্য দিয়ে। আকস্মিক দুর্ঘটনা, ষড়যন্ত্র, আক্রমন, হত্যা ও অপরাধ সবই সৃষ্টির জন্য সময় নেয়। এইসব নিজের কাজের পার্শ্ব প্রতিক্রিয়া মাত্র। কিছু ভালো করলেও পাশাপাশি কিছু খারাপ সৃষ্টি হবে। একজন খুশি হলে অন্যজন অখুশি হতে পারেন।

4. এই সময় নিজের সাফল্য ভেবে যখন মানুষ এগিয়ে চলে, তখন তার মন্দের দিকটা দেখার সময় হয় না। তাই অসতর্কতাই পরে মৃত্যুর কারন হয়ে দাঁড়ায়। এইরূপ বিপত্তি এড়াতে ছেলেবেলা থেকে শিশুদের ডাইরী লিখতে শেখানো উচিৎ। বড়দেরও ডাইরী লেখা দরকার। আর সতর্ক হওয়ার জন্য সংস্কার গড়ে তোলা দরকার।

5. ডাইরীতে লিখতে হবে প্রতি ঘন্টার কাজের বিবরন। যোগাযোগ তথ্য, অপরের পরামর্শ, অনুরোধ, আচরন, সতর্কতা, উপদেশ, প্রস্তাব ইত্যাদি সকল তথ্য। নিজের বিচার লিখলেও ক্ষতি নেই। নিজের বিচার লিখতে গিয়ে অভাববোধ, আশা ও পরিকল্পনার কথাও লেখা যেতে পারে। লেখার পর ভূলটা শুধরে যেতে পারে অথবা ভুল হলেও তোমার সাহায্য কারী পরিবার, বন্ধু, সমাজ ও আইন তোমাকে সাহায্য করতে পারবে। তাই যারা ডাইরী লেখে তাদের অপরাধীরা খুন করতেও ভয় পায়।

6. এরপর তোমাকে মিথ্যা ঘটনায় ফাঁসাতে চেষ্টা করলে সরকারী অফিসার নিজে ফেঁসে যাবে। কারন পরিবারের সবাই ডাইরী লিখলে প্রত্যেকের মন্তব্য থেকে সত্য বেরিয়ে আসবে। তখন সরকারী খাতার অভিযোগ ভূল প্রমাণিত হলে অফিসারের চাকরী যাবে। পরন্তু তার শাস্তিও হতে পারে।

7. আইনজীবীদের মতে যদি কোন ব্যক্তি মিথ্যা মামলায় তোমাকে ফাঁসাতে সরকারী অফিসারকে ব্যাবহার করে, তবে সরকারী অফিসারের বিরুদ্ধে ডাকযোগে ডাইরী করে, হাইকোর্টে 226 ধারায় মামলা করা যায়। আর এই দূর্নীতির প্রমান হলে সরকারী কর্মীর চাকরী তো যাবেই, পরন্তু ওর পরিবারের কেউ ভবিষ্যতে কোন সরকারী চাকরী পাবে না। অথবা জাতীয় মানবাধিকার কমিশনে অসমান পরিষেবা দেওয়ার কারনে সরকারী অফিসারের বিরুদ্ধে অভিযোগ করলে সুবিচার পাওয়া সম্ভব। অভিযোগ অনেক সময় রাজ্য মানবাধিকার কমিশন ক্ষমতাসীন রাজনৈতিক দলের প্রভাব অতিক্রম করতে পারেন না। তাই তাঁরা জাতীয় মানবাধিকার কমিশনে ভরসা করেন। জেনে রাখা দরকার-একবার রাজ্য মানবাধিকার কমিশনে আবেদন করার পর জাতীয় মানবাধিকার কমিশনে আবেদন গ্রাহ্য হয় না।

8. বর্তমানে হাইকোর্ট যাওয়ার অর্থ সাধারন মানুষের কাছে থাকে না। নিম্ন আদালতেও অনেক খরচ হয়। এই সমস্যা থেকে বাঁচতে উকিলবাবু ছাড়া মামলা করার কৌশল শিখতে হবে সকল নাগরিককে। প্রশিক্ষন নিতে হবে কিভাবে আদালতে মামলা লড়তে হয়, তার কৌশল নিয়ে। বর্তমান আইন অনুসার নাগরিক নিজেই নিজের মামলা লড়তে পারেন।

9. কিন্তু তাদের বিবাদ সংক্রান্ত তথ্য পীড়ীতদের ব্যবহারিক ভাষায় আদালতে পেশ করার কৌশল জানা নেই অথবা আদালতে তা সরাসরি গ্রহন করার মত পরিকাঠামো নেই। তাই কেবল মামলা অনুসরনের পদ্ধতি জানলেই এই সমস্যা সমাধান হতে পারে। এবিষয়ে আইনজীবীগন নাগরিকগনকে আত্ম-সুরক্ষা নিমিও "মামলা অনুসরন বিধি" বিষয়ে প্রশিক্ষন কোর্স মারফত শিক্ষিত করে তুলতে পারেন।

1. মনেরাখতে হবে এই প্রচেষ্টায় উকিল বাবুদের কোন আয়ের পথ বন্ধ হওয়ার সম্ভবনা থাকবে না।। পরন্তু মৃতল পথে কেবল 'ওপিনিয়ন ফি' নানত উপার্জন করে তাঁদের আয়ের উৎস বৃদ্ধি হতে পারে। জনসাধারনের মতে ভবিষ্যতে মানবিক বিচারের প্রয়োজনেই আদালতে সংস্কার আসবে। তাতে কোন অসুবিধা সৃষ্টি হতে পারে না। কারন মেধা কখনো পরাস্ত হয় না, বিপরীত পরিস্থিতিতে সে সমাধানের পথ আবিষ্কার করে নেয়।

11. খাদ্য যোগান ও জীবনমান সুরক্ষিত করতে স্থায়ী উপার্জন পদ্ধতি হল চাকরী, ব্যবসা অথবা পরিষেবা দানে উপার্জন করা। শুধু উপার্জন করলে চলবে না। সেই উপার্জন থেকে সঞ্চয়

করতে পারলে খাদ্য যোগান ও জীবন মান সুরক্ষা সমস্যা মিটে যায়।

12. সেকারন মানুষকে বুদ্ধির বলে সমস্যা সমাধান শিখতে শিক্ষা পদ্ধতি অনুসরন করতে হয়। নতুবা চতুর অপরাধীরা ভূয়ো জ্ঞান দিয়ে অথবা বোকা মানুষকে অর্থের লোভ দেখিয়ে মেরে ফেলতে পারে। মানুষ মরতে পারে খরা, বন্যা ও প্রাকৃতিক দুর্যোগে।

13. মানব সমাজ আজো বহু সমস্যা সমাধানে অক্ষম। এইরূপ অক্ষমতা অতিক্রম করতে গবেষনা পদ্ধতি গ্রহন করা হয়।

জীবনচক্রঃ মানুষের সম্পূর্ণ জীবনকালকে বিজ্ঞানীগন বিভিন্ন দশায় ভাগ করেছেন। এইরূপ জীবনকালকে জীবনচক্র বলা হয়। জন্মের পর থেকে শেষ জীবন পর্যন্ত জীবনকালের দশাগুলি নীচে বর্ণনা করা হলঃ-

প্রাক-জন্ম (প্রিমেটাল লাইফ) : তোমার জন্মের পূর্বে 280 দিন তুমি মায়ের গর্ভে ছিলে। সে সময়ে তোমার মায়ের শরীরের অনুভূতির সঙ্গে তুমি নিশ্চই যুক্ত ছিলে। তোমার মা সে সময় যা খেতেন তার সকল গুনের অংশ তুমিও লাভ করতে। মায়ের কষ্ট, দুঃখ ও অনুভূতি তোমার মস্তিষ্কে ছবি আঁকতো। তোমার মায়ের কষ্ট হলে তুমি হয়তো বুঝতে পারতে না। তবে তোমার মা তোমাকে নিয়ে অনেক স্বপ্ন দেখে ছিল। আর তার প্রতিজ্ঞা ছিল তোমাকে সফল মানুষ হিসাবে গড়ে তোলা। এই সময়টাকে বিজ্ঞানীদের ভাষায় "প্রিমেটাল লাইফ" – অর্থাৎ 'প্রাক-জন্ম' অবস্থা বলা হয়। আমরা বিশ্বাস করি তুমি মাতৃগর্ভে আলোর অনুভূতি লাভ করে ধন্য হয়েছ। তোমার জীবনের পরবর্তী দশাগুলি হল-সদ্যজাত জীবন (নেওনেটাল লাইফ),প্রথম শৈশব(আরলি ইনফ্যাক্ট),অতিক্রান্ত শৈশব (লেট ইনফ্যাক্ট), আসন্ন শৈশব (আরলি চাইল্ডহুড), মধ্য বাল্যকাল, যৌবনাগম ইত্যাদি। এসময় মা-বাবার অনেক দায়। তাঁরা ডাক্তারে পরামর্শ মত সন্তানকে খাদ্য, পাণীয় ও পরিষেবা দিতে ব্যস্ত থাকেন।

সদ্যজাত জীবন (নেওনেটাল লাইফ) : জন্মের পর অর্থাৎ ০ থেকে ৩০ দিন বয়স পর্যন্ত তোমার জীবনকালকে আমরা নেওনেটাল লাইফ অথবা সদ্যজাত জীবন হিসাবে বর্ণনা করে থাকি। আলোর পৃথিবীতে এই সময়টা শিশুর কাছে বেশ সুখের ও স্নেহের পরশ মাখা হয়। সে সময় মায়ের কোলে নিরাপদে ঘুমিয়ে থাকার সুখ তুমি অনায়াসে ভোগ করতে পারো। তিনি তোমার ছোট্ট শরীরের সারা অংশ কোমল ও স্নেহের পরশ মাখিয়ে তৃপ্তি দান করেন। আর কোমল বস্ত্রের

আচ্ছাদনে তোমার শরীর ঢেকে দেন। তুমি চিৎ হয়ে শুয়ে থাকা অবস্থায় রঙিন ফুলের বাহার দেখতে দেখতে হাত পা ছুঁড়তে থাকো। মাকে দেখতে পেলে ব্যাকুল হয়ে কোলে যাওয়ার প্রতীক্ষা কর। আবার কখনো ১২ থেকে ১৪ ঘন্টা ঘুমির মধ্যে তোমার সময় কেটে যায়। জেগে থাকা অবস্থায় তুমি উপলব্ধি করো যে, তোমার চতুর্দিকে থাকা মানুষ অথবা অমানুষ, জীব অথবা জড়, প্রাণী অথবা উদ্ভিদ সবই তোমার। তাই ভালো বা মন্দ বিচার না করে তুমি সবাইকে পেতে চাও। তুমি ভাবতে থাকো সব কিছুই বোধ হয় সুখের অনুভূতি দেয়, যেমন তুমি মাতৃদুগ্ধ পান করে তৃপ্ত হও।

তোমার কর্তব্য: এই বয়সে তোমাকে সময় মতো খেয়ে সুস্থ থাকতে হয়। পরিবেশের সঙ্গে খাপ খাইয়ে শরীরকে রক্ষা করতে উপযুক্ত পোষাক ও সুরক্ষা গ্রহন করতে হয়। ঘুমিয়ে আরাম করলে তোমার শরীর তাড়াতাড়ি বেড়ে উঠে। বিভিন্ন ভাইরাসের আক্রমন ও রোগের প্রকোপ থেকে বাঁচতে টিকা ও ভ্যাকসিন নিতে হয়। চিনতে শিখো আত্মীয় ও অনাত্মীয়কে। সতর্ক থাকতে হয় বেঁচে থাকার প্রয়োজনে। কষ্ট হলে কাঁদো, চিৎকার করে কাঁদতে থাকো যতক্ষন না তোমার প্রয়োজন মিটছে, নয়তো মায়ের আসতে দেরী হবে।

প্রথম শৈশব (আরলি ইনফ্যান্ট) :একমাস বয়স থেকে ১৮ মাস পর্যন্ত বয়সের শিশু জীবনকে আমরা 'প্রথম শৈশব' তালিকার মধ্যে গণ্য করি। এক মাসের যত্ন ততক্ষণে তোমাকে মাতৃনির্ভর করে তুলেছে। তুমি মাকে দেখলেই অন্তরে আলোর অনুভূতি পাও। চোখের দেখা যে কোন বস্তুকে হাতের কাছে পেতে চাও। তোমার পাওয়ার ইচ্ছে পূরণ হলেই তুমি খুশি হবে, এমনটা ভাবতে থাকো। অনেক কিছু তুমি পেয়েও থাকবে। তবে সব কিছু পাওয়া সম্ভব হয় না। কারণ তোমার চাওয়া সকল বস্তুই সুখের হয় না। তাই মা অথবা পরিবারের অন্য কেউ তোমাকে ক্ষতিকারক বস্তু থেকে দূরে রাখেন। তোমার ভালো লাগা হাসিমুখ দেখে বুঝতে পারি। আর কষ্ট বুঝি তোমার কান্নায়। তোমার খুশিতে যখন সারা পরিবার খুশি হয়। যখন তোমার জীবনের প্রতি মুহূর্তকে আনন্দময় করতে তোমার পিতামাতার আয়োজন উৎসবের রূপ নেয়, তখন সবার হৃদয়ে আশার প্রদীপ জ্বলে। আর তাদের হৃদয়ের আশীর্বাদ তোমাকে ধন্য করে তোলে। সে দিন তাঁরা নিজেদের জীবনের ইতিহাসকে উপলব্ধি করে। তাঁদের মধুর শৈশব নিয়ে স্মৃতি চারণ করেন। তোমাকে তাঁরা খেলনা উপহার দিতে থাকেন। এভাবেই তোমার খুশির দিন চলতে থাকে। সমস্যা ও হয় যখন তোমার মা তোমাকে সংস্কার মানতে বাধ্য করেন। নোংরা কাপড়গুলো বদলে পরিষ্কার পরিচ্ছন্ন বস্ত্র ধারণ করা যে স্বাস্থ্য চর্চার সংস্কার। ভিজে প্যান্ট পাল্টানো, ধূলো ময়লা পরিষ্কার করা, থারাপ ও দুষিত জিনিস গুলো তোমার থেকে ছাড়িয়ে নিয়ে দূরে ফেলা, খাদ্য গ্রহণ পদ্ধতি, মায়ের কোলে শান্তিতে ঘুমিয়ে থাকার ধরণ, পরিবেশ অনুসার সেগুলি নিয়ন্ত্রন ইত্যাদি সবই সংস্কারের অঙ্গ। দৈনিক একই রকম শরীর চর্চার অভ্যাস তোমাকে যে অভিজ্ঞতা দান করবে সেটাই হল 'শিক্ষা'। মানুষ জন্মের পর থেকে কষ্টকে অতিক্রম করতে থাকে। আর কষ্ট অতিক্রম করলেই শিক্ষা লাভ সম্ভব হয়।

তুমি কাঁদলে মা তোমায় কোলে নেন ও তোমাকে খুশি করতে এগিয়ে আসেন। একথা তোমাকে কেউ বলে দেয় নি। কিন্তু তুমি যখন উপলব্ধি করেছ যে, কাঁদলে মা আসেন। তাই তুমি বার বার কেঁদে মাকে ডাকো। সে কারণ শিক্ষা হল এমন একটি কৌশল যা একবার জেনে যাওয়ার পর, বার বার একই কৌশল ব্যবহার করে, অনুরূপ সমস্যা সমাধান করা যায়। এসময় তুমি হামাগুড়ি দেবে। পা-পা চলতে শিখবে। আর সকলের খুশিতে হাসতে শিখবে। তুমি কখন হাসবে আর কখন

কাঁদবে তাও তোমার মন ঠিক করে ফেলে। সেই থেকে আমরা বুঝতে পারি যে মানুষের মস্তিষ্কে বিচার বোধ জন্মলগ্ন থেকেই রয়েছে।

তোমার কর্তব্যঃ এখন তোমার অনুকরন করার বড় ইচ্ছা। তোমার ঘুম ভাঙলেই হাত পা গুলো ছটপট করতে থাকে। তোমার পাশাপাশি রঙিন ও চকচকে জিনিস দেখলে সেটা নিতে ইচ্ছে করে। এখনও পূর্বের মত পরিবেশের সঙ্গে খাপ খাইয়ে শরীরকে রক্ষা করতে উপযুক্ত পোষাক ও সুরক্ষা গ্রহন করতে হয় তোমাকে। ঘুমিয়ে আরাম করলে তোমার শরীর তাড়াতাড়ি বেড়ে উঠবে। বিভিন্ন ভাইরাসের আক্রমন ও রোগের প্রকোপ থেকে বাঁচতে টিকা ও ভ্যাকসিন নিতে হবে। তুমি আরও ভালো করে চিনতে শিখো আত্মীয় ও অনাত্মীয়কে। সতর্ক থাকতে শিখবে বেঁচে থাকার প্রয়োজনে। তোমার কর্তব্য হবে বড়দের উপদেশ অমান্য না করা। আর বড়দের অনুমতি ছাড়া কোন দিকে না যাওয়া ও কোন কাজ না করা।

অতিক্রান্ত শৈশব (লেট ইনফ্যাক্ট) :আঠারো মাস থেকে তিরিশ মাস পর্যন্ত্য শৈশবকে "অতিক্রান্ত শৈশব" বলা হয়। অর্থাৎ তোমার বয়স দেড় বছর থেকে আড়াই বছর পর্যন্ত্য এক মধুর সময়।যখন তোমার চাই অনেক খেলনা, বল আর খেলার সাথী। চাই অগাধ ভালোবাসা, স্নেহমাখা সংস্কার ও জীবন উপযোগী পরিষেবা। অপরের ভালোলাগা বস্তুও তোমার চাই। তাই তোমার বায়না শুরু হতে পারে, না পাওয়ার বস্তুর অভাবে। আর চাইলে যদি পেয়ে যাও, তবে আনন্দের সীমা থাকবে না। সব চাওয়াটা যে ভালো তা নয়, তবে মন্দ হলে জানতে হবে, মন্দ কেন ? তোমার জিজ্ঞাসা মনে ঢেউ তুলবে। তুমি মা-বাবা অথবা আত্মীয়দের প্রশ্নবানে জর্জরিত করে তুলবে। তাদের উওর তোমায় সন্তুষ্ট করতে না পারলে তুমি কষ্ট পাবে। আর সন্তুষ্ট হলে তুমি খুশি হবে। এইভাবে তোমার জীবন জ্ঞানের আলোকে ভরে উঠবে। সংস্কার শিক্ষা প্রত্যেক মানুষের জীবনে সে কারনেই বেশ উপযোগী। তোমার মাতা-পিতা অথবা রক্ষক গার্জেন তোমাকে শেখাবেন জীবন যাত্রার ধরণ।

- কোন হাতে খাওয়ার খেতে হবে ?
- কিভাবে বসে খাওয়ার খেতে হয়? খাওয়ার পূর্বে হাত ধোয়া জরুরী কেন?
- সকালে ঘুম থেকে উঠেই চোখে মুখে জল নেওয়া জরুরী কেন ?
- দাঁত না মেজে খাওয়ার খেলে কি ক্ষতি হয়?
- প্রতিদিন স্নান করলে শরীরের লাভ কি?

ইত্যাদি বহু সংস্কার ও জ্ঞান তোমাকে অর্জন করতে হবে। তোমার বাবা-মা আর আত্মীয় ব্যাখ্যা করলে তুমি খুশি হবে। আর জ্ঞানের আলোকে আলোকিত হয়ে সামাজিক মানব হওয়ার পথে অগ্রসর হতে থাকবে। তোমার শ্রদ্ধা, ভক্তি, বিনয় ভাব ও অনুসরণ করার প্রবৃতি প্রতিষ্ঠিত মানব সমাজের দৃষ্টি আকর্ষণ করলে তুমি সবার স্নেহভাজন হতে পারবে। আবার সংস্কার যদি জীবনকে সমৃদ্ধ করতে সক্ষম না হয়, তবে তুমি ভূল ধারণার বশবর্তী হয়ে সংস্কারহীন পথ অনুসরণ করবে। যেমন পশু নিজের ভালোলাগাকে প্রয়োজন মনে করে অপরকে আক্রমণ করতে চায়। তারা অপরের কষ্ট ও যন্ত্রণা অনুভব করতে সক্ষম হয় না, তেমনি তুমিও সংস্কারহীন হলে, স্বার্থপর মানুষ হয়ে যাবে। তখন তোমার হৃদয়ে জ্ঞানের আলো পৌঁছাতে পারবে না। তাই তুমি আলোর অভাবে নিজেকে দুঃখী ভাববে। মনের আলোকে প্রস্বলিত করতে জ্ঞানের প্রয়োজন হয়।

সে জ্ঞান সংস্কারের মাধ্যমে প্রত্যেক শিশুই লাভ করতে সক্ষম। এই সময় তুমি ফুল, প্রজাপতি, গাছপালা, কীটপতঙ্গ, গৃহপালিত পশু ও জন্তু জানুয়ারদের বিষয়ে জ্ঞান লাভ করবে। গাছ-পালা, আকাশ-বাতাস, নদী-সমুদ্র, খাদ্য-পানীয়, ভালো-মন্দ সব কিছুই তোমাকে ছুঁয়ে যাবে।

অর্থাৎ তোমার শৈশবের আনন্দ শুধুই সুস্বাদু খাদ্যের তৃপ্তিতে সীমাবদ্ধ থাকবে না। তা জ্ঞানের তৃষ্ণায় ও মনের আশায় পাড়ি দেবে। ধীরে ধীরে তুমি ভালো-মন্দের জ্ঞান লাভ করে বয়সানুসার সংস্কার গ্রহণ করতে পারলে তোমার শৈশব আনন্দে ভরে উঠবে। সুন্দর শৈশব গড়ে তুলতে তোমার বাবা-মা ও আত্মীয়রা সবাই সহযোগী হন। কিন্তু তা বিনিময় ছাড়া পাওয়া অসম্ভব। এই পৃথিবীতে কিছু এক তরফা পাওয়া যায় না। ঈশ্বর সকল মানবকে একই ধরনের শক্তি ও স্বরূপ দান করে একটি মস্তিষ্ক দ্বারা সেগুলি নিয়ন্ত্রণ করার পদ্ধতি রচনা করেছেন। জীবনের কাজ হল মস্তিষ্কের সিদ্ধান্তকে কাজে লাগিয়ে নিজের জীবন সুরক্ষা ও জীবন চক্র সম্পূর্ণ করা। মানুষ সামাজিক পরিবেশে পরস্পর নির্ভরশীল জীবন যাত্রায় অভ্যস্ত হয়ে পৃথিবীর শ্রেষ্ঠ প্রাণী রূপে আত্মপ্রকাশ করেছে। মানব জীবনের এই শ্রেষ্ঠত্ব কেবল মস্তিষ্কের কৃতিত্ব স্বরূপ। শিশু নির্দিষ্ট পদ্ধতিতে জ্ঞান আরোহণ করতে সক্ষম হলে, সে পরিণত বয়সে মহামানব রূপে আত্মপ্রকাশ করতে সক্ষম হয়। জ্ঞানের আলো মানব হৃদয়ে শক্তির উৎস সৃষ্টি করে। তারপর সেই আলোর শক্তিতে শক্তিমান মানব অসাধ্য সাধন করেন।

তুমি একগুঁয়ে হলে, অথবা জগতের আলোকে অবগাহন করতে অক্ষম হলে কিছুই পাওয়া সম্ভব হবে না, তাই তোমার পিতা–মাতা আদর্শ মানুষ হিসাবে তোমার ভবিষ্যৎ গড়তে প্রয়াস জারী রেখেছেন। তুমি তাঁদের শিক্ষা ও সংস্কার অনুসরণ করে নিজের শৈশবকে উপভোগ কর, মহিমা মণ্ডিত কর ও শৈশবের মুহূর্ত গুলিকে ইতিহাসের শ্রেষ্ঠ কাহিনীর চিত্রে অলংকৃত কর। তোমার শিক্ষা হয়ত প্লে–স্কুল অথবা পরিবারের আঙনে চলতে থাকবে। সে আলো যেমনই হোউক না কেন, তা সম্পূর্ণ নিরাপদ ও পিতামাতার আস্থার প্রাঙ্গণে হবে সুরক্ষিত।

তোমার কর্তব্যঃ বড়দের অনুকরন করে সংস্কার শিখতে চেষ্টা করো। স্থান পরিবর্তনের চেষ্টা জারী রাখো। সুটকি মেরে সামনে এগিয়ে যেতে শিখো। তারপর শিখবে হামাগুড়ি দেওয়া। এর পর পা-পা চলতে হবে তোমাকে। তোমার পাশাপাশি রঙিন ও চকচকে জিনিস দেখলে সেটা নিতে ইচ্ছে করে। কিন্তু সব কিছু নেওয়া ঠিক হবে না। ভালো-মন্দ শিখতে হবে তোমাকে। এই শেখার পদ্ধতিকে সংস্কার বলা হয়। খেলতে থাকো। এখনও পূর্বের মত পরিবেশের সঙ্গে খাপ খাইয়ে শরীরকে রক্ষা করতে উপযুক্ত পোষাক ও সুরক্ষা গ্রহন করো। ঘুমিয়ে আরাম করলে তোমার শরীর তাড়াতাড়ি বেড়ে উঠবে। বিভিন্ন ভাইরাসের আক্রমন ও রোগের প্রকোপ থেকে বাঁচতে টিকা ও ভ্যাকসিন নিতে ভুলো না। চিনতে শিখো আত্মীয় ও অনাত্মীয়কে। সতর্ক থেকো বেঁচে থাকার প্রয়োজনে। বাবা-মাকে ভরসা রাখো।

আসন্ন শৈশব (আরলি চাইল্ডহুড) :এই সময়টা ৩৩ মাস থেকে ৫ বছর বয়সের মধ্যে সীমাবদ্ধ থাকে। তোমার সময় কাটে খেলা ধূলায় আর বুদ্ধি সঞ্চয়ের মধ্যে। তোমাকে সবাই ভালবাসতে চায়। দাদুও খেলতে চায় তোমার সাথে। বড়রা তোমাকে গল্প বলেন, খেলার আনন্দ নিয়ে মতামত জিজ্ঞাসা করেন। তারপর তোমার হাসিমুখ দেখে তাঁরা প্রসন্ন হন। আড়াই বছর বয়স থেকে পাঁচ বছর বয়সটা আরও গুরুত্বপূর্ণ। কারণ এই সময় তোমার শিক্ষা শুরুর সময়। সাধারণত এই বয়সেই সন্তানের হাতে খড়ি হয়। মজার বিষয় হল, মানুষের মুখের কথা কিভাবে কাগজে বন্দী হয়, তার কৌশল শেখার নাম হল 'লেখা'। আর 'পড়া' হল লিখিত জ্ঞানকে পাঠ করে স্মৃতিতে ধরে

রাখার কাজ। এই দুটি কাজ বেশ মজার। তোমাদের অনেক খেলার মধ্যে এটি সেরা খেলা। কিন্তু যারা বুঝতে চেষ্টা না করে, তাঁদের কাছে এটা কঠিন হয়ে যায়। আসলে মনটাকে তো ধরে রাখা যায় না। তাই অন্যমনস্ক হওয়া স্বাভাবিক। তবু তোমার পড়াশুনার জন্য বাবা-মা নূতন ছবির বই কিনে দেবেন। তাতে কত রঙ বেরঙের ছবি। পশু, পক্ষী, সরীসৃপ, বন, জঙ্গল, পাহাড়, নদী সবই বইয়ের ভিতর রয়েছে। একটু একটু পড়ার পর তোমার জানার ইচ্ছা বেড়ে যাবে। তুমি সে সময় শোনা অভিজ্ঞতা গুলো বন্ধুদের সঙ্গে আলোচনা করতে চাইবে। যখন তুমি খেলার মাঠে দৌড় দাও। হাতে ছোট্ট বল নিয়ে খেলার জন্য ছোট্ট বন্ধুদের আমন্ত্রণ কর, তখন একসাথে খেলতে আর দৌড় দিতে বেশ ভালোলাগে। যদি তুমি বেশ তাড়াতাড়ি ছুটে বন্ধুকে হারিয়ে দাও, তখন তোমার দাদু তোমাকে বাহবা দিলে আরও ভালো লাগে। পরে মায়ের কাছে এসে সেই জয়ের কথা বলে তুমি কত না খুশি হও। তারপর তোমার স্কুলে যাওয়ার পালা। প্রতিদিন সকালে ঘুম থেকে উঠে মা তোমার মুখ হাত ধুইয়ে, স্কুলে যাওয়ার জন্য তৈরী করে দেন। সকালে উঠেই দাঁত মাজা, পরিষ্কার জামা-প্যান্ট পরে ব্রেকফাস্ট খাওয়া। তারপর স্কুলে যাওয়া। তোমার মা কখনো না খাইয়ে স্কুলে পাঠাবেন না। পিঠে থাকে একটা বইয়ের ব্যাগ। তাতে রয়েছে মায়ের তৈরী টিফিনের বাক্স। ওটা খুললেই রুচিকর স্বাদের ম-ম গন্ধ। পড়ার মাঝখানে খেলার জন্য একটু সময় নাকি বেশ ভালো। তাই ইস্কুলে টিফিনের ঘন্টা পড়ে। সে সময় তুমি ঐ টিফিনের বাক্স খুলে বন্ধুদের সাথে বসে টিফিন কর। বন্ধুরা ভালোবেসে একে অপরকে নিজেদের টিফিন দিতেও কার্পণ্য করে না। তুমি ভাবছো ভালোবাসা বোধ হয় মায়ের কাছে থাকে। তা নয় গোটা পৃথিবীর মানুষই ভালবাসতে জানে। তাই তোমার বন্ধুরাও তোমাকে ভালবাসবে। তোমাকে আকর্ষন করবে। আর বিনিময় করবে তাদের সংস্কার, শিক্ষা ও মন। জীবনে সময়ের মূল্য অসীম। তাই শৈশবের খেলাধূলা, আনন্দ উৎসবের মাঝেই তোমার স্কুলের শিক্ষা চলবে।

তোমাকে পাঁচ বছর বয়সের মধ্যে সমস্ত সংস্কার ও আক্ষরিক জ্ঞান সমাপ্ত করে প্রথম শ্রেণীতে পড়ার যোগ্য হয়ে উঠতে হবে। মনে রাখতে হবে তোমার সময়ে খুদে ছাত্রছাত্রী সবাই অত্যন্ত বুদ্ধিমান। তারা মোবাইল চালায়, ল্যাপটপ চালায়, দেশ-বিদেশ ও পৃথিবী নিয়ে অনেক কিছু জেনে গেছে। তুমি যদি পিছিয়ে পড় তবে মানব জীবনের সকল স্বপ্ন সফল হওয়া সম্ভব হবে না। পূর্বে মানুষ ভাবতো রাজা, মহারাজা, জ্ঞানী ও মহাজ্ঞানী ব্যক্তিগণ ভগবানের আশির্বাদ প্রাপ্ত হয়ে জীবনের সাফল্য লাভ করতে সক্ষম হন। কিন্তু আজ বিজ্ঞান প্রমান করেছে, যে কোন মানব সন্তান শিক্ষায় ও সংস্কারে সমৃদ্ধ হতে সমর্থ। আর এইভাবে উপযুক্ত শিক্ষায় ও সংস্কারে সমৃদ্ধ মানব পৃথিবীর যে কোন কঠিন সমস্যার সমাধানে সক্ষম হন। তখন তাকে মানুষের সমাজ সাফল্যের স্বীকৃতি দান করে। সে কারণ সাধারণ মানুষের সন্তানই দেশ, জাতি ও বিশ্বকে কৃতিত্বের আধারে নেতৃত্ব দিতে সক্ষম হয়। অর্থাৎ প্রত্যেক মানব সন্তানই ঈশ্বরের সন্তান। তাঁদের প্রত্যেকের মধ্যে সমান শক্তি নিহিত রয়েছে। কেবল জ্ঞানের উন্মেষ না ঘটলে সে শক্তির প্রয়োগ সম্ভব হয় না। তাই তুমি নিজেকে জানতে শেখো। জাগিয়ে তোল ও সবার শীর্ষে স্থাপনের প্রয়াস জারী রেখো। পাঁচ বছর বয়সের মধ্যে শিখে নাও আঁকা, নাচ, গান ও কবিতার পাঠ।

তোমার কর্তব্যঃ বড়দের অনুকরন করে সংস্কার শিখতে চেষ্টা করো। তুমি এখন অনেকটা বড় হয়ে গেছ। আধো আধো কথা বলতে পারো। বড়দের কথা বুঝতে পারো। খেলতে তোমার বড় ভালো লাগে। তোমাকে শিখতে হবে নাচ, গান, আঁকা, কবিতা পাঠ ও প্রতিযোগীতার মূল্য বোধ। অজানাকে জানার আগ্রহকে জাগাতে হবে মনে। বড়দের কথা শুনতে শেখো। পূর্বের মত

পরিবেশের সঙ্গে খাপ খাইয়ে শরীরকে রক্ষা করতে উপযুক্ত পোষাক ও সুরক্ষা গ্রহন করো। পরিষ্কার থাকার প্রয়াস জারী রাখো। অসুস্থ হলে চিকিৎসা নিতে ভুলো না। পড়াশুনা করতে থাকো। স্কুল যেতে ভুলো না। ওখানে তোমার অনেক বন্ধু তোমার জন্যে অপেক্ষা করছে। ঘুমের সময়টা কমে আসছে। তবু ঘুমিয়ে আরাম করলে তোমার শরীর তাড়াতাড়ি বেড়ে উঠবে। বিভিন্ন ভাইরাসের আক্রমন ও রোগের প্রকোপ থেকে বাঁচতে টিকা ও ভ্যাকসিন নিতে ভুলো না। চিনতে শিখো আত্মীয় ও অনাত্মীয়কে। সতর্ক থেকো বেঁচে থাকার প্রয়োজনে।

মধ্য বাল্যকাল (মিডল চাইল্ডহুড) : পাঁচ বছর থেকে নয় বছর বয়স পর্যন্ত বাল্যকালকে "মধ্য বাল্যকাল" বলা হয়। এই চার বছরের মধ্যে তোমার জীবনে এক বিপ্লব শুরু হয়। ঘরে, বাইরে চলতে থাকে শুধু জয়ের আনন্দ। লক্ষ্য নয় বছর বয়সের মধ্যে তোমাকে চতুর্থ শ্রেণী অতিক্রম করতে হবে। সঙ্গে চলতে থাকবে আঁকা, নাচ ও গানের অভ্যাস। মনেরাখতে হবে পড়াশুনার সঙ্গে আঁকা, নাচ ও গানের সম্পর্ক রয়েছে। তুমি খেলাধূলায় কৃতিত্ব অর্জন করেও জীবনে প্রতিষ্ঠিত হতে পারো। তবে যেটি তোমার ভালো লাগবে, সেই বিষয়টি নিয়ে শিশুকাল থেকে অভ্যেস করতে হবে। নয়তো সাফল্য নাও আসতে পারে।

বর্তমান সমাজে শ্রেষ্ঠ কাজের জন্য শিল্পীরা ছবি এঁকে অনেক অর্থ উপার্জন করতে পারছেন। সিনেমা জগতে যাঁরা অভিনয় করেন, তাঁদের নাচ অবশ্যই শিখতে হয়। তাঁরা অনেক অর্থ উপার্জন করে প্রতিষ্ঠিত হওয়ার সুযোগ পান। এছাড়া খেলার পেশায় যুক্ত যাঁরা ক্রিকেট, ব্যাডমিন্টন, ফুটবল, টেনিস ইত্যাদি খেলায় পারদর্শী। তাঁরা সমাজের আশীর্বাদ ধন্য হয়ে সফল জীবন উপভোগ করেন। সে কারণ তোমার পড়াশুনার সাথে সাথে খেলাধূলার চর্চা চালিয়ে যাওয়া উচিৎ। শরীর চর্চায় খেলাধূলার গুরুত্ব অত্যন্ত কার্যকরী হয়। তাই পড়াশুনার সাথে সাথে বিদ্যালয় গুলিতে খেলাধূলার সুযোগ রাখা হয়েছে। তুমি ভালো খেলাধূলা করলে অথবা পড়াশুনায় ভালো ফল করলে আত্মীয় ও অনাত্মীয়রা তোমাকে বাহবা দিবেন। তাঁরা তোমার প্রসংশা করবেন। তোমার কাজে উৎসাহ দিতে বাবা-মা ও আত্মীয়রা তোমাকে আরও বেশী ভালো বাসবেন। মনেরাখতে হবে, তুমি যা শিখবে তা যেন সম্পূর্ণ ভাবে শিখতে পারো, নয়তো সে কাজে সাফল্য আসবে না। আর সবকিছু এক সঙ্গে শিখতে যেও না। কারণ সব শিখতে গেলে কোন একটিতে পারদর্শী হওয়া যাবে না। জীবনে সফল হতে গেলে যে কোন একটিতে পারদর্শী হতে হয়। তাই শৈশবের মধুর দিনগুলি তোমার শিক্ষা আর খেলার উৎসবে মুখর করার প্রয়াস জারী রাখো। তুমি অবশ্যই সফল হবে। এসময় তোমার ছাত্র জীবনের উপলব্ধি তোমাকে ভবিষ্যৎ রচনার কাজে উৎসাহিত করবে।

তোমার কর্তব্য: বড়দের উপদেশ অনুসরন করো। পড়ার মাঝে তোমাকে শিখতে হবে খেলা, নাচ, গান, আঁকা, কবিতা পাঠ ও প্রতিযোগীতার মূল্য বোধ। অজানাকে জানতে প্রশ্ন করতে ভুলো না। সঠিক উত্তর না পেলে খুঁজতে থাকো। নয় বছর বয়সের মধ্যে চতুর্থ শ্রেণীর পাঠ শেষ করো। সময়ের মূল্যবোধ অনুভব করো। বড়দের কথা শুনতে শেখো। পূর্বের মত পরিবেশের সঙ্গে খাপ খাইয়ে শরীরকে রক্ষা করতে উপযুক্ত পোষাক ও সুরক্ষা গ্রহন করো। পরিষ্কার থাকার প্রয়াস জারী রাখো। অসুস্থ হলে চিকিৎসা নিতে ভুলো না। পড়াশুনা করতে থাকো। স্কুল যেতে ভুলো না। ঠিক সময়ে খাওয়ার খেতে অভ্যেস গড়ে তোল। ঘুমের সময়টা আরও কমে যাবে। তবু ঘুমিয়ে আরাম করলে তোমার শরীর তাড়াতাড়ি বেড়ে উঠবে। বিভিন্ন ভাইরাসের আক্রমন ও রোগের প্রকোপ থেকে বাঁচতে টিকা ও ভ্যাকসিন নিতে ভুলো না। চিনতে শিখো আত্মীয় ও অনাত্মীয়কে। সতর্ক থেকো বেঁচে থাকার প্রয়োজনে।

প্রান্তীয় বাল্যকাল (লাস্ট চাইল্ডহড) : নয় থেকে বারো বছর বয়স পর্যন্ত সময়কে তোমার জীবনের প্রান্তীয় বাল্যকাল ধরা হয়। এই বয়সে তুমি অনেক কিছু জেনে যাবে। জন্মদিন পালন, উৎসব, মেলা আর মানব সভ্যতার ইতিহাস নিয়ে তোমার কিছুটা জ্ঞান অর্জন হয়ে যাবে। তুমি অংকের হিসাব বুঝতে পারবে। ঈশ্বরবাদ, বিজ্ঞান আর সমাজ নিয়ে তোমার সামান্য জ্ঞান অর্জন সম্ভব হবে। কিন্তু তোমার মনে হবে, তুমি যেন সব জেনে গেছ। সবে তুমি চতুর্থ শ্রেণী পাশ করে পঞ্চম শ্রেণীতে উঠেছ। ১২ বছর বয়সের মধ্যে তোমার সপ্তম শ্রেণীর পাঠ শেষ হওয়ার কথা। কথাবার্তায় তোমার মধ্যে বিজ্ঞ-বিজ্ঞ ভাব লক্ষ্য করা যাবে। তবে পঞ্চম শ্রেণীর পাঠটা তোমার কাছে একটু উন্নত মনে হতে পারে। খেলার সাথী পরিবর্তন হতে পারে। স্কুলের পরিবেশও পরিবর্তন হয়ে যাবে। নূতন শিক্ষকের নির্দেশ ও পরামর্শ অনুসার তুমি পড়াশুনায় আগ্রহী হবে। কখনো কখনো ফাঁকিবাজ বন্ধুদের দুষ্টুমী তোমায় আকর্ষণ করবে। মনে হবে ঐ দুষ্টু বন্ধুরা স্কুলের শিক্ষকের বোকা বানাতে সক্ষম হয়েছে। আসল সত্যটা কিন্তু তা নয়। শিক্ষকরা দৈনিক একই ধরনের শিক্ষাদানে বাধ্য হন অর্থ উপার্জনের কারনে। যে ছাত্র সে শিক্ষা গ্রহণ না করে শিক্ষককে এড়িয়ে যায়, সে নিজেরই অজ্ঞানতা বৃদ্ধির কারণ হয়। তাই সে পরীক্ষায় ফেল হয়। পরে জীবনের প্রয়োজনে সে কাজ করতে অক্ষম হয়। কিন্তু শিক্ষককে বোকা বানানোর মজা তার ভালোলাগে। এমন একটি মজার ঘটনা ঘটেছিল রনির স্কুলে। রনি তখন কেবল যোগ আর বিয়োগ শিখে ছিল তার স্কুলে। তারপর যেদিন গুন শেখানো হয়েছিল সে দিন সে স্কুল আসে নি। পরের দিন স্কুলে ভাগ শেখানো হয়েছিল। কিন্তু গুন বিষয়ে তার কোন ধারনা ছিল না। রনির বাবার রেশনের দোকান রয়েছে। রবিবার স্থানীয় লোকজন এসে দোকান থেকে চাল, গম আর চিনি নিয়ে যায়। সরকারী নিয়ম অনুযায়ী ব্যক্তি পিছু ১০০ গ্রাম চিনি দেওয়ার কথা। রনির বাবা বলল, তুমি তো অঙ্ক শিখেছ, রেশন দোকানে পরিবার পিছু চিনির হিসাবটা করে ফেল। রনি দেখল বিভিন্ন পরিবারের লোক সংখ্যা বিভিন্ন। কারুর বাড়ীতে পাঁচজন, কারুর বা আটজন, কেউ বারজনের কার্ড এনেছে। সে এসব দেখে জটিলতা অনুভব করছিল। প্রথম পাঁচজনের চিনি হিসাব করতে পাঁচবার ১০০ যোগ করা, আবার অন্যের জন্য আটবার ১০০ যোগ করা, তার কাছে কঠিন কাজ মনে হচ্ছিল। রনির বাবা হিসাবে দেরীর কারণ বুঝতে গিয়ে দেখল যে, রনি যোগ করছে। তিনি তৎক্ষণাৎ গুন করার পরামর্শ দিলেন। কিন্তু রনি তো গুন জানতো না। তাই সে গুন করতে পারে নি। রনির বাবা রেগে রনিকে বাড়ি যেতে বললেন। তারপর পরের দিন স্কুলে গিয়ে জানতে পারলেন, রনি স্কুলে না আসায় গুন শিখতে পারে নি।

এইভাবে সকল পড়ার বস্তুই মানুষের জীবনে অত্যন্ত গুরুত্বপূর্ণ। শিক্ষা মানুষকে জটিল সমস্যা সমাধানে দক্ষ করে তোলে। তাই তোমার সিলেবাসে থাকা সমস্ত পাঠ পড়ে তোমাকে তার সারমর্ম উপলব্ধি করতে হবে। আর যখন তুমি সারমর্ম উপলব্ধি করতে পারবে, তখন অনায়াসে পরীক্ষায়ও পাশ করে যাবে।

পরীক্ষায় অন্যভাবে পাশ করা যায়। যেমন পড়া না বুঝে মুখস্ত করে পাশ করা যায়। অন্যের লেখা নকল করে পাশ করা যায়, প্রশ্ন-উত্তরের বই মুখস্ত করেও পাশ করা যায়। এই ধরনের পাশে তোমার কোন জ্ঞান অর্জন হয় না। তাই কাজের বেলায় তুমি বোকা হয়ে যাবে। এইরূপ বোকা ছাত্ররা পরীক্ষককে বোকা বানিয়ে পাশ করে যায়। কিন্তু তাকে কেউ চাকরী দিতে চায় না। সে কারণে এরা পরে বেকার হয়ে যায়। সন্তুর বাবা গরীব। তিনি সন্তুকে স্কুলে পাঠিয়ে মজদুরী করতে যান। আর সন্তু কোন সময় পড়ার ফাঁকি দেয় না। সেদিন রনির বাবার অভিযোগ শুনে সন্তু

ভাবলো রনি গুন শিখেনি। তাই ওর কাছ থেকে কিছু উপার্জন করা সম্ভব। সেদিন টিফিনের সময় সন্তু রনির সাথে দেখা করে বলল,"আমি তোকে গুল শিখিয়ে দিব। তুই কি শিখবি?" রনি বলল, হ্যাঁ শিখিয়ে দে না। সন্তু বলল, পাঁচ টাকার কেক কিনে আন, তারপর শেখাব। সন্তুর কথামত রনি পাঁচ টাকার কেক কিনে আনলো। তারপর ঘন্টা খানেক আলোচনা করতে করতে সন্তু রনিকে গুন শিখিয়ে দিল। পরে অন্য এক ছাত্র শিক্ষকের নিকট অভিযোগ করলো যে, সন্তু কেক নিয়ে অংক শিখিয়েছে। শিক্ষক মহাশয় তাকে ডেকে বললেন, বিদ্যা বিক্রয় করতে নেই। তুমি কি বিদ্যা বিক্রয় করেছ? সন্তু বলল, স্যার আপনি কি বিনা বেতনে শিক্ষা দান করেন? শিক্ষক বললেন, জীবন রক্ষার প্রয়োজনে অর্থ উপার্জন করতে হয়। তাই বেতন গ্রহন করা জরুরী। সন্তু বলল, কেকটি জীবন রক্ষার কাজে লাগে। তাই খিদে মিটাতে পারিশ্রমিক নিয়েছি। শিক্ষক তার বুদ্ধির জন্য তাকে আরও একটি কেক কিনে দিয়ে বললেন, "বিনা পারিশ্রমিকে অন্যের কাজ করো না। মানুষ অপরের শ্রমকে বিনামূল্যে উপভোগ করার প্রয়াস জারী রাখে। তুমি তোমার শিক্ষাকে কাজে লাগিয়ে উপার্জন করতে পারলেই জীবনে সফল মানুষ হিসাবে প্রতিষ্ঠা লাভ করতে পারবে।"

তারপর থেকে সন্তু তার ক্লাসের বোকা ছেলেদের পড়িয়ে যে টাকা রোজগার করতো, তাতে তার বই, খাতা কেনা ছাড়াও কিছুটা পয়সা বেঁচে যেত। তার বাবা সন্তুকে টাকা দিতে চাইলে সে বলত, না এখন লাগবে না, পরে দিও। এইভাবে সন্তু বি.এ. পাশ করে শিক্ষক হয়েছে। সে এখন নিজের পাঠশালা চালায় আর আনাজের ব্যবসা করে। গ্রামের মানুষ ও দেশ বিদেশের ব্যবসায়ীরা সন্তুকে ভালোবাসে ও সম্মান করে। সে এখন প্রতিষ্ঠিত মানুষ।

নয় থেকে বারো বছর বয়সের মধ্যে শিক্ষা ও সংস্কার তোমার জীবনকে আলোকিত করবে। ভূল করলে তার ক্ষমা হয় না। যারা শিক্ষার অবহেলাকে ভূল বলে এড়িয়ে যান, তাঁদের জীবনের অমূল্য সময় নষ্ট হয়ে যায়। পরে কর্মজীবনে সে ভূলের মাশুল গুনতে হয় অর্থ দণ্ড দিয়ে অথবা যন্ত্রণা ভোগ করে। তাই যা শিখবে তার সবটাই শিখতে চেষ্টা করো। আর জানার আগ্রহকে জাগিয়ে তোল। তারপর ১২ বছরের মধ্যে ভালো ফল করে সপ্তম শ্রেণী উত্তীর্ণ হও।

তোমার কর্তব্যঃ বড়দের উপদেশ অনুসরন করো। পড়ার মাঝে তোমাকে শিখতে হবে খেলা, নাচ, গান, আঁকা, কবিতা পাঠ ও প্রতিযোগীতার মূল্য বোধ। মানুষের কাছে অসম্ভব কিছু নাই। বারো বছরের মধ্যে সপ্তম শ্রেণী উত্তীর্ণ হও। সংস্কারকে অবজ্ঞা করো না। অজানাকে জানতে প্রশ্ন করতে ভুলো না। সঠিক উত্তর না পেলে খুঁজতে থাকো। নয় বছর বয়সের মধ্যে চতুর্থ শ্রেণীর পাঠ শেষ করো। সময়ের মূল্যবোধ অনুভব করো। চুরি করে পরীক্ষা দেওয়ার অভ্যাস করো না। যে প্রশ্নের উত্তর দিতে পারবে না, পরে বাড়ীতে এসে পড়াশুনা করে তা ভালোভাবে জেনে নিও। বড়দের কথা শুনতে শেখো। পূর্বের মত পরিবেশের সঙ্গে খাপ খাইয়ে শরীরকে রক্ষা করতে উপযুক্ত পোষাক ও সুরক্ষা গ্রহন করো। পরিক্ষার থাকার প্রয়াস জারী রাখো। অসুস্থ হলে চিকিৎসা নিতে ভুলো না।। পড়াশুনা করতে থাকো। খুন যেতে ভুলো না। ঠিক সময়ে খাওয়ার খেতে অভ্যাস গড়ে তোল। ঘুমের সময়টা আরও কমে যাবে। কাজের মাঝে বিশ্রামের দরকার হয়। তাই সময় মতো কাজ সেরে বিশ্রাম নিও। দিনে আট থেকে নয় ঘন্টা ঘুমাতে ভূলো না। বিভিন্ন ভাইরাসের আক্রমন ও রোগের প্রকোপ থেকে বাঁচতে টিকা ও ভ্যাকসিন নিতে ভুলো না। পনের বছর পর্যন্ত ভ্যাক্সিন নিয়ে জীবনকে সুরক্ষিত করতে হয়। ভালোবাসতে শিখো আত্মীয় ও অনাত্মীয় সবাইকে। আর সতর্ক থেকো বেঁচে থাকার প্রয়োজনে। কারন ভালো-মন্দ সকল মানুষকেই দেখতে একই রকম হয়।

যৌবনাগম কাল (এ্যাডোল্যান্স) : ১২ থেকে ২১ বছর পর্যন্ত্য হল যৌবনাগমের কাল। এসময় তোমার শিক্ষা নিয়ে সতর্ক হওয়ার সময়। মাধ্যমিক পরীক্ষা ১৫ বছর বয়সে শুরু হয়। তাই ১২, ১৪ ও ১৫ বছর বয়সের মধ্যে তোমার অষ্টম, নবম ও দশম শ্রেণীর পাঠ শেষ হবে। প্রতিদিনের পড়া প্রতিদিন করতে হবে। না বোঝা পড়ার জন্য অতিরিক্ত টিউশনের সাহায্য নিতে হবে। সব থেকে ভালো পন্থা হল নিজের ক্লাসের অথবা উঁচু ক্লাসের ছাত্রের কাছ থেকে না জানা বিষয়ের পড়া শিখে নেওয়া। এইরূপ শিক্ষায় সহজে নিজের জ্ঞান বৃদ্ধি হয়, আর কিছু পারিশ্রমিক দিয়ে অপরের শিক্ষায় সাহায্য করা যায়। তবে বিনা পারিশ্রমিকে শিক্ষা নিও না। এটি ভূল ও অপরকে বঞ্চিত করার কৌশল মাত্র। মাধ্যমিকে ভালো ফলাফল করলে রাজ্য ও কেন্দ্রিয় সরকারের পুরস্কার ও সহযোগীতার বহু প্রথা রয়েছে। সাংবাদিক, লেখক, বুদ্ধিজীবী তোমাকে স্বাগত জানাতে পারে। তোমার কৃতিত্ব, টিভি, সংবাদপত্র ও সোসাল মিডিয়ায় প্রাচারিত হতে পারে। বিভিন্ন আর্থিক প্রতিষ্ঠান তোমাকে অর্থনৈতিক ও মানবিক সাহায্যের জন্য প্রস্তাব দিতে পারেন। তুমি তোমার ইচ্ছা অনুসার পছন্দের বিষয় নিয়ে পড়াশুনার জন্য একাদশ ও দ্বাদশ শ্রেণীতে পড়তে যেতে পারো। হয়ত কিছু এন্ট্রান্স, আরো কিছু প্রস্তুতি তোমাকে ভাবিয়ে তুলবে। তোমার খেলা, গান, নাচ অথবা অতিরিক্ত যোগ্যতার দিক গুলি যুক্ত হবে মাধ্যমিক শিক্ষায়। কম্পিউটার, ইন্টারনেট এর আকর্ষণ তোমাকে ব্যস্ত করে তুলবে। কিন্তু সময় সীমিত। ১৭ বছর বয়সের মধ্যে সারতে হবে দ্বাদশ শ্রেণীর শিক্ষা।

জীবিকাকে লক্ষ্য করে সে শিক্ষার পাঠ শুরু করা জরুরী। তোমাকে ঠিক করতে হবে শিক্ষার প্রয়োগ ও জীবীকার ভবিষ্যৎ। কারণ জীবন হল জীবিকা নির্ভর। অনিশ্চিত জীবীকার কারনে জীবন বিপন্ন হয়। তখন বিপন্ন জীবনের দায়, আত্মীয়-স্বজন অথবা সরকার কেউই নিতে বাধ্য হবে না। তাই তুমি ঠিক করো, কিভাবে শিক্ষাকে কাজে লাগিয়ে নিজের জীবিকা নির্ধারণ করবে? প্রস্তুত হবে "পেশা নির্ধারন দিবস" উদযাপন করতে। সাধারনতঃ 14 বছরে পদার্পন দিবসকে সর্তক নাগরিক গন "পেশা নির্ধারন দিবস" হিসাবে উদযাপন করতে পারেন। এইরূপ অনুষ্ঠানে কেবল বরিষ্ঠ নাগরিকদের আমন্ত্রন করলে তাদের অভিজ্ঞতা ও আশীর্বাদ গ্রহন সম্ভব হয়।

মনে রাখতে হবে উচ্চ মাধ্যমিক পাশ করার পর যখন তোমার বয়স আঠারো বছর অতিক্রম করবে, তখন তুমি সাবালক হয়ে যাবে। সাবালক ব্যক্তির উপার্জন করার ক্ষমতা থাকে। সে সময় শিক্ষার ও পেশার বহু দিক তোমাদের সামনে থাকবে। কেউ কেউ ডাক্তার, ইঞ্জিনিয়ার, ম্যানেজার, দক্ষ শিল্পী, শিক্ষক, বিজ্ঞানী, ব্যবসায়ী, শিল্পপতি অথবা মার্গ দর্শক ইত্যাদি পেশায় প্রতিষ্ঠিত হওয়ার লক্ষ্যে স্নাতক অথবা স্নাতকোত্তর শ্রেণীতে অধ্যয়ন করবে। কেউ হয়ত পরীক্ষার ভালো ফলাফল না হওয়ার কারণে অথবা আর্থিক অনটনের কারণে পড়াশুনা শেষ করবে। তবু আশার আলো নিভে যাবে না কারুর জীবনে। সে দিন প্রত্যেকটি প্রাপ্ত বয়স্ক মানুষের মনে জেগে উঠবে এক সুন্দর স্বপ্নের জগৎ। তাদের অতীত বাল্য জীবনের শিক্ষা দিয়ে সবাই প্রতিষ্ঠিত হতে চাইবে। মস্তিষ্কের বুদ্ধি দিয়ে তারা সবাই রক্ষা করবে নিজেদের শরীর, উপার্জন করবে জীবন ধারণের জন্য প্রয়োজনীয় রাশি। মানুষকে ভালোবাসবে। ব্যবসা, বাণিজ্য, শিক্ষা ও কৃষি করে বাড়িয়ে তুলবে অর্জিত সম্পদ। সমাজে খ্যাতি অর্জন করে নিজেদের কৃতিত্বকে প্রতিষ্ঠিত করবে। মন্দির, মসজিদ, গুরু-দুয়ারা ও নিজ নিজ দেব স্থানে ঈশ্বরের নিকট কৃতজ্ঞতা নিবেদন করে পরিবারকে সুখী করবে। তৈরী করবে নূতন সংসার আর তাদের সবার সাফল্যে দেশ ও পৃথিবী সমৃদ্ধশালী হয়ে উঠবে।

এইভাবে আমাদের পৃথিবীতে অনেক অল্পশিক্ষিত ও সর্বোচ্চ শিক্ষিত মানুষ বিভিন্ন পেশায় নিযুক্ত হয়ে জীবনের সাফল্য রচনা করেছেন। তাঁদের প্রতিষ্ঠায় আজ দেশ, বিদেশ ও পৃথিবীর মানুষ গর্বিত ও সুপ্রতিষ্ঠিত। সে কারণ বিশ্ব তোমার ভবিষ্যৎ কর্মপন্থাকে স্বাগত জানায়। তোমাকে ভালোবাসে ও তোমার প্রতিষ্ঠায় গর্বিত হতে চায়। তুমি মানবতার আদর্শে নিজেকে প্রতিষ্ঠিত করে ইতিহাস রচনা কর ও সুখী হও।

তোমার কর্তব্যঃ এই সময় চাই শুধু পড়ার নেশা। তোমার শরীরে অনেক পরিবর্তন আসবে। খারাপ দিকে মন আকৃষ্ট হবে। এ সময় নিজেকে সংযত করে শিক্ষায় ডুবতে চেষ্টা করো। সংস্কারকে অবজ্ঞা করো না। অজানাকে জানতে প্রশ্ন করতে ভুলো না। সঠিক উত্তর না পেলে খুঁজতে থাকো। আঠারো বছরে পদার্পণ দিবসকে "পেশা নির্ধারন দিবস" হিসাবে পালন করো। একুশ বছর বয়সের মধ্যে সকল পাঠ শেষ করে তোমাকে কর্মজীবন শুরু করতে হবে। পৃথিবী তোমাকে প্রত্যাশা করে। তাই তোমার তৈরী হওয়া প্রয়োজন। সময়ের মূল্যবোধ অনুভব করো। বড়দের কথা শুনতে থাকো। পরিষ্কার থাকার প্রয়াস জারী রাখো। অসুস্থ হলে চিকিৎসা নিতে ভুলো না। পড়াশুনা করতে থাকো। স্কুল যেতে ভুলো না। ঠিক সময়ে খাওয়ার খেতে অভ্যেস গড়ে তোল। দিনে আট থেকে নয় ঘন্টা ঘুমাতে ভুলো না। বিভিন্ন ভাইরাসের আক্রমন ও রোগের প্রকোপ থেকে বাঁচতে টিকা ও ভ্যাকসিন নিতে ভুলো না। পনের বছর পর্যন্ত ভ্যাক্সিন নিয়ে জীবনকে সুরক্ষিত করতে হয়। ভালোবাসতে শিখো আত্মীয় ও অনাত্মীয় সবাইকে। তুমি শিখে নাও-

1. দৈনিক ডাইরী লিখতে শিখো। কে কি বলল, নিজের অনুভব সবকিছু ডাইরীতে লিখে রাখো।

2. সাইকেল চড়া, মোটর সাইকেল বা স্কুটার চড়া শিখে নাও।

3. প্রতি শ্রেণীতে আঁকা ছবিগুলো গুছিয়ে রাখো। নাচ শিখলে অভিনয়ে কাজে লাগতে পারে। বাজনা শিখলে সমাজে তোমার সম্মান বাড়বে। খেলতে ভালো লাগলে দক্ষ খেলোয়াড় হও।

4. সকল শ্রেণীতে বেশী নম্বর পাওয়ার চেষ্টা করো। পরীক্ষায় উত্তর না দিতে পারা প্রশ্নের উত্তর আবার পড়ে জেনে নিও।

5. মাধ্যমিক পাশ করলেই কার ড্রাইভিং ও কম্পিউটার শিখে নিও। কারন একাদশ ও দ্বাদশ শ্রেণীতে পড়ার মধ্যে এগুলি শিখতে পারলে তোমার জীবন গতিশীল হয়ে উঠবে। মনেরাখতে হবে তোমার জীবনে তিনটি জিনিস দরকার। চাকরী, ব্যবসা ও শিল্প। কারন যে পরিবারে এই তিনটি আয়ের উৎস থাকে সে পরিবার কোন দিন গরীব হয় না।

6. ঘরের বা পাড়ার অল্প লোকেদের কাজে লাগিয়ে তুমি ব্যবসা ও ক্ষুদ্র শিল্প গড়তে পারো। তারপর অথবা সুযোগ পেলে চাকরী করো। তোমার দক্ষতাই তোমাকে চাকরী পাওয়ার উপযুক্ত করে তুলবে। নিয়োগ কর্তারা তোমার পথ চেয়ে বসে রয়েছেন। তাই নিজেকে তৈরী করে নাও।

আর সতর্ক থেকো বেঁচে থাকার প্রয়োজনে। প্রলোভনে পা বাড়িও না। ফেঁসে যেতে পারো।তোমাকে শিখতে হবে যৌবন কালের দায়িত্ব ও কর্তব্য। নিজেকে উপার্জনশীল করার জন্য শিক্ষা গ্রহন করতে হবে। শিক্ষা যদি নিজের জীবনমান বহন করার উপযুক্ত না হয়, তবে তোমার অনিশ্চিত ভবিষ্যৎ অনেক পীড়া দিতে পারে। হয়তো তোমার জীবীকা নিদ্দিষ্ট করতে তুমি অস্থির হয়ে যেতে পারো। নয়তো শুধু মিথ্যা আশার পিছনে ঘুরতে ঘুরতে তোমার জীবনের অনেকটা

সময় নষ্টও হতে পারে। পর-নির্ভর হতে শিখো না। কারন কেবল আত্মনির্ভর মানুষই উপার্জনশীল হতে সক্ষম হয়।

যৌবন কালঃ যৌবন কাল চলতে থাকে 21 থেকে 60 বছর পর্যন্ত। এই সময় নিজের অর্জিত জ্ঞান ও বুদ্ধির বলে উপার্জন করে প্রত্যেকে নিজেদের প্রয়োজন মিটায়। উপার্জন ব্যবসা, শিল্প, কৃষি অথবা চাকরী যেকোন পথ হতে পারে। উপার্জনের উৎস ঠিক করা আর স্বনির্ভর হওয়া বেশ কঠিন কাজ। যে সব সন্তান 21 বছর পূর্ণ হওয়ার পূর্বে কর্মের লক্ষ্য স্থির করতে পারে না, তারা প্রাপ্ত বয়স্ক হওয়ার পর হঠাৎ কি করবে ভেবে পায় না। সে সময় সে 'কিং কর্তব্য বিমূঢ়' হয়ে ভাবতে চেষ্টা করে। কিন্তু ভাবলেই যে সমাধান হয়ে যাবে তার কোন গ্যারেন্টি হয় না। কারন সকল কাজেই অভিজ্ঞতা প্রয়োজন হয়। শুধু লাভের স্বপ্ন দেখলে চলবে না। লাভ করার যোগ্যতা হাসিল করতে হয়। অনেক সন্তান নিজেদের অক্ষমতাকে আঢ়াল করতে পিতামাতা অথবা সমাজকে দোষ দিয়ে নিজেদের বেকার প্রতিপন্ন করে। তবে অপরকে দোষ দিয়ে নিজের কোন লাভ হয় না। মনেরাখা দরকার যৌবনে পদার্পন করার পর প্রত্যেক ব্যক্তির দায় হল-

- যে কোনো একটি জীবিকা অথবা পেশায় যুক্ত হয়ে প্রত্যহ কম পক্ষে আট ঘন্টা কাজে নিযুক্ত হওয়া।
- প্রথমে ঐ কাজের পারিশ্রমিক অথবা লাভ থেকে নিজের ভরন পোষনের যোগ্যতা অর্জন করা।
- এরপর নিজের কাজে দক্ষতা বাড়িয়ে উপার্জনের পরিমান বৃদ্ধি করা ও সুনাম অর্জন করা।
- কাজের একাগ্রতা মানুষকে সকল স্বপ্ন পূরনের পথ দেখায়। তাই আত্মবিশ্বাস বাড়ে। এরপর বিবাহের সূযোগ আসে। বিবাহের পর এই উপার্জনের দিশা সারা জীবনের অবলম্বন হয়ে দাঁড়ায়। বিবাহের পর মানুষ বংশ বিস্তার করার সূযোগ লাভ করে।
- কর্ম জীবনের সংগ্রাম হল অনিশ্চিত ও অপ্রত্যাশিত ঘটনার বিরুদ্ধে দক্ষতা প্রদর্শনের সংগ্রাম। কখন যে কি সমস্যা আসবে তার পূর্বাভাস নাও থাকতে পারে। তথাপি মানুষ তৈরী থাকে তার মোকাবিলা করতে। এইভাবে অনেক সমস্যা সমাধান করতে করতে মানুষকে যৌবনকাল অতিবাহিত করতে হয়।
- যে মানুষ যত বড় সমস্যা অতিক্রম করতে পারে সে তত বড় মাপের মানুষ হওয়ার খ্যাতি অর্জন করতে পারে।

তোমার বাবা-মা ও পূর্বজদের আশা অনেক অসম্ভবকে সম্ভব করে তুমিও ইতিহাস রচনা করবে। তোমার কর্মজীবন, বিবাহ, বংশ বিস্তার ও সমৃদ্ধি পৃথিবীকে গৌরবান্বিত করবে। আর তোমার সামগ্রিক সাফল্যকে প্রতিষ্ঠায় উন্নিত করে তুমিও কর্মজীবন সমাপ্ত করতে সক্ষম হবে।

তোমার কর্তব্যঃ এখন তোমাকে উপার্জন করে নিজের জীবন ধারনের রসদ সংগ্রহ করতে হবে। তোমার কর্তব্যের মধ্যে রয়েছে-

1. পিতা মাতার স্বপ্ন পূরন করা।
2. নিজের ও পরিবারের প্রয়োজন মিটানো, পরিবারের সম্পদ, স্বচ্ছলতা, সুখ্যাতি ও মর্যাদা বৃদ্ধি করা।

3. যে দেশ বিভিন্ন প্রতিষ্ঠানের মাধ্যমে তোমার জ্ঞান, শরীর ও মর্যাদা সুরক্ষিত করে তোমায় সম্পূর্ণ মানুষ তৈরী করেছে, সেই দেশ সংবিধানের 51(ক) ধারায় বর্ণীত তথ্য অনুসার তোমার নিকট কর্তব্য আশা করে। দেশ চায় তুমি সফল নাগরিক হয়ে সর্ব্বাধিক অর্থ ও মর্যাদা অর্জন কর। সরকারকে কর প্রদান করে আগামী প্রজন্মের মানুষের পরিষেবা পাওয়ার পথ সুগম কর। দেশ ও সমাজকে সমৃদ্ধ কর আর বিশ্বখ্যাত হয়ে দেশকে গৌরবান্বিত কর।

তোমার কাছে অনেক প্রস্তাব, পরামর্শ ও সুযোগ আসবে সমাজের বিভিন্ন দিক থেকে। প্রগতিশীল মানুষ তোমাকে ছলনার দ্বারা ভ্রমিত করবার প্রয়াস করবে। রয়েছে তোমার জীবনকে বিভ্রান্ত করার অনেক ফাঁদ। সেসময় লোভ লালসার প্রতিশ্রুতি ও মিথ্যা আশ্বাসকে অতিক্রম করে তোমাকে সিদ্ধান্ত নিতে হবে। অর্থাৎ নিজের বিচারকে সংযত করে তোমাকে জীবন ধারনের উৎস বেছে নিতে হবে। মনেরাখতে হবে সমাজে তোমার অনেক কাজ রয়েছে। তুমি অনায়াসে যেকোলো একটি কাজের যোগ্য হতে পারো।

মনেরেখো গোবিন্দ ঠাকুর পড়তে সুযোগ পায় নি কিন্তু সংস্কার পেয়ে ছিল। তাই বারো বছর বয়স থেকে রান্নার কাজ করে সে আজ প্রতিষ্ঠিত মানুষ। তুমিও অর্জিত যোগ্যতা অনুসার নিজের কাজ খুঁজে নিও। চাকরীর জন্য অপেক্ষা করো না। তুমি দাতার আসন গ্রহন করে অপরের কাজের উৎস হওয়ার প্রয়াস করো। নিজে স্বনির্ভর হও আর দেশকে স্বনির্ভর করে তোলো। জীবীকা স্থির হওয়ার পর-

- পিতা মাতার প্রতি কর্তব্য করতে ভুলো না।
- ক্ষুদ্র আয়কে বাড়িয়ে তুলতে প্রয়াস জারী রাখো কিন্তু কুপথে পা বাড়িও না। কারন কুপথে হঠাৎ ধন প্রাপ্তি হলেও পরিনতি ভালো হয় না। সত্যকে চাপা দেওয়া যায় না। যখন সত্য প্রকাশিত হয়, তখন ভূলের মাশুল দিতে সবটাই হরিয়ে যায়। ফলে মানুষ আবার নিঃস্ব ও অসহায় হয়ে পড়ে।
- প্রাকৃতিক বিপর্যয়, অসুস্থতা, চক্রান্ত অথবা অন্য যে কোন কারনে আয়ের উৎস যেকোন সময় বন্ধ হতে পারে। তখন নিজের জীবনযাত্রার খরচ কমবে না, বরং সমস্যা সমাধানের জন্য তা বেড়ে যেতে পারে। তাই উপার্জনের পঞ্চাশ শতাংশ প্রতি মাসে সঞ্চয় করতে শেখো। বীমা দ্বারা নিজেকে সুরক্ষিত রাখার প্রয়াস করো।
- সঞ্চয়ের অর্থ সরকারী ব্যাংকে রেকারিং ডিপোজিট করলে অর্থ সুরক্ষিত থাকে ও সুদের প্রভাবে জমা রাশির বৃদ্ধি হয়।
- মানুষকে করতে হয় স্থায়ী বাসস্থান, বিবাহ ও সংসার আর পর্যাপ্ত অর্থের সংগতি।
- সারতে হবে পরিযায়ন চক্র, সসমাজ চক্র ও পৃথিনী চক্রের প্রতি কর্তব্য।
- আরও অনেক কিছু তোমার স্বপ্নের জগতে যদি থাকে সেগুলি পূরন করো।

বার্ধক্যঃ সাধারনতঃ বার্ধক্য চলে 60 বছর থেকে শেষ জীবন পর্যন্ত। এসময় মানুষ শারীরীক ক্ষমতা হারিয়ে ফেলে। হয়ত তোমার বাবার বার্ধক্য দেখে তুমি তা অনুভব করতে পারবে।

অবসন্ন শরীরের ভার তখন বইতে বেশ কষ্ট হয়। তাই পিতা-মাতা সন্তানের উপর নির্ভরশীল হয়ে পড়ে। সন্তান কর্মহীন হলে, তার অসফল জীবনের যন্ত্রনা বাড়ায়। আবার সফল হলে যৌবনের পরাক্রম বৃদ্ধ বাবা-মাকে ব্যথিত করতে পারে। তাই সে পিতা-মাতার প্রতি কর্তব্যকে অবজ্ঞা করে বা করতে বাধ্য হয়। বার্ধক্যে মানুষ কর্মজীবনের সাফল্য নিয়ে বিচার করতে থাকে। তবে ভুলের কোন পরিত্রান হয় না। বার্ধক্যে মানুষ জ্ঞান ভাওারের অধিকারী হয়। তথাপি অবাধ্য সন্তান তা কাজে লাগাতে ব্যর্থ হয়। আর সকল মানুষই বার্ধক্যের স্মৃতি চারন করে মনে মনে শান্তি লাভ করে।

তোমার কর্তব্যঃ বার্ধক্যে তোমার কর্তব্য হবে নিজের অভিজ্ঞতাকে লিখে পরবর্তী প্রজন্মের মানুষের জন্য রেখে যাওয়া। সন্তানের ভুল না ধরা। যেচে পরিবারে অথবা অন্য কাউকে উপদেশ না দেওয়া। তবু নিজের মন শান্ত হয় না। কিছু বলতে চায়। কিছু শুনতে চায়। কিন্তু পরিবার তখন বৃদ্ধের কথা শুনতে চায় না। কারন ততক্ষনে অনেক দিন গড়িয়েছে। নিজের সংস্কার পরিবর্তন হয়ে চলেছে। তাই অতীত সংস্কার নবাগত প্রজন্মের কাছে গ্রহনযোগ্য নাও হতে পারে। এই সময় কর্তব্য হল-

1. নিজের স্বাস্থ্যের দিকে লক্ষ্য রাখা। সমাজের কল্যান চিন্তা করা। আর অপরের ভালো হওয়ার উপদেশ দেওয়া।
2. ভাবতে হবে কিভাবে পরবর্তী প্রজন্ম সুখী হবে? কি কি অভাব বোধ নিজের জীবনকে বঞ্চিত করেছে? কিভাবে তার প্রতিকার করা যায়?

ভাবতে হবে সমগ্র দেশের কথা। সমগ্র পৃথিবীর কথা। কেউ না শুনতে চাইলেও লিখে যেও। হয়ত তুমি আবার যখন মানব সন্তান হয়ে জন্মাবে, তখন সেই জ্ঞান আবার কাজে লাগতে পারে।

চক্রব্যূহ বেষ্ঠিত জীবন

(তিন)

প্রাপ্ত বয়স্ক মানুষ বুঝতে পারে যে "মানব দেহ" একটি রক্ত-মাংসের শরীর। এটি অনেকগুলি অঙ্গ-প্রত্যঙ্গ নিয়ে গঠিত। অঙ্গ-প্রত্যঙ্গ গুলি মস্তিষ্কের নির্দেশ অনুসার পরিচালিত হয়। শরীরের অভ্যন্তরে সারা শরীর জুড়ে রয়েছে প্রাণ অর্থাৎ জীবন। এই জীবনকে ধরে রাখতে শরীরকে অহরহ সংগ্রাম করতে হয়। কারন শরীরটি আভ্যন্তরীন অথবা বাহ্যিক আক্রমনে প্রাণ হারায়। তাই মানবদেহ জীবনকে আগলে রাখে। অর্থাৎ দেহ সুরক্ষিত হলে, প্রাণ থাকবে। আর শরীর বা দেহ সুরক্ষিত না হলে মানবদেহ প্রানহীন হবে।

P-6

চক্রব্যূহ তালিকা

আত্মজীবন পরিধিঃ- মানুষকে বায়ু-সমুদ্রে বাস করতে হয়। বায়ুতে অসংখ্য জীবানু ভেসে বেড়াচ্ছে। সেগুলি খালি চোখে দেখা যায় না। তারা প্রতি মূহর্তে আমাদের প্রশ্বাসের সাথে শরীরের ভিতর প্রবেশ করছে, আবার বেরিয়েও আসছে। তাই মানব দেহের কাজ হল বাহ্যিক প্রতিবন্ধকতা থেকে শরীরকে রক্ষা করা। শরীরে রয়েছে রক্ত, মাংস ও মজ্জা, অস্থি, স্নায়ু আরও অনেক কিছু। সেগুলি অন্যান্য এক কোষী অথবা বহু কোষী প্রাণীর খাদ্য, বাসস্থান ও বংশ বিস্তারের উপযুক্ত স্থান হিসাবে গণ্য হতে পারে। তাই গোল ক্রিমি, ফিতা ক্রিমি, জিয়াডিয়া, এন্টামিবা জাতীয় প্রাণীরা মানুষের শরীরে প্রবেশ করে পরিপুষ্ট হয় ও বংশ বিস্তার করে। মাইক্রোলেগ্রী শরীরের নার্ভগুলিকে কেটে শরীরের বিভিন্ন অংশকে মস্তিষ্ক থেকে বিচ্ছিন্ন করে দেয়। টিবি, ক্যান্সার, করোনা ইত্যাদি ভাইরাস জাতীয় প্রাণী আক্রমন করে মানুষের শরীরকে অক্ষম করে তোলে। ভাইরাসের মতো এক কোষী প্রাণীরা অথবা রোগ বহনকারী প্রাণীরা সব সময় মানুষের দেহের চতুর্দিকে ঘুরে বেড়াচ্ছে। তারা প্রতিনিয়তঃ শরীরে প্রবেশের চেষ্টাও চালিয়ে যাচ্ছে। তার কারন তারাও বাঁচতে চায়। আমাদের শরীরে তাদের বাঁচার রসদ রয়েছে। তাই তারা বেঁচে থাকার রসদ খুঁজে বেড়াচ্ছে।

বাঁচতে চায় পিঁপড়ে, আরশোলা, পোকা-মাকড়, ইঁদুর, সরীসৃপ, বন্য ও গৃহপালিত পশু ও প্রাণী। তাদের অনেকে মানব শরীরকে খাদ্য হিসেবে গণ্য করে না। অথচ ভয়ে অথবা অভ্যাস জনিত কারনে তারা মানব শরীরকে দংশন করতে অভ্যস্ত। ভারী বস্তুর আঘাত জনিত সমস্যা মানুষের জীবনকে বিপন্ন করতে পারে। অর্থাৎ মানুষ অন্যের ক্ষতি করুক বা না করুক পারিপার্শিক পরিবেশ, উষ্ণতার তারতম্য ও অন্য প্রাণের অস্তিত্ব মানুষের জীবনকে স্বস্তি দেয় না। মানুষকে প্রতিকূল পরিবেশের বিরুদ্ধে সব সময় লড়াই করে বাঁচতে হয়। শরীরের মধ্যে থাকা গার্ডসেল গুলি কতক বিনষ্টকারী ভাইরাসদের মেরে ফেলতে সক্ষম হয়। কিন্তু আবার তাদের মধ্যে থাকা অনেকগুলি ভাইরাস সমস্ত প্রতিরোধ অতিক্রম করে দেহে বসবাস করতে সক্ষম হয়। ফলে মানুষ অসুস্থ হয়ে পড়ে।

মানুষকে এইরূপ প্রাকৃতিক পরিবেশে বেঁচে থাকার জন্য উপযুক্ত খাদ্য, পরিধান ও শিক্ষা গ্রহন করে সংগ্রাম করতে হয়। মানব শিশু সংস্কার নামক শিক্ষাটি মা-বাবা অথবা আত্মীয়ের নিকট শিখে নেয়। তারপর তার শরীর ধীরে ধীরে বাড়তে থাকে। এটাকে আত্মজীবন বিকাশ বলা যেতে পারে। আমাদের পৃথিবী মানুষের জীবনকে বেঁচে থাকার অধিকার দিয়েছে। তাই মানুষ পৃথিবীর যে কোন অংশের জল, বায়ু, আকাশ, আলো ও অন্ধকার উপভোগ করার অধিকারী গণ্য হয়। আমাদের এই বাঁচার অধিকার কেড়ে নিতে লক্ষ লক্ষ ভাইরাস, কীট, পতঙ্গ, প্রাণী, উদ্ভিদ এমন কি মানুষও সংগ্রামে রত। তাদের মধ্যে যে কোন একটির আক্রমনে এই জীবন বিনষ্ট হওয়া সম্ভব। তাই বুঝতে হবে যাঁরা বেঁচে রয়েছেন তাঁরা সংগ্রামে জয়ী হয়ে বেঁচে আছেন। এটা হল আত্মজীবনের অনুভূতি। এই আত্মজীবনের অনুভূতি কেবল শৈশবে সীমাবদ্ধ থাকে না। মানুষকে সারা জীবন সংগ্রাম করে আত্মরক্ষা করতে হয়। আর জীবনের প্রথম দায় হল নিজের শরীর ও জীবনকে সুরক্ষা করা। শিশুরা সাধারনতঃ আড়াই বছর বয়সে নিজের ভালোমন্দ ও চাওয়া-পাওয়া বুঝতে শিখে যায়। তখন সে সংস্কারের প্রভাবে পরিবার কেন্দ্রিক হয়ে উঠে। তাই আড়াই বছর বয়স অর্থাৎ 30 মাস পর সে পরিবারচক্রে প্রবেশ করে আদর, ভালোবাসা ও সুরক্ষা পেতে সমর্থ হয়।

জীবনচক্রঃ সারা জীবনের এই আত্মরক্ষার সংগ্রামকে আমরা চার ভাগে ভাগ করতে পারি। যেমন- আত্মজীবন চক্র, পরিবার চক্র, সমাজ চক্র ও বিশ্বচক্র। বয়স অনুসার এই চক্রগুলিতে জীবন সংকটের আয়তন বিভিন্ন হওয়ায়, আত্মরক্ষার সংগ্রামও ক্রমশঃ জটিল হতে থাকে।

গবেষনার তথ্য অনুসার প্রত্যেক মানুষই জন্মের পর থেকে আত্মজীবন চক্র, পরিবার চক্র, সমাজ চক্র ও পৃথিবী চক্র অতিক্রমের দিশায় জীবন সংগ্রামে লিপ্ত হয়। প্রাচীনকাল থেকে এই চারটি চক্র অতিক্রম করার লক্ষ্যে নিজ নিজ ধর্মীয় রীতি মানুষকে সংস্কার প্রদান করে থাকে। তার সংগে যুক্ত হয় সামাজিক শিক্ষা। তথাপি সংস্কার ও শিক্ষার ভূলক্রটি অথবা অজ্ঞতা জীবনকে সমস্যা মুক্ত করতে না পারলে মানুষ রোগ, হিংসা, অপরাধ ও অক্ষমতার শিকার হয়ে মৃত্যু বরন করতে বাধ্য হয়। সেকারন অক্ষয় কীর্তি অর্জন না করে অথবা জীবনকে সামাজিক স্তরে প্রতিষ্ঠিত করার পূর্বে বিনাশ ঘটলে, ধর্মীয় রীতির অক্ষমতা ও শিক্ষার অভাবকে জীবন বিনাশের জন্য দায়ী করা হয়।

ধর্মীয় অনুগামীদের মতে, যে ধর্মের রীতি যত বেশী অনুগামীদের সুখ, শান্তি সহ দীর্ঘ জীবন ভোগের দিশা দিতে সক্ষম, সেই ধর্মের পরিচালকগন উদ্দেশ্য পূরনে তত বেশী সফল গণ্য হয়। সে কারন নিরাপত্তা ও দীর্ঘ জীবন ভোগের আশায় মানুষ ধর্মান্তরিত হল। যুগাবতার রামকৃষ্ণ বলে ছিলেন-"সংস্কার ও শিক্ষা সাধনা ছাড়া সম্ভব হয় না"। আর সকল ধর্মই পৃথক পৃথক পদ্ধতিতে ঈশ্বর সাধনায় সফল হওয়ার ইতিহাসে সমৃদ্ধ। তাই ঈশ্বরের কৃপালাভ করার বিভিন্ন পথ রয়েছে। তিনি সংক্ষেপে বলেছেন, "যত মত তত পথ"। অথচ বর্তমান পরিস্থিতিতে সকল ধর্মে সফল সাধক নাও থাকতে পারে। সে কারন ধর্মীয় অনুগামীগন আসল নকল চেনার সমস্যায় দিশাহারা।

আবার সমাজ বিজ্ঞানীদের মতে কেবল সংস্কার ও শিক্ষাই পর্যায়ক্রমে আত্মজীবনচক্র, পরিবারচক্র, সমাজচক্র ও পৃথিবীচক্র অতিক্রমের পথপ্রদর্শক হয়। ভূল জ্ঞান ও মিথ্যা প্রলোভন অজ্ঞানতা মানুষকে বিপথে পরিচালিত করতে প্ররোচনা দেয়। সে কারন মানুষ অপরের সমস্যা সমাধান করতে আত্মবলিদানে বাধ্য হয়।

সে যাই হোক সকল মানুষই ধীরে ধীরে চক্রগুলি অতিক্রমের অভিজ্ঞতা অর্জন করতে থাকেন এবং সাধারন থেকে মহামানবে উন্নত হতে চেষ্টা করেন। আর যাঁরা শেষ স্তর পর্যন্ত পৌঁছাতে পারেন না, সমাজ অর্থাৎ দেশ, পরিবার ও বিশ্ব তাদের কল্যানে সহযোগীতার হাত বাড়িয়ে দেয়। এরই নাম সমাজসেবা।

আত্মজীবন চক্রঃ আত্মজীবন চক্র পরিধি বিষয়ে জ্ঞান মাত্র বারো বছর বয়সে মানব শিশু আয়ত্ত করে ফেলে। তারপর সেই জ্ঞানকে পরিমার্জিত করে সারা জীবন আত্মরক্ষার কৌশল রচনায় সক্ষম হয়। এই চক্রে সকল সমস্যা অতিক্রমের দায় পিতা-মাতা অথবা রক্ষক গার্জেন বহন করেন। তথাপি কষ্ট ভোগের কাজ শিশুকেই বহন করতে হয়। আত্মজীবন চক্রে পরিচিতি এক গুরুত্বপূর্ণ বিষয় হিসাবে গণ্য হয়। সে কারন পৃথিবীর মানুষ নবজাতক মানবকে চিহ্নিত করতে ও জানতে চায়-

- সে কোন স্থানে জন্মেছে?
- তার জন্ম দাতার সামাজিক স্বীকৃতি কি?
- তাঁরা সামাজিক সংস্কারে সমৃদ্ধ হতে পেরেছিলেন কি না?
- তাঁরা মানব সমাজে বেঁচে থাকতে সংগ্রাম করে কোন স্তরে অবস্থান করছেন?
- কোন ধর্মের সংস্কার তার জীবনকে আলোকিত করেছে?
- কোন দেশের শিক্ষা নীতি তার আদর্শ কে উন্নত করেছে? অথবা জাতীয়তা কি? ইত্যাদি।

এই তথ্যগুলির অভাবে পৃথিবীর কোন দেশ কোন মানুষকে বসবাস করতে দেয় না। সে কারন সঠিক তথ্যের অভাবে তাদের কারাবাস ভোগ করতে হয়।

ভূমি পরিচয়ঃ পৃথিবীর যে অংশে শিশুটি জন্মেছে সেই ভূখণ্ডের একটি 'নকশা' আছে। ঐ নকশাকে একটি দাগ নম্বর দিয়ে চিহ্নিত করা হয়। এইরূপ অনেকগুলি দাগের জমি জুড়ে একটি গ্রামের নকশা তৈরী করা হয়। 'নকশা' হল ভূখণ্ডের পরিধি তূল্য কাগজে আঁকা সংক্ষিপ্ত ছবি। গ্রামের নকশাটি সরকার স্বীকৃত ও মৌজার (গ্রাম) নামে সরকারী দপ্তর থেকে প্রকাশিত হয়। কোন মানুষ এই জমি বিষয়ে জানতে চাইলে, মৌজা নং, (গ্রামের নং) খতিয়ান নং (জমির মালিকে সত্ব নং) দাগ নং দিয়ে সরকারী অফিসে আবেদন করলে, মালিকের নাম, জমির পরিমান, ধার্য্য করের পরিমান সহ দখলকারের নাম ও তথ্যাদির বিবরন পাওয়া সম্ভব হয়। সন্তান জন্মের পর পিতার সম্পত্তিতে তার অধিকার জন্মে। এইভাবে তার পরিচিতি প্রতিষ্ঠিত হয়ে যায়।

আত্মপরিচয়ঃ সন্তান ভূমিষ্ঠ হওয়ার পর থেকেই তাকে পরিচয় দান করতে দেশ একটি সরকারী দপ্তর স্থাপন করেছেন। মায়ের কোলে সুস্থ সন্তানকে সুরক্ষিত করতে স্থাপন করা হয়েছে হাসপাতাল। হাসপাতাল ও পরিচয় দানকারী দপ্তর সন্তানের জন্মের ক্ষন, ওজন, স্বাস্থ্যের অবস্থা, পিতা মাতার নাম লিখে, জন্ম ও মৃত্যু বিষয়ক রেজিষ্টারের দপ্তরে পাঠিয়ে দেয় ও নাগরিকের অনুপস্থিতিতেই তার নিবন্ধীকরন হয়ে যায়। পরে পিতা-মাতা অথবা রক্ষক গার্জেন ঐ দপ্তর থেকে জন্ম সার্টিফিকেট নিয়ে সন্তানকে সমাজে পরিচিতি দান করতে সক্ষম হন।

অধিকারঃ অধিকার হল সমাজ স্বীকৃত পাওয়ার প্রতিশ্রুতি। আত্মপরিচয়ে সমৃদ্ধ হওয়ার পর মানব সন্তান দেশ মাতৃকা অথবা জন্মভূমির কাছ থেকে অনেকগুলি অধিকার লাভ করে। যেমন-

- তার জীবন আইনের আশ্রয়ে সুরক্ষিত হওয়ার যোগ্য।
- অসহায় পিতা-মাতা, আত্মীয়-অনাত্মীয়, শত্রু-মিত্র অথবা হিংসক জীব স্বার্থের বশবর্তী হয়ে তার জীবনের অবসান ঘটালে আইনতঃ দণ্ড ভোগ করবেন।
- জন্মভূমি সরকারী আইন অনুসার প্রসাশনিক শক্তিকে সক্রিয় করে নিরন্তর মানব শিশুর উন্নয়ন ও জীবন রক্ষা করে।
- জন্মভূমি (তোমার দেশ)অসুস্থ জীবনকে সুরক্ষিত করতে চিকিৎসা পরিষেবার মাধ্যমে প্রয়াস জারী রাখে। চিকিৎসা পরিষেবা সহজে গড়ে উঠে না। প্রথমে গবেষণা করতে হয়। তারপর গবেষনার সুফল নিয়ে মানব সন্তানকে শিক্ষিত করে ডাক্তার তৈরী করতে হয়। তারপর সেই ডাক্তার চিকিৎসা পরিষেবা দান করে মানব জীবনকে সুরক্ষিত করে।
- তারপর এই দেশ তোমার জীবনকে সংস্কার ও শিক্ষায় সমৃদ্ধ করতে বিদ্যালয়, বোর্ড, কাউন্সিল, মহাবিদ্যালয়, বিশ্ববিদ্যালয় ইত্যাদিতে অনেক অর্থ খরচ করে সঞ্চিত জ্ঞানকে পরিবেশন করেন। এর পরেই তোমার জীবনে মূল্য বোধের সৃষ্টি হয়।
- আর তোমার মা নিজের বুকের রক্তকে দুগ্ধে পরিবর্তীত করে তোমাকে লালন করেন।

সে কারন সংস্কৃতে বলা হয়-"জননী-জন্মভূমিশ্চ স্বর্গাদপী গরিয়সী"। অর্থাৎ জননী ও জন্মভূমি স্বর্গের চেয়েও শ্রেষ্ঠ।

ইতিহাসঃ বর্তমানে ঘটে যাওয়া ঘটনাকে অতিক্রম করার পর সেটি কাহিনী হয়ে যায়। আর পরবর্তী সময়ে সেই কাহিনীকে আমরা ইতিহাস বলি। মানুষের মস্তিষ্ক সকল অভিজ্ঞতাকে ধরে রাখলে কেবল একজন ব্যক্তির লাভ হয়। কিন্তু সেই অভিজ্ঞতার কথা অন্য মানুষ জানতে পারলে সে সতর্ক হয়ে কাজ করতে সক্ষম হয়। ফলে সে সহজেই জটিল সমস্যা অতিক্রম করতে পারে। সেকারন অভিজ্ঞতাকে সমাজের কাজে লাগানোর প্রয়োজনে ইতিহাস লেখার প্রয়োজন হয়।

প্রত্যেক মানুষই প্রতিদিন সারা দিনের অভিজ্ঞতাকে ডাইরীতে লিখতে থাকলে পরবর্তী কালে সেটি ইতিহাসের সম্পদ হয়ে যায়। তাই সমাজে ডাইরী লেখার প্রচলন রয়েছে। আত্মচক্রের অধিকার বোধ সৃষ্টি হয়েছিল বঞ্চনার ইতিহাসকে সামনে রেখে। বঞ্চিত মানুষ বহুবার বঞ্চনার প্রতিবাদ করেছেন। কিন্তু সকল সময় সেই প্রতিবাদের ভাষা গ্রাহ্য হয় নি। এইরূপ প্রতিবাদের কারনে 1215 খ্রীষ্টাব্দে আত্মচক্রে অধিকার বোধের ভিতি স্থাপন হয়েছিল পৃথিবীর অন্য প্রান্তে। সে সময় ব্রিটেনে "মাগনা কর্তা" (Magna carta) আইন প্রবর্তনের উদ্দেশ্য বর্ণনা করতে গিয়ে বলেছিলেন-

"No free man shall be seized or imprisoned or stripped of his rights or possessions, or outlawed, or exiled, or deprived of his standing in any other way nor will we proceed with force against him, or send others to do so, except by the lawful judgment of his equals or by the law of the land. To no one will we sell, to no one deny or delay right or justice". মাগনা কর্তার বিচার ধারা অনুসার আজ পৃথিবীতে প্রজাতান্ত্রিক আইন প্রতিষ্ঠিত হয়েছে। এটি মানবাধিকারের মূল অঙ্গীকার হিসাবে গণ্য করা হয়। সেকারন গণতন্ত্র বিশ্বে সমাদৃত। তাই সাধারন মানুষ বিশ্বাস করেন গণতন্ত্রের থেকে বেশী স্বাধীনতা রাজতন্ত্রে অথবা অন্য কোন সাশন ব্যবস্থায় পাওয়া সম্ভব হয় না। এখানে প্রজারাই বলতে পারেন-"আমরা সবাই রাজা"।

সংঘর্ষ পরিধিঃ জন্মের পর থেকেই মানব সন্তানকে অধিকার সুরক্ষা, বঞ্চনা অথবা স্বার্থপরতা অতিক্রম করতে হয়। যেমন-

- কথিত আছে পূর্বে কন্যা সন্তানকে কতক মাতা জন্মের পরই মেরে ফেলতেন।
- জীবানু ঘটিত রোগে অথবা অ্যানিমিয়ার কারনেও শিশু মৃত্যুর ঘটনা আজও ঘটতে পারে।
  - হাসপাতালে সতর্ক কর্মী ও ডাক্তারের অভাব থাকতে পারে।
  - জ্ঞান হীন ব্যক্তি শিক্ষক হয়ে সমাজকে প্রতারিত করতে পারে।
  - যা আইনে লেখা আছে তা কার্যকর নাও হতে পারে।
  - সম্পত্তি গ্রাসের কারনেও শিশু হত্যা সম্ভব।
- পিতামাতার অজ্ঞতা অথবা বংশানুক্রমে বহন করে আসা রোগের ভার সন্তানকেও ভোগ করতে হতে পারে।
- সরকারী কর্মীর অক্ষমতা অথবা দুর্নীতি সন্তানকে অধিকার থেকে বঞ্চিত করতে পারে।
- আইনকে সক্রিয় না করার কারনে অথবা অবহেলার কারনে জীবন বিপন্ন হতে পারে।

- খাদ্য ও চিকিৎসার অভাবে জীবন বিপন্ন হতে পারে।
- ছল, প্রতারনা ও বঞ্চনা দ্বারা সন্তান বিপন্ন হতে পারে।
- ইত্যাদি।

এই সকল সমস্যা অতিক্রম করতে পারলেই তো বাঁচা সম্ভব হয়। নিজের অধিকারকে আদায় করে নিতে মানুষ সে কারনেই কৌশল রপ্ত করতে চায়। শিশুর কান্নাও দাবী আদায়ের কৌশল হিসাবে গণ্য হয়। এই সকল সমস্যা অতিক্রম করতে কেবল তিনটি পথ খোলা রয়েছে। সেগুলি হল-ছল, বল আর কৌশল। সংস্কার ও শিক্ষায় এই তিনটি বলের জ্ঞান পাওয়া সম্ভব হয়। আত্মচক্র অতিক্রমের শ্রেষ্ঠ উপায় হল আত্মনির্ভরতা ও সতর্কতা অবলম্বন। নিজের শরীরকে প্রতিমুহূর্তে সুরক্ষিত করতে সজাগ থাকতে হয়, তৎপর হতে হয় ও যথাযথ প্রতিকারের জন্য তৈরী থাকতে হয়।

শরীরের যত্ন নেওয়া হল এই তৎপরতার একটি গুরুত্বপূর্ণ কাজ। মানুষ সকালে উঠেই চোখে মুখে জল না দিলে মুখমণ্ডল দূষন অথবা ভাইরাসের আক্রমন থেকে মুক্ত হতে পারে না।

- চোখের পিঁচুটি দৃষ্টি শক্তির স্বচ্ছতাকে আড়াল করতে থাকে। জলের অভাবে চোখের স্নায়ু দুর্বল হয়ে যায়।
- নাকের ভিতর সর্দির অবশেষ জমে প্রশ্বাস ও নিশ্বাসে বাধা সৃষ্টি করে।
- দৈনিক দাঁত না মাজলে ব্যাকটেরিয়ার উপদ্রবে মুখে দুর্গন্ধ সৃষ্টি হয়, দাঁতের ক্ষয় হতে থাকে ও বদহজম সংক্রান্ত রোগের সৃষ্টি হয়।
- হাতের আঙুলে নখ বাড়লে নখের ভিতর জমে থাকা ময়লা খাদ্যের সাথে পেটে চলে যায়। তারপর পেটের রোগে আক্রান্ত হয় মানুষ। পায়ের নখ বাড়লে আঘাত লেগে রক্ত ক্ষরন হতে পারে। তাই নিয়মিত নখ কাটতে হয়।
- এইরূপ দৈনিক দাড়ি-গোঁফ কামানো, নিয়মিত চুল কাটা, দৈনিক স্নান করা, কোষ্ঠ পরিষ্কার রাখা, উপযুক্ত পোষাক পরে শরীরকে ঢেকে রাখা, যোগ অথবা চলাফেরা করে শরীরকে সচল রাখা ইত্যাদি হল নিত্য দিনের কাজ।
- তারপর রয়েছে সুখাদ্য গ্রহন করা, কুখাদ্য ও সুখাদ্য বেছে শরীরকে সুস্থ্য রাখার অভ্যেস গড়া।
- খাওয়ারে মাছি বসলে জীবানু সংক্রমনের সম্ভবনার সৃষ্টি হয়। মশার কামড়ে ম্যালেরিয়া, ডেঙ্গু অথবা ফাইলেরিয়া রোগের শিকার হতে হয়। যার ফলে মানুষের জীবন বিনাশ হওয়ার সম্ভবনা বাড়ে।
- জল বিশুদ্ধ না হলে বিভিন্ন রোগের জীবানু শরীরে প্রবেশ করে। জলবাহিত জীবানুর কারনে মানুষকে জন্ডিস রোগের শিকার হতে হয়।
- মানব সন্তান জন্মের পর থেকেই একটি পরিবারে বাস করতে থাকে। সেখানে পিতা-মাতা, পরিজন ও আগন্তুকদের মধ্যে সবাই যে সহযোগীতা করবে তার কোন নিশ্চয়তা থাকে না।

- বিষয় সম্পত্তি ও স্বার্থের প্রয়োজনীয়তা তাদের কাউকে গ্রাস করলে ব্যক্তির জীবন সংকটের সম্মুখীন হয়। এইরূপ পরিস্থিতি থেকে বাঁচতে মানুষকে সতর্ক থাকতে হয় ও কৌশল অবলম্বন করতে হয়।
- এছাড়া পথ চলতে গিয়ে কুকুরের কামড়, পশুর আক্রমন, সর্প দংশনের সম্ভবনা, মাকড়শা ও বিষাক্ত কিট-পতঙ্গের কামড় থেকে রক্ষা পাওয়া, ছোঁয়াচে রোগের প্রকোপ আর অপরাধ প্রবন মানুষের আক্রমন থেকে নিজেকে রক্ষা করতে হয় সকল মানুষকে।
- পড়তে গেলে অবাধ্য হওয়ার কারনে কপালে প্রহার জুটতে পারে। সংস্কারহীন মানুষের আক্রমন শরীরকে ক্ষতবিক্ষত করতে পারে।
  - শিক্ষিত চিকিৎসক ভুল চিকিৎসার কারনে কষ্ট দিতে পারে। ইত্যাদি।

অর্থাৎ ভাইরাস, আবহাওয়া, বন্যপ্রাণী ও কীটের দংশন, সরীসৃপ ও আঘাত জনিত ভয়, আঘাত-প্রতিঘাতের সম্ভবনা, ভূল, দুর্ঘটনা, সতর্কতার অভাব, ভয় ও মৃত্যুর মধ্যে সীমাবদ্ধ রয়েছে আত্মজীবন পরিধি।

এই সকল পরিস্থিতির মধ্যে নিজের জীবনকে সুরক্ষিত করতে আত্ম-নির্ভর হওয়াও সম্ভব। এই পরিস্থিতিগুলি অতিক্রম করতে সতর্ক থেকে বিপদ এড়িয়ে যেতে হয়, বিপদ হলে চিকিৎসা গ্রহন করতে হয় অথবা অপরের সাহায্য নিয়ে নিজেকে রক্ষা করতে হয়। মানুষ বুদ্ধিমান হলে পূর্ব পরিকল্পনা অনুসার প্রত্যক্ষ অথবা পরোক্ষ প্রভাবকে কাজে লাগিয়ে নিজের জীবন রক্ষা করতে সক্ষম হয়। এই পরিস্থিতিকে আমরা আত্মনির্ভরতা বলি। তাই আত্মচক্র পরিধি আত্মসুরক্ষা বলয়েই সীমাবদ্ধ হয়। সাধারনতঃ বারো বছর বয়সের মধ্যে আত্মচক্র পরিধি অতিক্রম জ্ঞান সকল মানুষই অর্জন করতে পারে। তবে বিকলাঙ্গদের বেলায় তার ব্যতিক্রম ঘটতে পারে। পরে এই জ্ঞান সারা জীবন শরীরকে আগলে রাখতে সমর্থ হয়।

ভূলঃ আত্মচক্র পরিধিতে সতর্ক না থেকে ভূল করলে শাস্তি লাঘবের উপায় থাকে না। সৃষ্টির নিয়ম অনুসার ভূল করলে ভূগতে হয়, অথবা জীবনের বিনাশ ঘটে। তাই আত্মরক্ষা বিষয়ে সকল মানবই সংস্কার গ্রহন করে সুরক্ষিত হন। আর যাঁরা সংস্কার ও শিক্ষাকে অবজ্ঞা করেন তাঁরা ভূলের শিকার হয়ে অকাল মৃত্যু বরন করতে বাধ্য হন। কারন ভূলের পরিনতি মানুষকে সম্পূর্ণ জীবনকাল ভোগের পূর্বেই সমাপ্ত করে ফেলে।

পরিবার চক্রঃ যারো বছর বয়স থেকে 21 বছর বয়স পর্যন্ত পরিবারচক্র বিষয়ে সন্তানের ধারনা হয়ে যায়। পরিবারতন্ত্র হল একটি জটিল ব্যবস্থা। এটিকে মিনি সমাজ বলা যেতে পারে। মানুষ সামাজিক রীতিনীতি, অন্যের মতিগতি ও প্রয়োজনীয়তা পারিবারিক জীবনে বুঝতে পারে বলে সমাজচক্রে অবতরন কালে সতর্ক থাকার অভ্যেস হারায় না। এখানে ভবিষ্যতে সুফল পাওয়ার আশায় পিতামাতা ও পরিবারের লোকজন মানব সন্তানকে সযত্নে সুরক্ষিত করার প্রয়াস চালিয়ে যায়। এটি হল পরিবার চক্রের কাজ। তাদের সেবা-যত্ন তোমাকে ভালোবাসার পথ দেখাবে। তুমি

ধীরে ধীরে তাদের মায়ায় বশীভূত হয়ে স্নেহের পরশে সুখ অনুভব করবে।

একটি পরিবারে থাকে একাধিক ব্যক্তি। তারা প্রত্যেকে আত্মচক্রের বলয়ে সীমাবদ্ধ হয়ে জীবন রক্ষা করতে থাকে। তারই মধ্যে নিজেকে বাঁচিয়ে পরিবারের অন্যান্যকে সহযোগীতা করাই হল পারিবারিক সদস্যের ধর্ম ও উদ্দেশ্য। পরিবার চক্রকে বুঝতে হলে পরিবারের একজন ব্যক্তির দায়িত্ব ও কর্তব্য বিশ্লেষন করতে হয়। দেখা যায়-

i. পরিবারের প্রত্যেকটি সদস্য আত্মচক্রের দায় অতিক্রম করতে একে অপরের উপর নির্ভরশীল হয়ে যায়। বিবেকানন্দের কথায় "সকলের তরে সকলে আমরা, প্রত্যেকে আমরা পরের তরে"। এই নীতি অনুসরন করে।

v. সকলকে পারিবারিক সম্পদ সুরক্ষার দায় বহন করতে হয়।

v. আত্মপরিচয়কে ঐতিহ্যমণ্ডিত করতে সবাই প্রয়াস জারী রাখে। ফলে পরিবারের সুখ্যাতি দিয়ে সবার পরিচয় সুরক্ষিত ও সম্মানিত হওয়ার সুযোগ পেয়ে যায়।

v. পরিচয়ের মধ্যে থাকে অধিকারের অংশ। পারিবারিক সঞ্চয় ও সম্পদের ভাগ ব্যক্তি জীবনের ভীত শক্ত করে দেয়। তাই ভবিষ্যতের সংঘর্ষের পথ সহজ হয়।

v. এইসব কারনে পরিবারে থাকা প্রত্যেক ব্যক্তি একে অপরের সুখ-দুঃখের অংশীদার হতে থাকে। তাদের মনকে একতার সূত্রে বেঁধে ফেলতে হয়।

• বাবা কায়িক অথবা মানসিক পরিশ্রমের বিনিময়ে অর্থ উপার্জন করে ঘরে খাদ্য মজুত করেন। আর মা সেই খাদ্যকে পরিপাক করে স্বস্নেহে সবাইকে পরিবেশন করে দেয়।

• কারুর শরীর অসুস্থ হলে সবাই কাতর হয়ে পড়ে। আবার সন্তানের সাফল্যে সবাই আনন্দে মেতে উঠে।

• উৎসবে সবাই নূতন জামা-কাপড় পরে খুশির প্রকাশ করে। আবার অনটনের কারনে সবাই দুখী হয়ে যায়। সেকারন সবার কষ্ট দূর করতে সবাই নিজ নিজ প্রয়াস জারী রাখে।

• কাজের মাঝে কেউ কেউ পরিবারের সুখ্যাতি ও সম্পদ খুইয়ে ফেলার চিন্তাই করে না। আবার তাদের মধ্যে অন্য কেউ যত্নবানও হতে পারে।

• পরিবারের নীতি অনুসার উপার্জন যেই করুক না কেন, সেই উপার্জনকে যৌথ সম্পদ হিসাবে গণ্য করা হয়। ধরা হয় যে পরিবারের অর্জিত সম্পদে সবার সমান অধিকার রয়েছে।

সংঘর্ষ পরিধিঃ পরিবারচক্রের মধ্যে রয়েছে মা-বাবা, কাকা-কাকীমা, ভাই-বোন, ভাইপো-ভাইঝি, বৌদি, পিসি, ঠাকুমা, ঠাকুরদা ইত্যাদি আরও বহু কাছের ও দূরের আত্মীয়। এরা সবাই শিশু ও একে-অপরের জীবন রক্ষায় প্রত্যক্ষ অথবা পরোক্ষ ভাবে সহযোগীতা করেন।

• প্রত্যক্ষ সহযোগীতা প্রকাশ পায় যখন তুমি সরাসরি কিছু পাও। আর পরোক্ষ সহযোগীতাকে দেখা যায় না। সারা ছাত্রজীবন জুড়ে অথবা সাবালক হওয়ার পূর্ব মূহর্ত পর্যন্ত পরিবারচক্র

সন্তানকে আগলে রাখে। সে সময় সন্তান বিভিন্ন ঘটনার মধ্য দিয়ে সামাজিক পরিস্থিতি বিষয়ে জ্ঞান লাভ করতে থাকে। তার সঙ্গে সামাজিক শিক্ষা যুক্ত হলে সন্তান জীবনের সমস্যা গুলি অতিক্রম করার কৌশল শিখে যায়।

- তাই সন্তানকে 21 বছর বয়স হওয়ার পূর্বে স্নাতোকোত্তর শ্রেণীর পাঠ শেষ করে সমাজচক্রে যোগদানের উপযুক্ত করে তোলা হয়। অবশ্য প্রত্যেকটি পরিবার প্রত্যক্ষ ও পরোক্ষ সহযোগীতার মাধ্যমে সন্তানকে আত্মনির্ভর মানুষ হয়ে গড়ে উঠতে সাহায্য করে। প্রত্যক্ষ অর্থাৎ সরাসরি, আর পরোক্ষ অর্থাৎ অন্যের সহযোগীতা সাপেক্ষে। যেমন- তোমার মা তোমাকে যখন খেতে দেন, তখন তুমি সরাসরি মায়ের সহযোগীতা পাও। কিন্তু তোমার বাবা বাজার থেকে খাওয়ার কিনে ঘরে মজুত রেখেছেন। এটা হল পরোক্ষ সহযোগীতা। আবার তোমার কাকাবাবু পৃথকান্নে বসবাস করেন। তিনি তোমার পড়াশোনার জন্য ভালো স্কুলে ভর্তির ব্যবস্থা করলেন। এটি হল পরোক্ষ সহযোগীতা। আবার তিনি তোমার পরিবারের বিপদে-আপদে দায় এড়িয়ে যেতে পারেন না। কারুর অসুখ হলে সব কাজ ফেলে ডাক্তার, ঔষধ অথবা পরিষেবা দিতে এগিয়ে আসেন। আসলে আত্মরক্ষার প্রয়োজনে নিজের আত্মীয়ের থেকে তিনি পৃথক থাকছেন। কিন্তু আন্তরিক টান থেকে তিনি নিজেকে পৃথক রাখতে পারেন নি। তাই আত্মীয়তার অদৃশ্য বন্ধন থেকে তিনি মুক্ত হতে পারেন নি।

- সাধারনতঃ পরিবার চক্রে থাকা সমস্ত ব্যক্তি একে অপরের সমালোচনা করেন বলে তারা পরস্পর দূরে সরে যেতে বাধ্য হন। কারন সমালোচনায় ভুল-ত্রুটির বিষয় গুলি স্পষ্ট হতে থাকে। ফলে নিজের ভুলের কারনে সবার ক্ষতি এড়িয়ে যেতে অথবা অভিমানে শুভাকাঙ্খীদের ত্যাগ করে মানুষ নিজ পরিবার থেকে আলাদা হয়ে যায়।

- আসলে সমালোচনা করা অথবা একে অপরের দোষ ধরা একটি প্রাচীন সংস্কার। পরিবারতন্ত্রে চলতে থাকা এই দোষ-ধরা রীতি জীবনের বহু উপকারে আসে। অজ্ঞানতা বশতঃ অথবা আবেগ বশত খারাপ কাজ করতে গিয়ে মানুষ যখন ভুল করে ফেলে, তখন সে পরিনতির কথা ভাবতে পারে না। কিন্তু সমালোচনার দ্বারা সে ভুল সংশোধন হয়ে গেলে ভবিষ্যৎ ক্ষতির থেকে রক্ষা পাওয়া যায়। তাই চলার পথে ঘটা ভুল-ত্রুটি সংশোধনে বিপদ, আর্থিক ক্ষতি অথবা জীবন সংকট এড়িয়ে যাওয়া সম্ভব হয়। কিন্তু এইরূপ ঘটনায় নিজের যোগ্যতা হ্রাস পায় মনে ভেবে অনেকে ভূল সিদ্ধান্ত নিয়ে ফেলে। তাই তারা দীর্ঘকাল পরিবারে টিকে থাকতে পারে না। তারা পরিবার থেকে আলাদা হয়ে সতন্ত্র জীবন যাপন করতে বাধ্য হয়। তথাপি ঐ ব্যক্তি কখনো পরিবারের সদস্য অথবা আত্মীয়দের থেকে সহযোগীতা পেতে বঞ্চিত হয় না। সামাজিক রীতি অনুসার তার চিকিৎসা, সেবা ও সহযোগীতার কাজ যথারীতি চলতে থাকে।

- মানুষের জীবনে বিপদ যেকোন মুহুর্তে ঘটতে পারে। সমস্যার আগাম সূচনা পাওয়া সম্ভব হয় না। সে কারন পরিবারের কোন ব্যক্তি পথে অথবা অপরিচিত স্থানে বিপদাপন্ন হলে সেখানে যদি কোন আত্মীয় উপস্থিত নাও থাকে দূরের মানুষ সম্পর্কের সূত্র ধরে বলে, "অমুকের আত্মীয়, ভাইপো ইত্যাদি অসুস্থ অথবা বিপদাপন্ন তার আত্মীয়দের খবর দাও"। এইরূপ পরিবার তন্ত্রের রীতি বেয়ে মানুষের জীবন রক্ষা সম্ভব হয়। তাই শিশু থেকে আবাল বৃদ্ধ বনিতা আমরা সবাই পরিবার চক্রে বাঁধা থাকি। পরিবার চক্রে থাকা মানুষ ধর্মীয় রীতি,

পরিবারিক সংস্কৃতি ও জীবন যাপনের অভ্যেস একই ধারায় চালাতে অভ্যস্ত হয়। সে কারন 'মিত্রতা' ও 'শত্রুতা' দুই ধরনের প্রবিত্তিই তাদের জীবনকে প্রভাবিত করে।

প্রতিযোগীতাঃ পরিবারচক্রে বাবা-মা ছাড়া প্রত্যেক ব্যক্তি অধিক সুখ-সুবিধা পাওয়ার লক্ষ্যে প্রতিযোগীতার মনোভাব পোষন করেন। এই প্রতিযোগীতার কারনে একজন ভাই অন্যের সম্পত্তি গ্রাস করতে উদ্যত হন। নিজে সুখী হতে অপরকে বঞ্চিত করতে চান। ছেলে বেলায় কেউ কেউ ভাইকে নিজের খাবার বিতরন করে আনন্দ পায়, আবার অনেকে ভালো খাবার দিতে চায় না। আবার বড় হয়ে অনেকে একে অপরকে বঞ্চিত করার প্রয়াস জারী রাখে। সম্পর্ক যতটা দূর হবে এই প্রতিযোগীতা ততটাই বাড়তে থাকবে। তাই কাকা-ভাইপো, মামা-ভাগ্না অথবা আরও দূরের আত্মীয়রা প্রথমে সাহায্যের অজুহাতে মিলিত হয়। তারপর স্বার্থ কায়েম হয়ে গেলে, পরস্পর বিরোধী আচরন প্রদর্শন করে। পরিবারচক্রে বিশ্বাসঘাতকতার প্রকাশ হলে, একে অপরের চরম শত্রু হয়ে যায়। স্বামী-স্ত্রী একে অপরের জীবন নষ্ট করার জন্য উদ্যত হয়। ভাইতে ভাইতে লড়াই বাধে। আসলে আত্মচক্রের পরিধি থেকে বেরিয়ে আসার মত জ্ঞান না হওয়ার কারনে মানুষ নিজের স্বার্থকে প্রাধান্য দিয়ে থাকে। এইরূপ আচরনকে স্বার্থপরতা বলা হয়। পরিবারে সহযোগীতার পরিবেশ অতিক্রম করতে গিয়ে মানুষ নিরপেক্ষ বিচার ধারার প্রয়োজনীয়তা অনুভব করে। এই নিরপেক্ষ বিচারধারা থেকে ত্যাগের প্রবৃতি মনে জাগে। নিরপেক্ষ বিচারধারায় সবাইকে আকর্ষিত করতে ত্যাগ হল আদর্শ উদাহরন। কারন অনুগামীরা দেখতে চায়, উপদেশ দানকারী উপদেশের পথ অনুসরন করে কি না?

পরিবারচক্র একটি সুপ্রতিষ্ঠিত জীবনের প্রয়াস ছাড়া সম্ভব হয় না। সেই সুপ্রতিষ্ঠিত প্রয়াসে সৃষ্টি হয় মূল্যবান সম্পদ। আর সম্পদ সুরক্ষা করতে গিয়ে সৃষ্টি হয় বিবাদ। সম্পদ সংরক্ষন বিবাদ অত্যন্ত জটিল। একবার শুরু হলে তা শেষ হতে চায় না। যেমন যদি কোন ব্যক্তি বাল্যকালে খেলার সাথীর সঙ্গে বিবাদ করে, তার বাবা-মা ছোটোদের ঝগড়া বলে এড়িয়ে যান। কিন্তু সেই বিবাদ যদি প্রাপ্ত বয়স্কদের মধ্যে হয়, তখন এড়িয়ে যাওয়া সম্ভব হয় না। বেশীর ভাগ সমস্যা হয় জমি, নারী অথবা টাকার অধিকার সংরক্ষন নিয়ে।

জমি চিরকাল মানুষের নিকট মূল্যবান। এই জমি একজন মানুষের স্থায়িত্ব ও সম্পদ সৃষ্টির উৎস হিসেবে গণ্য হয়। তাই সকল মানুষ জমির মালিক হওয়ার প্রয়াস করেন। জমির অধিকার একবার প্রাপ্ত হলে মানুষ নির্দিষ্ট স্থানে প্রতিষ্ঠা লাভ করতে পারেন। প্রতিষ্ঠিত ব্যক্তির প্রতি সমাজের অন্য মানুষ আস্থা রাখতে পারেন। সে কারন বিবাহ বন্ধন, লোকাচার ও আত্মীয়তা সূত্রে বিত্তবান প্রতিষ্ঠিত মানুষকে সাধারন মানুষ আপন করতে আগ্রহ প্রকাশ করেন। পৃথিবীতে জনসংখ্যা বাড়ছে। কিন্তু ভূখণ্ড বাড়ছে না। ক্রমাগত প্রয়োজনে বন, জঙ্গল, চাষের জমি ও জলাশয় ভরিয়ে মানুষ বাসস্থান তৈরী করে ফেলছেন। ভাই-বোনেদের সংখ্যা বৃদ্ধি হওয়ার কারনে বাসস্থানের প্রয়োজন বাড়ছে। আর খালি জমির আয়তন ছোট হয়ে আসছে। সেকারন বেশী পাওয়ার ইচ্ছে প্রবল হলেই বিবাদ বাড়ছে। এইভাবে সম্পদ গ্রাসের প্রতিযোগীতা বাড়ায় মানুষ নিরাপত্তা হারাচ্ছে।

এই প্রতিযোগীতায় দুর্বল মানুষ অথবা সরল আত্মবিশ্বাসী মানুষ দুষ্ট মানুষের চক্রান্তের শিকার হয়। তারপর কোন অসতর্ক মূহর্তে একে অপরকে মেরে ফেলে। এইভাবে সম্পদ প্রাপ্তির নেশায় জীবন বিপন্ন হয়ে যায়। জমি বিবাদ পরিবার চক্রের দুর্বলতার কারনে শুরু হতে পারে। সে কারন পরিবারের কর্তা পরবর্তী বংশধরের প্রতি সুবন্টন করে সম্পত্তি সমস্যার সমাধান করে থাকেন।

আরেকটি সংবেদনশীল উৎস হল নারী। নারী ও পুরুষ উভয়েই উভয়ের উপর নির্ভরশীল হন। পুরুষ নারীকে ভোগ্যা হিসাবে গণ্য করেন। আর নারী পুরুষকে আস্থার স্থল হিসাবে গ্রহন করলেই নিজেকে সমর্পন করেন। আস্থা অর্থাৎ নির্ভরশীলতা। নারী চায় একটি স্থায়ী বাসস্থান, খাওয়া পরার স্থায়ী ব্যবস্থা আর সুখ ও সমৃদ্ধি। সকল পুরুষই এই দায় বহন করতে সক্ষম হন। কিন্তু সামাজিক পরিবেশে রয়েছে মানুষকে বিভ্রান্ত করার ফাঁদ। পরনির্ভরশীল পুরুষেরা এই সকল ফাঁদের শিকার হয়ে আর্থিক স্বচ্ছলতা হারিয়ে ফেলে। এই অবস্থায় পরিবারের আয়ের পথ বন্ধ হয়ে যায়। তখন নারী বিপথগামী হয়ে মজবুত আশ্রয়ের আশায় অন্যের দিকে আকৃষ্ট হয়।

নারী বিপথগামী হলে পুরুষের সংসার-ধর্ম করার মূল উদ্দেশ্য সার্থক হয় না। সংসার ধর্ম করার মূল উদ্দেশ্য হল বংশ বিস্তারের মাধ্যমে পরিবার চক্র সৃষ্টি করা। এই পরিবার চক্রে প্রথম সন্তানগন পিতা-মাতার প্রতি অনুগত হয়। তাদের স্নায়ুর সংযোগ এত সংবেদনশীল হয় যে পিতা-মাতার কষ্টে তারা বেদনা অনুভব করে। আবার পিতামাতাও সন্তানের ভবিষ্যতের কথা ভেবে নিজের অর্জিত সম্পদ সন্তানদের কল্যানের জন্য রেখে যান।

পরিবার চক্রের সমস্ত সমস্যার মূল কেন্দ্রবিন্দু হল আহার, বাসস্থান, আমোদ-প্রমোদ, বেশভূষা ও সুখ-দুঃখের অধিকার সংক্রান্ত বিবাদ। স্বার্থপরতা, প্রতিহিংসা, অমানবিকতা ও বিচ্ছিন্নতার মনোভাব সংস্কারের বেড়া ভেদ করে পরিবারে বিভেদ আনে। তাই সুখের সংসার বিচ্ছিন্ন হয়ে যায়।

মায়া ও বন্ধনঃ পরিবারচক্রে সন্তান আড়াই বছরের পর থেকে একুশ বছর বয়স পর্যন্ত অথবা উপার্জনশীল না হওয়া পর্যন্ত থাকতে বাধ্য হয়। সে সময় সবার মন জয় করে নিজের সমস্যা সমাধান করতে হয় তাকে। পূর্বে বলা হয়েছে আমাদের সমাজে দু-প্রকারের মানুষ আছেন। আত্মনির্ভর মানুষ আর পরনির্ভর মানুষ।

আত্মনির্ভর মানুষ নিজের বুদ্ধি, ক্ষমতা ও যোগ্যতাকে কাজে লাগিয়ে জীবনের সমস্ত প্রয়োজন মিটাতে সক্ষম হয়। আর পরনির্ভর মানুষ নিজের সমস্যা মিটাতে অপরের উপর নির্ভরশীল হতে বাধ্য হয়। খাদ্য, পরিধান, বাসস্থান ও নিরাপত্তা জীবনকে ক্রমাগত সুরক্ষা দিতে থাকে। যখন মানুষ এই সবের যেকোন একটির অভাব বোধ করে তখন তার জীবনের নিরাপত্তার অভাব সৃষ্টি হয়। সেই অভাব মোচনের কারনে তখন মানুষ পরনির্ভরশীল হয়ে বাঁচার সিদ্ধান্ত নেয়। একে পরাধীনতা বলে। পরাধীনতা দু-প্রকারের হতে পারে। দক্ষতা বৃদ্ধি বিষয়ক অর্থাৎ অনুসাশনশীল পরাধীনতা আর দাসত্বমূলক পরাধীনতা।

সন্তানগন পিতামাতা ও পরিবারের স্নেহধন্য হয়ে অনুসাশনশীল পরাধীনতা গ্রহন করতে বাধ্য হয়। এইরূপ পরাধীনতায় থাকা অবস্থায় মানুষ সহজেই নিজের জীবন ধারনের রসদ নিঃশর্তে উপভোগ করার সুযোগ পায়। শিশুকাল থেকে সাবালক হওয়া পর্যন্ত মানব শিশু পরিবারের মধ্যে অনুসাশনশীল পরাধীনতা গ্রহন করে জীবন যুদ্ধে জয়ী হওয়ার দক্ষতা অর্জন করতে থাকে। ফলে উপযুক্ত দক্ষতা অর্জনের পর সে স্বাধীন ও আত্মনির্ভর জীবন লাভের সুযোগ পায়। যাঁরা উপযুক্ত শিক্ষা থেকে বঞ্চিত হন, তাঁরা কর্মজীবনেও পরাধীন হয়ে পড়েন। দীর্ঘকাল স্নেহের পরশমাখা অনুসাশনশীল জীবন যখন পরিপূর্ণ হয়ে উঠে তখন তার উপলব্ধি ও জ্ঞান নিজের সংসারকে জড়িয়ে ধরতে চায়। সংসারের দুঃখ, সুখ আর বেদনা তাকে মায়ার বন্ধনে বেঁধে ফেলে। সে সময় তার মনে কৃতজ্ঞতা প্রদর্শনের ভাব জাগে। তখন মায়ার বন্ধন কেটে পৃথিবীচক্রে অগ্রসর হওয়া কঠিন হয়ে যায়।

পরিবারচক্র পরিধি ও দায়ঃ পরিবার চক্রে রয়েছে- পিতা-মাতা, পিতামহ, মাতামহী, জেঠা-জেঠীমা, কাকা-কাকীমা, মামা-মামী, মাসি, পিসি, দাদা-বৌদি, জামাই-বোন, ভাগনা-ভাগনি, ভাইপো-ভাইঝি, প্রতিবেশী, পরিজন ও তাদের আত্মজীবন চক্রের সমস্যা অথবা দায়। পরিবারচক্রে বসবাস কালে সন্তানকে অনেক পরিস্থিতি অতিক্রম করতে হয়। যেমন- সবার মন জয় করা, নিজের জীবন রক্ষা অথবা আত্মরক্ষার দায় বহন করা, সমালোচনা সাবধানতা, সবার ক্ষতি রোধ, অভিমান উপলব্ধি, অজ্ঞানতা অতিক্রম, আবেগ নিয়ন্ত্রন, ভুল সংশোধন, স্বতন্ত্রজীবন বোধ, চিকিৎসা, সেবা ও সহযোগীতার সুফল, ধর্মীয় রীতি ও সংষ্কৃতির প্রভাব, মিত্রতা ও শত্রুতার প্রভাব, প্রতিযোগীতা, স্বার্থপরতা, ভাষা জ্ঞান, সুখ-সুবিধা ভোগের কৌশল, অন্যের অধিকার হরন প্রচেষ্টা, ভাতৃত্ববোধ ও বৈরী ভাবের পার্থক্য, সহযোগীতার সীমা, পারবারিক শত্রুতা, বিবাদ বিপর্যয়, জমি, নারী ও টাকার অধিকার, সম্পদের অধিকার ও সামাজিক আস্থা, সামাজিক বিচার, বিবাহ ও বন্ধুত্বের পরিনতি, লোকাচার, আত্মীয়তা, ভূ-খণ্ডের অভাব বোধ, বাসস্থানের প্রয়োজনীয়তা, জনসংখ্যা বৃদ্ধি, বেশী চাওয়ার প্রবনতা, সুবন্টন, সামাজিক ফাঁদ, সংসার ভাঙার কারন, নারীর সতীত্ব, সন্তানের জীবন, ভগ্ন সংসারের দশা, আইনের ভূমিকা, পরকীয়ার পরিনতি, বেশ্যা বৃতি পরিষেবা, দাম্পত্য বিবাদ, বিজ্ঞানের সুফল ও কুফল, সংষ্কার বিনিময়ে দাম্পত্য বিবাদ-বিতর্ক, পরাধীন জীবনের আর্তনাদ, পারিবারিক অভাব, আত্মহত্যা, আত্মীয় বিয়োগ, পূজা, পার্বণ, মেলা, উৎসব, সম্মেলন, রাজনীতি, বঞ্চনা, উপহার, সেবা প্রবৃতি, ধর্ম পালন, কর্তব্য বোধ ও প্রথা ইত্যাদি। এর সংগে থাকে সংষ্কার শিক্ষা ও বিদ্যালয়ের পাঠ। এই সব জটিল পরিস্থিতি ছাড়া আরও বহু সমস্যা বিষয়ে জানতে হয় মানুষকে। তারপর তো জীবন যুদ্ধে অবতীর্ন হতে হয়। অর্থাৎ কর্মজীবনে অনুপ্রবেশ ঘটে। যাঁরা বিদ্যালয়ের শিক্ষা নিতে পারেন না, তাঁরা কেবল সংষ্কার শিক্ষা নিয়েই প্রাপ্তবয়স্ক হওয়ার পর কর্মজীবনে পদার্পন করেন। এইরূপ মানুষ জীবনের সমস্ত কাজে পরনির্ভরশীল হতে বাধ্য হয়। সে কারন অশিক্ষত মানুষ লেখা-পড়া, হিসাব, মনের ভাব প্রকাশ, প্রাথমিক চিকিৎসা বিষয়ে সিদ্ধান্ত, আইন, সামাজিকতা বোধ, লেনদেন, বানিজ্য বৃদ্ধি, যোগাযোগ ও জটিল সমস্যা সমাধান ইত্যাদি বিষয়ে অপরের সাহায্য নিতে বাধ্য হয়। অর্থাৎ পরনির্ভরশীল হয়ে পড়ে। তখন সাহায্যকারী ব্যক্তি অধিক অর্থের বিনিময়ে সাহায্য দান করে। সে

কারন পরনির্ভরশীল ব্যক্তির জীবনে সংগতির অভাব সৃষ্টি হয়। তাই সে গরীব হয়ে যায়, বুদ্ধিভ্রষ্ট হয়ে নেশায় আকৃষ্ট হয়। এবং অকালে তার প্রাণনাশ হওয়ার সম্ভবনা বাড়ে।

পরিবার পরিচালনা রীতিঃ একটি পরিবার সাধারনতঃ একজন পরিবার প্রধানের দ্বারা পরিচালিত হয়। পরিবার প্রধানকে কর্তা বলা হয়। কর্তা তাঁর পিতা-মাতার আদর্শ অনুসরন করে সংসারের সদস্যগণের জীবনযাত্রার মান নির্ধারন করেন। পরিবারের সকল সদস্যই কর্তার অনুগামী হয়। তাঁরা কর্তার আদেশ অনুসার নিজেদের জীবনকে পরিচালিত করে প্রতিষ্ঠার পথে অগ্রসর হয়। অনেক সময় পরিবারের সদস্য আবেগবশত ভূল করে ফেলে। তখন ব্যক্তি স্বার্থ রক্ষা করতে গিয়ে পরিবারের ক্ষতি হয়ে যায়। সে সময় পরিবার কর্তা সদস্যকে সাশন করে। আবার যখন সদস্য খুব ভালো কাজ করে পরিবারকে সমৃদ্ধ করতে পারে, তখন সবাই তাকে সমাদর করতে ভূলে না। এইসব নীতি যুগ যুগ ধরে 'ছড়া' অথবা 'লোককথা'-র মধ্যদিয়ে প্রচলিত হয়ে আসে। তাই সেগুলোকে রীতি বলা হয়। প্রচলিত রীতি অনুসার এই সোহাগ ও সাশনকে জাগিয়ে রাখতে সাধারন মানুষ বলেন, "সাশন করা তারই সাজে, সোহাগ করে যে"।

পারিবারিক সাশন রীতির মধ্যে রয়েছে সম্পদের অধিকার প্রাপ্তির আশা ও সামাজিকতা অর্জনের ভবিষ্যৎ। পরিবারের সকল সদস্যকেই নিরপেক্ষ ভাবধারা পোষন করতে হয়। পরিবার প্রধানের সাশন নীতি সকল সদস্যের আত্মজীবন পরিধি সুরক্ষা, সমানতার অধিকার, সংশোধন, বিকাশ ও প্রতিষ্ঠার মধ্যে সীমাবদ্ধ থাকে। কিন্তু দৈহিক অত্যাচার অথবা প্রাণনাশের অধিকারী হয় না। সেকারন সদস্যগনের জীবনকে সুখ ও সমৃদ্ধি দান করতে পরিবারগুলি জীবন ধারনের রীতি অনুসরন করে থাকেন। যেমন-

- সবাই ভোর ছ'টায় বা নির্দিষ্ট সময়ে ঘুম থেকে উঠে চোখে মুখে জল নিয়ে ও হাত-মুখ ধুয়ে নিজেদের শরীর চর্চা করেন।
- বাসস্থানের চতুর্দিকে জীবানু নাশক ছড়ানো, ঘরের মেঝে পরিক্ষার করে জীবানু মুক্ত করা, আর নিজ নিজ কাজের জন্য সবাইকে তৈরী হতে হয়।
- নীতি হল বড়দের সম্মান করা। কাজের পূর্বে ঈষ্ট দেবতাকে প্রণাম করে একাগ্রচিত্তে কর্মরত হওয়া।
- রান্নার কাজে যাওয়ার পূর্বে বাসি কাপড় ছেড়ে জীবানু মুক্ত হতে হয়। খাওয়ার পর খাদ্যকনায় জীবানু সংক্রমন রুখতে জল ও জাবানু নাশক দিয়ে স্থানটি পরিক্ষার করে নিতে হয়।
  - প্রতিদিন রাত পর্যন্ত পরে থাকা কাপড় দুপুরে স্নানের সময় ধুয়ে ফেলতে হয়।
- যে কাপড় পরে মলত্যাগ করতে যাওয়া হয় অথবা শৌচালয় যাওয়া হয় সে কাপড়টি ধুয়ে ফেলতে হয়।
- রোগের হাত থেকে বাঁচতে পরিক্ষার থাকা, শরীরের যত্ন নেওয়া ও পরিমান মতো জল পান করা পরিবার প্রধানের নির্দেশ হতে পারে। আর তাঁর এই নির্দেশকে পরিবারের সকল সদস্য অনুসরন করতে একে অপরের ভূল ধরতে অভ্যস্ত হয়ে যান।

- পরিবারে খাদ্য গ্রহনের সময় নির্দিষ্ট থাকে। একসঙ্গে বসে খাওয়ার রীতি থাকলেও কাজের বিভিন্নতার কারনে অনেক সময় সে সুযোগ হয়ে উঠে না।

- তাই সকালের জল খাওয়ার, দুপুরের মধ্যাহ্ন ভোজকে কাজের সাথে তাল মিলিয়ে স্থির করতে হয়। তবে বেশীরভাগ সদস্যই প্রায় একই সময়ে প্রতঃরাশ ও মধ্যাহ্নভোজ করতে পারেন। আবার নিশিভোজের বেলায় সবাই একই সাথে খেতে বসে আনন্দ উপভোগ করতে পারেন।

- এছাড়া খাওয়ার সময় কথা বললে তৃপ্তির অভাব ও একাগ্রতায় বাধা সৃষ্টি হয়, গলায় খাদ্য আটকে বিপদ ঘটতে পারে অথবা বিবাদ উপস্থিত হলে খাদ্য নষ্ট হতে পারে, এই ভেবে কথা বলার নিয়ম নাই। এইসব বিচার করে কর্তা খাওয়ার সময় নির্ধারন করে থাকেন।

- তবে কম-বেশী, ভাগা-ভাগী অথবা অনেক পাওয়ার দাবী নিয়ে যে বিবাদ হয় না তা নয়, এই সব বিবাদ ভালোবাসার মন্ত্রে মিটিয়ে ফেলা হয়।

- সম্পদের অধিকার নিয়ে বিবাদ রুখতে কর্তা দান, উইল অথবা উত্তরাধিকারের ব্যবস্থা করে থাকেন। তা সত্ত্বে লোভী অথবা অধিক প্রত্যাশী মানুষের প্রভাব পরিবারকে প্রভাবিত করলে পরিবার অস্থির হয়ে পড়ে। সেসময় সামাজিক ন্যায় পেতে মানুষ আদালতে যায়। আদালত বিজ্ঞান সম্মত পদ্ধতিতে সেই সমস্যার সমাধান করতে সক্ষম হলে পরিবারের সকল সদস্যের জীবন সুখময় হয়ে উঠে।

- যদিও সামাজিক বিচারের উদ্দেশ্য "To no one will we sell, to no one deny or delay right or justice" এর মধ্যে সীমাবদ্ধ থাকার কথা। সামাজিক দূষনের কারনে এই প্রতিশ্রুতি বেশীরভাগ সময় রক্ষা করা সম্ভব হয় না। কারন প্রসাশনে আসীন অসম্পূর্ণ মানুষ সুযোগ বিক্রয়ের দিশায় ফাঁদ পাততে অভ্যস্ত হতে পারে। সে কারন অসতর্ক নাগরিক পাওয়ার থেকে বেশী খুইয়ে ফেলেন।

- বন্ধুত্ব হল নিঃশর্ত সহযোগীতার প্রতিশ্রুতি আর বিবাহ হল অংশীদারী জীবনযাত্রার অলিখিত দলিল। তাই বন্ধুত্ব ও বিবাহকে গুলিয়ে ফেলা উচিৎ হবে না। বন্ধুত্বে এক ব্যক্তি অপর ব্যক্তির মনের অনুভূতি অনুভব করতে পারে। একে অপরের সুখ ও দুঃখের অংশিদার হওয়ার ইচ্ছা প্রকাশ করে। কিন্তু সে ইচ্ছাকে সম্পূর্ণ করতে কোন দায়বদ্ধতা বহন করে না। সেকারন প্রতিশ্রুতি যদি অলিখিত হয়, বন্ধু যে কোন সময় তার প্রতিশ্রুতি পূরন না করে কেটে পড়লেও সামাজিক আইন অনুসার তার বিচার করা সম্ভব হয় না। তাই বন্ধুত্ব হল স্বেচ্ছা-প্রীতি ও আবেগ প্রকাশের উপলক্ষ্য মাত্র। এই 'উপলক্ষ্য' স্বার্থের কারনে যেকোন মূহর্তে বিচ্ছিন্ন হওয়ার যোগ্য গণ্য হয় বলে, বন্ধুর পত্নীর সাথে প্রেম হওয়ার পর বন্ধুই শত্রু হয়ে যায়। তাই স্থায়ী বন্ধুত্বের প্রয়াস করতে দূরত্ব বজায় রেখে লোভ সম্বরন করা দরকার। প্রখ্যাত এক শিল্পপতি সেকারনেই বোধ হয় বলেছিলেন, তাঁর কোন বন্ধু নাই। সেকারনে সতর্ক নারীগনও বিবাহের পর সকল বন্ধুত্বের থেকে দূরে অবস্থান করেন। আর দুই দেশের মধ্যে বন্ধুত্ব হওয়ার যুক্তিও উপরের সূত্রটিকে স্বীকৃতি দেয়।

- বিবাহ হল এক নারী ও এক পুরুষের সংযুক্ত প্রচেষ্টায় সারা জীবন অতিবাহিত করার প্রতিশ্রুতিময় চুক্তি। সেকারন সংস্কৃত মন্ত্র উভয় দম্পতি শপথ নিয়ে বলেন, "যদি তোমার হৃদয় দাও, তবে আমিও আমার হৃদয় দিব"। এই হৃদয় বিনিময় শপথের মধ্যে লুকানো থাকে

প্রথাগত, আইনানুসার ও মানবিক দায়বদ্ধতা। অবশ্য আজকাল সাংবিধিনিক নিয়ম অনুসার বিবাহ নিবন্ধনের প্রথা চালু হয়েছে। তবু এই আইনি পদ্ধতি আজও সামাজিক প্রথার গুরুত্বকে অতিক্রম করতে পারে নি। বিবাহের মুখ্য উদ্দেশ্যগুলি হল-

1. যৌথ প্রচেষ্টায় নূতন পরিবার গঠন করা।
2. যৌথ প্রচেষ্টায় স্বামীর বংশ রক্ষা, সম্পদ সৃষ্টি ও সন্তান পালন করা।
3. যৌথ উদ্যোগে পরিবারের সুরক্ষা ও সদস্যদের আত্মবিকাশে সহযোগীতা করা।
4. যৌথ উদ্যোগে আত্ম-জীবনচক্র, পারিবারিক জীবনচক্র, সমাজ জীবনচক্র ও বিশ্বচক্র অতিক্রমে সফল হওয়া।

লোকাচারঃ সমাজ জীবনে রয়েছে পূজা-পার্বণ, সামাজিক রীতি, ধার্মিক সংস্কার ও আইনের নির্দেশ। প্রতিটি পরিবার সমাজ জীবনের এই সব রীতির সঙ্গে যুক্ত থেকে ব্যক্তি জীবনের দায়, পারিবারিক কর্তব্য, সংকট মোচন ও আনন্দময় জীবন উপভোগের সুযোগ পায়। যখন জীবন সংগ্রামের পথ জটিল হয়ে পড়ে, তখন মানুষ সামাজিক প্রথার আশ্রয়ে নিজেকে সংশোধিত করার সুযোগ পায়। তাই পরিবারকে সামাজির রীতির প্রতি দায়বদ্ধতা পালন করতে হয়। এই দায়বদ্ধতাকে স্বেচ্ছা-দায় বলা যেতে পারে। কারন এইরূপ দায়বদ্ধতা নিভাতে কোন বাধ্য বাধ্যকতা থাকে না। পরিবারগুলি সে কারনেই পূজা-পার্বণে, মন্দিরে, প্রতিবেশী, আত্মীয়-অনাত্মীয়দের সংগে ধার্মিক বিধি অনুসরন করে, রীতিকে সম্মান জানিয়ে, আইনের নির্দেশকে পালন করতে বাধ্য হয়। এই সকল দায়বদ্ধতা পরিবারের সুখ্যাতি বৃদ্ধি করলে পরিবারটি সহজে সমাজের ও আইনের রক্ষকদের অনুকম্পা পেতে সমর্থ হয়। তাই প্রতিটি পরিবার লোকাচার বজায় রাখতে বিভিন্ন অনুষ্ঠানে আত্মীয়দের বস্ত্র, সু-খাদ্য অথবা ভোজ, সদ্-ব্যাবহার, পূজার অর্ঘ, দান-ধ্যান রীতি পালন করেন। এইরূপ সামাজিক সংযোগের প্রথাকে লোকাচার বলা হয়।

আত্মীয়তাঃ আত্মার সংগে যুক্ত থাকা দায়কে আত্মীয়তা বলা হয়। সামাজিক রীতি অনুসার প্রত্যেক মানুষই একটি পরিবারে জন্মগ্রহন করে। পরিবারের সদস্যগন শিশুর পরিচর্যা, ভালোবাসা, স্নেহ অন্তরে স্থাপন করে তার সুদীর্ঘ জীবনের কামনা করেন। বিভিন্ন কারনে বৃহৎ সংসার ভেঙ্গে যখন আলাদা হয়ে যায়, তখনও সেই আন্তরিক টান মুছে ফেলা সম্ভব হয় না। সে কারন নিঃস্বার্থ সম্পর্ক বজায় রাখতে পরিবারগুলি অনুষ্ঠান উপলক্ষে ভোজ অথবা উপহার দেওয়ার প্রথা জারী রেখেছে। এই প্রথার মাধ্যমে নিজেদের আত্মীয়কে সম্মান জানিয়ে সম্পর্ক বজায় রাখা হল আত্মীয়তার আসল উদ্দেশ্য।

ভূ-খণ্ডের অভাব বোধঃ 1947 সালে 15ই আগষ্ট ভারতের লোক সংখ্যা ছিল মাত্র 33 কোটি। আর আজ 2023 সালে প্রায় 140 কোটি হতে চলেছে। প্রতিটি পরিবার বার বার বিভক্ত হয়ে নূতন পরিবার গঠন করে চলেছে। নূতন পরিবারের জন্য দরকার হয় পৃথক বাসস্থানের জায়গা আর জীবন ধারনের উপকরন। জনসংখ্যা বাড়ছে, কিন্তু পৃথিবীর আয়তন বাড়ছে না। তাই আমরা

চাষের জমি ও বনভূমির আয়তন কমিয়ে বাসস্থান গড়ে চলেছি। এই সমস্যাটি আমাদের খাদ্য উৎপাদনের উৎস ও পরিবেশ সংকট সৃষ্টির কারন হয়ে দাঁড়িয়েছে। আমাদের সমাজ জনসংখ্যা বৃদ্ধির সঙ্গে সঙ্গে জীবনধারনের সামগ্রী ও প্রয়োজনীয়তার উপকরন মেটাতে পারছে না। সেটিও একটি সামাজিক সমস্যার অংশ হিসাবে গণ্য হয়েছে।

বাসস্থানের প্রয়োজনীয়তাঃ বাসস্থান জীবনের এক গুরুত্বপূর্ণ আস্থার স্থল। সে কারন এটিকে আশ্রয় বলা হয়। মানুষকে কর্মের প্রয়োজনে অথবা জীবন সুরক্ষার তাগিদে সমাজের রীতি অনুসরন করে জীবন কাটাতে হয়। সে কারন জন-সংযোগ করতে পরিচয় প্রদান জরুরী হয়ে দাঁড়ায়। যখন কোন মানুষের ঘর থাকে না। ভাড়া ঘরে থাকে, তখন তাকে বার বার ঠিকানা পরিবর্তন করতে হয়। কারন ভাড়া ঘরে স্থায়ীভাবে বসবাসের কোন নীতি নাই। এছাড়া আশ্রয়হীন মানুষ জল, ঝড়, অসুখ ও বিভিন্ন সমস্যা অতিক্রম করতে ও নিজের জীবনকে শত্রু অথবা হিংসক প্রানীর আক্রমন থেকে বাঁচাতে পারে না। তাই বাসস্থানের প্রয়োজনীয়তা অপরিসীম। অস্থায়ী বাসস্থানের কারনে শত্রুপক্ষ বাড়ীর মালিককে প্রভাবিত করে যেকোন সময় উচ্ছেদের পরিকল্পনা করতে পারে। সেকারন মানুষ অসহায় হওয়ার ভয়ে অন্যায়ের প্রতিবাদ করতে পারে না। তাই নিজের পরিবারের ভীত মজবুত করতে নিজের ঘর থাকা প্রয়োজন।

- মানুষের মধ্যে রয়েছে বেশী পাওয়ার ইচ্ছা। এই ইচ্ছার কারনে সুবন্টন প্রতিহত করা হয়। সুবন্টনের প্রতিশ্রুতি দিলে অসহায় ও সাধারন মানুষ খুশি হন। কিন্তু হায় লোভী আর অক্ষম মানুষ যে প্রতিশ্রুতি পালনের দায় বহন করতে অভ্যস্ত নন। তাদের নিরন্তন পর্যবেক্ষন করে নিজেদের পাওনা আদায় করে নিতে হয়। তাঁরা সমাজের সমস্ত সম্পদ ভোগ করার পরিকল্পনা করতে তৈরী করে চলেছে চক্রান্ত। তৈরী করছে সামাজিক ফাঁদ। সেই ফাঁদে পা দিয়েই একজন সর্বস্ব খোয়াচ্ছে। আর অন্যজন বহাল তবিয়তে দিন কাটাতে সক্ষম হচ্ছে। সামাজিক ফাঁদে রয়েছে রাজনীতি ও স্বার্থের অনুপ্রবেশ। সারা জীবনের উপার্জন দিয়ে গড়া সংসার ভেঙ্গে গেলে বড় ব্যাথা লাগে। ব্যাথা লাগে মিথ্যার আঘাতে সত্যকে আঢাল করার প্রয়াসকে। তাই দ্বন্দ্বের সৃষ্টি হয়। সেকারনে গড়ে ওঠা সংসার ভাঙ্গে আর পরিবারে বিবাদ সৃষ্টি হয়। সাধারনতঃ সংসার ভাঙ্গার কারন হিসাবে নব বধূ অথবা গৃহ বধূকে দায়ী করা হয়। কিন্তু বিচার করা হয় না নিজের অক্ষমতার। সেকারন নারীর সতীত্ব, সন্তানের জীবন সুরক্ষা, ভগ্ন সংসারের দুর্দশা ইত্যাদি নিয়ে পরিবারে বিবাদ সৃষ্টি হয়। যখন এই বিবাদ ঘরে সমাধান হয় না তখন মানুষ অপরের প্ররোচনায় ও সহনুভূতির উপর নির্ভর করে আইন আদালত করতে থাকে। কিন্তু আইন কখনো এই সমস্যার সমাধান করতে পারে না। ভুক্ত ভোগীদের মতে আইন কাল হরন করে বিবাদমান পক্ষগুলিকে শোষন করতে থাকে। আর বিচারের অজুহাতে একে অপরের দোষ-গুন বর্ননা করতে গিয়ে এক বিভৎস ও বেপরোয়াভাবে চরিত্রের বিশ্লেষন করতে থাকে। ফলে সমাজে পরকিয়া পরিনতি, বেশ্যা বৃতি, দাম্পত্য বিবাদ বিষয়ে যে সব তথ্য বেরিয়ে আসে, তাতে সামাজিক মর্যাদায় কালিমা লিপ্ত হয়। আজকাল বিজ্ঞান উন্নত হওয়ায় পরীক্ষা-নীরীক্ষার মাধ্যমে অনেক সমস্যার সমাধান করা সম্ভব। তবে সংস্কারের অজুহাতে দাম্পত্য বিবাদ কেন? আসলে নারী ও পুরুষ উভয়েই পৃথক পৃথক

সংস্কারে লালিত হয়। বিবাহের পর সেই সংস্কার সমন্বয় নিয়ে বিবাদ হওয়া স্বাভাবিক। সাধারনতঃ এই ধরনের বিবাদ এড়াতে কোন একজন দম্পতি সহনশীলতা দেখালে বিবাদ এড়িয়ে যাওয়া সম্ভব হয়। ফলে পরিবারে ক্ষনিকের জন্য শান্তি স্থাপন হয়। কিন্তু পরবর্তী কালে পরাধীনতার অনুভূতি অথবা পারিবারিক অভাব বোধ তাদের বিচ্ছিন্নতার পথ দেখায়। সেজন্য পরিবার কর্তা সতর্ক থাকলে বিবাদ এড়িয়ে যাওয়া সম্ভব হয়।

পরিবারে অন্য দুটি গভীর সমস্যা হল আত্মহত্যা ও আত্মীয় বিয়োগ সমস্যা। অভিমানে পরিবারের সদস্য স্বেচ্ছা মৃত্যু বরন করলে তাকে আত্মহত্যা বলি। সমাজ বিজ্ঞানীরা এটাকে অক্ষম মানব জীবনের পরিনতি বলবেন কিনা জানা নেই। তবে আত্মহননকারী যে বঞ্চনার অভিযোগে জীবন ত্যাগ করেন তা অনস্বীকার্য। আর রোগে অথবা শেষ জীবনে ইতিহাস রচনার কাজ বন্ধ করে যখন মানুষ পরলোক গমন করেন, সেই মুহূর্তটাও অধিক বেদনার হয়ে থাকে। সারা পরিবার তাদের আপনজনকে খুইয়ে হতাশ হয়ে পড়ে। ভূলতে পারে না তার ভালোবাসা ও সহযোগীতার মুহূর্ত। পরিবারে শূন্যতার সৃষ্টি হয়। তাই আত্মীয় সমাবেশ, পূজা অর্চনা ইত্যাদি অনুষ্ঠানের মাধ্যমে তা ভূলতে প্রয়াস করেন মানুষ।

-পরিবার চক্রে রয়েছে সামাজিক সংযোগ রীতি। পরিবারের মানুষ পূজা, পার্বণ, মেলা, উৎসব, সম্মেলন, রাজনীতি, বঞ্চনা, উপহার, সেবা প্রবৃতি, ধর্ম পালন, কর্তব্য বোধ ও প্রথা ইত্যাদির মাধ্যমে সমাজের সাথে যুক্ত হওয়ার সুযোগ পায়। তথ্য বিনিময় করে নিজের উপলব্ধি বাড়ায়। এর সংগে থাকে সংস্কার শিক্ষা ও বিদ্যালয়ের পাঠ।

সাধারনতঃ প্রতিটি পরিবার ধর্মের অনুগামী হয়ে নিজ নিজ সংস্কার অনুসরন করে সন্তান শিক্ষা ও জীবন সুরক্ষার পথ প্রশস্ত করে থাকেন। পূজা-পাঠ, দেব আরাধনা ও সংকট মোচনের পন্থাও ধার্মিক পথে সমাধানের চেষ্টা করা হয়। তাই প্রত্যেকটি পরিবার নিজ নিজ ধর্ম ও ধর্মের নীতি নির্ধারক ধর্মগ্রন্থকে পবিত্র ও নিঃস্বার্থ সেবার উৎস গণ্য করেন। আর যেহেতু যেকোন একটি ধর্ম সবার ধর্ম নয় সেকারন কোন বিশেষ ধর্মকে সামাজিক ধর্ম রূপে স্বীকার করা সম্ভব হয় না। ধর্মের রাজত্ব সেকারনেই পরিবার ও গোষ্ঠীর মধ্যে সীমাবদ্ধ থাকে। পরিবারকে সমৃদ্ধ করতে প্রত্যেক ধর্মের গোষ্ঠী নিয়ম শৃঙ্খলা ও রীতি নীতির প্রচলন জারী রেখেছে। কিন্তু বিজ্ঞানের উন্নতির সঙ্গে সঙ্গে পুরাতন ধর্মীয় নীতি অনেক সময় মানুষের চাহিদা পূরন করতে না পারায় ধর্মীয় বিশ্বাস ক্রমশ দুর্বল হয়ে পড়ছে। ফলে ধার্মিক লোকেরা অধার্মিক কাজে লিপ্ত হচ্ছেন ও তাদের আচরন ধর্মীয় মানুষকে বিভ্রান্ত করছে। ধর্মের এইরূপ সংকট মুহূর্তে মানুষ স্বেচ্ছায় না আসতে চাওয়ায় বিভিন্ন চাপে ও লোভ দেখিয়ে অথবা জোর করে ধর্মান্তর করন শুরু হয়েছে সমাজে। তাই পৃথিবীর যে কোন দেশে সংখ্যা লঘু অথবা সংখ্যাগুরু ধর্মের পরিধি কেবল পরিবার সেবার উদ্দেশ্য রূপে ব্যবহৃত হয়। কোন ধর্ম সারা দেশের পবিত্র ধর্মগ্রন্থ হিসাবে গন্য হয় না। বরং দেশের সংবিধানকে সমগ্র সমাজের "পবিত্র ধর্মগ্রন্থ" হিসাবে গন্য করা হয়। ধর্মগ্রন্থ কেন না-সারা দেশের সংবিধান আপামর জনগনের জীবন, স্বাধীনতা, সমানতার অধিকার ও মর্যাদা সুরক্ষিত করে প্রতিটি নাগরিককে জীবনকে সার্থক করে তোলার প্রয়াস করতে থাকে। অথচ বিপথগামীগন অধার্মিকের

মত আচরন করলে বিনাশ গ্রস্ত হন। সাধারন মানুষের মতে এই সত্য উপলব্ধিই হল ধর্মের মূলকথা।

প্রচলিত চক্রভেদ পদ্ধতিঃ চক্রভেদ করতে হলে তোমাকে সংস্কার ও শিক্ষা দুই পদ্ধতির পথ অনুসরন করতে হবে। সংস্কার তোমাকে কেবল আত্মরক্ষা ও সমস্যা অতিক্রমের কৌশল বলে দেবে। আর শিক্ষা তার কারন ব্যাখ্যা করে তোমার সঠিক সিদ্ধান্ত নেওয়ার ক্ষমতাকে মজবুত করবে। মনেরাখবে সংস্কার হল প্রাচীন পদ্ধতি। সে কারন বর্তমান পরিস্থিতি সংস্কারে সমাধান নাও হতে পারে। তাই সংস্কারের সঙ্গে শিক্ষা থাকা জরুরী।

- হাসতে শিখো।
- নিজেকে বাঁচাতে চিৎকার করতে শেখ। জীবন সংকটকে লুকানোর চেষ্টা করো না।
- সমালোচনায় ভুল সংশোধন করো আর নীরব থেকে সমালোচকদের বিভ্রান্ত করো।
- সবার ক্ষতি এড়িয়ে চলো। সবার ভালো ভাবতে শেখো।
- জীবন রক্ষার জন্য সম্পদ ক্ষতির মূল্যায়ন জরুরী নয়। যে কোন মূল্যে জীবন রক্ষার চেষ্টা করো।
- কখনো অভিমান করো না। কারন অসম্পূর্ণ মানুষ অভিমানের গুরুত্ব বোঝে না।
- অজ্ঞনতা দূর করতে প্রয়াস জারী রাখো। অনুসন্ধানেই অজ্ঞতা দূর হয়।
- আবেগ ত্যাগ কর। কারন ছলনা আবেগকে প্রতারিত করতে পারে।
- যত তাড়াতাড়ি সম্ভব বুঝতে পারলে ভুল সংশোধন করে নেওয়া উচিৎ।
- সতন্ত্র জীবনের ঝুঁকি অনেক। তাই কিছু স্বার্থ ত্যাগ করেও পারিবারিক সুখ উপভোগ করো।
- চিকিৎসা, সেবা, সহযোগীতা একটি পরনির্ভর পদ্ধতি, এতে জীবন রক্ষার গ্যারেন্টি নাই। স্বনির্ভর চিকিৎসার প্রাথমিক জ্ঞান অর্জন করো।
- ধর্মীয় রীতি সংস্কার প্রদান করে জীবনকে সুরক্ষিত করে। অথচ ধর্মের প্রতি কৃতজ্ঞতায় আত্মাহুতি শয়তানের ফাঁদ হতে পারে।
- মানুষের চেহারা দেখে মিত্রতার মূল্যায়ন সম্ভব হয় না। তাই মিত্ররুপী শত্রু ও বিনাশের কারন হয়। সদা সতর্ক থাকা দরকার হল জ্ঞানী মানুষের আসল কাজ।

সতর্ক মানুষ সর্বদা নিজের যোগ্যতা অর্জন ও বৃদ্ধি বিষয়ে সজাগ থাকে। যখন একজন মানুষ স্বনির্ভর হয়ে নিজের ভরন পোষন করতে সক্ষম হয়। তারপর স্ব-উপার্জনে নিজ পরিবার ও আত্মীয় পরিজেনের প্রতি কর্তব্য করতে সক্ষম হয়। সেই সক্ষমতা মানবিক দৃষ্টিতে স্বাভাবিক গণ্য হলে পরিবারচক্র অতিক্রম সম্ভব হয়। পরিবার চক্রে সাধারনতঃ চাহিদা কম থাকে। পরিবারের সদস্যগন সন্তানের সুখ সমৃদ্ধি কামনায় ত্যাগ ও সহযোগীতার ভাব পোষন করে থাকেন। তবে ঐতিজ্ঞতা অথবা সহানুভূতির অভাববোধ সে সম্পর্ককে বিষিয়ে তুলতে পারে। অথবা সেকারনে শত্রুতার উদ্ভব হওয়াও স্বাভাবিক।

অধিকারঃ পরিবার চক্রে অধিকার সংরক্ষনের প্রথা জারী রয়েছে। পরিবারের অর্জিত স্থায়ী অথবা অস্থায়ী সম্পদ উত্তরাধিকার সূত্রে পরবর্তী বংশধরের মধ্যে বিতরন করা হয়। এই প্রথা পারিবারিক ও ধার্মিক নীতির দ্বারা নির্ধারিত হোক বা না হোক সাংবিধানিক আইনে তার স্বীকৃতি রয়েছে।

লেন-দেনঃ মানব জীবনে লেন-দেন একটি গুরুত্বপূর্ণ বিষয়। কিছু পেতে হলে কিছু দিতে হয়। তাই পরিবারের প্রতিটি সদস্য একে অপরের প্রতি ভালোবাসা, সহানুভূতি ও সহযোগীতার বিনিময় করতে অভ্যস্ত হয়। এই সত্যটি বিজ্ঞানী আইজাক নিউটনের তৃতীয় সূত্র অনুসার "প্রতিটি ক্রিয়ার সমান ও বিপরীত প্রতিক্রিয়া"-র মত। একজন হাসলে অপরেও হাসে। একজন রুষ্ট হলে অন্যজনও রুষ্ট হওয়ার ভাব প্রকাশ করে। সামান্য কৃতজ্ঞতা, উপহার বিনিময়, সুখাদ্যের বন্টন, সদ্-ব্যবহার, শুভেচ্ছা বিনিময় অথবা স্বার্থ ত্যাগ পারিবারিক লেনদেনের উদাহরন হতে পারে।

সমাজ চক্রঃ একজন অজানা ব্যক্তি যখন তার ঠিকানা বলেন, তখন সহজেই আমরা তাকে সনাক্ত করতে পারি ভূমি পরিচয়ের সূত্র ধরে। যেমন তিনি বললেন, তাঁর নাম শ্রী অমুক হাঁসদা, গ্রাম-বিচারবাটি, পোষ্ট-তসরপুর, থানা-চন্দ্রনগর, ব্লক-চন্দ্রবিতান, জেলা-পুরুলিয়া, পশ্চিমবঙ্গ, ভারতবর্ষ। এই ঠিকানায় বিচারবাটি মৌজার অবস্থান সহ তাকে সনাক্ত করার এক পদ্ধতি নিহিত রয়েছে। তাই মানব যেখানে যাক না কেন আমরা তার আসল অস্তিত্ব নিজের চিরস্থায়ী বাসভবন অথবা ভূমির পরিচয় থেকে খুঁজে নিতে পারি। সেকারন অপরিচিত মানুষ তাকে বিশ্বাস করে সামাজিক লেন-দেন অথবা কাজের সুযোগ দিতে সাহস পায়। এই ঠিকানায় সমাজ জীবনের পরিধি ও দায়বদ্ধতার সীমা অঙ্কিত রয়েছে এবং বর্নীত হয়েছে সামাজিক আইনের পরিধি। সাধারনতঃ পরিবারচক্র অতিক্রমের কালে যখন ব্যক্তির আত্মপরিচিতি গড়ে ওঠে। সমাজে তার সুনির্দিষ্ট পেশায় জীবীকা স্বীকৃত হয়, তখন মানুষ সমাজচক্রে প্রবেশের সুযোগ লাভ করে। সমাজচক্রে আত্মপরিচয়ের প্রয়োজনীয়তা থাকলেও আত্মবিকাশের প্রয়োজনীতা গুরুত্ব পেয়ে যায়। সেকারন নাগরিক আত্মকেন্দ্রিক অথবা পরিবার কেন্দ্রিক বিচারধারাকে ত্যাগ করে সমাজের সমস্ত জনগনের স্বার্থে অথবা সমাজ কল্যানকর কাজে যুক্ত হয়। মনেরাখা দরকার সমাজও পরিবারের মত এক বৃহৎ মানব বন্ধনের পরিকাঠামো। সমাজকে আমরা দেশ বলেও অভিহিত করি। এই পরিকঠামোর আওতায় বিভিন্ন ধর্মের মানুষ নিজেদের ব্যক্তিগত, ধর্মীয় ও পারিবারিক স্বাধীনতা বজায় রেখে নিজেদের জীবন, স্বাধীনতা, সমানতার অধিকার ও মর্যাদা সুরক্ষিত করতে পারে। তাদের ব্যক্তিগত, পারিবারিক, ধর্মীয় উন্নয়ন, জীবন সুরক্ষা ও সুবিচার বিষয়ে সরকার যে পরিষেবা প্রদান করেন, ভাবে প্রতিটি নাগরিকের লাভান্বিত হওয়ার বিধান রয়েছে। দেশের সমগ্র পরিষেবাটি নিয়ন্ত্রন করতে আমরা সমস্ত জনগনের সম্মতি অনুসার এক পবিত্র সংবিধান রচনা করেছি। সেই সংবিধানকে সমস্ত নাগরিকের পবিত্র ধর্মগ্রন্থের ন্যায় সারা দেশের নাগরিক মান্য করেন। মনেরাখতে হবে আমাদের সংবিধানই আমাদের জীবন, পরিবেশ, গ্রাম, শহর, জেলা, রাজ্য ও দেশকে রক্ষা করে চলেছে। আর এইসব রক্ষা করার নীতি দেশের 140 কোটি (2023 সালে) জনগন অর্থাৎ যে সদ্য জন্মেছে তারও অভিভাবকের অনুমতি ক্রমে ও পরোক্ষ মতদানে সমৃদ্ধ।

অবশ্য যাঁরা সংবিধানের কারনে অপরাধ করতে বাধা পান তারা আইনের পবিত্রতা বিষয়ে সমালোচনা করতে পারেন। তথাপি সমাজচক্র বিষয়ে ইন্সটিচিউট অফ লাইফ প্ল্যানিং এ্যাণ্ড রিসার্চ এর বিশিষ্ট বিজ্ঞানীগন বলেছেন-

"সমাজচক্র হল দেশের সংবিধান পরিবেষ্টিত জীবনধারা সুরক্ষা, নিয়ন্ত্রন ও পরিষেবা বিধির ক্ষেত্র। আর অতিক্রম হল সবার স্বার্থে বিধিকে সুরক্ষিত করার প্রয়াস। সেই প্রয়াসকে নিঃস্বার্থ সেবায় সার্থক করতে পারলে যদি সমগ্র সমাজের মানব উপকৃত হয়, তবে সমাজচক্র পরিধি অতিক্রম হয়ে যায়। এইরূপ জীবনযাত্রায় আত্মচক্র ও পরিবারচক্রের গুরুত্বকে গৌণ রাখা হয়"।

সমাজচক্র অতিক্রমের কথা ভাবতে হলে সমাজে নাগরিকের অবস্থান বিষয়ে জ্ঞান থাকা দরকার। আমাদের দেশে মানুষ জন্মের পরই নাগরিকত্ব পেয়ে যায়। কিন্তু সাবালক না হওয়া পর্যন্ত তার কোন স্বাধীন মতামত আইনতঃ গ্রাহ্য হয় না। যাঁরা সাবালক তাঁদের জানতে হবে যে তিনি সারা দেশে কি কি সম্মানের অধিকারী? পরিবারে যেমন কর্তা, পিতা-মাতা, দাদা-ভাই-বোন, কাকা-কাকীমা ও অন্যান্য সদস্য নিজেদের সম্পর্ক অনুসার কাজের দায় বহন করেন।

- 'কর্তা' সকলের থাকা, খাওয়া, সুখ-সুবিধা, নিয়ম-নীতি নির্ধারন, উন্নয়ন পরিকল্পনা, পারিবারিক সম্মান, চিকিৎসা ও আমোদ-প্রমোদের ব্যবস্থা ইত্যাদি করে থাকেন।
- 'পিতা-মাতা' কর্তার সমস্ত নির্দেশ অনুসরন করে কেবল সন্তান পালন, তাদের সংস্কার দান, শিক্ষা ও উন্নয়নের কাজ করেন।
- 'দাদা-ভাই-বোন' কর্তার নির্দেশ অনুসরন করে কেবল বড়দের মতামত নিয়ে নিজেদের আত্মজীবন পরিধি অতিক্রমের পথ অনুসরন করে ও স্বনির্ভর হওয়ার প্রয়াস করে।
- 'কাকা-কাকীমা' কর্তার নির্দেশ অনুসরন করে নিজেদের পরিবার গঠন ও উন্নয়নের কাজে রত হন।

তেমনি সমাজে অর্থাৎ দেশে নাগরিকের ও একটি ভূমিকা রয়েছে। মনেরাখতে হবে সামাজিক পদের যোগ্য না হতে পারলে নিম্নস্তরের মানুষ সাধারন মানুষকে বোকা বানিয়ে অত্যাচার করার প্রয়াস করতে পারে।

মনেরাখতে হবে অপরাধচক্রও দুর্বল মেধার হয় না। কারন 'মেধা' প্রাকৃতিক পরিবেশে সংঘর্ষের মাঝে আত্মভোগের উপায় খুঁজে নিতে সক্ষম হয়। সেকারন অপরাধ জগত সর্বদা সমাজতান্ত্রিক পরিকাঠামোকে অতিক্রম করতে সমর্থ হয়ে যায়। তাদের পরাস্ত করতে যদি রাজ্য ও সমাজ নূতন অপরাধের তালিকা তৈরী করে প্রতি ছয় মাস অন্তর নূতন আইন প্রণয়ন ও প্রতিরোধ কৌশল তৈরী করতে পারে, তবেই অপরাধ নিয়ন্ত্রন সম্ভব হতে পারে।

সমাজচক্র অতিক্রমের অর্থ হল-অপরাধ জগতের উপার্জনকে নিঃপ্রভ করে সামাজিক কর্তব্যবোধকে লাভজনক করে তোলা। আর অপরাধ জগতের মানুষকে সমাজগঠনে অনুপ্রানিত

করা। বর্তমান সমাজে যে পদ্ধতি প্রচলিত রয়েছে, তাতে সাধারন মানুষ একটি করে এন, জি, ও, (বেসরকারী সংস্থা) গঠন করেন। তারপর দান, সদস্য চাঁদা, অনুদান ইত্যাদি নিয়ে দরিদ্র ভোজন, হোম তৈরী, পরিবেশ সংরক্ষন, জনজাগরন ইত্যাদি কাজে লিপ্ত হয়ে সমাজ সেবায় অংশ গ্রহন করেন। আর সাধারন নাগরিক 51ক (42 সংশোধন 1976) ধারায় বর্নীত নীতি অনুসরন করে সমাজ চক্র অতিক্রমের প্রয়াস জারী রাখেন।

সমাজচক্র অতিক্রম করতে হলে প্রথমে নাগরিকের দায়িত্ব ও কর্তব্য বিষয়ে জানতে হয়। সংবিধানের 51ক (42 সংশোধন 1976) ধারায় নাগরিকের দায়িত্ব ও কর্তব্য বিষয়ে লিখিত নির্দেশ রয়েছে। সেই নির্দেশ অনুসার আত্মচক্র ও পরিবারচক্রকে সুরক্ষিত রেখে সমাজের দায়ও বহন করা সম্ভব। তাই সমাজের দায় বহন করতে হলে-

1. ভারতীয় সংবিধানকে পালন করতে হবে আর তার আদর্শ, সংস্থা, জাতীয় পতাকা ও জাতীয় সঙ্গীতের সম্মান করতে হবে। সাধারন মানুষদের এইরূপ আচরনের জন্য অনুপ্রাণিত করতে হবে।

2. আমাদের স্বাধীনতা আন্দোলনের উচ্চ আদর্শকে হৃদয়ে সাজিয়ে রেখে সেই পথ অনুসরন করতে হবে। আর সাধারন মানুষকে এইরূপ আদর্শ অনুসরনে অনুপ্রাণিত করতে হবে।

3. ভারতের প্রভুত্ব, একতা আর অথণ্ডতাকে সুরক্ষিত ও অক্ষুন্ন রাখতে প্রয়াস করতে ও সদা সচেতন থাকতে হবে। দেশ বিরোধী চক্রান্ত ও অন্তর্ঘাতকে প্রতিহত করতে হবে।

4. দেশ রক্ষা ও রাষ্ট্রের আহ্বানে রাষ্ট্রীয় সেবায় আত্মনিয়োগ করতে হবে। সাধারন মানুষের জীবনমান উন্নয়ন, সুরক্ষা ও আপদ সেবা যেমন বন্যা, ঝড়, সুনামীর ইত্যাদির তাণ্ডব থেকে বাঁচানোর জন্য রাষ্ট্রীয় সেবায় অংশ নিতে হবে।

5. প্রত্যেক ভারতীয় নাগরিকের মধ্যে সৌভাতৃত্বের বিকাশ ঘটিয়ে ধর্ম, ভাষা, লিঙ্গ, আঞ্চলিকতা ভেদে 'এক জাতি এক প্রান' মূলক জীবন ধারা গড়ে তুলতে হবে।

6. প্রত্যেক ভারতবাসীর সংস্কৃতি ও গৌরবশালী পরম্পরার মহত্ব অনুধাবন করে সেগুলিকে সংরক্ষিত করতে হবে।

7. পরিবেশ ও তার অধীন থাকা বন, ঝীল, নদী ও বন্য জীব সহ প্রাণীদের রক্ষা করতে হবে ও জীবে দয়া মনোভাব পোষন করতে হবে।

8. এক আদর্শ নাগরিক হিসাবে বৈজ্ঞানিক দৃষ্টিকোন অনুসার মানবতাবাদ, জ্ঞানার্জন সহিত সংশোধনী ভাবনার বিকাশ করতে হবে।

9. প্রত্যেক ভারতীয় নাগরিককে সার্বজনীন সম্পত্তির সুরক্ষা করে হিংসা থেকে দূরে থাকার প্রয়াস করতে হবে।

10. প্রত্যেক নাগরিককে ব্যক্তিগত ও সমষ্টিগত গতিবিধির সকল ক্ষেত্রে উন্নয়নের পথে অগ্রসর হতে হবে। যাতে রাষ্ট্র গৌরব অনুভব করতে পারে।

11. প্রত্যেক মাতা-পিতা অথবা রক্ষক অভিভাবক যাতে সন্তানগনকে 6 বছর থেকে 14 বছর পর্যন্ত শিক্ষা দান করতে বাধ্য থাকেন, তার জন্য সচেতনতা বৃদ্ধি করতে হবে।

নাগরিকের দায়িত্ব ও কর্তব্য বিষয়ে উল্লিখিত এগারো দফার সবগুলি অনুসরন করা সম্ভব। সাধারন মানুষ সাংবিধানিক আইন অনুসার প্রায় সকল নিয়ম মেনে চলেন। কিন্তু যিনি নিজে নিয়মগুলি পালন করার সাথে সাথে এক বা একাধিক দফার কর্তব্যকে সাধারন মানুষের মধ্যে বিস্তার করতে সমর্থ হন, তার উদ্যোগে যদি দেশের বেশিরভাগ মানুষ উপকৃত হন, তবে তিনি সমাজে পূজনীয় হয়ে উঠেন।

সমাজচক্রে রয়েছে আইনের জাল, লোকাচার, সামাজিক সংস্কৃতি ও ধর্মের বিবাদ। রয়েছে শিক্ষার সুযোগ, চিকিৎসা, পরিবহন ও জগৎ জয়ের হাতছানি। বৃত্তি ও মেধার প্রয়োগ শিক্ষা, ভালোবাসা, প্রেম ও অন্ধকারের পৃথিবী সমাজচক্রের আবর্তে ঘুর্নীয়মান। সব কিছুই ফরমূলায় বাঁধা। এখানে সামান্য ক্রটির কারনে অন্ধকার গ্রাস করে। তাই সামাজিক জীবন অতি সংবেদনশীল ও জ্ঞান সমৃদ্ধ। সমাজ মানুষকে জীবিকার নিরিখে বিভাজিত করেছে। যেমন- শ্রমজীবী, বুদ্ধিজীবী, কৃষিজীবী, ব্যবসাজীবী, শিল্পজীবী ইত্যাদি। এইরূপ বিভাজিত করার কারন ছিল প্রতিষ্ঠার উৎস বর্ননা করা। সমাজের বিভিন্ন পেশার মানুষ নিজ নিজ জীবীকায় দক্ষতা অর্জন করে যে অর্থ উপার্জন করেন, তাতে সমাজের রীতি অনুসার প্রতিষ্ঠা সম্ভব হয়। আসলে পেশাগত জ্ঞান অর্জনের জন্য বিশেষ জ্ঞানের প্রয়োজন হয়। সেই জ্ঞান কেবল বিশেষজ্ঞরাই দিতে পারেন। সামাজিক নিয়ম অনুসার এই জ্ঞান বিদ্যালয় গুলির মাধ্যমে, উচ্চতর ক্ষেত্রে মহাবিদ্যালয় ও বিশ্ববিদ্যালয়ের সিলেবাসে নথিভূক্ত করে নাগরিকদের সন্তানকে শিক্ষিত করার চেষ্টা করা হয়। সরকারের কাজ হল সঠিক নীতি নির্ধারন করে সমস্ত নাগরিককে সমান জ্ঞান আরোহনের সুযোগ প্রদান করা। এই শিক্ষা এতই উপযোগী যে সম্পূর্ণ শিক্ষার কারনে আমাদের সমাজের বহুমানুষ জীবনের সমস্ত বাধা অতিক্রম করে সফল হয়েছেন ও মহাপুরুষ হিসাবে স্বীকৃতি লাভ করেছেন। এঁরা কেউ রাতারাতি মন্ত্র পড়ে চমৎকার করতে পারেন নি। কেউ সমাজের শিক্ষাকে বোধগম্য করে, কেউ বা পাঠক্রমের সমস্ত স্বাদ আরোহন করে কর্ম জীবনে তার প্রয়োগ করেছেন। সেই প্রয়োগের ফলে তাদের সামনে আসা সমস্ত বাধা দূর হওয়ায় তাঁরা সমাজের কাজ করতে সমর্থ হয়েছেন। তাঁদের কর্মের পরিনতি আপামর জনগনের কল্যানে ফলদায়ক হওয়ায় সমাজ তাঁদের মহাপুরুষ স্বীকৃতি দিয়েছে। বিজ্ঞানীদের মতে সমস্ত শিশুই নিজ নিজ মেধার অনুশীলন করে মহাপুরুষ হওয়ার যোগ্য। কিন্তু উপযুক্ত পদ্ধতিতে সিলেবাস অনুশীলন, সংস্কার গ্রহন ও একাগ্রতা সৃষ্টি না করতে পারলে সম্পূর্ণ মেধার বিকাশ সম্ভব হয় না।

সমাজচক্রে রয়েছে অসম্পূর্ণ মানুষের ভীড়। হতে পারে শিক্ষকের এক বৃহৎ অংশ আংশিক জ্ঞান সম্পন্ন। সিলেবাসের প্রত্যেকটি পাঠ নিখুঁত ভাবে বিশ্লেষন করতে অক্ষম অথচ দুর্নীতির পথ বেয়ে শিক্ষকতার কাজে নিযুক্ত হয়েছেন। তাঁরা ইউনিয়ন করে উপার্জনের উৎস বাঁচান আর শিশুদের সঠিক শিক্ষা থেকে বঞ্চিত করেন। ওরা নিজেদের অক্ষমতা ঢাকতে কেবল পাশ করার কৌশল শেখান। শিক্ষার পরিনতি গোপন করেন। তবু কতক অভিবাবকের সতর্কতায় ও আগ্রহে শতকরা এক বা দুই শতাংশ ছাত্রছাত্রী সমাজে প্রতীষ্ঠা লাভ করতে সক্ষম হচ্ছে। বিজ্ঞান বলে, গড় ফলাফলের সাফল্যই প্রতিষ্ঠানের কাজের মূল্যায়ন হতে পারে। কিন্তু ইউনিয়ন নেতারা বলেন,

তাঁদের অক্লান্ত পরিশ্রমে এক-দুই শতাংশ ছাত্র-ছাত্রী সাফল্য পায়। এই ভাবে ভুল জ্ঞান পরিবেশন করে বোকা বানানোর প্রথা আজও সমাজচক্রে প্রচলিত রয়েছে। হয়ত চিরদিন তা থাকতেও পারে। আসলে অসফল মানুষ বাকপটু হন। কাজ না করতে পারলে ভুল ব্যাখ্যা করে তাঁরা আত্মরক্ষা করতে বাধ্য হন। এঁরা অসম্পূর্ণ শিক্ষার কারনে ক্রোধকে নিয়ন্ত্রন করতে পারেন না। তাই অপরের ভুল ধরা আর ক্রোধ প্রদর্শন করে সময় অতিবাহিত করতে বাধ্য হন।

শিক্ষাগ্রহন পদ্ধতিঃ ছাত্র-ছাত্রী শিক্ষা গ্রহনের জন্য বিদ্যালয়ে আসে। তারা সিলেবাসের সমস্ত শিক্ষা বিষয়ে অজ্ঞাত থাকে। কিন্তু শিক্ষকের সকল জ্ঞান না থাকলেও তিনি ছাত্র-ছাত্রীদের চেয়ে বেশী জানেন। অজানা বিষয় তিনি পড়ে জেনে নিতে সক্ষম হন। তাঁকে অসম্মান করলে অথবা তাঁর ভুল ধরলে নিজের জ্ঞান বাড়ে না। বরং সম্পর্কের ঘাটতির কারনে উভয়ের দূরত্ব বাড়ে এবং শিক্ষার উৎস বন্ধ হয়ে যায়। তাই শিক্ষা গ্রহনের সরল পদ্ধতি হল, শিক্ষক ভালো বা মন্দ যাই হোউক না কেন তিনি অবশ্যই শ্রদ্ধার পাত্র হিসাবে গণ্য হন। তাঁকে অসম্মান করলে অথবা তাঁর ভুল ধরলে ছাত্র-ছাত্রীর মনে অহংকার বৃদ্ধি হয়। অহংকারের পরবর্তী পরিণাম হল পতন। সে কারন ছাত্রজীবন দূষিত হয়ে পড়ে ও দূষনের প্রভাবে উগ্র মনোভাবাপন্ন ছাত্র-ছাত্রী পড়াশুনায় সাফল্য লাভ করতে পারে না। অনেক সময় এইরূপ ছাত্র-ছাত্রী অসমাপ্ত শিক্ষার শিকার হয়।

এইরূপ পরিস্থিতির বিকল্প ব্যবস্থাও সর্বত্র পাওয়া সম্ভব। পঠনপাঠনে দুর্বল প্রতিষ্ঠান গুলির বিকল্প হল ঘরে প্রাইভেট টিউশন পড়ে সিলেবাসের পড়া সেরে ফেলা। অথবা পরের বছর ভালো স্কুলে ভর্তি হয়ে নিজের ভবিষ্যৎ সুনিশ্চিত করা।

মনেরাখতে হবে- আমাদের পাশাপাশি রয়েছে সুশিক্ষিত ও দক্ষ শিক্ষক সমাজ। তাঁরা সবাই সরকারী অথবা বেসরকারী সুযোগ সুবিধা না পেলেও কর্তব্যে অনড় থাকেন। দেশে এইরূপ প্রতিষ্ঠানের সংখ্যা কম নয়। প্রত্যেক এলাকায় এইরূপ প্রতিষ্ঠান সাফল্যের সঙ্গে কর্মরত রয়েছেন। তাঁদের অক্লান্ত পরিশ্রমে ও সাধনায় মানব সমাজ উন্নয়নের পথে এগিয়ে চলেছে। অনেক প্রতিষ্ঠানে তাঁরা দীগন্তকারী দৃষ্টান্ত রচনা করে মানব সমাজকে সমৃদ্ধ করেছেন। এখন ভালো আর মন্দ বিচার করে শিক্ষা গ্রহনের দায় তোমার। পরিস্থিতি অনুকুল না বুঝলে অভিভাবকের সাথে পরামর্শ করে সিদ্ধান্ত নিতে পার। কিন্তু মনেরাখবে তোমার সিলেবাসে কোন ভুল জ্ঞান নেই অথচ শিক্ষায় ঘাটতি মানে ভবিষ্যতের বিপদ সুনিশ্চিত। যদি ভুল কর এভুলের ক্ষতিপূরন সম্ভব হবে না। তাই তোমার সিলেবাসের পড়া যে কোন ভাবে বুঝতে চেষ্টা করতে হবে। আজকাল ইন্টারনেট থেকেও তোমার পড়া জানার সুবিধা হয়েছে। ভালো টিউটর হয়তো তোমার পাড়ায়ই পাওয়া যাবে। সে যাই হোক সঠিক সিদ্ধান্ত নিয়ে ভালো ভাবে পড়ার চেষ্টা করা এবং কর্ম জীবনের পথ সুগম করতে জ্ঞান অর্জন করাই হবে তোমার একান্ত কর্তব্য।

বার্ধক্যঃ আমাদের দেশের আইন অনুসার ষাট বছর বয়সে মানুষকে অবসর নিতে হয়। আর এই সময়টাকেই বার্ধক্য বলে। বার্ধক্যের শুরুতে শরীরের বিভিন্ন অংশে সমস্যা সৃষ্টি হতে থাকে। মাথার চুল পাকতে শুরু হয়। মধুমেহ রোগের সৃষ্টি হতে পারে। দাঁতের যত্ন ঠিকমত নিতে না

পারলে যন্ত্রনা অথবা দাঁত পড়ার উপক্রম শুরু হতে পারে। এছাড়া শরীরের অভ্যন্তরে বিভিন্ন সমস্যা দেখা দিলে চিকিৎসা করাতে হয়। সে সময় যথেষ্ট সামর্থ না থাকলে মানুষ নিজেকে অসহায় ভাবতে থাকেন। যে মানুষ যৌবনে কাউকে পরোয়া করতো না সে বার্ধক্যে স্মৃতি হারিয়ে ভুল কাজ করতে থাকেন। কেউ কেউ নিজে চশমা পরে থাকা অবস্থায় চশমা খুঁজতে থাকেন। কখন খাওয়া হয়েছে মনে থাকে না। আর সামান্য ভুলক্রটি দেখলে রেগে যেতে অভ্যস্ত হন। এই অবস্থায় পথ চলতে কষ্ট হয়, ভালোবাসতে ইচ্ছে করে ছোটদের ও যুব সমাজকে। সেকারনে বাসে যখন কোন বরিষ্ঠ নাগরিক যাত্রা করেন, তখন আজকার যুবক-যুবতিরা তাঁদের বসার জায়গা করে দিতে নিজেরাই উঠে দাঁড়ান। কোন কথায় রেগে গেলে উত্তর না করে যুবসমাজ বিতর্ক এড়িয়ে যান। এইভাবে সমাজে বরিষ্ঠ নাগরিকদের প্রতি সম্মানের স্থান রয়েছে।

প্রাচীনকালে বার্ধক্যে পিতা মাতাকে বানপ্রস্থে পাঠানো হত। তাঁরা সংসারের চিন্তা থেকে মুক্ত হয়ে দেশ ভ্রমন ও তীর্থ দর্শন করতেন। কালের পরবর্তনের সঙ্গে সঙ্গে সমাজের পরিস্থিতি বদলে যায়। পথে ঘাটে দেখাশুনা ও চিকিৎসার অভাব ঘটে। তাই বাধ্য হয়ে মানুষ বানপ্রস্থের প্রথা ত্যাগ করে বরিষ্ঠ নাগরিককে নিজ গৃহে স্থান দিয়ে থাকেন। তবু সামাজিক সমস্যার সমাধান হয় না। কাজ না থাকার কারনে বয়স্ক মানুষ খিট খিটে হয়ে যান। নিজের জীবনের সুখ, শান্তি ও অসফল মুহূর্ত অবসর সময়ে পীড়া দিতে থাকে। সামান্য তীর্যক মন্তব্য সহ্য হয় না। বিশেষতঃ পতি-পত্নীর চাওয়া পাওয়ার হিসেব নিয়ে অনেকের মনে পীড়া হয়। তথাপি বার্ধক্যে মানুষ পরিপূর্ণ জ্ঞানের অধিকারী হয়ে থাকে। সাধারনতঃ সংস্কারে পরিপূর্ণ পরিবারগুলি বরিষ্ঠ নাগরিকদের সম্মান করে থাকেন। তাঁরা বাবা-মা, পিতা-পিতামহ ও মাতামহী ইত্যাদিকে ছাড়া প্রতিবেশী বরিষ্ঠ নাগরিক গনকেও শ্রদ্ধার চোখে দেখেন।

চতুর ও শিক্ষিত পরিবারগুলি ছোটদের দেখাশুনা ও সামান্য পরামর্শের অজুহাতে তাঁদের সুখী করতে চেষ্টা করেন। তবে বেশীরভাগ সময় নিজের সন্তান অথবা পরিবারের লোকজন জীবন সংগ্রামে ব্যস্ত থাকার কারনে ততটা গুরুত্ব দিতে সুযোগ পান না। তা সত্ত্বে নিম্ন-বিত্ত অথবা মধ্যবিত্ত পরিবার গুলিতে বরিষ্ঠ নাগরিকের ভূমিকা অসীম হয়। পরিবারের সদস্যগন বড়দের পরামর্শ নিয়ে জীবনের যাবতীয় সমস্যা সমাধান করে নিজেদের সমৃদ্ধ করেন। বার্ধক্যে আজকাল পেনশনের সুযোগ এসেছে। ভারতের বর্তমান প্রধানমন্ত্রী শ্রী নরেন্দ্র মোদী সারা দেশে প্রধানমন্ত্রী শ্রমধন যোজনার প্রবর্তন করে সর্ব স্তরে নাগরিকদের পেনশন পাওয়ার পথ প্রশস্ত করেছেন।

সমাজ বিজ্ঞানীদের মতে বার্ধক্যে মতপার্থক্য হওয়া একটি স্বাভাবিক ঘটনা। কারন পিতার শিক্ষা ও সংস্কার, পুত্রের শিক্ষা ও সংস্কারের মধ্যে প্রায় পঞ্চাশ বছরের দূরত্ব সৃষ্টি হয়ে যায়। ফলে পিতার অনুসরন করা পুরাতন সংস্কার নুতন যুগের জীবনযাত্রাকে স্বাগত করতে পারে না। সেকারন যখন সন্তান কাজে ব্যস্ত হয়ে যায়, তখন বরিষ্ঠ নাগরিক অভিমান করতে থাকেন। এই পরিবর্তীত সংস্কারের ফাঁককে 'জেনারেশন গ্যাপ' বলা হয়।

সকল প্রতিবন্ধকতাকে উপেক্ষা করে পেশাদার মানুষ যেমন- ডাক্তার, ইঞ্জিনিয়র, টেকনিসিয়ান, ম্যানেজমেন্ট বিশেষজ্ঞ, সেলস প্রফেসনাল, এজেন্ট, লেখক, অভিনেতা, ব্যবসায়ী, শিল্পপতি, কৃষক ও শিল্পী ইত্যাদি শেষ বয়সের সক্ষমতা পর্যন্ত কাজ করে উপার্জন করতে পারেন। বাকীদের বেলায়ও তাঁদের জ্ঞানকে ব্যবহার করা সম্ভব। এবিষয়ে দেশে গবেষনা চলছে। আগামী দিনে হয়ত সকল বরিষ্ঠ নাগরিকগন পরবর্তী প্রজন্মের কিশোর কিশোরীদের 'পেশা নির্নয় উৎসবে' পরামর্শ দাতা হিসাবে আত্মপ্রকাশ করবেন, অথবা দেশের নীতি নির্ধারক হয়ে উঠবেন।

এই পরিস্থিতিতে সারা পৃথিবীর মানুষ যখন ভাবছেন, কিভাবে তাঁরা জীবনকাল অতিবাহিত করবেন? অনেকে দিশাহীন হয়ে হতাশ। আবার কেউ বা অনায়াসে তা অতিক্রম করে কীর্তি রচনা করে চলেছেন। পরবর্তী অধ্যায়গুলিতে সফল মানবের জীবন সার্থক হওয়ার বিভিন্ন দিক পর্যালোচনা করে, সকল নাগরিকের দায়িত্ব ও কর্তব্য বিষয়ে আলোকপাত করা হয়েছে। যার মধ্য দিয়ে পাঠক অনুভব করতে পারবেন যে "আমরা সবাই রাজা"।

রাজার কর্তব্যঃ এই অধ্যায় বর্ণীত বিবিধ পন্থা থাকা স্বত্বে বহু মানুষ আজও দিশে হারা। আজও তারা ঠিক করতে পারছেন না যে-

1. সদ্যজাত শিশু কিভাবে জীবন যাপন করলে, শূন্য বয়স থেকে শেষ আয়ু পর্যন্ত সমস্ত রোগ, পীড়া, প্রতিপক্ষ ও বিপরীত পরিস্থিতিকে পরাস্ত করে নিজের অস্তিত্ব সুরক্ষা করতে সমর্থ হবে?

2. কেমন জীবন শ্রেষ্ঠ? যৌবনের শ্রেষ্ঠ লগ্নে কীর্তি অর্জন করে মৃত্যু বরন, না কোন মতে শতায়ু পার?

3. কিভাবে জীবন যাপন করলে আত্মজীবন পরিধি, পরিবার জীবন পরিধি, সমাজ জীবন পরিধি ও বিশ্বজীবন পরিধি অতিক্রম করে জীবনকে সফল করা সম্ভব?

4. তাঁদের প্রশ্ন পশুদের জীবনে জন্মগ্রহন, বংশ বিস্তার ও মৃত্যু নিয়ে নির্দিষ্ট পদ্ধতি অনিবার্য করা সম্ভব হয়েছে। কিন্তু মানব জীবনে কোন স্থির পদ্ধতি নির্দিষ্ট নাই কেন?

5. তবে কি এই ঘাটতি অনুন্নত মানব সমাজের অথবা বিজ্ঞানের অক্ষমতা নির্দেশ করে, না অক্ষম ধর্মগুলির গোঁড়ামী ও অসফলতার নজির?

6. যদি সমস্যা গনতান্ত্রিক বিচার ব্যাবস্থা, শিক্ষা অথবা পক্ষপাত পরিষেবায় থাকে, তবে কিভাবে তার মোকাবিলা করা সম্ভব?

7. সাধারন মানুষ ভাবেন সবাই যা করে তা অনুসরন করা উচিত না কেবল সফল ব্যক্তিদের জীবন ধারা অনুকরনীয়?

8. ধর্মীয় সংস্কার কি নিরাপদ জীবন যাত্রার জন্য প্রয়োজনীয় সংস্কার দিতে সক্ষম? না কেবল ধর্মীয় উন্মাদনায় জনগনকে সমানতার অধিকার থেকে বঞ্চিত করতে চায়?

9. ধর্মের ভালো দিকগুলি গ্রহন করে মানব-বিদ্বেষী দিকগুলি পরিহার করা সম্ভব হয় কি?

কিভাবে প্রতিটি ধর্মের নীতি দ্বারা মানুষের কল্যান হচ্ছে কি না, রাষ্ট্রের প্রতি ধর্মের দায় কতখানি অথবা কতখানি কল্যান হয় তার মানদণ্ড নির্নয় সম্ভব কি?ইত্যাদি।

জীবনযাত্রার ইতিহাস

(চার)

মানুষের জীবনযাত্রার ইতিহাস পর্যালোচনা করলে দেখা যাবে, সমাজ গঠনের প্রারম্ভ থেকেই মানুষ দুই দলে বিভক্ত হয়ে গিয়েছিল। তাদের একদলকে সামাজিক ও অপর দলকে অসামাজিক মানুষ হিসাবে চিহ্নিত করা হয়েছে। সামাজিক মানুষ চিরকাল সমাজকে মজবুত ও শক্তিশালী বানানোর উদ্দেশ্যে রীতি ও নীতির প্রচলন করেছিলেন। বর্তমান সভ্যতায় সেগুলিকে আমরা আইন বলি। তবে প্রাকৃতিক নিয়ম অনুসার সকল জীবের মত মানুষও "জন্মগ্রহন-বৃদ্ধি-বংশবিস্তার ও মৃত্যু" এই চার দশায় জীবনযাত্রা সম্পন্ন করতে বাধ্য হয়। আর সকল পিতা-মাতা সন্তানকে সাবলম্বী না হওয়া পর্যন্ত যত্ন নিয়ে শিক্ষা ও সংস্কার দান করেন। জীবনযাত্রার এই নীতি সামাজিক ও অসামাজিক উভয় প্রকার মানুষই অনুসরন করে থাকেন।

আবার সামাজিক মানুষ ও সংগঠিত সমাজ সবার উন্নয়ন ও কল্যানের কথা ভেবে, অসামাজিক মানুষকে শিক্ষিত করে তাদের সমাজের মূল স্রোতে ফিরিয়ে আনার রীতি প্রণয়ন করেছেন। তাঁদের আশা অসামাজিক মানুষ শিক্ষায় মানসিকতার পরিবর্তন করে সামাজিক হয়ে উঠলে সম্পূর্ণ মানব সমাজ একদিন শক্তিশালী ও সুখী জীবন ভোগের সূযোগ লাভ করতে পারবে।

এই পরিস্থিতিতে শিক্ষার শুরু প্রথম কবে হয়েছিল তা হয়তো বলা সম্ভব হবে না। তবে একথা প্রমান করা সহজ যে মাতৃ-জঠরে জীবনের আবির্ভাবের সাথে সাথে যখন শিশু অনুভূতি সংগ্রহ করতে শুরু করে, তখন থেকেই প্রতিটি জীবন শিক্ষার পরশ পেতে সমর্থ হয়। এবং পরে ভূমিষ্ঠ হওয়ার পর থেকে শরীরের ক্রিয়া অনুসার তার শিক্ষা চলতে থাকে।

আবার সব থেকে প্রাচীনগ্রন্থ রামায়নে বর্ণীত তথ্য অনুসার রত্নাকরের জীবন কাহিনীতে বর্ণীত অপরাধ, পাপ ও পরিণতির শিক্ষাকে ভারতের প্রাচীন শিক্ষা বলা হয়।

এই কাহিনীতে রত্নাকর জঙ্গলের পথে দাঁড়িয়ে দুর্বল পথিকের জন্য অপেক্ষা করতো। দুর্বল পথিক সেই পথে চলার সময় তার পথ আগলে ও প্রয়োজনে তার প্রাণ নাশ করে সে সর্বস্ব লুটে নিত। পরে সেই লুটের অর্থে বা সম্পদের মূল্য দিয়ে রত্নাকর নিজের পিতা-মাতা ও পরিবারের সদস্যগনের ভরন-পোষন করতো। রত্নাকরের এই কর্মকে 'পাপ' কর্ম হিসাবে সামাজিক মানুষ ভাবতেন। আর মানুষ আজও বিশ্বাস করেন যে ঈশ্বর ধর্ম রক্ষার কারনে সমাজ গঠন করেছেন। সেকারন সামাজিক মানুষ দিন দিন সামর্থবান হয়ে উঠছেন।

তাই সেদিন ঈশ্বর সাধারন মানুষের বেশে সেই জঙ্গলে উপস্থিত হয়ে রক্ষাকরকে 'পাপ' ও পূণ্যের শিক্ষা দান করেছিলেন। গবেষকদের মতে 'পাপ' হল কর্মের বিপরীত পরিণতির অনিবার্য ফল। এটিকে প্রতিফলও বলা হয়। আমরা সবাই জানি যে মানুষ ভূল করলে, তার পরিণতি কখনো সংশোধনের সূযোগ দান করে না। যেমন কেউ যদি ভূল করে নিজের হাত কেটে ফেলে তবে রক্ত অনিবার্য করনে ঝরবেই। যদি ভূল করে কাউকে প্রহার করা হয়, তবে তার শরীরে আঘাতের ক্ষত বেদনা দেবেই। যদি কেউ অসাবধানতা বশতঃ আগুনে নিজের হাত দিয়ে ফেলে আগুন সেই হাতকে জ্বালিয়ে দেবেই। এইভাবে কেন ভূলের জন্য ক্ষমা হয় না। বরং ভূলের শিক্ষা থেকে পরবর্তী সময়ে সতর্কতার জ্ঞান লাভ সম্ভব হয়। অসামাজিক মানুষের দ্বারা অত্যাচারীত মানব যখন বার বার অবিচারের শিকার হতে থাকেন, তখন প্রিতপক্ষের মধ্যে ধীরে ধীরে প্রতিরোধের শক্তি প্রবল হতে থাকে। সেই সময় সামাজিক মানব যৌথ শক্তিতে বলিয়ান হয়ে অথবা নিজ সামর্থে বাহুবলীর পরাক্রম সমাপ্ত করতে সমর্থ হয়। এই প্রতিরোধ শক্তি এতটা প্রবল হয় যে, সে সময় সামাজিক নিয়ম ও নীতি কোন প্রকারে তাকে নিয়ন্ত্রন করতে সমর্থ হয় না। তাই অনিবার্য বিনাশকে 'পাপ' বলা হয়। আর 'পূণ্য' হল সবার কল্যানে সামাজিক অথবা জাগতিক উন্নয়ন করতে সমর্থ হওয়ার কাজ। সে যাই হোক, ঈশ্বরানুরাগীদের মতে সবই ঈশ্বরের ইচ্ছা অনুসার অপকর্মের শাস্তি হিসাবে অপরাধীর বিনাশ অনিবার্য হয়। আর অপরাধীর বিনাশকারীকে মহামানব ও ঈশ্বরের রূপ হিসাবে বর্ণনা করেন।

এইভাবে কেবল অসামাজিক মানুষের আক্রমন নয়, মানব জীবন ভোগের সময় পরিবেশ প্রতিকুলতা, জীবানু ও জীব-জন্তুর আক্রমন, দুর্ঘটনা ইত্যাদি বহু সমস্যা অতিক্রম করে মানুষকে বেঁচে থাকতে হয়। আর সমপূর্ণ জীবনের সময় সীমা বাল্যাবস্থা, যৌবন, বার্ধক্য ও মৃত্যুর মধ্যে সীমাবদ্ধ হয়ে যায়।

এরপর সরয়ু নদীতে অনেক জল প্রবাহিত হয়েছে। বিশ্বের বিভিন্ন দেশে অত্যাচারী সাশক ও অপরাধী মানুষের তাণ্ডব রাজত্ব করেছে। তবু সামাজিক মানুষের সংঘবদ্ধ প্রয়াস মিটিয়ে ফেলা সম্ভব হয় নি। ইতিহাসের পাতা খুললে মানুষ আজও দেখতে পায় ঠ্যাঙ্গাড়ের উপদ্রব, সিঁদ কেটে গরীবের ঘর চুরি, ডাকাতি, খুন, রাহাজানি, নারী নির্যাতন, অপহরন আর অবশেষে ইন্টারনেটে চুরির বিশাল কীর্তির তাণ্ডব। সামাজিক আইন সেদিন ও ছিল। আজও আছে। তবে অপরাধের সম্পূর্ণ বিনাশ সম্ভব হয়নি। কারন সবাই নাকি শিক্ষিত হতে পারেনি।

তারই মাঝ বেঁচে থাকতে আজকার সন্তান কি কৌশল অবলম্বন করবে তা কেবল আঠারো বছর বয়সের মধ্যে শিখতে হবে। তাদের জীবনে সময়ের খুব অভাব। শৈশবের কাজ যৌবনে করা সম্ভব নয়। আবার বার্ধক্যের কাজও যৌবনে করা সম্ভব হয় না। ভূল সিদ্ধান্তের কারনে মৃত্যুর ক্ষন এগিয়ে আসে। তবে তার কতর্ব্য কি? সবাই এই নিয়ে চিন্তিত।

ঈশ্বরানুরাগঃ মানুষ বিশ্বাস করে বিশ্বের সৃষ্টি কর্তা হলেন ঈশ্বর। তিনি পৃথিবীর সমস্ত জীব-জন্তু ও প্রাকৃতিক সম্পদের রক্ষক ও কর্ণধার। তাঁর অনুগ্রহে তুমি বর্তমান পিতা-মাতার তত্ত্বাবধানে

পৃথিবীতে পদার্পন করেছ। তোমার পিতা-মাতা ঈশ্বরের ইচ্ছাকে রূপায়ন করতে তোমার যত্ন ও পরিচর্যায় রত। তাই পিতা-মাতার প্রতি বিশ্বাস ও প্রেম ঈশ্বরের আশীর্বাদ পাওয়ার একমাত্র পথ হিসাবে গণ্য হয়।

মনেরেখো, ঈশ্বর হলেন সর্ব শক্তিমান। তিনি যে কোন সৃষ্টির কারন হতে পারেন অথবা নিমেষে তা ধ্বংস করার ক্ষমতা রাখেন। মানুষ কর জোড়ে তাঁর উদ্দেশ্যে প্রার্থনা করে আর তাঁকে প্রণাম করে। তিনি জল, স্থল, আকাশ, বাতাস, সৌরমণ্ডল সহ সর্বত্র বিরাজ মান। তুমি তাকে প্রনাম কর।

ঈশ্বর প্রনাম

মানুষের সমাজে ঈশ্বরবাদ নিয়ে পথ প্রদর্শক হল ধর্মীয় রীতি। পৃথিবীর বিভিন্ন প্রান্তে ঈশ্বর বিভিন্ন রূপে অবতীর্ণ হয়ে জগৎ কল্যাণের ইতিহাস রচনা করেছেন। রচিত হয়েছে বিভিন্ন ধর্মগ্রন্থ। ধর্মের অর্থ হল 'ধারন করা'। কতক ধর্মানুরাগী বলেন "অনুসরন করা পদ্ধতি"। যেমন জলকে যে পাত্রে রাখা হয়, সে সেই পাত্রের আকার ধারন করে। সে কারন জলের ধর্ম হল নিরাকার থাকা। ঠিক সেই ভাবে ঈশ্বরানুগামী ধর্মের কাজ হল মানুষের জীবনকে এক সংস্কারের পাত্রে স্থাপন করে সুরক্ষিত করার পরিকল্পনা রচনা করা। ধর্মীয় মানুষ ধর্মের সংস্কারকে অনুসরন করে নিজের জীবনকে সুরক্ষিত করতে সমর্থ হন। প্রত্যেক ধর্মের এক বা একাধিক ধর্মগ্রন্থ রয়েছে। ভগবান কিভাবে অবতীর্ণ হয়ে নিজে সফল জীবন চরিতার্থ করেছিলেন তার ইতিহাস লেখা রয়েছে এই পবিত্র ধর্মগ্রন্থে। আসন্ন জীবনের কাজ হবে সেই ধর্মের ইতিহাসকে অনুসরন করে নিজের জীবনের কৃতিত্ব রচনা করা। তোমার ঈশ্বরের ছবি দিয়ে তাকে প্রত্যহ সকাল ও সন্ধ্যায় প্রনাম কর। একাগ্র চিত্তে তাঁকে স্মরণ করলে তোমার স্নায়ুর ক্ষমতা বৃদ্ধি হবে ও তুমি প্রখর মেধার অধিকারী হতে পারবে।

পৃথিবীতে অনেক ধর্ম রয়েছে। তাদের মধ্যে হিন্দু, মুসলিম, খ্রীষ্টান, বৌদ্ধ, জৈন, পার্শী, ইহুদি ইত্যাদি আমাদের দেশে বসবাস করেন। তাঁদের সাধনার ধরন ও নিয়ম নীতি অনুসার নিজ নিজ ধর্মাবলম্বীগন সাধনা, পূজা পাঠ ও উৎসব পালন করে থাকেন। তুমি অবশ্য তোমার ধর্ম গুরুর উপদেশ অনুসার পিতার গৃহে তাঁর উপাসনা করার সুযোগ লাভ করতে পারবে। ধর্মের পথ ধরে

তোমার জীবনে যে সংস্কার আসবে তা সারা জীবন তোমাকে সুরক্ষিত করে সফল মানব হয়ে উঠতে সাহায্য করবে।

ধর্মের বাণী ও উপদেশ সমাজ জীবনে পথ প্রদর্শক হয়। তুমি যখন সমস্যায় দিশেহারা হয়ে পড়বে, তখন তোমার ধার্মিক সংস্কার তোমাকে স্বস্তির পথ দেখাবে। তোমার বাবা-মা সবাই এইরূপ ধর্মের অনুগামী হয়ে জীবনের অনেকটা অংশ অতিক্রম করেছেন। তুমিও বড় হয়ে তাঁদের পথ অনুসরন করবে।

মনেরাখতে হবে, উদ্যমী মানুষ, হিংস্র মানুষ, বেপরোয়া মানুষ বার বার অহংকার দেখিয়ে নিজের শক্তি ও পরাক্রমকে জাহির করার চেষ্টা করেছে। কিন্তু ঈশ্বর তাদের সেই পরাক্রমকে বার বার বিধ্বংশ করে এই পৃথিবীতে শান্তি স্থাপন করে গেছেন। তিনি প্রমান করেছেন "যথা ধর্ম তথা জয়"।

আস্তিকতা ও ঈশ্বরানুরাগঃ প্রাচীনকাল থেকেই পৃথিবীর মানুষ বিপরীত পরিস্থিতির সাথে লড়ে জীবন ধারন করে চলেছে। তাদের মধ্য অলস ও অক্ষম মানুষ সবলের অত্যাচারে জর্জরিত হয়ে বার বার অসহায় হয়ে পড়েন। তাদের মনোবল বৃদ্ধি করতে ঈশ্বরানুরাগীদের সমাজ আজও প্রতিষ্ঠিত। ঈশ্বরানুরাগীরা বিশ্বাস করেন যে মানুষের জীবনে যা ঘটার তা ঘটবেই। সবই পরম পিতা ঈশ্বরের ইচ্ছা অনুসার পূর্ব পরিকল্পিত। কিন্তু নাস্তিক গনের মতে ভীত ও অক্ষম ব্যক্তিই ঈশ্বরানুরাগী হয়ে কালাতিপাত করতে অভ্যস্ত।

এইরূপ বিপরীত চিন্তায় আচ্ছন্ন মানুষের জীবন দশাগুলি সমীক্ষা করলে দেখা যায়, আস্তিক মানুষই বেশী সুখে ও শান্তিতে জীবন যাপন করে দীর্ঘদিন বেঁচে থাকতে সমর্থ হচ্ছেন। অথচ দুষ্ট ও দুরাচারী মানুষ অগাধ সম্পদ ও সামর্থ গ্রাস করে সুখী জীবন লাভ করতে পারছেন না। গবেষকদের মতে ঈশ্বরবাদী মানুষ বেশী বুদ্ধিমান ও অসীম শক্তির অধিকারী হয়। তারা আত্ম-শক্তির আয়তনকে গোপন রেখে দুরাচারীদের দমন করতে সমর্থ হয়। এই বুদ্ধিমত্তা ও শক্তি সঞ্চয়ের জন্য তাঁরা প্রতিনিয়তঃ ঈশ্বর আরাধনা করায়, তাঁদের মন একাগ্রতার সূত্রে আবদ্ধ হয়ে নির্ভিক হয়ে উঠে। তাঁরা ঈশ্বর ভরসায় বিশ্বাসী হন বলে মনকে বিচলিত হতে দেন না। আর ঈশ্বর সেবার কাজে মনের মেডিটেশন হওয়ায়, তাদের শারীরীক ও মানসিক শক্তি মজবুত হতে থাকে। তাই ঈশ্বর সাধনাই মঙ্গলময় প্রমাণিত হয়।

তোমার অস্তিত্ব

(পাঁচ)

তুমি একটি ছোট্ট শরীর নিয়ে জন্মেছ। কেঁদে চিৎকার করে প্রথম অক্সিজেন গ্রহন করলে পৃথিবীর বায়ুমণ্ডল থেকে। মুক্ত হলে মায়ের শরীর থেকে। পৃথিবীর বায়ুমণ্ডলে খাপ খাইয়ে নিতে একটু তো কষ্ট হবেই। কষ্ট হলে কাঁদো। তোমার কান্না শুনে মা অবশ্যই সাহায্য করবেন।

শুধু মা নয়, মানুষের সমাজে রয়েছে সবার সহযোগীতা। মানুষ নিজেদের উপার্জনের অংশ দিয়ে গড়ে তুলেছে সমাজ ব্যবস্থা। সে সমাজ মানুষের জীবনকে সুরক্ষিত করতে গড়েছে নিয়ম, রীতি আর সেবার অভ্যেস।

i. তোমার মা-বাবা তোমার পরিচর্যা করবেন ১৮ বছর বয়স পর্যন্ত।

v. তোমার ভরন পোষণ ও শিক্ষার দায় বহন করছেন তাঁরাই।

v. তাঁরা তোমার জীবনকে সুরক্ষিত করতে সর্বদা সজাগ থাকবেন।

v. শরীরের উন্নয়ন ও বৃদ্ধির জন্য খাদ্য ও পানীয় সরবরাহ করবেন।

v. তাঁরা বিভিন্ন জীব জন্তু, দূষিত পানীয় ও কীট পতঙ্গের আক্রমন থেকে তোমাকে রক্ষা করবেন।

v. জন্মের পর থেকে তুমি আইনের বলয়ে পরিবেষ্ঠিত হয়েছ। তাই তোমাকে মেরে ফেলার অধিকার কারুর নেই।

v. তুমি এখন আরোগ্য পরিষেবা পাওয়ার অধিকার লাভ করেছ। সমাজ তোমার শরীরের কষ্ট লাঘব করতে চিকিৎসা পরিষেবা প্রদান করবেন।

v. আর তুমি বাস করছ তোমার পিতা-মাতার বাসগৃহে এক নিরাপদ আশ্রয়ে।

v. তোমার আত্মীয়রা তোমার পিতা-মাতাকে জীবন যাপনে সহায়তা করেন।

তোমার জীবন ধারনের মূল উৎস গুলি হল –

v. জল, বায়ু

v. পোশাক, পরিচ্ছদ

v. আহার, নিদ্রা

v. চিকিৎসা

v. শিক্ষা

v. যোগাযোগ

জল, বায়ু ছাড়া এই সকল প্রয়োজনীয় বস্তু তোমার পিতা-মাতা নিজ চেষ্টায় সংস্থান করতে অক্ষম। সে কারনে তাঁদের সমাজের উপর নির্ভরশীল হতে হয়। সমাজ কর্মের বিনিময়ে অর্থ উপার্জনের প্রথা জারী করেছে, শক্তিশালী মানব সমাজ গড়ার উদ্দেশ্যে।

v. সমাজের পারদর্শী ও বিশেষজ্ঞরা অর্থের বিনিময়ে তৈরি করে দিয়েছেন বাসস্থান।

v. সমাজের পারদর্শী ও বিশেষজ্ঞরা অর্থের বিনিময়ে তৈরি করে দিয়েছেন তাঁর পোশাক পরিচ্ছদ।

v. কৃষকের উৎপাদন অর্থের বিনিময়ে ক্রয় করে তোমার পিতা তোমার আহারের ব্যবস্থা করে দেন।

v. সমাজের পারদর্শী ও বিশেষজ্ঞ দ্বারা চিকিৎসা ও ঔষধের পরিষেবা পেতে অর্থের বিনিময়ে তোমার পিতা-মাতা সক্রিয়।

v. তুমি জন্মের পর শিখেছ, কাঁদলেই মা আসবেন। এটাই তোমার প্রথম শিক্ষা। এরপর তুমি আরও অনেক কিছু শিখবে।

v. যানবাহন কি তাও জানবে একটু বড় হলে। ওটাও জানা দরকার।

v. জানার প্রয়োজন হয় সমস্যা সমাধানের জন্য।

v. জেনে প্রথম সমস্যাকে চিহ্নিত করতে হয়।

v. এরপর উপযোগী ব্যবস্থা গ্রহন করলে সমস্যা দূর হয়ে যায়।

v. মানুষ সারাজীবন কেবল সমস্যা অতিক্রম করে বাঁচার পথ সুগম করতে বাধ্য হয়।

এখন থেকে তুমি পৃথিবীর যে কোন প্রান্তের জল, বায়ু, আলো, অন্ধকার ও মহাশূন্য উপভোগের অধিকারী হলে। তোমার মস্তিষ্ক পৃথিবীর গণ্ডী পেরিয়ে ব্রহ্মাণ্ডের সমস্ত সম্পদ সুরক্ষার জন্য ভারপ্রাপ্ত হল। এটাই হল তোমার আসল সাম্রাজ্য।

একটু বড় হলে তুমি বুঝতে পারবে তোমার অধিকার। জানবে কিভাবে সাম্রাজ্য চালাতে হয়। সারা পৃথিবীতে রয়েছে অসংখ্য উদ্ভিদ, ছোট বড় প্রাণী আর জড় বস্তু। সবকিছুই তোমার জীবনের অস্তিত্বকে প্রভাবিত করতে পারে। এসবের জন্য তোমার মস্তিষ্ক অহরহ কাজ করে পৃথিবীকে উন্নত করতে পারে। তোমার কাজে সারা পৃথিবী সমস্যা মুক্ত হয়ে শক্তিশালী হয়ে উঠতে পারে। মনেরেখো পৃথিবীর গ্রন্থাগারে যত পুস্তক আছে, আর তাতে যত জ্ঞান লিপিবদ্ধ রয়েছে, সকল জ্ঞানই তোমার মস্তিষ্কে রয়েছে অথবা সেগুলি ধারন করতে তুমি সক্ষম। শিক্ষা কেবল সেই জ্ঞানগুলিকে জাগিয়ে তুলতে সক্ষম হয়। তাই তুমি দক্ষ ও পারদর্শী মানব হিসাবে নিজেকে উপস্থাপন করতে পারো।

তুমি ঈশ্বরের সন্তান। ঈশ্বর যেমন সবার হৃদয়ের কথা জানতে পারেন, তেমনি তুমিও অপরের হৃদয়ের কথা অনুমান করতে পারো। তোমার মধ্যে দয়া, মমতা, সহানুভূতি, ক্ষমা ও সুবিচারের জন্য বিচার বোধ বিরাজ করছে। তুমি জন্ম জন্মান্তর ধরে সত্যের পূজারী থাকার কারনেই পুনঃ মানব জীবন লাভ করেছ। তোমার আগমনের পথ চেয়ে অজ্ঞ মানব, অক্ষম মানব, পীড়ীত মানব ও দুস্থ মানবের দল বহুদিন ধরে প্রতীক্ষা করছে। সেকারন তোমাকে আত্মার বিকাশ ঘটিয়ে সমস্ত অক্ষমতাকে পরাস্ত করে মানব সভ্যতাকে পুনর্জীবীত করে তুলতে হবে।

মনেরেখো বর্তমান তুমি প্রাকৃতিক চক্রব্যুহে আবিষ্ঠ হয়েছ। তোমার চতুর্দিকে থাকা ভাইরাস, জল, আগুন, বাতাস, ক্ষুদ্র ও বৃহৎ প্রাণী কুল তোমাকে ঘিরে ফেলেছে। তারা অদৃশ্য হয়ে রয়েছে। তারা তোমার প্রতিদ্বন্দী ও তোমার বিনাশের পরিকল্পনায় রত। তুমি তাদের সকল প্রচেষ্টাকে ব্যর্থ করে ধীরে ধীরে মানবতার সমাজে বিরাজমান হবে। অসহায় মানবকে বাঁচার পথ দেখিয়ে তুমি যৌবনের শ্রেষ্ঠ লগ্নে কীর্তি অর্জন করবে। তাই ভগবান বলেছেন–“কীর্তি যস্য স জীবতি”। জগতের আশা তুমিও কীর্তি অর্জন করে অমর হও। পৃথিবীর মানুষকে সমৃদ্ধ কর।

আত্ম-পরিচয়

(ছয়)

তোমার একটা ছোট্ট শরীর আমাদের মধ্যে এসেছে। তাই তো আমরা তোমাকে দেখতে পাচ্ছি। তুমিও দুটা চোখ মেলে আমাদের দেখছ। তুমি আমাদের স্নেহের ও আদরের সন্তান। তোমার শরীরের মধ্যে রয়েছে ত্বক, রক্ত-মাংসের তৈরি ভিতরের অঙ্গ প্রত্যঙ্গ আর একটি প্রাণ। এই প্রাণ শরীরের বিভিন্ন অংশের অনুভূতি অনুভব করে। তোমার মুখ হল জীবনের আয়না। তুমি তোমার হাসি দিয়ে সবাইকে আকর্ষন করবে। তাই ভগবান তোমাকে সুন্দর রূপ দিয়েছেন। তোমার হাত পা ছটপট করছে কেন? এগুলো চলতে চায়? একটু অভ্যেস করে নাও। ধীরে ধীরে এগুলো দক্ষ হয়ে উঠবে।

মানুষের সমাজে ‘বিজ্ঞান’ নামে এক পড়ুয়া আছে। সে সব কিছু খুঁজে বার করতে চায়। ভুয়ো কোথায় বিশ্বাস করে না। মাঝে মাঝে একটু পড়াশুনা করে বলে, “সব জেনে গেছি”। আসলে সব জানা হয় নি। এখনও অনেক বাকি। তুমি কি পারবে বাকি গুলো জানতে? জানলে মানুষের সমাজ শক্তিশালী হবে। বিজ্ঞান বলে, তোমার মস্তিষ্ক শরীরে বিছিয়ে থাকা স্নায়ুর সঙ্গে যুক্ত। স্নায়ুর সংবেদনশীলতা ও প্রতিক্রিয়ার ফলে তোমার মস্তিষ্ক ভালোমন্দ অনুভব করতে পারে। তাই কষ্ট হলে তুমি কাঁদো আর আনন্দে হাঁসতে থাকো।

তুমি জানো না তোমার জীবন রক্ষার জন্য কেবল তুমিই দায়ী। তুমি তাই জীবন রক্ষা করতে প্রতিনিয়ত চেষ্টা চালিয়ে যাচ্ছো। শরীরের কষ্ট হয় বলেইতো তোমার কান্না। তাই তোমার শরীরের ক্ষুধা, তৃষ্ণা, বেদনা ও উল্লাস বাঁচার প্রয়োজনে রচিত হয়েছে। সেকারন তুমি-

v.   কেঁদে সাহায্যের আবেদন কর।

v.   হেঁসে সবাইকে আকর্ষণ কর। আনন্দ দাও।

v.   ভোগ করে নিজের শরীরকে সমৃদ্ধ কর।

v.   তোমার শরীরকে পূর্ণাঙ্গ মানবে রূপান্তর করার প্রয়াস কর।

v.   নিজের জীবনকে বাহ্যিক আক্রমণ থেকে রক্ষা কর।

v.   ভাইরাস অথবা প্রতিকুলতা থেকে রক্ষা পেতে মাতৃদুগ্ধ পান কর।

v.   খেলতে থাকো, হাসতে থাকো, ভালো থাকো।

নিজেকে জানা খুব সহজ কাজ নয়। জানতে হলে তোমাকে অনেক সংস্কার শিখতে হবে। আর অনেক পড়াশুনা করতে হবে। তুমি কে? তুমি কোথায় ছিলে? কিভাবে আবার মানব হয়ে জন্ম নিলে? এসবের উওরও সহজে পাওয়া যায় না। নিজেকে জানতে হলে প্রথমে নিজের শরীরকে বাঁচিয়ে রাখতে শিখতে হবে। তারপর শিখো তোমার শরীরের দক্ষতা ও মস্তিষ্কের ক্ষমতা নিয়ে।

শরীরকে বাঁচিয়ে রাখা কঠিন ব্যাপার। শৈশবে শরীরকে সুস্থ রাখতে মা-বাবা ও আপনজনের উপদেশ মানতে হয়। ঠিক সময়ে আহার ও পরিধান গ্রহন করতে হয়। আর শরীরকে সচল রাখার প্রয়াস জারী রাখতে হয়। মনকে খুশি রাখতে শিখো। খেলতে থাকো। কষ্ট হলে অবশ্যই কাঁদতে ভূলো না। নিজের অনুভূতি প্রকাশ করতে থাকো।

যখন তুমি পূর্ণাঙ্গ মানুষ হয়ে উঠবে, তখন তোমার মধ্যে শিক্ষা ও সংস্কারের আলোক যদি প্রভাবিত হয়, তাতে তোমার বিচার শক্তির উন্মোচন সম্ভব হবে। আর সেই বিচার শক্তির প্রভাবে তুমি নিজের জীবনকে আলোকিত করতে পারলে, তোমার মধ্যে যে আত্মবিশ্বাস সৃষ্টি হবে, তারই মধ্যে তুমি নিজেকে জানতে পারবে। তারপর বিশদ ভাবে জানতে হবে তোমার শরীরের অঙ্গ-প্রত্যঙ্গকে।

--

মানব শরীর

(সাত)

তোমার প্রাণ শরীরময় ছড়িয়ে রয়েছে স্নায়ুর জালের মধ্যে দিয়ে। যখন তুমি ধীরে ধীরে বড় হবে তখন তোমার প্রাণও শরীর বরাবর বাড়তে থাকবে। তোমার শরীরে রয়েছে একটি সাখা। মাথার উপরিভাগকে খুলি বলা হয়। কালো চুল দিয়ে খুলিটা ঢাকা থাকে। তার নীচে চোখ, নাক, কান, জিহ্বা সহ কয়েকটি ইন্দ্রিয়। ইন্দ্রিয়গুলি বাহ্যিক অনুভূতি গ্রহণ করে স্নায়ুর মাধ্যমে মস্তিষ্কে পাঠিয়ে দেয়। তাই আমরা চোখে দেখি, কানে শুনি, নাকে প্রশ্বাস গ্রহণ করি ও গন্ধের বিচার করি, জিহ্বায় স্বাদের অনুভূতি পাই। শরীরের চামড়ায় স্পর্শ করলে সেই অনুভূতি ও স্নায়ুর মাধ্যমে মস্তিষ্কে যায় বলে আমরা স্পর্শ অনুভব করি। এছাড়া মুখমণ্ডলের অন্যান্য অংশ, যা কিনা সুন্দর ভাবে সুসজ্জিত

রয়েছে। তার নীচে রয়েছে গলা, বক্ষদেশ, দুদিকে দুটি হাত, পেট, নাভি, কোমর, জ্ঞানেন্দ্রিয়, পাদদেশ ইত্যাদি। শরীরের অভ্যন্তরে রয়েছে –কঙ্কাল, মাংসপেশী, স্নায়ুতন্ত্র, ব্রেন, রক্তবাহী তন্ত্র, হৃদপিণ্ড, পরিপাক তন্ত্র, চক্ষু, কর্ণ, শ্বাসযন্ত্র, মূত্রযন্ত্র প্রক্রিয়া, কিডনি, পুরুষ প্রজনন অঙ্গ, স্ত্রী প্রজনন অঙ্গ এবং মল নিষ্কাশক নালী ইত্যাদি।

শরীরের এই সকল অঙ্গগুলি বেঁচে থাকার জন্য অত্যন্ত জরুরী। বাহ্যিক আঘাতে অথবা কোন ভাইরাস বা পরজীবীর দ্বারা আক্রান্ত হয়ে এই সকল অঙ্গ কর্ম ক্ষমতা হারাতে পারে। শরীরের অভ্যন্তরে এই সকল অঙ্গের স্বাভাবিক অবস্থা সকল মানুষ অনুভব করতে পারে। কিন্তু অঙ্গগুলিতে সমস্যা সৃষ্টি হলে মানুষ যন্ত্রণা অনুভব করে। এই যন্ত্রণা উপসমের জন্য মানুষ চিকিৎসা গ্রহণ করেন। বিজ্ঞানের উন্নতির কারনে মানুষ প্রায় সমস্ত রকম অঙ্গের চিকিৎসা করতে সক্ষম হয়েছেন। কিন্তু কিছু কিছু রোগ আজও রয়েছে যা নিরাময় করা কঠিন।

রক্তঃ তোমার শরীরে যে রক্ত বইছে সে বিষয়ে তোমার জানা দরকার। পুরুষ ও নারীর শরীরে থাকা রক্তের পরিমান সমান থাকে না। একটি পূর্ণ বয়স্ক পুরুষের শরীরে প্রায় পাঁচ লিটার রক্ত থাকে। আবার পূর্ণ বয়স্ক নারীর শরীরে 4.3 লিটার রক্ত থাকে। এই রক্ত শরীরের রক্ত সংবহন তন্ত্রের মধ্যে প্রায় এক লক্ষ কি.মি. ভ্রমন করতে থাকে। রক্তে 25,000,000,000 থেকে 30,000,000,000 লোহিত কনিকা থাকে বলে এটিকে লাল দেখায়। লোহিত কনিকাগুলি প্রায় 120 দিন বাঁচে। এগুলি প্রতি সেকেণ্ডে 1,200,000 থেকে 2,000,0000 তৈরী ও নষ্ট হতে থাকে।

মস্তিষ্কঃ একটি মানব মস্তিষ্কে একশত বিলিয়ন ব্রেন কোষ থাকে। যার আয়তন 2,090 বর্গ সেমি হতে পারে। সারা দিন কাজ করতে গিয়ে মানুষ প্রায় দশ হাজার ব্রেন কোষ নষ্ট করে ফেলে। মস্তিষ্কের কাজ হল স্নায়ুর মারফত খবর সংগ্রহ করা, এবং খবর অনুসার সিদ্ধান্ত নিয়ে শরীরকে আদেশ প্রদান করা। আর সেই আদেশ পালন করেই তো আমরা বেঁচে থাকতে সক্ষম হই।

মুখঃ মুখ দিয়ে মানুষ খাদ্য গ্রহন, আপদকালে শ্বাস গ্রহন ও বর্জন, স্বাদ গ্রহন, স্যালাইভা তৈরী, অতিরিক্ত বা বিষাক্ত পদার্থ বমি করা, কথা বলে অথবা মনের ভাব প্রকাশ করতে পারি। অপরকে আকর্ষন অথবা বিকর্ষন করতে পারি। বিজ্ঞানীদের মতে একজন মানুষ সারা জীবনে মুখে প্রায় 37,800 লিটার লালা বা স্যালাইভা তৈরী করতে পারে।

শ্বাস-প্রশ্বাসঃ বেঁচে থাকার জন্য সকল মানুষকেই শ্বাস-প্রশ্বাস চালিয়ে যেতে হয়। শ্বাস-প্রশ্বাস বন্ধ হয়ে গেলে মানুষ বাঁচে না। এই শ্বাস-প্রশ্বাস চালিয়ে যেতে মানুষকে প্রতি মিনিটে ছয় লিটার বায়ু গ্রহন ও বর্জন করতে হয়। অথবা সারা দিনে 8,640 লিটার বায়ুর প্রয়োজন হয়। মানুষ বায়ু থেকে কেবল অক্সিজেন গ্রহন করে কার্বনড্রাই অক্সাইড সহ অন্যান্য গ্যাস শরীর থেকে বের করে দেয়। বিজ্ঞানীদের মতে একজন মানুষ স্বাভাবিক অবস্থায় মিনিটে 13 থেকে 17 বার শ্বাস গ্রহন বা বর্জন করতে পারে।

কোষঃ একটি পূর্ণাঙ্গ মানুষের শরীরে 50 মিলিয়ন কোষ থাকে। এগুলির মধ্য থেকে প্রতি মিনিটে প্রায় তিন লক্ষ কোষ মরে যায়। আবার সমপরিমান কোষ সৃষ্টি হয়ে নষ্ট হওয়া মৃত কোষ গুলির শূন্যস্থান পূরন করে। সারা দিনের মৃত কোষের সংখ্যা 4,320,000,000,000 পার হয়ে যায়।

আবার সারা শরীর জুড়ে কোষ গুলিতে 1,000,000,000,000 টি শ্বেত রক্ত কনিকা থাকে। সেগুলি সর্বদা জীবানু ও সংক্রমনের বিরুদ্ধে লড়াই করে শরীরকে সুরক্ষিত করে। দেশে পুলিশ ও সেনা যেমন শত্রু, অজ্ঞানী অপরাধী ও দূষিত সমাজ ব্যবস্থার বিরুদ্ধে লড়াই করে, তেমনি শ্বেত রক্ত কনিকা গুলি সর্বদা লড়াই করে শরীরকে বাঁচাতে ব্যস্ত থাকে।

রাসায়নিক পদার্থঃ প্রত্যেক শরীরে অনেকটা রাসায়নিক পদার্থ অথবা ক্যামিকেল থাকে। সেগুলির মধ্যে কার্বন, স্নেহ জাতীয় পদার্থ, ফসফরাস ও আয়রন অন্যতম। ব্যবহারিক জীবনে এই সব কেমিক্যাল গুলির মধ্যে কার্বন পেন্সিল, স্নেহ জাতীয় পদার্থ দিয়ে মোমবাতি, ফসফরাস দিয়ে বারুদ ও আয়রন (লোহা) দিয়ে ছুরি তৈরী করা হয়।

পরিপাক তন্ত্রঃ মানবের পাকস্থলী খাদ্য হজম ও পরিপাকের জন্য ব্যবহৃত হয়। খাদ্য পরিপাক বা হজম করতে হাইড্রোক্লোরিক অ্যাসিডের প্রয়োজন হয়। এই অ্যাসিড ধাতুকেও গলিয়ে দিতে পারে। কিন্তু পাকস্থলীর দেওয়ালকে গলাতে পারে না। কারন পাকস্থলীর দেওয়ালে প্রতি মিনিটে পাঁচ লক্ষ কোষ পরিবর্তীত হয়। পাকস্থলীর দুটি গুরুত্বপূর্ণ অঙ্গ হল লার্জ ইনটেস্টাইন, আর স্মল ইনটেস্টাইন। সুখাদ্যের সেবনে পাকস্থলীর ক্ষমতা বৃদ্ধি হয় ও পরিপাক তন্ত্র সুরক্ষিত থাকে। কিন্তু অতিরিক্ত নেশা ঘটিত পদার্থ অথবা মদ্য পান করলে, ক্ষতি কারক মশলা, তেল বা স্নেহ জাতীয় পদার্থ ব্যবহারে এটিতে বিভিন্ন রোগের সৃষ্টি হয়।

চোখঃ চোখ একটি বেশ গুরুত্বপূর্ণ অঙ্গ। চোখ ছাড়া চতুর্দিক অন্ধকার মনে হয়। পৃথিবীর সৌন্দর্য্য ও সত্যের অনুভূতি অনেকটা দূরে সরে যায়। মানুষ তখন পর নির্ভরশীল হয়ে পড়ে। চোখ বর্তমান পরিস্থিতিকে অনুভব করে ভবিষ্যত বিষয়ে সিদ্ধান্ত নিতে সাহায্য করে। সেকারন প্রতিদিন চোখের যত্ন নেওয়ার সংস্কার প্রচলিত রয়েছে। চোখ মিটমিট করলে চোখকে পরিস্কার রাখা সম্ভব হয়। বিজ্ঞানীদের মতে এটি সারাদিনে প্রায় 20,000বার মিটমিট করে।

গ্যাসঃ প্রত্যেক মানুষকে খাওয়ার হজমের জন্য পর্যাপ্ত জল পান করতে হয়। তারপর মুখ দিয়ে অথবা পায়ু দিয়ে কতকটা গ্যাস বেরিয়ে যায়। খাদ্য অ্যাসিডের দ্বারা জারনের সময় এই গ্যাস উৎপন্ন হতে থাকে। কম জল পান করলে গ্যাসের দুর্গন্ধ বাড়ে। আযায় পরিমান সত জল পানের অভ্যেস থাকলে গ্যাসের কোন গন্ধই থাকে না। পরীক্ষায় জানা গেছে একজন মানুষ সারাদিনে প্রায় দু-লিটার গ্যাস পায়ু দিয়ে বের করে দেয়।

চুলঃ শরীরের একটি প্রাণহীন অঙ্গ হল চুল। এটি সারা জীবন বাড়তে থাকে। মাথায়, মুখমণ্ডলে ও শরীরের গুরুত্বপূর্ণ অঙ্গ গুলির পাশাপাশি এগুলি জন্মায়। চুলের কাজহল শরীরের স্পর্শকাতর

অঙ্গগুলিকে আঘাত থেকে রক্ষা করা। মাথার চুল সাধারনতঃ দিনে 0.5 মিমি বাড়ে। উন্নত মানুষ বর্তমান কালে চুলকে সৌন্দর্য বৃদ্ধির উপকরন হিসাবে ব্যবহার করে।

নখঃ নখও শরীরের আরেকটি প্রাণহীন অঙ্গ। নখ প্রতি সপ্তাহে 0.05 সেন্টিমিটার বাড়ে। এটি জীবন রক্ষার প্রাকৃতিক হাতিয়ার। বর্তমান মানুষ অনেক বেশী শক্তিশালী হাতিয়ারের ধারক হওয়ার কারনে এর প্রয়োগ থেকে বিরত থাকে।

হৃদয়ঃ মানব শরীরের এক গুরুত্বপূর্ণ আভ্যন্তরিন অঙ্গ হল হৃদয় (হার্ট)। এর কাজ হল রক্তকে পাম্প করে ধমনী ও শিরার মাধ্যমে সারা শরীরে সঞ্চালন করা। দৈনিক মানব শরীরে এই হৃদযন্ত্রটি 13,640 লিটার রক্ত পাম্প করে। পাম্পের সময় এক মৃদু কম্পনের সৃষ্টি হয়। এই কম্পনের অনুভূতিকে আমরা হার্টবিট বলি। স্বাভাবিক অবস্থায় একজন মানুষের দেহে মিনিটে 70 বার হৃদকম্পন অনুভূত হয়। দিনে এক লক্ষ বার হৃদকম্পন অনুভূত হয়।

স্নায়ুঃ প্রত্যেক মানুষের শরীরে প্রায় 13,000,000,000,000 টি স্নায়ুকোষ থাকে। স্নায়ু কোষ গুলি শরীরের বিভিন্ন আভ্যন্তরিন ও বহিরাঙ্গের অনুভূতি মস্তিষ্ককে পাঠাতে থাকে। মস্তিষ্ক সমাজের আদালতের ন্যায় সিদ্ধান্ত নেওয়ার অধিকারী হয়। সেটি স্নায়ু মারফত পাওয়া তথ্যটি অনুসার সময় নষ্ট না করে সিদ্ধান্ত নিয়ে শরীরকে ব্যবস্থা গ্রহনের আদেশ দেয়। শরীরের স্নায়ুগুলি প্রতি ঘন্টায় 290 কিমি বেগে কোষগুলির সমস্যা মস্তিষ্কে পাঠাতে সক্ষম হয়। দ্রুত সংবাদ প্রেরনের কারনে মস্তিষ্কে ভূল তথ্য প্রেরিত হওয়ার সুযোগ থাকে না। তাই সঠিক সিদ্ধান্ত নিয়ে সঠিক সময়ে শরীরের অস্তিত্ব রক্ষা সম্ভব হয়। আবার যখন মাইক্রোলেপ্রী নামক জীবানু স্নায়ু কোষকে কেটে বিচ্ছিন্ন করে দেয়, তখন রক্ত ক্ষরন হলেও মানুষ বুঝতে পারে না। মস্তিষ্ক দ্রুত সংবাদ না পাওয়ার কারনে সিদ্ধান্ত নিতে অক্ষম হয়। তাই শরীর বিপন্ন হয়ে পড়ে।

চর্মঃ চর্ম বা চামড়া মানুষের শরীরকে ঢেকে রাখে। ফলে আমরা বায়ুর তাপ জনিত তারতম্য, আঘাত ও জীবানুর আক্রমন থেকে বাঁচার প্রথম আবরন পেয়ে থাকি। সারা শরীরে থাকা চামড়ার ওজন সর্বোপরি চার কিলো হতে পারে। এটি সারা শরীরে 1.3 থেকে 1.7 বর্গ মিটার আবৃত করে রাখে। চামড়াটি আনুবিক্ষনিক ছিদ্র পথে শ্বাস গ্রহন ও বর্জন করে শরীরকে ঠাণ্ডা রাখে। তাই শরীরে চর্মের প্রয়োজনীয়তা অপরিসীম।

ঘুমঃ গড়ে মানুষকে চব্বিশ ঘন্টায় সাড়ে সাত ঘন্টা ঘুমাতে হয়। তার মধ্যে 60 শতাংশ হাল্কা ঘুম, 18 শতাংশ গভীর ঘুম ও 20 শতাংশ স্বপ্ন ঘুম হতে পারে। ঘুমের সময় শরীরে নূতন কোষের সৃষ্টি হয় এবং মৃত কোষগুলির জায়গায় সেগুলি স্থানান্তরিত হয়। সেকারন ঘুমের পর শরীরে আরাম ও শক্তির অনুভূতি জেগে উঠে। ঘুমের সময়ও মস্তিষ্ক কাজ করতে থাকে, সে সময় স্বপ্নের জগতের বিচার বোধকে নিয়ন্ত্রন করতে হয় তাকে। তাই মস্তিষ্ককে বিশ্রাম দিতে মেডিটেশন করতে হয় অথবা গান, নাচ, পূজা ও আরাধনা মস্তিষ্ককে স্বস্তি দিতে পারে।

ঘামঃ শরীরের চামড়ার ছিদ্র দিয়ে বেরিয়ে আসা জলীয় পদার্থই ঘাম। শরীরে শোয়েট গ্ল্যাও থেকে ঘাম নির্গত হয়। একটি পূর্ণাঙ্গ মানুষের শরীরে 3,000,000 শোয়েট গ্ল্যাও থাকে। স্বাভাবিক আবহাওয়ায় প্রত্যহ মানুষ নিজের শরীর থেকে 0.5 লিটার জল ঘামের মধ্য দিয়ে ত্যাগ করে। গরমের দিনে এই ঘামের পরিমান 13.5 লিটার পর্যন্ত বাড়তে পারে।

প্রস্রাবঃ মানুষকে দৈনিক 400 থেকে 2000 মিলি লিটার প্রস্রাব করতে হয়। প্রস্রাবের ফলে শরীরের অপ্রয়োজনীয় জল বেরিয়ে আসে। সেকারন অতিরিক্ত জল পান করলেও শরীরের লাভ হয়। ডাক্তার বাবুদের মতে কম জল পান করলে কিডনীর রোগ হতে পারে। মানুষের বয়স, শরীরের আয়তন ও আবহাওয়া পরিস্থিতিতে প্রস্রাবের পরিমান কম অথবা বেশী হতে পারে।

অস্থিঃ একজন মানুষের শরীরে মোট 206 টি হাড় বা অস্থি থাকে। যদি একজন মানুষের ওজন 70 কেজি হয়, তার স্বাভাবিক অবস্থায় হাড়ের ওজন হবে 14 কিলোগ্রাম। অস্থি মানুষের শরীরকে ধরে রাখে ও আকার দান করতে সক্ষম হয়। সেকারন এটিকে শরীরের কাঠামো বলা যায়।

দাঁত ও হাসিঃ তোমার হাসিমুখ দেখতে তোমার বাবা – মা ও পাশে থাকা সকল মানুষ ব্যাকুল হয়ে রয়েছেন। তুমি হাসার সময় এক আনন্দময় অনুভূতি লাভ কর। মনে হয় সারা শরীরটা রোমাঞ্চে ভরে যায়। কারণ সৃষ্টিকর্তা হয়ত হাসা ও কান্নার আলাদা স্নায়ু তৈরি করেছেন। সেগুলির ব্যবহারও বিভিন্ন রকম। যেমন তোমার মুখমণ্ডলের কিছুটা অংশ ডান ও বাঁদিকে প্রসারিত হলে আমরা হাসি দেখতে পাই। তবে কি এই প্রসারণে কোন বিশেষ স্নায়ুর – টানের ফলে শরীরে আনন্দময় অনুভূতির সৃষ্টি হয়? আবার সংকুচিত হলে কি দুঃখ অনুভূত হয়? বিষয়টা বড় হয়ে তুমি আবিষ্কার করো? তবে হাসলে যে দাঁতগুলো বেরিয়ে আসে সেগুলি তোমার মুখের সৌন্দর্যকে বাড়িয়ে দেয়। প্রত্যেক মানুষ তোমার দিকে আকর্ষিত হতে থাকে। তোমার হাসিতে অপরের দুঃখ, ক্রোধ ও যন্ত্রণার উপসম হতে পারে। তোমার জগৎ হাসির মায়ায় আলোকিত হলে, তোমার গোলাম হয়ে যেতে পারে। এই হাসির ফাঁকে সাদা দাঁতের ভূমিকাও কম নয়।

দাঁত এক অত্যন্ত প্রয়োজনীয় অঙ্গ। প্রত্যেক মানুষ দাঁতের সাহায্যে খাদ্যকে চিবিয়ে সারা জীবন আহার গ্রহণ করে। অর্থাৎ দাঁত হল সারা জীবনের সহকারী অঙ্গ। তবে যত্ন না নিলে এটি অসময়ে নষ্ট হয়ে যায়। দাঁতের ইতিহাস নিয়ে আমার কিছু অভিজ্ঞতা রয়েছে। শিক্ষার অভাবে এই দাঁতের দুর্গতি কিভাবে আমাকে যন্ত্রণা দিয়েছিল জানলে তুমিও দুঃখ পাবে। তাই আমি কিছু পরামর্শ দিয়ে তোমার সুন্দর দাঁতের সুরক্ষা করতে চাই। আমার আশা তুমি সারাজীবন সুন্দর দাঁতের হাসি নিয়ে সফল জীবন রচনা করতে সক্ষম হবে ও প্রতিপক্ষের সমস্ত হুঙ্কারকে ম্লান করে শ্রেষ্ঠ মানুষ হিসাবে আত্মপ্রকাশ করবে।

অভিজ্ঞতাঃ (এক) –এই অভিজ্ঞতাটি কৃষ্ণদাসের ডাইরী থেকে নেওয়া সত্য ঘটনা আধারিত।তিনি লিখেছেন- সেদিন ছিল সোমবার। রাতে নীচের তলার দাঁতে বেশ যন্ত্রণা করছিল। কৃষ্ণদাস বলল, বয়সটা তখন পঞ্চান্ন পেরিয়েছে। গ্রামের হাতুড়ে ডাক্তারের কাছে যন্ত্রণার কথা বলতেই তিনি বললেন, বয়সটা তো হয়েছে, এবার দাঁত যাওয়ার পালা, মাঝে মধ্যে যন্ত্রণা হবে। তাই "পেন কিলার" খাও। পরে দাঁত তুলে ফেল।

কৃষ্ণদাস বললেন, ডাক্তারের কথা শুনে আমি হতাশ হয়েছিলাম। ভেবেছিলাম মানুষ যত দিন বাঁচে ততদিন দাঁত থাকে না কেন? পরের দিন দাঁতের চিকিৎসার জন্য কলকাতা গেলাম। অজ্ঞানতার কারণে কোথায় ডাক্তার দেখাব ঠিক করতে পারছিলাম না। একজন সহযাত্রী বাসে আমার সঙ্গে আলাপ করে ফেললেন। তিনি জিজ্ঞাসা করলেন, দাঁতে হাত কেন? কষ্ট হচ্ছে? আমি বললাম যন্ত্রণা হচ্ছে। তিনি আমাকে দাঁত দেখানোর জন্য এক ডেন্টিসের কাছে যেতে বললেন। তার কথা মত আমি কলকাতায় বি, বি, গাঙ্গুঁলী স্ট্রিটে এক ডেন্টিসের চেম্বারে উপস্থিত হলাম। তারপর সেখানে উপস্থিত এক সেবাকর্মীকে আমার কষ্টের কথা বর্ননা করে ডাক্তার বাবুর পরামর্শ চাইলাম। সে দিন চেম্বারে কোন ভিড় ছিল না। তাই সেবাকর্মী সহজেই আমার চিকিৎসার সুযোগ করে দিল। ডাক্তার বাবু দাঁত দেখে বললেন, দু'শ টাকা লাগবে। একটা স্টোন বের করতে হবে। আমি তাঁর কথায় রাজী হয়ে গেলাম। তারপর তিনি একটা বাঁকা তারের যন্ত্র এনে দাঁতের ভেতরে ঢুকিয়ে একটান দিতেই দাঁতের গোড়া থেকে একটা পাথর সরে গেল। এরপর আমার যন্ত্রণাও কমে গেল। তিনি একটা প্রেসক্রিপশন লিখে দৈনিক একটি মেট্রোনিডাজল ট্যাবলেট খেতে পরামর্শ দিলেন। আমি বললাম – ওটা তো আমাশার বড়ি? ডাক্তার বললেন, "হ্যাঁ ঠিক ধরেছেন। ওটাই খাবেন।"
সেদিন প্রথম আমি দাঁতের প্রয়োজনীয়তা উপলব্ধি করতে পেরেছিলাম। মনে পড়েছিল আমার শৈশবের কথা, মা – আমার হাসিমুখ দেখলে কিনা আনন্দ পেতেন, দিদি, দাদা, কাকা – কাকীমা, সবাই আমার হাসিমুখ দেখে আনন্দ পেত। তারা চাইতো আমি যেন সব সময় হাসতে থাকি। সেদিন আমি বুঝতাম না যে, হাসির জাদু পৃথিবীকে আমার দিকে আকর্ষণ করে। আর আমার

শরীরের সাইনবোর্ডটা মুখ মণ্ডলের আকৃতি নিয়েছে। তবু আমি এই মুখমণ্ডলের যত্ন নিতে পারিনি। দাঁত দীর্ঘ অবহেলার কারণে অকেজো হয়ে পড়ছে। কিভাবে ওগুলোকে রক্ষা করবো, এই সব নিয়ে ভাবছিলাম। এসব ছিল আমার আপন মনের জিজ্ঞাসা। আমার শৈশবে দাঁতগুলি ছিল ঝকঝকে সাদা। ছেলেবেলায় কত রকমের দাঁত দেখেছি জানো? লাল দাঁত, কালো দাঁত, সামনে উঁচু দাঁত, মুখের ভেতরে ঝুঁকে থাকা দাঁত, নাকের নীচে ঝুলে থাকা দাঁত আরও কতকি। বুড়োদের দাঁত পড়ে গেলে 'ফোগলা বুড়ো' বলে উপহাস করতাম। এখন বুঝি কতটা ভুল ছিল সে উপহাস। আমার সুস্থ ও সবল দাঁতে আমি অনায়াসে দড়ি কেটে ফেলতাম, ফলে কামড় দিয়ে তার স্বাদ ভক্ষণ করতাম। আখের গাছ গুলোকে দাঁতে কামড়ে ছাড়িয়ে ফেলতাম, তারপর চিবিয়ে তার রস পান করতাম। শৈশব থেকে আমার দাঁত এইভাবে নিরলস সেবা করেছে আমার। যদি দাঁত না থাকতো আমি খাদ্যের স্বাদ অনুভব করতে পারতাম না। শরীর গঠনে প্রয়োজনীয় খাদ্য ও ভিটামিন গ্রহণ করে পূর্ণাঙ্গ মানুষ হওয়ার সুযোগ পেতাম না। এখন তো ভাবি,–না খেলে মানুষ মরে যায়। তাই দাঁত যদি না থাকে তবে কি করে খাব? শৈশবে মাকে বলতাম, "মা লোকে পান খায় কেন?" মা – বলতেন মুখ রাঙাতে লোকে পান খায়। কিন্তু একদিন আমার সামনে বড়দা মাকে তার শরীরের সমস্যা বলতে গিয়ে বললেন, "মা–আমার মুখে দুর্গন্ধ হচ্ছে। কিভাবে এটা দূর করবো?" মা – বললেন, দোক্তা পান খেলে গন্ধটা চলে যাবে। একটু অভ্যাস কর। ওটা ঠিক হয়ে যাবে। তারপর জেনেছিলাম, দোক্তা পান খেয়ে অনেকের দাঁত কালো হয়েছে। দাঁতের গোড়ায় কালো পাথর জমেছে। অল্প বয়সে তাদের অনেকের দাঁত পড়ে গেছে। কারুর দাঁতে ঘা হয়ে পোকা হয়েছে। ডাক্তার বাবুরা ওটাকে ক্যান্সার বলে চিকিৎসা করছেন। গ্রামের সকল মানুষ জানেন, বয়স হলে নাকি এমনটা হয়। এর চিকিৎসা হয় কিনা আমার মা-বাবা ও গ্রামের মানুষের জানা ছিল না। আমার সামনের দাঁতটা উঁচু বলে আমার বন্ধুরা উপহাস করত। কেউ কেউ বলতো, দাঁত উঁচু লোকগুলো বেশ চালাক ও জেদী হয়। ওদের সাথে টেক্কা না দেওয়াই ভালো। আসলে গ্রামে মায়েদের মধ্যে প্রচলিত প্রথা ছাড়া তখন বিজ্ঞানের সুফল সর্বত্র পৌঁছানো সম্ভব হয় নি। সে কারণ পরিচর্যার ঘাটতির ফলে শিশুর মুখমণ্ডল বিকৃত হতো। এ বিষয়ে জৈনক অভিজ্ঞ দাই বললেন, ছেলে মেয়ের চ্যাপটা নাক হলে মাকে সতর্ক হতে হয়। দৈনিক অন্ততঃপক্ষে দুবার নাকে দুইদিকে আঙুল দিয়ে সামান্য চাপ দিয়ে মধ্য নাকটাকে ও নেমে যাওয়া নাকের ডগাকে উপরের দিকে তুলতে হয়। ফলে সদ্যজাত শিশুর নাক তিন মাস বয়সে সুন্দর হয়ে ওঠে। আর যে শিশু আঙুল চুষতে ব্যস্ত থাকে তাকে চুষি না দিলে সামনের দিকের দাঁত গুলো বেরিয়ে আসে। এইরূপ অবস্থায় শৈশবে মা – শিশুর মুখের চোয়ালটি সামান্য চাপ দিয়ে ঠিক করে দিতে পারেন। আর মাথা চ্যাপটা হওয়া রুখতে সরষের বালিশ ব্যবহারের রীতি রয়েছে। এইভাবে মা – সন্তানের মুখমণ্ডলকে সুন্দরভাবে গড়ে তুলতে সক্ষম হন। ইতিমধ্যে আমার কর্মপরিধি বিস্তৃত হয়েছে। আমি সংসারী হওয়ার জন্য বেশীরভাগ সময় উপার্জনের প্রয়োজনে ব্যস্ত থাকি। শরীরের যত্ন নেওয়া একটা সংক্ষিপ্ত ধারা বাহিকতার মধ্যে সীমাবদ্ধ হয়েছে। সকালে মাত্র একবার দাঁত মাজি। সারাদিন পেট ভরে খাই। ব্যস্ত জীবনের ফাঁকে শরীর চর্চার কোন দায় বহন করি না। অবসন্ন হলে ঘুমাই। আর ছেলেবেলায় যে সব উপদেশ বড়দের কাছে শুনেছি। সেইগুলি মেনে চলি। এসব ছিল আমার অজ্ঞানতার দিক। এর মধ্যে পৃথিবী অনেকটা এগিয়ে গেছে। চিকিৎসা বিজ্ঞানের অগ্রগতি ও সুফল আমার গোচরে

আসে নি। শেষ জীবনে চাকরীর মেয়াদ শেষ হওয়ার পূর্বে একদিন জানলাম আমার সুগার বেড়েছে। তখন আমি ব্যাঙ্গালোরের জে. পি. নগরে থাকতাম। ছেলে আমাকে ডাক্তার দেখানোর পর, বুঝতে পারলাম শরীরের অবস্থা ভালো নয়। কোলেস্টেরল বেড়েছে, বেড়েছে সুগার। দাঁতের যন্ত্রণা মাঝে মাঝে পীড়া দেয়। রোগ যেন আমায় আক্রমণ করছে। আমি যথারীতি চিকিৎসা করতে ডাক্তারবাবুর পরামর্শ মত ঔষধ খেতে থাকলাম। দৈনিক প্রায় একশ টাকার ঔষধ। আমি তিন বেলা ঔষধ খাওয়া ও শরীর চর্চায় সময় কাটাতে বাধ্য ছিলাম। বুঝতে পারছিলাম ছেলেবেলা থেকে স্বাস্থ্য চর্চা না করার ফলে সমস্ত রোগের উদ্ভব হয়েছে। বিশেষ করে দাঁতের সমস্যা বেশী পীড়া দিয়েছে। রাস্তায় চলার পথে দেখতাম একটা বড় দাঁতের হাসপাতাল। নাম – আর. বি. ডেন্টাল কলেজ, কেবল দাঁতের জন্য এত বড় হাসপাতাল? দেখে হেসে ফেললাম আমার অভিজ্ঞতাই ছিল না যে, দাঁতের স্বাস্থ্য ঠিক করতে এত বড় একটা হাসপাতালের প্রয়োজন, এরপর আমার অবসর সময়ে একদিন ঐ ডেন্টাল হাসপাতালে নিজের নাম লিখিয়ে চিকিৎসা করতে এলাম। কোন টাকা না দিয়ে একটা হলদে কার্ডে নাম লিখে আউটডোর থেকে আমাকে চেকিং – এর জন্য পাঠানো হল। ডাক্তার জিজ্ঞাসা করলেন কি হয়েছে? আমি সামান্য যন্ত্রণার কথা বললাম। তারপর ডাক্তার আমার সবগুলি দাঁত স্কেলিং করতে বললেন, আমায় নিয়ে যাওয়া হল অন্য একটি রুমে সেখানে এক হেলান দেওয়া চেয়ারে বসে হাঁ করতে হল আমাকে। তারপর লাইট জ্বেলে মুখের মধ্যে যন্ত্র ঢুকিয়ে দাঁতের গোড়ার সমস্ত পাথর ও খাদ্যকণা পরিষ্কার করা হল। এরপর মনে হল আমার মুখটা যেন হালকা হয়ে গেছে। এখানে এসেই আমি জানতে পারলাম দাঁতের যত্ন নেওয়া কতটা জরুরী। আমরা বলতাম, "দাঁত থাকতে দাঁতের মর্যাদা বোঝ না। পরে বুঝবে।" এখন বুঝি যে সেকথা কতটা সত্য। দেওয়ালে দেখছিলাম কতরকম দাঁতের ছবি। সেগুলি কিভাবে সুন্দর হয়েছে তারও নিদর্শন রয়েছে সেখানে। দাঁত মাজার পদ্ধতি কি? কিভাবে দাঁত মাজতে হয়? কোন অবস্থায় কিভাবে দাঁতের যত্ন নিতে হয়? এসব আমার বাবা-মা শৈশবে আমাকে শেখান নি, তাঁরা ছিলেন গ্রামের মানুষ। জানবেন কিভাবে? ইতিমধ্যে আমি সারা ভারতবর্ষ ঘুরে চাকরী করেছি। বিভিন্ন মানুষের সান্নিধ্যে এসেছি। সবার মধ্যে কিন্তু দাঁত নিয়ে বিশেষ অভিজ্ঞতার কথা শুনি নি। বরং দাঁতের রোগে ভুগছেন বহু মানুষ। এমনটা দেখেছি। তাঁরা হাসপাতাল ও ডাক্তারের কাছে চিকিৎসাও করেছেন। তাতে সকলের উপসম হয় এমন কথা কম শুনেছি। তাই সেদিন আমি ডাক্তার বাবুকে জিজ্ঞাসা করছিলাম, মানুষের মুখে দুর্গন্ধ কেন হয়? তিনি বললেন, মুখে খাদ্য জমা থাকলে দুর্গন্ধ হয়। আমি বলছিলাম, খাদ্য ফ্রিজে রাখলে দুর্গন্ধ হয় না, টেবিলে রাখলে হয় না, মুখে থাকলে হয় কেন? তিনি আমাকে ইন্টারনেট দেখতে বললেন। সে চেষ্টায় আমি বিফল হয়েছিলাম। তাই লাইব্রেরীতে বই পাওয়া যায় কি না খোঁজ নিলাম। কিন্তু লাইব্রেরিয়ান এমন কোন বইয়ের নাম বলতে পারলেন না। তাই হতাশ হয়ে এক সিনিয়র প্রফেসরের নিকট গেলাম। তিনি আমাকে বিশেষ জানার জন্য কমিউনিটি এডুকেশন বিভাগে পাঠিয়েছিলেন। তারপর আমি কমিউনিটি এডুকেশন বিভাগে গিয়ে সমস্ত বললাম। আমার বক্তব্য শুনে ভারপ্রাপ্ত ডাক্তার বললেন, আপনি প্রফেসরের সাথে মিউজিয়ামে যান। তারপর আমি মিউজিয়াম গিয়েছিলাম। সেখানে প্রায় দুঘন্টা ক্লাস করার পর বুঝলাম। আমাদের মা–বাবা ছেলেবেলা থেকে দাঁতের যত্ন নিতে শেখান নি। সে কারণ আমার অমূল্য দাঁত অসময়ে নষ্ট হয়ে গেছে। উপস্থিত হয়েছে বিভিন্ন রোগ। আমি ভাবলাম

যে ছেলেবেলার ভুল আমার জীবনে সংকট সৃষ্টি করেছে। সেই ভুল মানুষের পরবর্তী প্রজন্ম কেন আবার করবে? তাই আমাদের উচিৎ, সকল মা-বাবা কে দাঁতের যত্ন নেওয়া নিয়ে সচেতন করা ও দাঁত সুরক্ষা বিষয়ে সন্তানদের সঠিক শিক্ষা দিয়ে মানুষের পরবর্তী প্রজন্মকে সুরক্ষিত করা। আমার কথা শুনে প্রফেসর বললেন, পৃথিবীর সকল শিক্ষিত মায়েরা এক নির্দিষ্ট পদ্ধতিতে শিশুদের দাঁতের যত্ন নেন। তাই তো বেশীরভাগ স্বাস্থ্য সচেতন মানুষ দাঁতের রোগে ভোগেন না। তবে যারা বিজ্ঞানের সুফল বিষয়ে আজও অজ্ঞ তাঁদের এ বিষয়ে সচেতন করা প্রয়োজন। আমাদের দেশে বেশীরভাগ মানুষই স্বাস্থ্য সচেতন নন। তাঁরা বিজ্ঞানের সাফল্য নিয়ে খোঁজ রাখার সুযোগ পান না। তাই বিশ্ব স্বাস্থ্য সংস্থা ও দেশের হাসপাতাল গুলি সাধারন জনগণকে স্বাস্থ্য সচেতন করতে নিরলস প্রচেষ্টা চালিয়ে যাচ্ছেন। তিনি অবশ্য আরও বেশী জানতে ইন্টারনেট সার্চ করতে পরামর্শ দিলেন। এরপর আমি জানলাম :-

মুখের লালা:- মানুষের মুখের লালা অন্যান্য প্রাণীদের মতই। এই লালাকে স্যালাইভা বলা হয়। এটি স্যালাইভারি গ্ল্যান্ড থেকে নিঃসৃত হয়। এই লালায় ৯৮% জল এছাড়া অনেকগুলি গুরুত্বপূর্ণ বস্তু রয়েছে, যার মধ্যে ইলেক্ট্রোলাইটিস, মিউকাস জীবানু নাশক যৌগ ও বিভিন্ন এনজাইম থাকে।

মুখ্যত :- এই লালার (স্যালাইভা) চারটি কাজ।

১। লালায় থাকে 'কেমিক্যাল ডাইজেস্ন' (রাসায়নিক হজমী) যার মধ্যে থাকে হজম কারক এনজাইম, তা লালা মিশ্রিত করে রাসায়নিক বিক্রিয়ায় শর্করাকে ভেঙ্গে ফেলে।

২। এই লালা খাদ্য চিবোতে ও গিলতে সাহায্য করে।

৩। মুখের ভেতরটা ভিজিয়ে রেখে কথা বলতে সহজ করে দেয় ও পিচ্ছিল করে তোলে।

৪। আর খাদ্যকে মাখিয়ে নিয়ে জিহ্বাকে স্বাদ গ্রহণ করতে সাহায্য করে। এই লালা মানুষের মুখের ভিতর দাঁতের গোড়া থেকে বেরিয়ে আসে। মানুষ সরাসরি চিনি খাওয়ার সময় চিনির সঙ্গে মিশ্রিত লালা অর্থাৎ স্যালাইভা রাসায়নিক ক্রিয়ায় অ্যাসিড উৎপন্ন করে। ফলে চিনি খাওয়ার পর মুখে টক স্বাদ অনুভূত হয়। আর এই অ্যাসিড দাঁতের গোড়ায় ক্ষয়, পাইওরিয়া অথবা পাথর তৈরি করতে সহায়ক হয়।

মানুষ মিষ্টি খেতে ভালোবাসে। শিশুদের ও আমরা দুধের সাথে চিনি দিয়ে ফিডিং বোতলে দুধ খাওয়াই। মায়ের দুধে ব্যক্টিরিয়া বিনাশক বস্তু থাকায় শিশুর মুখে লালার কোন প্রভাব লক্ষ্য করা যায় না। তাই বিশেষজ্ঞদের মতে শিশুদের চিনি মিশ্রিত দুধ খাওয়ালে প্রত্যহ রাত্রে এবং সকালে তাদের মুখ জল দিয়ে পরিষ্কার করতে হয়। মায়েরা আঙুলের ডগায় তুলো অথবা নরম কাপড় জড়িয়ে, পরিষ্কার জলে ডুবিয়ে শিশুর দাঁতের মাড়ি গুলি পরিষ্কার করে নেন। তারপর পরিষ্কার জল খাইয়ে তাদের ঘুম পাড়িয়ে দেন। এইভাবে ৬ মাস বয়স পর্যন্ত দাঁতের মাড়ির যত্ন নেওয়ার পর

যখন ছোট্ট দাঁত গজায় তখনও মায়েরা দাঁতের যত্ন নিতে শিশুদের অভ্যাস করাতে থাকেন। সমস্যা হয় যখন খাদ্যের কনা মুখের মধ্যে থেকে যায়। বিজ্ঞানীদের মতে ব্যাকটিরিয়া গুলি অক্সিজেন ছাড়া বাঁচতে পারে। যেখানে অক্সিজেন নেই সেখানে ওরা বংশ বিস্তার করতে থাকে। তাই ওরা প্রায় জিভের তলায়, মাড়ির কাছাকাছি থাকে। যখন দাঁতের ফাঁকে অথবা কাছাকাছি খাদ্যকনা অথবা প্রোটিন রয়ে যায় সেগুলি গ্রহণ করে ব্যাকটিরিয়া গুলি সংখ্যা বৃদ্ধিতে সক্ষম হয়। ফলে দাঁত ও মাড়ির রোগ সৃষ্টি হয়।

মা দৈনিক দাঁতের খাদ্যকনা গুলি পরিষ্কার করে দিলে ব্যাকটিরিয়া গুলি খাদ্য পায় না তাই বংশ বিস্তার করতে পারে না। সেকারন স্বাস্থ্যকর দাঁতের জন্য দাঁত পরিষ্কার করা জরুরী। মা – সন্তানের দাঁত পরিষ্কার করার জন্য ডাক্তারের পরামর্শ নিয়ে থাকেন। কি ধরনের ব্রাশ ব্যবহার করতে হবে? কি ধরনের পেস্ট ব্যবহার করা দরকার? কিভাবে দাঁত গুলি পরিষ্কার করতে হয়? কোন্ কোন্ সময় দাঁত পরিষ্কার জরুরী? এসব মায়েরা অনলাইন সার্চ করে অথবা ডাক্তারের কাছ থেকে জেনে নেন। দীর্ঘ ১৮ বছর বয়স পর্যন্ত নিজের তদারকিতে দাঁত মাজার অভ্যাস করানোর ফলে সন্তানের জীবনে এক সংস্কার সৃষ্টি হয়। যার ফলে প্রাপ্ত বয়স্ক সন্তান সকালে ঘুম থেকে উঠে মুখ ব্রাশ করে। দুপুরে খাওয়ার পর এবং রাত্রে খাওয়ার পর মুখ ব্রাশ করতে থাকে। এইভাবে যারা দাঁতের যত্ন নেয়, তাদের দাঁত মজবুত ও দীর্ঘ স্থায়ী হয়।

দাঁতের স্বাস্থ্য রক্ষা করতে মায়েরা জানতে চান :-

কিভাবে শিশুরা দাঁতের যত্ন নেওয়া উচিৎ?

- বিশেষজ্ঞদের মতে দাঁত ওঠার পর থেকেই দাঁতের যত্ন নিতে হবে। নরম ব্রাশ দিয়ে হালকা ভাবে জল দিয়ে দাঁত পরিষ্কার করা দরকার।
  - অন্তঃপক্ষে ২ বছর বয়স পর্যন্ত কোন পেস্ট ব্যবহার করা উচিৎ নয়।
- দিনে দুবার ব্রাশ করানো দরকার হয়। সকালে ঘুম থেকে ওঠার পর এবং রাত্রে বিছানায় সোয়ার আগে।
- দুবছর বয়সের পর ক্লোরাইড টুথ পেস্ট ব্যবহার করা উচিৎ। সামান্য মটর দানার মতো পরিমাণ টুথ পেস্ট নিয়ে সবগুলি দাঁত ব্রাশ করতে হয়। তারপর মুখের পেস্ট ও ফেনাকে থুকতে হবে। লক্ষ্য রাখতে হবে শিশু যেন টুথ পেস্ট না খেয়ে ফেলে।
- দুই বছর থেকে সাত বছর বয়স পর্যন্ত শিশুকে দুই থেকে তিন মিনিট ব্রাশ করতে পারে।
- বেশী সময় ধরে ব্রাশ করা ভালো নয়। অবশ্য মা–বাবাকে দাঁত ব্রাশ করার সময় লক্ষ্য রাখতে হয় যে শিশু দাঁতগুলি পরিষ্কার করতে পারছে কিনা। এইরূপ সাত বছর পর্যন্ত গাইড করার পর শিশুরা দাঁতের যত্ন নিতে অভ্যস্ত হয়ে যায়। ফলে দাঁতে পোকা, দুর্গন্ধ অথবা মাড়ির রোগ হওয়ার ভয় থাকে না।

কিন্তু একটু বড় হলে অর্থাৎ সাত বছরের পর থেকে শিশুরা একটু দুষ্টু হয়ে যায়। মায়ের কথার অবাধ্য হয়ে দাঁত না মেজে খাওয়ার খেতে চেষ্টা করে। দাঁত ব্রাশ করার নিয়ম হল উপর নীচ করে ব্রাশ ঘুরাতে হয়। ফলে দাঁতের মাঝে মাঝে যে ফাঁক থাকে তার মধ্যে খাদ্য কনা রয়ে গেলে ব্রাশ সেগুলি বার করে দেয়। মনেরাখতে হবে শিশুদের দাঁত ও মাড়ি অত্যন্ত সংবেদনশীল তাই সফট অর্থাৎ নরম ব্রাশ ব্যবহার করা দরকার। দাঁতকে সুন্দর রাখতে হলে অন্ততঃপক্ষে দিনে তিনবার ব্রাশ করা উচিৎ। প্রথমে ঘুম থেকে উঠে সকালে ব্রাশ করা উচিৎ। তারপর প্রাতঃরাশ অর্থাৎ ব্রেক ফাস্ট খাও। তারপর দুপুরে ভাত খাওয়ার পর ব্রাশ করা দরকার ও রাত্রে খাওয়ার পর বিছানায় যাওয়ার পূর্বে ব্রাশ করা অত্যন্ত জরুরী। যে ছেলে-মেয়েরা নিয়মিত ব্রাশ করে না। মুখ না ধুয়ে খাওয়ার খেয়ে নেয়। তারা সবাই দাঁতের রোগে ভোগে। আসলে শিশুকালে দাঁতে সামান্য ব্যাথা অথবা বেদনা বোধ হলেও ছেলে–মেয়েরা তা সহ্য করে নেয়।

কিন্তু দাঁতের যত্ন না নেওয়ার কারনে শরীরে আরও বিভিন্ন রোগের সৃষ্টি হয়। দেখা যায় বদহজমী, অ্যাসিডিটি, আমাশয় ও নানান রোগের প্রকোপ শরীরের অভ্যন্তরে বাড়তে থাকে। ফলে শিশু প্রাপ্ত বয়স্ক হওয়ার পূর্বেই স্বাভাবিক বৃদ্ধির সম্ভাবনাকে হারিয়ে ফেলে। শরীরের জন্য প্রয়োজনীয় খাদ্য, ভিটামিন ও পর্যাপ্ত জল না গ্রহণ করতে পারলে শিশুর মেধা, চঞ্চলতা ও গঠন সংকুচিত হতে থাকে। লিভারের রোগ অর্থাৎ জন্ডিস হওয়ার সম্ভাবনা থাকে। জন্ডিস খুব খারাপ রোগ। শিশুদের জন্ডিস হলে চোখ, হাতের তালু হলদে হয়ে যায়। জন্ডিসকে হেপাটাইটিস বলা হয়। এই রোগ শিশু থেকে বয়স্ক মানুষদেরও হতে পারে। লিভার বড় হলে অথবা সংকুচিত হলে এই রোগ সৃষ্টি হয়। লিভারের উপর একটা পাতলা পর্দা তৈরি হয়ে লিভারের কাজে বাধা সৃষ্টি করলে ওটাকে 'অবসট্রাকটিভ জন্ডিস' বলা হয়। জন্ডিস বিভিন্ন প্রকারের হয়। সাধারণ জন্ডিস সামান্য চিকিৎসায় ও খাদ্য তালিকা পরিবর্তন করে সারিয়ে ফেলা সম্ভব। কিন্তু 'অবসট্রাকটিভ জন্ডিস' হলে লিভারে টিউমার হওয়ার সম্ভাবনা থাকে। আর টিউমার হলে ক্যান্সারও হতে পারে। অনেকে কপাল কেটে আয়ুর্বেদিক ওষধ কাটা স্থানে লাগিয়ে জন্ডিস ভালো করেন। সাধারণ মানুষ এই পদ্ধতি অনুসরন করলে রোগীর আসল চিকিৎসা হয় না। এমন চিকিৎসায় কেবল শরীর থেকে হলুদ রঙটাকে সরিয়ে দেওয়া সম্ভব হয় মাত্র। ফলে লিভারের স্থিতি যা ছিল তাই থেকে যায়। ডাক্তার বাবুরা বলেন জন্ডিস প্রায় ৩৬ প্রকার হতে পারে। বেশিরভাগ জন্ডিসই খাওয়ার পরিবর্তন করলে ভালো হয়ে যায়। কিন্তু সময় মতো যত্ন না নিলে সাধারণ জন্ডিস 'অবসট্রাকটিভ জন্ডিসে' পরিবর্তন হয়ে পারে। তাই জন্ডিস হলে অবহেলা না করে, অথবা সাধারণ মানুষের কথায় বিশ্বাস করে 'কপাল কাটা' চিকিৎসা পদ্ধতিতে ভরসা করা ঠিক নয়। কেবল ডাক্তার বাবুর পরামর্শ ও উপযুক্ত চিকিৎসা নেওয়া উচিৎ।

দাঁতের যত্ন অর্থাৎ স্বাস্থ্য ঠিক রাখতে হলে পান, সুপারি, বিড়ি, সিগারেট খাওয়া উচিৎ নয়। পূর্বে মানুষ পান, সুপারি, বিড়ি ও সিগারেট স্টাইলের জন্য খেতেন না। মুখ লাল করতে পান খাওয়া শুরু হয়েছিল ঠিকই। কিন্তু তারপর যখন মুখে দুর্গন্ধ আসে, তখন তারা দোক্তা পান খেতে শুরু করে। দোক্তা পান খাওয়ার পর দাঁতের মাঝে কালো কালো আবর্জনা জমে যায়। তাই ঠোঁট লাল

করতে গিয়ে দাঁত কালো হয়। দোক্তার ম – ম – গন্ধ পাশের মানুষকে ক্ষণিকের জন্য দুর্গন্ধের সমস্যাটা বুঝতে দেয় না। তাই শরীরে বিভিন্ন উপসর্গ সৃষ্টি হয়। বদহজম ও স্যালাইভা গুলি দোক্তা অথবা তামাক সুপারি মিশ্রিত হয়ে মুখে অথবা বিভিন্ন আভ্যন্তরীণ অঙ্গে ঘা সৃষ্টি করে। এই ঘায়ের জ্বলন এত কম যে, ওটা পানের স্বাদের সাথে এক সংবেদনশীল অনুভূতি প্রদান করতে থাকে। সে কারণ পান, দোক্তা সেবনকারীগন অনুভূতি পাওয়ার নেশায় বার বার পান খেতে চায়। পান খাওয়ার ফলে মুখের স্যালাইভাকে থুকে ফেলতে হয়। আর যারা খেয়ে ফেলেন তাঁদের লিভারে ঘা হওয়ার সম্ভাবনা বেড়ে যায়। মানুষের শরীরের অভ্যন্তরে প্রথম ঘা টিকে আলসার বলা হয়। পরে সেই ঘা ক্যান্সারে পরিণত হয়। এবিষয়ে সমীক্ষা করার সময় ডাক্তার বাবু বললেন-পান, সুপারী ও দোক্তা খাওয়ার সময় মুখের ভিতর থাকা এপিথেলিয়েল কোষ গুলি মৃদু দংশন অনুভব করে। সেই দংশনের কারনে উত্তেজিত মানুষ যাদের আমরা 'টবাকো টকার' বলি মুখে তামাক ও সুপারী রেখে কথা বলতে আগ্রহী হয়। সমীক্ষায় দেখা গেছে এইরূপ তামাক অথবা সুপারী সেবনকারীগন ক্রমাগত মুখের লালা নিক্ষেপ করার কারনে লিভার, পাকস্থলী, কিডনি ও শরীরের আভ্যন্তরীন অঙ্গগুলিকে দুর্বল করে ফেলে। ফলে নেশায় আসক্ত ব্যক্তির বেঁচে থাকার আয়ু 21 বছর পর্যন্ত কম হয়ে যায়। এছাড়া মুখে তামাক অথবা সুপারী রেখে যাঁরা কথা বলেন তাঁদের মুখে মৃদু জ্বলন থাকায়, এঁরা কটুভাষী, নিষ্ঠুর ও ক্রোধের বশে অপরকে আক্রমন করতে ভালোবাসে। সেকারন আজকাল "টবাকো টকার"-দের চাকরীতে বহাল করতে বা সামাজিক কাজে নিয়োগের সময় নিয়োগ কর্তাগন অরাজী হন।

আমি এক প্রাপ্ত বয়স্ক ব্যক্তির কাছে জেনেছিলাম, তাঁর পানে আসক্ত হওয়ার ইতিহাস। তিনি বলেছিলেন চল্লিশ বছর বয়সে তাঁদের মুখে অসম্ভব দুর্গন্ধ হত। খাওয়ার পরই বেশী দুর্গন্ধ। কিভাবে তা রোধ করবে সে ঠিক করতে পারছিল না। কিন্তু তাঁর বয়স্ক মা বললেন, দোক্তা পান খাও ওটা ঠিক হয়ে যাবে। তিনি ৬০ বছর বয়সে দেহত্যাগ করেছেন। আসলে শুধু পান নয়, সিগারেট, বিড়ি ও তামাক খাওয়ার ইতিহাস ও মুখের দুর্গন্ধ দূর করার প্রয়োজনে শুরু হয়েছিল। পরে ওটাকে স্টাইল বলে চালিয়ে দিয়ে কিছু মানুষ যুব সমাজকে বিভ্রান্ত করছে। আজও আমরা ছেঁড়া প্যান্টে নকশা দেওয়া তালি লাগিয়ে পকেট বানাই ও ছোটদের অনুসরণ করতে বাধ্য করি। যেমন আমরা বাটি ছাট, তেরছা ছাট ইত্যাদি চুল কেটে ছোটদের স্টাইল শিখাই। ঠিক তেমনি সিগারেট অথবা ধূমপানে শরীরের কোন লাভ না হলেও ছোটদের নেশা করতে বলি। নেশায় কোনো লাভ হয় না। বরং ক্ষতি বেশী হয়। খইনি, গুটকা ও সমস্ত রকম তামাক জাতীয় দ্রব্য মানুষের শরীরে ক্ষতি করে। এবং এই সকল বস্তু সেবনকারী ব্যক্তির গড় আয়ু কমে যায়। এঁরা সাধারণত ৬০ থেকে ৬৫ বছরের মধ্যে মারা যান। যারা ধূমপান করেন তাঁরা নিজেদের নেশাকে অগ্রাধিকার দেন। অপরের সমালোচনা থেকে বাঁচতে বলেন, "যারা সিগারেট খায় না তাদের ক্যান্সার হয়। যিনি বিড়ি সিগারেট খান তার হয় না।" এই কথার মধ্যে একটা সত্যি রয়েছে। ধূমপানকারী যে পরিবারে থাকেন, তাদের মধ্যে অনেকে ধূমপান করেন না। কিন্তু তাদের সামনে অন্য কেউ ধূমপান করার ফলে সিগারেটের ধোঁয়ায় থাকা আশা কার্বন মনোক্সাইড সরাসরি উনাদের রক্তে মিশে যায়। যেহেতু তাঁরা ধূমপান করতে অভ্যস্ত নন, তাঁদের প্রতিরোধ ক্ষমতা কম

থাকে। তাই সেই কার্বন মনোক্সাইড ভালো মানুষের শরীরের মধ্যে প্রবেশ করে রক্তকে দূষিত করে ফেলে। এই পদ্ধতিকে প্যাসিভ স্মোকিং বলা হয়। এইরূপ ঘটনা বার বার হতে থাকলে ধূমপান না করলেও আক্রান্ত ব্যক্তির ক্যান্সার হওয়া সম্ভব। তবে যিনি বিড়ি, সিগারেট খান তাঁর যে ক্যান্সার হবে না এর গ্যারেন্টি নাই। ধূম পানের ফলে ফুসফুসের আয়ু কমে যায়। ফলে আক্রান্ত ব্যক্তি কম বয়সে মৃত্যু বরন করতে পারে। এঁদের অনেকে হার্ট অ্যাটাক, গ্যাস, ডাইবেটিস, কিডনি সমস্যায় ভুগতে থাকেন। তাই ক্যান্সার হওয়ার সম্ভাবনা প্রকট হওয়ার পূর্বেই এঁরা পরলোক গমন করতে পারেন। তাই বিজ্ঞানীদের মতে অন্ধ বিশ্বাস ও অপরের বেপরোয়া মন্তব্য নির্ভর না হয়ে দোক্তা, তামাক, সিগারেট ইত্যাদি বিষয়ে ইন্টারনেট থেকে পড়ে সঠিক তথ্য জানুন ও দীর্ঘজীবী হোন।

-

শরীর ও বিজ্ঞান

(আট)

এক কথায় শরীরের কাজ হল 'শরীর ও অন্তরাত্মাকে' সব সময় সুরক্ষিত করা। শরীর নিজের অস্তিত্বকে রক্ষা করতে অনবরত সমস্যার সমাধান করতে থাকে। তাই লোকে বলে তোমার শরীর একটি অটোমেটিক মেশিন। প্রায় একশ বছরের ও বেশী কাজ করার জন্য তৈরি হয়েছে এই শরীর। শরীরের ভীতরে কোন সমস্যা সৃষ্টি হলে তুমি কষ্ট অথবা যন্ত্রণা অনুভব করবে। শরীরের তাপমাত্রা বৃদ্ধি অথবা হ্রাস হতে পারে। বিজ্ঞান বলে ভাইরাসগুলি শরীরের মধ্যে প্রবেশ করে মানুষকে অসুস্থ করে দেয়।

বিজ্ঞানীদের মতে সবার শরীরে হানীকারক বস্তু অথবা ভাইরাসের প্রবেশ অথবা নিষ্কাশনের পথ গুলি হল –(১) মুখ (২) পায়ু (৩) চোখ (৪) কান (৫) নাক ও (৬) ত্বক।

- মুখ দিয়ে মানুষ খাদ্য গ্রহন করে। কথা বলে, দাঁত দেখিয়ে অপরকে আকর্ষন করে আর নাক বন্ধ হলে শ্বাস গ্রহনও করতে পারে।

-
  পায়ু দিয়ে শরীরের বর্জ্য পদার্থ বেরিয়ে যায়।
- চোখ এক গুরুত্বপূর্ণ অঙ্গ। চোখ দিয়ে আমরা দেখতে পাই। দেখার পর ভালো-মন্দ বিচার বোধ সৃষ্টি হয়। সেই বিচার বোধ অনুসার আমরা জীবনের সমস্যা সমাধান করতে সক্ষম হই।
- কান হল আরেকটি সংবেদনশীল ইন্দ্রিয়। কানের কাজ হল শব্দ শুনে প্রতিক্রিয়া মস্তিষ্কে পাঠানো। এইরূপ প্রতিক্রিয়া পাওয়ার পর মস্তিষ্ক সিদ্ধান্ত নেয় ও শরীরকে উপযুক্ত ব্যবস্থা গ্রহনের নির্দেশ দেয়।
- নাক দিয়ে আমরা প্রশ্বাস গ্রহন করি ও নিশ্বাস ত্যাগ করি।
- আর সারা শরীরকে ঢেকে রাখা চামড়ার আবরন কে আমরা স্বক বলে থাকি।

- এই সকল পথে মানব শরীর প্রয়োজনীয় বস্তু গ্রহন অথবা বর্জন করতে পারে। আবার একোষী অথবা বহুকোষী ভাইরাস, জীব ইত্যাদি শরীরের অভ্যন্তরে প্রবেশ করে মানব জীবনকে বিপন্ন করতে ব্যস্ত হয়। তারা শরীরে প্রবেশের জন্য উপরে বলা যে কোন একটি পথ গ্রহন করতে পারে। তোমার কাজ হবে নিজের শরীরকে পরিষ্কার ও পরিচ্ছন্ন রেখে এই সকল ভাইরাস অথবা আক্রমনকারী প্রাণীর হাত থেকে রক্ষা পাওয়া।

মনেরাখতে হবে – মানুষ সামাজিক জীব। আমরা সবাই একে অপরের জন্য কাজ করে বেঁচে থাকি। তাই তোমাকে সামাজিক নিয়মে শরীরকে কাজে লাগিয়ে ১৮ বছর থেকে ৬০ বছর পর্যন্ত উপার্জন করতে শিখতে হবে। আর শ্রেষ্ঠ কাজের উদাহরন পেশ করে বিশ্বকে সমৃদ্ধ করতে হবে। এখানে শূন্য থেকে ১৮ বছর বয়স পর্যন্ত তোমার শরীরের উন্নয়নের ভার রয়েছে তোমার রক্ষক জন্মদাতা পিতামাতার উপর। ৬০ বছরের পর মানুষের শরীরে বার্ধক্যের ভার নেমে আসে। তাই সে সময় মানুষ উপার্জন করতে পারে না।

বরং তারা চিকিৎসা ব্যয়ে সারা জীবনের সঞ্চয় খুইয়ে ফেলে। সে সময় তোমাকে সন্তানের উপর নির্ভরশীল হতে হয় অথবা নিজের সঞ্চয়ের উপর নির্ভর করে জীবন অতিবাহিত করতে হয়। তোমার কাজ হবে আগাম পরিকল্পনা করে বার্ধক্যের খরচ জমিয়ে রাখা। নয়তো সন্তান কর্তব্য না করতে চাইলে বিপদ ঘটতে পারে। মনেরাখতে হবে সকল মানুষের কাজ হল সারা জীবনের বাধা অতিক্রম করে সফল জীবনের ইতিহাস রচনা করা।

সম্ভবনাঃ- শূন্য থেকে ১৮ বছর বয়স পর্যন্ত পাওয়া শিক্ষায় তোমার যে জ্ঞান অর্জন হবে। তা দিয়ে তুমি কর্মজীবনে উপার্জন করার কৌশল জানতে পারবে। আর দক্ষ কর্মবীর হয়ে উঠবে। উপার্জনের কাল শুরু হবে ১৮ বছর বয়সের পর থেকে।

- প্রথমে তুমি উপার্জন করে নিজের ভরন পোষণ করার যোগ্যতা অর্জন কর।
- দ্বিতীয় ধাপে আরও একটু অভিজ্ঞতা বাড়লে বেশি উপার্জন করে তোমার পিতা মাতা সহ পরিবারের জীবনকে স্বচ্ছল করে তুলবে।
- তৃতীয় ধাপে আরও বেশি অভিজ্ঞতা সঞ্চয় করে দারিদ্রতা অতিক্রম করবে এবং সমাজকে কর প্রদান করবে, সামাজিক কল্যাণে অর্থদান করবে। অসহায় ও অজ্ঞ মানবকে সাহায্য করবে। সামাজিক কল্যানে সহায়তা করবে।
- চতুর্থ ধাপে নিজের প্রতিষ্ঠার পাশাপাশি বিশ্ব কল্যানের ইতিহাস রচনা করবে। এটাই হবে তোমার জীবন যাত্রায় শেষ সীমানা।

- পৃথিবীর সমস্ত প্রাণীই নিজ নিজ চেষ্টায় আহারও বাসস্থান ঠিক করে নেয়। নিজের চেষ্টায় আহার, বাসস্থান ও জীবন রক্ষার উপকরন সংগ্রহ করা হল জীবের মুখ্য কাজ। অর্থাৎ সমস্ত জীবই নিজের শরীরকে কাজে লাগিয়ে জীবন রক্ষার উপকরন উপার্জন করে। আর মানুষ সামাজিক জীব হওয়া কারনে অর্থ উপার্জন করে জীবিকা নির্বাহ করতে অভ্যস্ত। মানুষের

শরীর বেশ মজবুত নয়। একটা মশার কামড়ে তার জীবন শেষ হয়ে যেতে পারে। কিন্তু তার মস্তিষ্কের ক্ষমতা পৃথিবীর সমস্ত জীবের থেকে বেশী। সে কারন মানুষ মস্তিষ্কের ক্ষমতা বৃদ্ধি করতে শিক্ষা লাভ করে।

মানুষকে প্রধানতঃ দুধরনের শিক্ষা লাভ করতে হয়। (১)প্রচলিত শিক্ষা (2)সামাজিক শিক্ষা। প্রচলিত শিক্ষা অত্যন্ত প্রাচীন ও ধর্ম ভিত্তিক হয়। সকল মানুষ এই শিক্ষা নিজ পরিবারে অর্জন করে। কিন্তু বর্তমান সমাজের চাতুরতা অতিক্রম করতে এই শিক্ষা যথেষ্ট হয় না। তাই বিদ্যালয়ে গিয়ে সামাজিক শিক্ষা গ্রহন করতে হয়।

মানব মস্তিষ্কের কাজঃ মানুষের মস্তিষ্ককে অতীত, ভবিষ্যৎ ও বর্তমান কাল অনুসার মুলতঃ তিন ধরনের কাজ করতে হয়।

- অতীতের ইতিহাস থেকে অভিজ্ঞতা অর্জন করে মস্তিকে ধরে রাখা।
- ভবিষ্যতের কাজটি করতে (নিকট ও দূর ভবিষ্যতের) পরিকল্পনা করা।
- বর্তমান পরিস্থিতিতে পরিণতি অনুমান করে সিদ্ধান্ত নেওয়া।

- সংস্কার মস্তিকের এই তিনটি কাজকে সহজ করে দেয়। সেকারন সমাজ জীবনে সংস্কারের ভূমিকা অপরিসীম।

শরীর চর্চাঃ মানুষকে পরিবেশ অনুসার প্রতিকুলতা অতিক্রম করে বেঁচে থাকতে হয়। শরীরটি পৃথিবীর টানে ভূ-কেন্দ্রিক হয়ে থাকে। শরীরের ভর থাকার কারনে নিউটনের সূত্র অনুসারে শরীরটি পৃথিবীর দিকে আকর্ষিত হচ্ছে। তাই ইচ্ছা শক্তি বৃদ্ধি করে মানুষ এক স্থান থেকে অন্য স্থানে গমন করতে পারে। এক কথায় শরীরের গতি হল অভিকর্ষের বিরুদ্ধে প্রতিক্রিয়া। সে কারনেই মানুষ একটু কাজ করলে হাঁপিয়ে পড়ে। শুলে আরাম অনুভব হয়। ভারী কাজ করতে ইচ্ছে করে না। সেটাকে আমরা অলসতা বলি।

শুধু মানুষ নয়, পৃথিবীর সমস্ত প্রাণীই পৃথিবীর অদৃশ্য টানের শিকার। অলসতার প্রভাবে শরীরের ক্ষমতা কমে যায়। জীবনে হতাশা নেমে আসে। শরীর চর্চা হল জীবনকে গতিশীল করার প্রয়াস মাত্র।

শরীর চর্চার অর্ধেকটাই শিশুরা মা-বাবার কাছ থেকে শিখে নেয়। ওটা ধর্মীয় সংস্কারে প্রচলিত রয়েছে। শরীরের যত্ন নেওয়ার পদ্ধতিটা সারা দিনের কাজের ফাঁকে সেরে নিতে অভ্যস্ত মানুষ। শিশুরা এই অভ্যেস মায়ের কাছেই শেখে।

সকালে উঠে হাত মুখ ধোয়া, মুখ মণ্ডলের যত্ন নেওয়া, ঠিক সময়ে প্রাকৃতিক ডাকে সাড়া দেওয়া, শরীরকে ধুয়ে জীবানু মুক্ত ও ঠাণ্ডা রাখা, দাঁতমাজা, মুখ ধোয়া, চোখে জল নেওয়া,

ঠিক সময়ে জল খাওয়ার, ফলফলাদি গ্রহন, মধ্যাহ্ন ভোজ, বিকালের টিফিন ও নিশিভোজ সবটাই অভ্যেস হয়ে দাঁড়ায়। শরীর চর্চায় এই দিক গুলি গতানুগতিক হলেও দক্ষতা বৃদ্ধি করতে প্রয়োজন হয় যোগাভ্যাসের। যোগাভ্যাসের ফলে মানুষ শরীরের বিভিন্ন অঙ্গের ক্ষমতা বৃদ্ধি করে শরীরের আভ্যন্তরিন রোগ নিরাময় ও ইচ্ছা ব্যক্তির প্রাবল্য বৃদ্ধি করতে সক্ষম হয়।

এছাড়া খেলাধুলা ও চঞ্চলতা শিশুর মেধা বৃদ্ধিতে সহায়ক হয়। শরীরটাকে একশ বছর টিকিয়ে রাখতে তাই মানুষ দৈনিক শরীর চর্চা করেন। মানুষের মস্তিষ্ক সকাল থেকে পরের দিন সকাল পর্যন্ত কাজ করতে থাকে। বিভিন্ন পরিস্থিতিতে সমাধানের সূত্র খুঁজতে ব্যস্ত থাকে মানব মস্তিষ্ক। রাত্রে ঘুমিয়েও তার রেহাই নেই। তখন স্বপ্নের পরিস্থিতির সাথে সমাধান সূত্র খুঁজতে হয়। সে কারন মস্তিষ্ক বিশ্রামের অবকাশ পায়না। যুক্তিবাদীরা মনে করেন মস্তিষ্ককে বিশ্রাম দিতে মানুষ সকাল ও সন্ধ্যায় মেডিটেশন করলে উপশম সম্ভব।

শিশু অথবা সাধারণ মানুষ সকাল সন্ধ্যা ভগবানের উপাসনা অথবা প্রার্থনা করলে সারা দিনে অন্তত দুবার মস্তিষ্ক বিশ্রাম পায়। পরে আবার সক্রিয় হলে সেটি জীবনের সমস্যা সমাধানে সঠিক সিদ্ধান্ত নিতে সক্ষম হয়। আবার এইরূপ অভ্যাসের ফলে মস্তিষ্কের আয়ু বৃদ্ধি হওয়ায় মানুষ বেশী দিন বাঁচতে পারে। তাই সাধারণ মানুষ ভাবেন, ভগবানের উপাসনা করলে মানুষ দীর্ঘজীবী হন।

সমাজে দরিদ্র ও অক্ষম মানুষের সংখ্যা প্রবল হওয়ার কারনে মানুষের সমাজ উপাসনার প্রথাকে বাঁচিয়ে রাখতে মন্দির মসজিদ ও দেব স্থানের প্রথা প্রনয়ন করেছেন। মানুষ সংকীর্ণ গৃহে বসবাস করলেও তাঁদের উপাসনার স্থল মনের শান্তির উৎস হবে, এটাই হল সামাজিক প্রথার আসল উদ্দেশ্য।

কিন্তু ঋষি অথবা মনিষীদের জীবনের ইতিহাস থেকে জানা যায় যে, মানুষ মস্তিষ্ক ও স্নায়ুর প্রভাবকে কাজে লাগিয়ে ঐশ্বরিক শক্তির অধিকারী হতে পারেন।

সে কারনে মানুষকে ঈশ্বরের সন্তান বলা হয়। তাই দেব আরাধনা, উপাসনা ও ঈশ্বর প্রাপ্তির প্রচেষ্টা মানুষের জীবন যাত্রার এক প্রচলিত রীতি হয়ে দাঁড়িয়েছে। মনেরাখতে হবে সমস্ত ধর্মীয় রীতি ও প্রচেষ্টা, বিজ্ঞান সম্মত ও মানব সমাজে কল্যান কর গবেষনার উৎস হিসাবে গণ্য হয়। তাই কোন প্রথাকে না জেনে অমান্য করা উচিত নয়।

শরীরে পূজার প্রভাবঃ পূজা এক প্রাচীন পদ্ধতি। মানুষ নিজের স্নায়ুর শক্তিকে কেন্দ্রিভূত করে পূজার মধ্যে দিয়ে একাগ্র চিত্তে ঈশ্বরের সাথে আত্মার যোগসূত্র সৃষ্টি করতে চেষ্টা করে। তারপর সর্ব শক্তিমান ঈশ্বরকে তার আনুগত্য পেশ করে, পার্থিব জীবনের প্রয়োজনকে সফল করতে সাহায্য প্রার্থনা করা হয়। এই পূজার পদ্ধতি অত্যন্ত প্রাচীন ও ধর্মীয় মানুষের সেবায় অত্যন্ত উপযোগী গণ্য হয়। সে কারন সেবা প্রদানকারীগন বংশ পরম্পরায় একই ধরনের কাজ করতে

করতে দক্ষ হয়ে উঠেছেন। পূজার কাজে মানুষের কর্ম সংস্থান হয়।

পূজার সামগ্রী বিক্রয়ের ফলে বাণিজ্য বৃদ্ধির সম্ভাবনা সৃষ্টি হয়েছে। পূজার পদ্ধতি বিশ্লেষণ করলে বোঝা যায়, মানুষ বিশেষ সতর্কতার সঙ্গে এক পবিত্র ও পরিচ্ছন্ন স্থানকে পূজার জন্য নির্বাচন করে। তারপর স্থানটিকে ধুয়ে পরিষ্কার করে বিভিন্ন পূজার সামগ্রী দিয়ে সাজিয়ে নেয়। নিজের মনকে একটি বিশেষ স্থানে কেন্দ্রিভূত করতে মূর্তি অথবা ঘটস্থাপন করে। তারপর দেব স্তুতি ও নিবেদন শুরু হয়। মানুষ বিশ্বাস করে পৃথিবীতে কিছু অমনি পাওয়া যায় না। কিছু দিয়ে কিছু পেতে হয়।

যখন একজন মানুষ অক্সিজেন গ্রহন করে, তখন তাঁকে গাছের জন্য কার্বন ডাই অক্সাইড ত্যাগ করতে হয়। এই ভাবে বায়ু মণ্ডলে শ্বাস প্রশ্বাসের উপযোগী বায়ু তার ভারসাম্য বজায় রেখে চলেছে। তাই দেওয়া ও নেওয়া হল জীবনের রীতি। ভগবানকে স্বতুতি ও কাতর প্রার্থনায় সন্তুষ্ট করে মানুষ তাই ক্ষমতাবান হতে চায়। আসলে কাতর প্রার্থনা করার অর্থ হল একমনে দেব আরাধনা করতে গিয়ে শরীরের স্নায়ু গুলির শক্তিকে কেন্দ্রিভূত করা। সাধারন মানুষ ভাবেন, কাতর প্রার্থনা করলে ভগবান সন্তুষ্ট হন।

সে যাই হোক পূজার রীতি হল একাগ্র চিত্তে ঈশ্বর আরাধনা করা। পূজার সুফল নিয়ে আলোচনা করতে গেলে অনেকে ধর্মীয় কাহিনীর বর্ণনা দিতে পারেন। আমি ছোটদের কেবল বর্তমান জীবনে পূজার প্রভাব নিয়ে বলব। আমার মতে পূজা হল পারিবারিক উৎসব। এই উৎসব মনে শান্তি আনে আর মানুষের মনে ধর্ম ভীতি সৃষ্টি করে। সমাজে দুধরনের মানুষ বসবাস করেন। তাদের মধ্যে কতক মানুষ হলেন কর্মবীর। আর অন্যরা কর্ম বিমুখ। কর্মবীর মানুষ কর্মের মাধ্যমে উপার্জন করেন।

আর কর্মবিমুখ মানুষ কৌশলে, গায়ের জোরে অথবা প্রতারনার মাধ্যমে অপরের উপার্জন কেড়ে নেয়। সে কারনে সমাজে ধর্ম-অধর্ম, পাপ-পূণ্য ইত্যাদি বিপরীত মুখী কর্মের প্রভাব লক্ষ্য করা যায়। মানুষের মনে ধর্মভীতি থাকায়, তারা অসৎ কাজ করতে ভয় পান। মানুষের সৎ চেষ্টাকে জীইয়ে রাখতে আমাদের পূর্ব পুরুষগন সে কারনেই দেব আরাধনার প্রচলন জীইয়ে রেখেছেন। দরিদ্র মানুষের ক্ষুদ্র গৃহে দেব আরাধনার স্থান সংকুলান না হওয়াও স্বাভাবিক। সেই সব ভেবে, তৈরি করা হয়েছে মন্দির, মসজিদ, গির্জা ইত্যাদি দেব স্থান।

এইসব দেব স্থানে বহু মানুষের কর্ম সংস্থান হয়। দরিদ্র মানুষ ভগবানের আলয়ে করুণা প্রার্থনা করেন। প্রাচীন কালে মানুষকে অনেক কাজ দেওয়া সম্ভব হত না। তাই মানুষ বাধ্য হয়ে অসৎ কর্মে নিযুক্ত হতেন। এইসব ভেবে তৎকালীন সমাজ ভিক্ষাকে বৃতি অর্থাৎ পেশা হিসেবে স্বীকৃতি দিত। বর্তমান সমাজে সেই রীতি আজও প্রচলিত আছে। কিন্তু শিক্ষার প্রভাবে মানুষ যখন বুঝতে পারেন যে, ভিক্ষাবৃত্তি অক্ষমতার পরিনতি ও তা মানব জীবনকে উপহাস করে। তখন শিক্ষিত পরিবার এই বৃতির অনুগামী হন না। কিন্তু পূজা পদ্ধতি বিষয়ে মানুষের আগ্রহ কমে

নি।

সম্ভবনাঃ তুমি একশ বছরের অধিক কাল বাঁচতে পারো। নিজের জীবনের জন্য প্রয়োজনীয় খাদ্য, পানীয়, পোষাক-পরিচ্ছদ, বাসস্থান, নিরাপত্তা ও পরিত্রান সমস্যা নিজের নিয়ন্ত্রনে সমাধান করতে পারো। তোমার জন্মের সময়েই অনেক মানব সন্তান সারা পৃথিবীতে জন্মেছে। তারা তোমার বন্ধু, সহযোগী অথবা প্রতিদ্বন্দ্বী হয়ে তোমার সাথে জীবনচক্র অতিক্রম করবে। তোমার মস্তিষ্কের বিচারবোধ ও সিদ্ধান্ত নেওয়ার ক্ষমতা যদি সংবেদনশীল ও প্রখর হয় তবে তুমি সকল বাধা অতিক্রম করে জীবনকাল অতিক্রম করতে সক্ষম হবে।

তোমার জীবনচক্রে রয়েছে জন্মগ্রহন, বৃদ্ধি, বংশবিস্তার আর মৃত্যু। এই দশা গুলি সব জীবেরই জীবনে অনিবার্য হয়। তবে মানুষ আরও কিছু করতে সক্ষম। বড় হয়ে জেনে নিও। মনেরেখো তোমার পৃথিবীটা খুব সুন্দর। সারা পৃথিবীর জল, বায়ু, আলো ও আকাশে তোমার অধিকার সুরক্ষিত রয়েছে। তুমি নিজের জ্ঞানের পরিধি বিস্তার করে সারা বিশ্বে নিজের সাম্রাজ্য স্থাপন করতে পারো।

সমস্যাঃ খাওয়ার কিছুক্ষন পরই আবার খিদে পেয়ে যায়। তবু খাওয়ার সহজে পাওয়া যায় না। খাওয়ার বেছে খেতে হয়। কারন অখাদ্য বস্তু পেটে গেলে শরীর খারাপ হয়ে যেতে পারে। না খেলে আবার পেটে যন্ত্রনা হয়। আকাশের নীচে কখনো ঝড়, বন্যা, সুনামী, ভূমিকম্প হয়। শীতে শরীর কাঁপতে থাকে। আবার আমাদের শরীর বেশী গরমও সইতে পারে না। তাই দরকার মতো পোষাক পরিচ্ছদ ব্যবহার করতে হয়। ফাঁকা ময়দানে জন্তু জানোয়ারের ভয়, হিংস্র মানুষও মানুষ শিকার করে। এদের ভয়ে আমরা সুরক্ষিত গৃহে বসবাস করি।

পৃথিবীটা বেশ বড়। সবার সঙ্গে যোগাযোগের দরকার হলে কি করে যোগাযোগ করবো তারও ব্যবস্থা করতে হয়। শরীর অনেক কিছু চায় কিন্তু সব কিছু পেতে কিছু দেওয়ার নিয়ম রয়েছে। তাকে বিনিময় বলা হয়। আবার দিতে হলে কিছু অর্জন করতে হয়। গাছকে কার্বনড্রাই-অক্সাইড না দিলে সে আমাদের অক্সিজেন দিতে পারবে না। তুমি না হাসলে তোমার প্রতিপক্ষও হাসতে চায় না। সহজে কিছু না পাওয়া আর জীবনের প্রয়োজন না মিটার সম্ভবনাই সমস্যা। পৃথিবীতে জীবন যাপন করার সময় সকল মানুষকে অনেক সমস্যা অতিক্রম করতে হয়। যেমন-

- তুমি একশ বছরের অধিক কাল বাঁচতে পারো। তবে ভুল সিদ্ধান্তের কারনে যে কোনো সময় জীবন বিপন্ন হতে পারে। এমন কি অকাল মৃত্যুও হওয়া স্বাভাবিক।
- নিজের জীবনের জন্য প্রয়োজনীয় খাদ্য, পানীয়, পোষাক-পরিচ্ছদ, বাসস্থান, নিরাপত্তা ও পরিত্রান সমস্যা নিজের নিয়ন্ত্রনে সমাধান করতে পারো। কিন্তু অলসতা, কুঅভ্যাস, অপরের
- চক্রান্তে বশীভূত হয়ে অথবা ভুল সিদ্ধান্তের কারনে তুমি প্রয়োজন মিটাতে অক্ষমও হতে পারো।

- তোমার জন্মের সময়েই অনেক মানব সন্তান সারা পৃথিবীতে জন্মেছে। তারা তোমার বন্ধু, সহযোগী অথবা প্রতিদ্বন্দ্বী হয়ে তোমার সাথে জীবনচক্র অতিক্রম করবে। কিন্তু তোমার যোগ্যতার অভাব হলে, তুমি ওদের নাগালের বাইরে থেকে যেতে পারো।
- তোমার মস্তিষ্কের বিচারবোধ ও সিদ্ধান্ত নেওয়ার ক্ষমতা যদি সংবেদনশীল ও প্রখর হয়, তবে তুমি সকল বাধা অতিক্রম করে জীবনকাল অতিক্রম করতে সক্ষম হবে। অন্যথায় সামান্য
- ভূলের কারনে তোমার জীবন যেকোন মুহূর্তে বিপন্ন হয়ে অকাল মৃত্যুর শিকার হতে পারে।

- তোমার জীবনচক্রে রয়েছে জন্মগ্রহন, বৃদ্ধি, বংশবিস্তার আর মৃত্যু। এই দশা গুলি সব জীবেরই জীবনে অনিবার্য হয়। অদৃশ্য ভাইরাস, অপরাধী মানুষের গ্রাস ও হিংসক প্রাণী সেই জীবনচক্রের সমাপ্তি ঘটাতে সক্ষম।

- **বাধাঃ** সকল মানবই প্রত্যেকটি সমস্যা সমাধান করতে গিয়ে বাধার সম্মুখীন হয়। আর বাধা অতিক্রম করলেই সাফল্য ধরা দেয়। এক কথায় বলা যায় বাধা হল ভবিষ্যত সাফল্যের ইঙ্গিত। যেমন-

- তুমি পড়াশুনা করলে আর চাকরীর জন্য চেষ্টা করলে কিন্তু প্রতিযোগীতায় সফল না হলে তোমার স্থায়ী উপার্জন সম্ভব হবে না। এটাকে বাধা বলে। এই বাধা অতিক্রম করতে পারলে অবশ্যই সাফল্য আসবে।
- জীবনের জন্য প্রয়োজনীয় খাদ্য, পাণীয়, পোষাক-পরিচ্ছদ, বাসস্থান, নিরাপত্তা ও পরিত্রান
- সমস্যা সমাধান করতে গিয়ে আত্মীয় অথবা অনাত্মীয়ের আক্রমন প্রতিহত করতে হতে পারে।

- বাধার কারনে তোমার শিক্ষা, চিকিৎসা ও সাবলীল জীবনযাত্রা বাধিত হতে পারে। তুমি ন্যায় বিচার থেকে বঞ্চিত হতে পারো।

- **সুযোগঃ** আর সুযোগ হল পৃথিবীর সমস্ত মানুষের একত্রিত প্রয়াস ও সামাজিক বন্ধনের শক্তি লাভ। সে কারনে আমরা পাই-

  - বিজ্ঞানের আশীর্ব্বাদ ও সহযোগীতা।
  - একত্রিত প্রয়াসে আমরা খাদ্যের অভাব মিটাই।
- নিজের বুদ্ধি ও ক্ষমতাকে কাজে লাগিয়ে সবার মঙ্গলের কাজ করি।

  - সমাজে সবার কাজ করেই আমরা অর্থ উপার্জন করতে সক্ষম হই।
  - পৃথিবীর এক প্রান্ত থেকে অন্য প্রান্তে উড়ে যেতে পারি কম সময়ের মধ্যে।
  - সারিয়ে ফেলতে পারি শরীরের অক্ষম অংশ ও অসুস্থ শরীর।
  - এক জায়গায় বসে পৃথিবীর যেকোনো প্রান্তের মানুষের সাথে কথা বলতে পারি।
  - সমস্ত শিক্ষাকে আয়ত্ত করতে পারি অনায়াসে।

- পৃথিবীর উপর গড়ে তুলতে পারি সুন্দর প্রাসাদ, শিক্ষা পরিকাঠামো, শিল্পকলা, কৃষি, বানিজ্য কেন্দ্র, বন, পর্যটন কেন্দ্র, সামুদ্রিক অথবা উড়ন্ত জাহাজ ও কৃত্রিম রোবোট। আরও অনেক কিছু।

- **ধর্মঃ** জড়, প্রাণী ও উদ্ভিদের আলাদা আলাদা ধর্ম রয়েছে। যেমন- জলের ধর্ম হল যে পাত্রে জলকে রাখা হয়, জল সেই পাত্রের আকার ধারন করে। উদ্ভিদ একই স্থানে থেকে নিজের খাদ্য সংগ্রহ করে বংশ বিস্তার ও জীবন অতিবাহিত করতে সমর্থ হয়। (অবশ্য ব্যতিক্রম হল কিছু এক কোষী উদ্ভিদ গমনে সক্ষম হয়)আর প্রাণীদের খাদ্য গ্রহন, বৃদ্ধি, বংশ বিস্তারের জন্য এক স্থান থেকে অন্য স্থানে গমন করতে হয়। ধর্ম কথার অর্থ হল ধারন করা। অর্থাৎ একটি রীতি অনুসরন করা।

মানব সমাজে রীতি অনুসরন করতেও বিভিন্ন ধর্মের প্রচলন রয়েছে। মানুষ অনেক প্রাকৃতিক বিপর্যয় থেকে নিজের জীবনকে রক্ষা করতে আজও অক্ষম। সেকারন মানুষ বিশ্বাস করে যে এই সকল বিপর্যয় নিয়ন্ত্রন করতে সর্ব শক্তিমান ঈশ্বরের হাত রয়েছে। তাই মানুষ ঈশ্বরকে সন্তুষ্ট করতে বিভিন্ন পদ্ধতিতে আরাধনা করে। মানব সমাজের ধর্ম গুলির নাম- হিন্দু, মুসলমান, শিখ, জৈন, খ্রিষ্টান, পার্শি, বৌদ্ধ ইত্যাদি।

এই সব ধর্মের প্রবর্তকগন অনুগামীদের জীবন সুরক্ষিত করতে ও যে কোন বিপর্যয়ের হাত থেকে মানুষকে বাঁচাতে সংস্কার দান করেন। মানুষ সেই সংস্কার রপ্ত করার পর যদি ঈশ্বরের করুনা লাভ করতে পারে, তবে সে পৃথিবীতে বাকী জীবন শান্তিতে কাটাতে পারে। এই হল ধার্মিক মানুষের আশা।

ধর্মীয় সংস্কার মানব শিশুকে জন্মের পর থেকেই গ্রহন করতে হয়। সংস্কার গুলির মাধ্যমে মানব শিশুর শরীর বাহ্যিক আঘাত, অসহিষ্ণু পরিবেশ, ভাইরাস অথবা রোগ বহনকারী জীবানু ও প্রতিদ্বন্দ্বীর আক্রমন থেকে রক্ষা পেতে সমর্থ হয়। সে কারন কোন ধর্মই বড় অথবা ছোট নয়। সকল ধর্মের উদ্দেশ্যই হল মানুষের জীবন সুরক্ষা করা। তবে যে ধর্ম নিজের ধর্মের মানুষকে শান্তি ও সমৃদ্ধি দিয়ে, অপর ধর্মের মানুষকেও সুরক্ষিত করতে সক্ষম হয়, তাকে আমরা শ্রেষ্ঠ ধর্ম বলি। আজকাল বহু ধর্ম প্রবর্তক রাজনৈতিক ক্ষমতা, অর্থ অথবা সম্পদ ও নারী ভোগের লালসায় অনুগামীদের আত্মত্যাগে প্ররোচিত করছে। ফলে অনুগামীরা অকালে মৃত্যু বরন করছে। নিজ ধর্মের সুখ্যাতি নষ্ট হচ্ছে। অথচ ঈশ্বর আবির্ভূত হয়ে সমস্যা সমাধান করছেন না। এই পরিস্থিতিতে কতক সাধারন মানুষ বিভ্রান্ত হয়ে নাস্তিক হতে বাধ্য হচ্ছেন।

2

অতীত জীবনের গল্প

(নয়)

ছেলেবেলায় সবাই গল্প শুনতে ভালোবাসে। কারন গল্পে থাকা অতীতের ইতিহাস নব-প্রজন্মকে জাগিয়ে তোলে। গল্পের চরিত্রে রাজা, রানী, সম্রাট, সম্রাজ্ঞী, শাহজাদা অথবা দরিদ্রের উন্নয়নের কাহিনী থাকতে পারে। তবে সকল গল্পে এই সকল চরিত্রকে ধনবান হওয়ার কারনে ভাগ্যবান ভাবা হয়। জৈনক কৃষ্ণদাসও শিশুকাল থেকে এই ধরনের গল্প শুনে তাদের কত না মহান ও ভাগ্যবান ভাবতো। কিন্তু যখন তিনি বার্ধক্যে জীবন কাটাচ্ছিলেন, তখন তার মনে পড়েছিল এক সত্যিকারের শাহজাদার জীবন কথা। তিনি সেই শাহজাদার জীবন কাহিনী কেবল এক দরিদ্র কাজের মাসির কাছে শুনেছিলেন।

সে সময় দেশে ব্রিটিশ রাজ চলছিল। জ্ঞানদাময়ীর বিবাহে আমন্ত্রিত ছিলেন তখনকার লাট সাহেব। বরের নাম ছিল গোপাল চক্রবর্তী। তাঁর ছিল শহরের অভ্যন্তরে বাংলো। সেখানে ইংরেজ ও বিত্তশালী জমিদারদের আসর বসতো। বাঈঝি নাচ ও মদের আসরে কত না নামিদামী মানুষ আসা যাওয়া করতো সেখানে। গোপালের গ্রামেও বাড়ী ছিল। সেছিল পাঁচশ বিঘে জমির মালিক। তার গ্রামের বাড়ীতে ম্যানাজার, খাজনা আদায়কারী ও লেঠেলদের চাকরী ছিল পাকা। গ্রামের বিত্তশালী বন্ধুরা সেই বাড়ীতে এসে রোজ তাস ও জুয়া খেলতো। জ্ঞানদাময়ীর মুখ দেখতে সেদিন কত গুনিজন সোনার অলংকার নিয়ে অপেক্ষা করতো তার সিংহ দুয়ারে। সবাই শাহজাদাকে সেলাম ঠুকতো। এই সামান্য তথ্য পরিবেশনের পর কাজের মাসি কাঁদতে কাঁদতে বললেন- "সেই জ্ঞানদাময়ী কে জানো? আমি তোমার জ্ঞানদা মাসি। আর আমার বর গোপাল বাবু টি.বি. রোগে আক্রান্ত মানুষ। সর্বশূন্য দরিদ্র। তাই বাপের পয়সায় শাহেবজাদা সাজতে যেও না নিজের যোগ্যতায় মানুষ হতে শেখ। তবেই মানব জনম সফল হবে"। কৃষ্ণদাস মাসির কথা শুনে অবাক হয়ে গিয়েছিল। কিন্তু সে বুঝেছিল যে আত্মনির্ভর না হয়ে জীবন ধারন করলে জীবনে বিপর্যয়ের মোকাবিলা করা কর্ঠিন হয়ে পড়বে। তাই সে ছেলেবেলা থেকেই আত্মনির্ভর হওয়ার প্রয়াস করতো।

এই গল্পের শেষে স্বাধীন মানুষের জীবনচক্র নিয়ে জানতে চাওয়ায় কৃষ্ণদাস বললেন-এই তো কাকার ছেলে 1972 সালে স্নাতক হয়েছিল। সে বি.এ. পাশ করে কোন চাকরী পায়নি। জমি বিক্রয় করে কংগ্রেসের নেতাকে কয়েক লক্ষ টাকা দিয়ে ছিল সে। বিধায়করা নাকি সে সময় চাুরীর কোটা পেত। দুর্ভাগ্য ওর টাকাও গেছে কিন্তু চাকরী হয়নি। শুধুর কাকার ছেলে নয়, সন্তু, গোপাল, গনেশ, বরেন, জগদীশ, সান্তনু, বাদল ইত্যাদি অনেক যুবক এইভাবে নেতাদের দ্বারা প্রতারিত

হয়েছে। ওরা বেকার নাম নিয়ে জীবনের 60টি বছর কাটিয়ে দিয়েছে। কর্মহীন জীবনে বিবাহ, বংশ বিস্তার ও ব্যাধি তাঁদের মুক্তি দেয়নি। অবশেষে বাপের জমিতে কৃষি কাজ করে জীবন কাটলো তাদের। তবে পড়াশুনা করে লাভ কি? এছাড়া গ্রাম তো শহর নয় যে চাকরী না থাকলেও কিছু ব্যবসা করে উপার্জন সম্ভব। আবার অনেকে বললেন মানুষ চাকরীর জন্য পড়েন নাকি? চাকরী তো গোলামী। কোন পড়ায় কি চাকরী হয়? হাতের কাজ শিখে তো কেউ চাকরী খোঁজে না। তবে পড়াশুনা করে মানুষ চাকরী খোঁজে কেন? এইভাবে যদি প্রতিটি পরিবারে সমীক্ষা করা যায় দেখা যাবে, মানুষ নিজের জীবনকে কিভাবে গড়ে তুলবে বা কিভাবে সুরক্ষিত করলে নির্দিষ্ট লক্ষ্যে পৌঁছাতে পারে তার কোন দিশা দিতে পারছে না। তাঁদের মতে কৌশলে খেয়ে পরে বেঁচে থাকা হল মানুষের মূল কাজ। তাই জীবন ধারনের নূন্যতম প্রয়োজন মিটিয়ে তাঁরা বাঁচার প্রয়াস করছেন। তাঁদের আত্মসেবায় নূন্যতম প্রয়োজনগুলি কি কি জিজ্ঞাসা করলে সবাই তাও বলতে পারেন না। জ্ঞানের অভাবে বেশীরভাগ মানুষই পীড়াকে সহ্য করে সহনশীলতার প্রতিযোগীতায় সামিল হয়ে যান। এইরূপ দিশাহীন জীবনে অভ্যস্ত সকল মানুষই নাকি দরিদ্র ও অসহায় জীবন যাপনে অভ্যস্ত হয়ে পড়েছেন। দূষিত হচ্ছে সামাজিক পরিবেশ ও অনুন্নত সাশন ব্যবস্থা। এখানে নাকি বিচারের নামে অবিচার হতে পারে। আবার নিপরাধের শাস্তিও হতে পারে। তবু নেতৃত্ব বলেন, পাছে নিপরাধের সাজা হয়ে যায় তাই নরঘাতককে মুক্তি দেওয়া হয়েছে।

আমাদের পৃথিবী

আমাদের **পৃথিবী** একটি মস্তবড় গোল মাটি ও পাথরের ঢেলা। তার বিভিন্ন স্থানে বিশাল সুগভীর গর্ত রয়েছে। গর্ত গুলিতে নোনাজল ভরে পৃথিবীর তিন ভাগ অংশ সমুদ্রে পরিনত হয়েছে। স্থলে রয়েছে বন, জঙ্গল, মরুভূমি, পাহাড়, নদ-নদী আর বিশাল প্রাণী জগত। এই পৃথিবীর পরিধি হল 12,756.3 কিলো মিটার। ওজন বা ভর হল-59,720,000,000,000 টন। পৃথিবী থেকে সূর্য্যের গড় দূরত্ব হল 149,600,000 কিলো মিটার। পৃথিবীর গড় তাপমাত্রা হল +15 ডিগ্রী সেন্টিগ্রেড। এটি একটি গ্রহ, এর একটি চন্দ্র আছে।

পৃথিবীর ছবি

পৃথিবীর সমুদ্রে রয়েছে অনেক প্রজাতির এক কোষী থেকে বহুকোষী প্রাণী। তারা অত্যন্ত শক্তিশালী ও সুখে জীবন যাপন করতে পারে। তবে ওখানেও অপেক্ষাকৃত বড় প্রাণীরা ছোট প্রাণীদের খেয়ে উদর পূর্তি করে। সেখানে মানুষ গেলেও পার পাওয়ার উপায় নেই। তাদের মধ্যে

কেউ কেউ মানুষকেও খেয়ে ফেলতে পারে। ওদের জীবনচক্র কেবল জন্মগ্রহন, বৃদ্ধি, বংশ বিস্তার ও মৃত্যুর মধ্যে সীমাবদ্ধ। কিছুটা জল বরফের আকারে পর্বতের চুড়ায় রয়েছে। সেটি বায়ুমণ্ডলের তাপে গলে গিয়ে মিশছে সমুদ্রে।

বরফের জলের স্বাদ মিষ্টি। নদীতেও মিষ্টি জল আছে। মানুষ মিষ্টি জল খেয়ে বেঁচে থাকে। মায়াবী জলের কাওকারখানা জানতে হলে প্রথমে তোমাকে পৃথিবীকে জানতে হবে। গোল পৃথিবীর তিনভাগ জল আর একভাগ স্থল। এই স্থলে আমরা ঘর বানিয়ে বসবাস করি। অর্থাৎ মাটির পৃথিবীর শুক্না অংশে আমরা বাস করি। আমাদের চতুর্দিকে ঘিরে রয়েছে বিশাল বায়ু সমুদ্র। এখানেও অদৃশ্য ভাইরাস, ক্ষুদ্রাতি ক্ষুদ্র পোকা-মাকড়, জীব, জন্তু-জানোয়ার, সরীসৃপ, উভচর প্রাণী ও মানুষের বংশধর বসবাস করছে।

ভাইরাস, পাখী ও বিভিন্ন প্রজাতির জীব বায়ুতে উড়তে পারে। মানুষ পারতো না। তাই মানুষ এখন অনেককে নিয়ে উড়তে শিখেছে। বায়ু সমুদ্রে বসবাসকারী জীবের জীবনচক্রও জলজ প্রাণীদের মত কেবল জন্মগ্রহন, বৃদ্ধি, বংশ বিস্তার ও মৃত্যুর মধ্যে সীমাবদ্ধ রয়েছে। এই জল ও স্থলের সমস্ত সাম্রাজ্য নিয়ে মহাশূন্যে ভাসছে আমাদের পৃথিবী। সমুদ্রের জল, পাহাড়, নদী ও প্রাণী জগৎ সবই আটকে রয়েছে পৃথিবীর মাটির সংগে। উঁচু থেকে জল নীচের দিকে যায় ঠিকই, তবে পৃথিবী থেকে তা বিচ্ছিন্ন হয় না।

আমরা সবাই নিজেদের অবস্থানকে পৃথিবীর উপরের দিক মনে করি। আর বিপরীত মেরুতে বসবাসকারীদের ভাবি নীচের পৃষ্ঠদেশ। আসল রহস্য হল পৃথিবীর চারিদিকে রয়েছে বিশাল বায়ু মণ্ডল। তারপর রয়েছে মহাশূন্য। তাই সবাই একই রকম মহাশূন্য দেখতে পাই।

আমাদের পৃথিবীতে রাজত্ব করে তিন মহাশক্তি। জল, বায়ু আর অগ্নি। জলের চির শত্রু হল আগুন বা অগ্নি। আর বায়ু হল জল অথবা অগ্নি উভয়ের বন্ধু। বন্ধুকে সাহায্য করতে বায়ু সব সময় তৈরী থাকে। তাই বায়ুকে শত্রু-মিত্র সবাই ভালোবাসে। এদের নিয়ে অনেক কথা তুমি জানতে পারো। তবে তা পরে বলবো। তুমি কার মত হতে চাও?

পৃথিবীর ছবিটা দেখলে তোমার মনে অনেক জিজ্ঞাসার উদয় হবে। তুমি ছবিটা দেখে অবশ্য প্রশ্ন করতে পারো। বলতে পারো 'পৃথিবীটা যদি গোল হয় তবে সামনে সমতল ভূমি দেখি কেন'? সমুদ্রের জল পৃথিবীর মাটি থেকে বিচ্ছিন্ন হয়ে পড়ে যায় না কেন? বায়ু কেন গতিশীল হয়? আগুন ছড়ায় কেন? ইত্যাদি। এসব প্রশ্নের সঠিক উত্তর সকল মানুষ জেনে গেছে। তুমিও বড় হলে জানতে পারবে।

পৃথিবীতে থাকা জল ও স্থলে বসবাস করে অনেক মানুষ। তারা এলাকা ভাগ করে নিয়ে গড়েছে নিজেদের দেশ ও তার সীমানা। সারা পৃথিবীতে এইরূপ 195টি দেশ রয়েছে। যদিও সারা পৃথিবীর সমুদ্র এক সাথে মিলে এক মহাসমুদ্র তৈরী হয়েছে, আঞ্চলিক নাম অনুসার আমরা পৃথিবীতে সাতটি সমুদ্র দেখতে পাই। সেগুলি আবার বিভিন্ন দেশের নাম অনুসার বিন্যস্ত। যেমন-পশান্ত মহাসাগর, আটলান্টিক মহাসাগর, ভারত মহাসাগর, আরর্কটিক মহাসাগর, দক্ষিন চাইনা সাগর, ক্যারেবিয়ান সমুদ্র, মেডিটেরানিয়ান সমুদ্র, বেরিং সমুদ্র, গাল্ফ অফ মেক্সিকো,ওখোস্ত সমুদ্র, পূর্ব চাইনা সমুদ্র, আন্দামান সমুদ্র, হডসন বে, উত্তর সমুদ্র, লাল সমুদ্র, কালো সমুদ্র,ক্যাসপিয়ন সমুদ্র, হলুদ সমুদ্র, পার্শিয়ান গাল্ফ, গাল্ফ অব ক্যালিফর্নিয়া, ইরিস সমুদ্র, ইংলিশ চ্যানেল। মনেরেখো আমরাও একটি দেশে বসবাস করি। আমাদের দেশের নাম "ভারতবর্ষ"।

বর্তমান ভারতবর্ষঃ ভারতবর্ষ হল তোমার জন্মভূমি। বর্তমান ভারতবর্ষের আয়তন 3287263 বর্গ কিলোমিটার। এটি পৃথিবীর দেশগুলির মধ্যে সপ্তম বৃহত্তম দেশ। দেশের সর্বোচ্চ পর্বতমালা হিমালয় উত্তরে অবস্থান করছে। দৈর্ঘ ও প্রস্থ অনুসার উত্তর-দক্ষিনে 3214 কিমি ও পূর্ব-পশ্চিমে 2933 কিমি ভূমি রয়েছে। ভারতের চারিদিকে থাকা প্রতিবেশী দেশগুলি হল- আফগানিস্তান, পাকিস্তান, চাইনা, ভূটান, নেপাল, মায়ান্মার, বাংলাদেশ ও শ্রীলংকা। সারা দেশের মানুষ 22টি আঞ্চলিক ভাষায় কথা বলেন।

তবে সবাইকে বুঝতে রাষ্ট্রীয় ভাষার প্রয়োগ প্রচলিত রয়েছে। আমাদের রাষ্ট্রীয় ভাষা হল হিন্দী। তার সঙ্গে ইংরেজী ভাষায় যোগাযোগ ও সরকার স্বীকৃত। আর আমাদের দেশের সাংবিধানিক নাম হল-"ভারত গণরাজ্য"। তোমার জন্মভূমিতে 28টি রাজ্য রয়েছে। আর রয়েছে আটটি কেন্দ্রীয় সাশিত অঞ্চল। ভারতবর্ষের সমস্ত জনগন বিশেষ পদ্ধতিতে একত্রিত হয়ে একটি সংবিধান রচনা করেছেন। সেটি 26শে জানুয়ারী 1950 সালে অনুমোদিত হয়ে দেশের নাগরিক ও অন্যান্য সম্পদের সুরক্ষা নিশ্চিত করছে। প্রত্যেক ভারতবাসীর কর্তব্য হল সংবিধানের আইন মেনে চলা ও সম্মান করা।

ইতিহাসঃ ইতিহাসকারদের মতে প্রাচীন ভারতের আয়তন ছিল সুবৃহৎ। বিবাদ, দখল ও সামাজিক পরিস্থিতির কারনে এই দেশ বার বার বিভক্ত হয়ে অনেকটা আয়তন হারিয়ে ফেলেছে। যদিও বেশির ভাগ বিচ্ছেদের কারন কেবল ধর্মীয় বিবাদ, তবু যতটা সংরক্ষিত রয়েছে তাও বিশ্ব সেরা। বিচ্ছিন্ন হওয়া দেশগুলির মধ্যে রয়েছে পনেরটি দেশ। যেমন-

1. **আফগানিস্তানঃ** এটি প্রাচীনকালে ভারতের অঙ্গ ও হিন্দু রাজাদের সাম্রাজ্য ছিল। হিন্দু রাজাদের সঙ্গে সিকন্দর শাহের সন্ধির কারনে সেটি ভারত থেকে আলাদা হয়ে যায়। এর পর সেখানে ইসলামীকরন হয়। সেখানে এখনো বহু হিন্দু বসবাস করেন।

2. **ভূটানঃ** ভূটান ইংরেজ রাজত্ব কাল (1947) পর্যন্ত ভারতের অঙ্গ ছিল। কিন্তু ভারত স্বাধীন হওয়ার পর তাকে স্বয়ং শাসিত দেশ ঘোষনা করা হয়।

1. **বাংলাদেশঃ** এই দেশটিও ভারতের অঙ্গ ছিল। ভারত স্বাধীন হওয়ার সময় হিন্দু ও মুসলিমরদের একতা বিনাশ করার উদ্দেশ্যে ব্রিটিশ সরকার ভারতবর্ষকে দুভাগে ভাগ করে দেয়। তার একদিক হিন্দুস্তান অন্য দিকটি পাকিস্তান নামে পরিচিত। পরে পাকিস্তানের প্রসাশন দ্বারা অত্যাচারের প্রতিবাদে পূর্ব পাকিস্তানের অংশটি পাকিস্তান থেকে বিচ্ছিন্ন হয়ে বাংলা দেশ হয়েছে। এখানে আজও বহু হিন্দু বসবাস করেন।

2. **কম্বোডিয়াঃ** প্রাচীনকালে ভারতের অঙ্গ রাজ্য ছিল। এখানে তখন হিন্দু প্রজারা বসবাস করতো। এখানে পৃথিবীর সব থেকে বড় হিন্দু মন্দির আজও রয়েছে। এটি হল ভগবান বিষ্ণু মন্দির। এই মন্দিরের ছবি তাদের জাতীয় পতাকাতে আজও রয়েছে।

3. **ইরানঃ** এটি বর্তমান আরব দেশ নামে পরিচিত। প্রাচীনকালে ভারতের অঙ্গ রাজ্য ছিল। এখানে তখন আর্যরা বসবাস করতো। ইতিহাসকারদের মতে প্রতিবেশী আরববাসী গনের আক্রমনে দেশটি বেদখল হয়ে গিয়েছিল।

4. **ইন্দোনেশিয়াঃ** এটি পৃথিবীর সব থেকে বড় মুশলিম দেশ। প্রাচীনকালে ভারতের অঙ্গ রাজ্য ছিল। এখানে তখন হিন্দুরা বসবাস করতো। আজও এই দেশে হিন্দু সংষ্কৃতিকে সম্মান জানালো

হয়। এই দেশের টাকায় শ্রীগণেশের মূর্তি ছাপা হয়।

5. ফিলিপিনসঃ এই দেশটি পূর্ব এশিয়ায় অবস্থিত। পূর্বে এই দেশটিও ভারতের অংশ ছিল। সাম্রাজ্যবাদী সম্রাটগন সে সময় ভারতে আসার পথে ওখানে পৌঁছে সতন্ত্রদেশ ঘোষনা করে দেয়। তারপর ইসলামীকরন হলেও হিন্দুরা আজও সেখানে বসবাস করছেন।

6. মালেশিয়াঃ পূর্ব এশিয়ার দেশগুলির ইতিহাস অনুসার প্রথমে ওখানে হিন্দুবাদী নাগরিকগন বসবাস করতেন। পরে এই অঞ্চলটি ভারত থেকে আলাদা হয়ে যায়।

7. মায়াম্মারঃ পূর্বে এই দেশের নাম ছিল বর্মা। ইংরেজ ভারতের সংগে বর্মাকেও দখল করে নিয়েছিল। তাই এটি ভারতের অংশ হিসাবে পরিচিত ছিল এবং ভারতের সীমার সাথে জুড়ে রয়েছে। পরে সেটি ভারত থেকে আলাদা হয়ে গেছে।

8. নেপালঃ এখন দুনিয়ার একমাত্র হিন্দু রাষ্ট্র। রামায়নে উল্লেখ অনুসার জনক রাজা এই এলাকায় রাজত্ব করতেন। মাতা সীতার জন্মও সেখানেই হয়েছিল। নেপালও বহুপূর্বে ভারত থেকে আলাদা হয়ে গেছে।

9. পাকিস্তানঃ এই দেশটিও ভারতের অঙ্গ ছিল। ভারত স্বাধীন হওয়ার সময় হিন্দু ও মুসলিমরদের একতা বিনাশ করার উদ্দেশ্যে ব্রিটিশ সরকার ভারতবর্ষকে দুভাগে ভাগ করে দেয়। তার একদিক হিন্দুস্তান অন্যদিকটি পাকিস্তান নামে পরিচিত।

12. শ্রীলংকাঃ রামায়নে লিখিত বর্ননা অনুসার রাবন শ্রীলংকার অধিবাসী ছিল। এই দেশটি ভারত থেকে কেবল 37 কিমি দূরে অবস্থান করছে। ইংরেজ রাজত্বে দেশটি ভারতের অধীন থাকলেও, স্বাধীনতার পর ভারত দ্বীপটিকে স্বাধীন করে দেয়।

13. থাইল্যান্ডঃ ভারতের ইতিহাস অনুসার পূর্বে এই দেশটির নাম ছিল শ্যামদেশ। এখানে হিন্দু রাজা রাজত্ব করতো। কিন্তু বৌদ্ধ ধর্মের প্রচারের ফলে বহু হিন্দু ধর্ম পরিবর্তন করায় হিন্দু কমে যায়। সেকারন এটি পরে ভারত থেকে আলাদা হয়ে যায়।

14. তিব্বতঃ তিব্বতও ভারতের অংশ ছিল। কিন্তু ব্রিটিশ ভারত ছাড়ার সময় চীন সেনা পাঠিয়ে গায়ের জোরে তিব্বতকে কব্জা করে নেয়। বর্তমান এটি চিনের কব্জায় রয়েছে।

15. ভিয়েতনামঃ এটি একটি হিন্দু রাজার দেশ ছিল। পূর্বে এই দেশটির নাম ছিল "চম্পা"। কিন্তু বৌদ্ধ ধর্মের প্রচারের ফলে বহু হিন্দু ধর্ম পরিবর্তন করায় হিন্দু কমে যায়। পরে হিন্দু রাজত্ব শেষ হওয়ার পর এই দেশটি ভারত থেকে আলাদা হয়ে যায়।

তোমার বাড়ীর চার পাশে রয়েছে আরও অনেকের বাড়ী। অনেক বাড়ীর শেষে রয়েছে গ্রাম অথবা সহরের সীমানা। সেই সীমানা পেরিয়ে আবার গাম অথবা সহর। মাঝখানে থাকতে পারে কৃষি জমি ও ফসলের ক্ষেত। কৃষকরা সেখানে চাষ করে ফসল ফলায় তাই আমরা খাদ্য থেকে জীবন ধারন করে থাকি। গ্রাম ও সহরে রয়েছে ক্ষুদ্র ও কুটির শিল্প। বসবাসকারী মানুষ নিজ গৃহ সংলগ্ন স্থানে অথবা আলাদা জায়গায় তৈরী করছে নিত্য প্রয়োজনীয় বিভিন্ন বস্তু।

যেমন-তাঁতবস্ত্র তৈরী, টেলরিং, মশলা পিশাই, আটা পিশাই, ধান ভেঙ্গে চাল তৈরী, লোহা পিটিয়ে দা-কাটারী, কোদাল ইত্যাদি লোহার যন্ত্রপাতি তৈরী, পাথর কেটে পাথরের থালা বাটি তৈরী, ছাপাখানায় বই ছাপার কাজ, পড়াশুনার জন্য দরকার খাতা তৈরীর কাজ, চশমা তৈরী,

কাঁসা অথবা অন্য ধাতুর তৈরী বাসন ইত্যাদি কারখানা রয়েছে। আমরা যা কিছু ব্যবহারিক বস্তু তৈরী করার কারখানাকে শিল্প বলি। তোমার চারপাশে পড়ে থাকা খেলনা সহ সকল জিনিসই শিল্পের সৃষ্টি।

একটি বাড়িতে তোমার পরিবার বসবাস করে। শহরে একটি বাড়িতে অনেক পরিবার বসবাস করতে পারে। পরিবারের লোকজন একত্রিত হয়ে নিজেদের জীবনযাত্রার রসদ সংগ্রহ করে। তারা একে অপরের সমস্যা দূর করতে সাহায্য করে। এখানেও লেন-দেন, লাভ-লোকসান সবই হিসাব করতে হয়। সম্পদের অধিকার নিয়ে এখানেও শত্রু মিত্রের আবির্ভাব ঘটে। বিবাদ বাড়লে পরিবার ভেঙে যায়।

অনেকগুলি গ্রাম ও সহরের অনেকটা এলাকা জুড়ে রয়েছে থানা। সেখানে সরকারী পুলিশের দল নাগরিকের জীবন, স্বাধীনতা, সমানতা ও মর্যাদা রক্ষার কাজ করে। পুলিশের কাজ হল সাধারন মানুষের জীবন, সরকারী সম্পত্তি ও আইনের সুরক্ষা করা। যাঁরা আইন মানেন না বা বেআইনি কাজ করেন, তাদের অপরাধী বলা হয়। পুলিশ অপরাধীদের বিরুদ্ধে আইনি অভিযোগ লিখে আদালতে জমা দেয়। তাদের গ্রেপ্তার করে আদালতে হাজির করে। আর অপরাধীকে শাস্তি দিতে প্রমান সংগ্রহ করে আদালতে পেশ করতে থাকে।

এইভাবে সমাজের মানুষ অত্যাচার ও বৈষম্য পরিষেবার সমাধান করেন।

থানাগুলি জেলার অধীন কর্মরত হয়। জেলা সাশক সেগুলির কাজ কর্ম নিয়ন্ত্রন করেন। আবার জেলা গুলি রাজ্যের মূখ্য সচিবের অধিন নিয়ন্ত্রিত হয়। রাজ্যে রয়েছে মন্ত্রীসভা। এখানে বিধায়করা আইন তৈরী করে নাগরিকের জীবন, স্বাধীনতা, সমানতা ও মর্যাদা রক্ষার কাজ করতে দায়বদ্ধ হন। আমরা বিধায়ক নির্বাচন করি ভোট দানের মাধ্যমে। নির্বাচিত বিধায়ক নাগরিকের স্বার্থ রক্ষা না করলে তাকে আমরা প্রত্যাখ্যান করে থাকি। অর্থাৎ পরের নির্বাচনে তাকে ভোট না দিয়ে হারিয়ে দিই।

- সরকারী কর্মচারীর আইন তৈরীতে কোন অধিকার থাকে না। তবে অশিক্ষিত প্রতিনিধিকে পরামর্শ দিতে পারেন।
- এঁরা মানুষ হলেও প্রশাসনিক যন্ত্র হিসাবে কাজ করেন। সরকারের আইন মেনে কাজ করা হল এঁদের কর্তব্য।
- সরকারী কর্মচারী অবসর নিলে অথবা তাঁর মৃত্যুর কারনে অনুপস্থিত হলে, তার স্থানে নূতন কর্মী নিয়োগ করা হয়। অর্থাৎ পদটির মৃত্যু হয় না। তাই সরকারী পদের জীবন হয় না।

- পদটিতে আসীন ব্যক্তি আইনের জালে বন্দী হয়ে নাগরিকগনকে সমান পরিষেবা দান করতে বাধ্য হন। সে কারন চাকরী করার সময় চাকরীর শর্ত অনুসার সরকারী কর্মচারী ব্যক্তিগত স্বাধীনতা হারিয়ে ফেলে।
- সমানতার অধিকার কেবল প্রত্যেক নাগরিক পেতে পারেন। প্রসাশনিক যন্ত্রের (সরকারী কর্মীর) সে অধিকার হয় না।
- আর মর্যাদার বিষয়ে ভাবলে বোঝা যায় সরকারী কর্মচারীর মর্যাদা হল সরকারের মর্যাদা। সে কারন কোন সরকারী কর্মচারীর মানবাধিকার হয় না।

অনেকগুলি রাজ্যের পরিচালনা করতে রয়েছে কেন্দ্র সরকার। তাঁরা রাজ্যপালের মাধ্যমে অথবা সরাসরি রাজ্য সরকারের কাছ থেকে খবর সংগ্রহ করে রাজ্যের পরিস্থিতি নিয়ন্ত্রন করেন। এই সমগ্র ব্যবস্থাটি চলে সংবিধানে লেখা আইন অনুসার। শুধু আমাদের দেশ নয়, সারা পৃথিবীর সকল দেশেই এইরূপ সংবিধান রয়েছে। এই সকল দেশ নিজ নিজ দেশের সংবিধানের আইন অনুসরন করে জনসাধারনকে সুরক্ষা দান করে চলেছেন।

আমাদের দেশের বাইরে থাকা পৃথিবীর অন্য দেশ গুলির নাম হল- কানাডা, ইউনাইটেড স্টেট, মেক্সিকো, গুয়াতেমালা, বেলিজ, হণ্ডুরাস, এল সালভাদোর, নিকারাগুয়া, কোষ্টারিকা, পানামা, কিউবা, জামাইকা, দি বাহামাস, হাইতি, ডোমিনিকান রিপাব্লিক, সেন্ট কিস্টোফার ও নেভিস, এন্টিগুয়া ও বারবুদা, ডোমিনিকা, সেন্ট লুসিয়া, সেন্ট ভিনটেজ, বারবাদোস, গ্রেনেডা, ত্রিনিদাদ ও টবাগো, ভেনিজুয়েলা, গিয়ানা, সুরিনামে, কলোম্বিয়া, ইকুয়েডর, পেরু, বলিভিয়া, ব্রাজিল, উরুগুয়ে, প্যারাগুয়ে, চিলি, আর্জেন্টিনা, আইস ল্যান্ড,

নরওয়ে, সুইডেন, ডেনমার্ক, ফিনল্যান্ড, আয়ারল্যান্ড, ইউনাইটেড কিংডাম, দি ন্যাদারল্যান্ডস, লুক্সেমবার্গ, জার্মানী, বেলজিয়াম, ফ্রান্স, মরোক্কো,আন্দোরা, স্পেন,পর্তুগাল, মাল্টা, ইটালী, সান-ম্যারিনো, ভার্টিকান সিটি, সুইজারল্যাণ্ড, অস্ট্রিয়া, লিতসেনস্টেন, বেলারাস, লিখুয়ানিয়া, লাতভিয়া,এস্তোনিয়া,পোল্যাণ্ড, জেচ-রিপাব্লিক, স্লোভাকিয়া, হাঙ্গরী, ইউক্রেন,মোলডোভা, জর্জিয়া, আরমেনিয়া, আজারবাইজান, স্লোভেনিয়া, ক্রোয়েসিয়া, বোসনিয়া-হারজেগোভিনা, আলবানিয়া, মেসেডোনিয়া, সার্বিয়া ও মন্টেনেগ্রো, রোমানিয়া,

বুলগেরিয়া, গ্রীস, সাইপ্রাস, মরোক্কো, আলজেরিয়া, তুনিসিয়া, লিবিয়া, মিশর, সুদান, ইথিওপিয়া, সোমালিয়া, ডিজে-বাউটি, ইরিটিয়া, মৌরীতানিয়া, নীইজার, মালি, সেনেগাল, গ্যাম্বিয়া, কাপেভারদে, জিনিয়া, জিনিয়া-বিসাউ, সিরালেওয়ান, লিবারিয়া, কোট-দিল-ভারী, ঘানা, বুকিনা-ফাসো, তোগো, নাইজেরিয়া,বেনিন, ক্যামারুন, সেন্ট্রাল আফ্রিকান রিপাব্লিক, ইকুয়েটারিয়াল গিনিয়া, চাদ, সাওটোম ও প্রীসিপ,গাবন, রিপাব্লিক অব কঙ্গো, উগাণ্ডা, বুরুন্দী, রয়ান্ডা, কেনিয়া, তানজানিয়া, মালাভি, জাম্বিয়া, এ্যাঙ্গোলা, বোস্তানা,

নামিবিয়া, জিম্বাবোয়ে, মোজাম্বিক, মাদাগাস্কার, সাউথ আফ্রিকা, স্বয়াজিল্যাণ্ড, লোশোথো, রাশিয়া, তুর্কী, সিরিয়া, ইজরাইল, লেবানন, জোর্ডন, ইরাক, ইরান, সৌদি-আরবিয়া, কুয়েত, বাহারিন, ইউনাইটেড আরব আমিরশাহী, কাতার ওমান, ইমেন, কাজাকিস্তান, আফগানিস্তান, পাকিস্তান, বাংলাদেশ, ভারত,শ্রীলংকা, নেপাল, ভূটান, চায়না, তাইওয়ান, মঙ্গোলিয়া, সাউথ কোরিয়া, নর্থ কোরিয়া, জাপান, থাইল্যাণ্ড, মায়ান্মার, ভিয়েতনাম, কম্বোডিয়া, লাউস, মালয়েশিয়া, সিঙ্গাপুর, ইন্দোনেশিয়া, পূর্ব তিমুর, ব্রুনেই,

দি ফিলিপাইনস, মালদ্বিপ, দি কমোরস, মারিটাস,সিচ্ছেলেস, অস্ট্রেলিয়া, লিউজিল্যাণ্ড, পাপুয়া নিউ গিনিয়া,মাইক্রোনেশিয়া,নাউরু, গালাউ,সোলোমন আইল্যাণ্ড,বানুয়াতু,ফিজি, তুভালু, তোঙ্গা, সামোয়া, কিরিবাতি,মার্শাল দ্বীপ।

তোমার চারিদিকে অনেক জঙ্গল রয়েছে। সেখানে রয়েছে হিংস্র বাঘ, ভালুক, সিংহ, সাপ ও বিভিন্ন ধরনের জন্তু জানোয়ার। ওরা ঝোপ জঙ্গলে খোলা আকাশের নীচে বসবাস করে। ওদের স্বভাব হল ছোট জানোয়ারদের খেয়ে নিজেদের উদর পূর্তি করা।

ওদের সমাজে মানুষের মত বিচার বোধের ঠাঁই নেই। মানুষকে দেখলেও ওরা খেয়ে ফেলতে পারে। তাই তো আমরা ওদের থেকে দূরে বসবাস করি। কিন্তু ওদের বংশ রক্ষা করতে আমরা

কার্পন্য করি না।

জঙ্গলের পাশে থাকতে পারে পাহাড়। পাথর দিয়ে তৈরী বিশাল উঁচু টিপি। তার উপর গজিয়ে উঠেছে অনেক লতা, গুল্ম আর গাছ। ওখানে সাপ ও ভয়ঙ্কর জানোয়ারও বাস করতে পারে। অনেক পাহাড়ে দেব দেবীর মন্দির রয়েছে। একটা পাথরকে মাটিতে পরিনত হতে পাঁচ হাজার বছর সময় লাগে।

বনের লতা গুল্ম সুন্দর ফুলের বাহারে জঙ্গলকে সাজিয়ে তোলে। মৌমাছি ও প্রজাপতিদের আমন্ত্রন জানায় মধু খেতে। গাছের শীতল ছায়ায় কত প্রাণী আশ্রয় নিয়ে জীবন সংগ্রামে রত হয়। তারই মাঝে অসীম সাহসে দঁড়ায়মান বৃক্ষ নিজের পত্র, ফুল, ফল আর অক্সিজেন দান করে সমস্ত প্রাণীকুলকে রক্ষা করে চলেছে। শুধু বৃক্ষ নয়, লতা, গুল্ম ও তৃনের ভূমিকাও অসীম।

মানুষ বিশ্বাস করে এসবই বিধাতার সৃষ্টি। তাই তো বিভিন্ন ধর্মের মানুষ সারা পৃথিবী জুড়ে বিভিন্ন পদ্ধতিতে ঈশ্বরের আরাধনা করে। সে জন্য সকল দেশে রয়েছে মন্দির, মসজিদ, গুরুদুয়ারা, চার্চ ও অন্যান্য দেব স্থান। একটু বড় হলে দেখবে সমুদ্র।

তোমার চারদিকে থাকা বিশাল জলরাশিকে আমরা সমুদ্র বলি। সমুদ্রে বসবাস করে বিশাল আকারের মৎস প্রজাতির প্রাণী ও জীবজন্তু। ছোট ছোট মাছ, অন্যান্য জলজ উদ্ভিদ ও বিশালাকার প্রাণীও সেখানে বসবাস করে। সমুদ্রের জল নোনা ও পাণের অযোগ্য।

তা সত্ত্বে মানুষের তৈরী জাহাজ ও জলযান চলছে সমুদ্রে। এক কথায় সমুদ্রও মানুষ দখল করে নিয়েছে। মানুষ বনের জানোয়ারদের ধরে এনে তৈরী করেছে চিড়িয়াখানা। তোমার বনে গিয়ে জন্তু জানোয়ার দেখার সুযোগ নাও হতে পারে। তাই চিড়িয়াখানা গিয়ে জন্তু-জানোয়ার দেখে নিও।

সারা পৃথিবীতে আমাদের একটাই সূর্য্য আছে। সেটি দিনে বারো ঘন্টা পৃথিবীর সকল প্রাণী ও উদ্ভিদকে সরাসরি শক্তি যোগায় ও আলোক রশ্মি প্রদান করে। আর আছে একটি চন্দ্র।

চন্দ্র আমাদের স্নিগ্ধ রশ্মি দান করে রাতের অন্ধকার দূর করে। আকাশে রয়েছে আরও অনেক গ্রহ, উপগ্রহ ও তারা। পড়াশুনা করলে তুমি এ বিষয়ে আরও অনেক কিছু জানতে পারবে। যখন সূর্য্য উদয় হয় তখনই দিনের শুরু হয়। দিনের শুরুতে সারা পৃথিবীর অর্ধেক অংশ আলোয় আলোময় হয়ে যায়। আর বিকালে ধীরে ধীরে সূর্য্য নিজের তেজ কমিয়ে অদৃশ্য হওয়ার প্রস্তুতি নেয়। সূর্য্যের অদৃশ্য হওয়াকে আমরা অস্ত যাওয়া বলি। সূর্য্য অস্ত গেলে পৃথিবীর আলোকিত অংশ আবার অন্ধকার হয়ে যায়।

আবার অন্ধকার থাকা অংশে সূর্য্য উদয় দেখা যায়। সূর্য্যের আলোয় আলোকিত অংশকে আমরা দিন ও অন্ধকার অংশকে আমরা রাত বলি।

আমাদের বায়ুমণ্ডল

(দশ)

তোমার চারদিকে ও মাথার উপরে রয়েছে বায়ু মণ্ডল। এই বায়ু মণ্ডল পৃথিবীর চার দিকে নির্দিষ্ট উষ্চতা পর্যন্ত ঘিরে রয়েছে। পৃথিবীর উপর বায়ুর চাপ থাকায় আমরা আমাদের অস্তিত্ব টিকিয়ে রাখতে পারি। পৃথিবীর এই বায়ু চাপের তারতম্য ব্যারোমিটার নামক যন্ত্রে আমরা মাপতে পারি।

বায়ুতে রয়েছে বেশিরভাগ নাইট্রোজেন, অক্সিজেন, জলীয় বাষ্প আর অন্যান্য গ্যাস। বায়ুর অক্সিজেন পৃথিবীর সমস্ত প্রাণীর জীবন ধারনের কাজে লাগে। আমরা যখন প্রশ্বাস গ্রহন করি তখন

সকল গ্যাস মিশ্রিত বায়ু আমাদর শরীরে প্রবেশ করে। তার থেকে কেবল অক্সিজেনটি শরীর গ্রহন করার পর বাকী গ্যাস শরীর থেকে বেরিয়ে যায়। পৃথিবীর উপর বেড়ে ওঠা প্রাণী জগতের বেঁচে থাকার জন্য অনেক অক্সিজেন লাগে। কিন্তু বায়ু মণ্ডলের এই অক্সিজেন কখনো শেষ হয় না। কারন প্রাণীরা যতটা অক্সিজেন খরচ করে, গাছ বা উদ্ভিদরা সেই অক্সিজেন উৎপাদন করে বায়ু মণ্ডলে ছাড়তে থাকে। গাছের দরকার হয় কার্বনড্রাই-অক্সাইড গ্যাস। মানুষ ও অন্যান্য জীব নিশ্বাসের সাথে ঐ গ্যাস ত্যাগ করে। এর ফলে বায়ু মণ্ডলে অক্সিজেন ও কার্বনড্রাই-অক্সাইডের অভাব হয় না। এটা ঠিক বিনিময় প্রথার মত। কিছু দাও আর কিছু নাও। এটাই হল পৃথিবীতে বেঁচে থাকার সামাজিক নীতি। অক্সিজেন আরও কাজে লাগে। যেমন অক্সিজেন ছাড়া আগুন জ্বলে না। ভিজে লোহায় অক্সিজেন মরচা ধরিয়ে দেয়। আগুন জ্বলতে সাহায্য করে। অক্সিজেনের আরও অনেক ব্যবহার তুমি বড় হলে পড়বে।

তোমার আকাশ, মাটি ও জলঃ পৃথিবীতে যা কিছু রয়েছে তার সবগুলোকে সংক্ষিপ্ত ভাবে বর্ননা করতে গিয়ে শিক্ষাবিদরা বলেছেন এগুলি হল "পঞ্চভূত"। অর্থাৎ কেবল পাঁচটি বস্তু দিয়ে তৈরী এই পৃথিবী। সেগুলির নাম হল, ক্ষিতি (মাটি), অপ (জল), তেজ (অগ্নি), মরুৎ (বায়ু), বোম (শূন্য)। তোমার আকাশে আছে অনেক নক্ষত্র, গ্রহ আর উপগ্রহ।

রাতের অন্ধকারে সেগুলি যখন ঝিলমিল করবে তখন তোমার মন আনন্দে ভরে উঠবে। মাটি তোমার মায়ের মতন। তাতে শষ্য চাষ করে মানুষ খাওয়ার সমস্যা মিটায়। মাটির উপর তৈরী করে নিরাপদ আশ্রয়। হিংস্র পশুর দলও মৃত্তিকার আশ্রয়ে জঙ্গলে বসবাস করে। মৃত্তিকা সাগর, নদী ও পাহাড়কে ধরে রাখে। তাই তো পৃথিবীর অস্তিত্ব বোঝা যায়। এছাড়া মাটির নীচে রয়েছে জল, বালি, কাদা, পাথরের স্তর এমনকি আগুনের বলয়ও থাকতে পারে। আর জল হল মায়াবী। সে নীচের দিকে বইতে অভ্যস্ত।

কিন্তু পাহাড়ের চুড়ায় উঠে বরফের আকার নিয়ে বসে থাকতে পারে। কখনো বাষ্প হয়ে আকাশে ভেসে বেড়ায় আর রিমঝিম বৃষ্টির ধারা ঝরিয়ে আমাদের মন ভরিয়ে দেয়। কখনো রুদ্ররূপে আবির্ভূত হয়ে সুনামী, বন্যা ও ঝড়ের তাণ্ডব দেখায়। মানুষকে ও সকল প্রাণীকে ভয় দেখায়। তাদের ধৈর্যের পরীক্ষা নেয়। এই তাণ্ডবে অনেক প্রাণী ও মানুষের বিনাশ ঘটে। তথাপি পৃথিবীর সৃষ্টি শেষ হয় নি। তোমার কাজ হল সতর্ক থেকে পৃথিবীর সাথে খেলা করা। আর ইতিহাস রচনা করা। নিজেকে নিঃশেষ করা নয়।

তোমার সমুদ্রঃ সমুদ্র হয়তো দেখ নি। দেখলে অবাক হবেই। বিশাল বড় জলরাশি। তাতে রয়েছে অসংখ্য জলজ প্রাণী। তিমি, হাঙ্গর ও অক্টোপাশের কাহিনী শুনতে তোমার বেশ ভালো লাগবে। সেখানে রয়েছে মৎস কন্যার কত কাহিনী ও রূপকথার গল্প। নৌকা বিলাস ও যুদ্ধ জাহাজের আনাগোনা চলছে অহরহ। তারই মাঝে জেলে মাঝ দরিয়ায় গান গেয়ে মাছ ধরতে যায়। জাল ফেলে ধরে আনে ইলিশ, পায়ফতা, চিংড়ি ও নানান প্রজাতির মাছ। সমুদ্রের গর্ভে রয়েছে অতি মূল্যবান রত্নের ভাণ্ডার। ঝিনুক, শঙ্খ ও জলজ প্রাণীর দল আমাদের মতো জলের নীচে বসবাস করে। তাদের কেউ খোঁজ নেয় না। বিজ্ঞানীরা ওদের নিয়ে গবেষনা করে আর ডুবুরী জলের তলায় গিয়ে তাদের খোঁজ নিয়ে আসে। তোমার পৃথিবীতে রয়েছে ভালো আর মন্দ দুইটি পরিস্থিতি। যার কারন আলো-অন্ধকার, দিন-রাত, ভালো-মন্দ, শত্রু-মিত্র, জল-স্থল ইত্যাদি বিপরীত পরিস্থিতি পাশাপাশি অবস্থান করে।

তোমার প্রাণী জগৎ ঃ তুমি যেখানে বসবাস কর তার চতুর্দিকে অনেক পশুপক্ষী দেখতে পাবে। এদের অনেকেই গৃহপালিত। যেমন- গরু, ছাগল, কুকুর, বিড়াল, ঘোড়া, গাধা, টিয়া, ময়না, তোতা, পায়রা ও থরগোষ ইত্যাদি। এরা সবাই প্রাণী। আরও ছোট প্রাণীদের মধ্যে পিঁপড়ে, মশা, মাছি, বিছে, বিভিন্ন ধরনের পোকা, মাকড়সা, ফড়িং, প্রজাপতি, আরশোলা, টিকটিকি, গিরগিটি, ইঁদুর, সাপ, নেউল, জলে থাকে মাছ, পোকা আর নানান ধরনের জলজ প্রাণী ইত্যাদি। এদেরও প্রান রয়েছে। এরা এক স্থান থেকে অন্য স্থানে যেতে পারে। জীবন ধারনের প্রয়োজনে প্রায় সকল প্রাণীই চলাচল করতে বাধ্য হয়। অর্থাৎ যাদের প্রাণ আছে তাদেরই আমরা প্রাণী বলি। কিছু অদৃশ্য প্রাণীও রয়েছে যাদের আমরা খালি চোখে দেখতে পাই না। এরা জলে, স্থলে অথবা বায়ুতে ঘুরে বেড়ায়। এদের সংখ্যা অনেক। ওরা অজ্ঞাত সময়ে মানুষের অথবা বড় প্রাণীদের শরীরে প্রবেশ করছে আবার বেরিয়েও আসছে। খালি চোখে দেখা যায় না বলে আমরা ওদের নিয়ে ভাবি না। কিন্তু ওদের মধ্যে অনেকগুলি যেমন এ্যান্টামিবা, মাইক্রোলেপরি, করোনা, টিউবার কলোসিস, ক্যানসার ইত্যাদি ভয়ঙ্কর ভাইরাস গুলি একবার শরীরে প্রবেশ করে নিজেদের বাসস্থান তৈরী করে নেয়, তখন আমাদের শরীরের ভীতরের অঙ্গগুলি কাজ করা বন্ধ করে দেয়। আর আভ্যন্তরীন যন্ত্রনায় শরীর কাতর হয়ে পড়ে। ভাইরাস হল পৃথিবীর ক্ষুদ্র প্রাণীদের বংশধর। আর বড় প্রাণীদের মধ্যে হাতি, সিংহ, জিরাফ, জলে তিমি, জঙ্গলে সাপ ইত্যাদি দেখা যায়। অর্থাৎ "পৃথিবীর জল স্থল ও বায়ুতে সর্বত্র প্রাণী ঘুরে বেড়াচ্ছে। তারা নিজেরা বেঁচে থাকার প্রয়োজনে সংগ্রাম করে চলেছে। এদের মধ্যে কোন সংস্কার নেই। কোন দয়া, মায়া, মমতা, সুবিচার করার ক্ষমতা নাই। এদের কাজ হল দুর্বলকে ভক্ষন করে উদরপূর্তি করা। কেউ মরতে চায় না এই পৃথিবীতে। সবাই বেঁচে থাকতে চায়। তাই পেটের খিদে মিটাতে ও বেঁচে থাকার চেষ্টা চালিয়ে যেতে সকল প্রাণীই সংগ্রামে রত"।

মানুষের ব্যাপারটা আলাদা। মানুষ শুধু বাঁচার সংগ্রাম করে না। সবাই মিলে রাজত্ব করে। রাজত্ব করার অর্থ ভাইরাস, ক্ষুদ্র ও বৃহৎ প্রাণীদের নিয়ন্ত্রন করে নিজের প্রভূত্ব স্থাপন করতে সমর্থ হয় মানুষ।

মানুষকে এই যোগ্যতা অর্জন করতে সংস্কার ও সঠিক শিক্ষা গ্রহন করতে হয়। একাগ্রতা ও সদিচ্ছা না থাকলে এই শিক্ষা সম্পূর্ণ করা সম্ভব হয় না। সে কারন আংশিক শিক্ষিত মানুষকে নির্দিষ্ট সীমা অতিক্রমের পর দুর্নীতিগ্রস্ত হতে দেখা যায়। তাদের দ্বারা উদ্ভিদ ও বৃক্ষ বিনাশ, খুন, রাহাজানী, ঘুসখোরী, অপরের সম্পদ লুট, সরকারী ভাওার লুট, ক্ষমতার অপব্যবহার, সাধারন মানুষের প্রতি বঞ্চনা, অত্যাচার, প্রতারনা, ষড়যন্ত্র, বিচারের সুযোগ বিক্রয়, কর্তব্যে অবহলা, অধিকার থেকে বঞ্চিত করার প্রয়াস ও পীড়িতকে অগ্রাহ্য করার অভ্যাস হল অসম্পূর্ণ সংস্কার ও শিক্ষার পরিনাম। তা ছাড়া কেবল সিংহাসন দখল ও অপরকে বাধ্য করে দমন করাও মানবিক কর্তব্য হিসাবে গণ্য হয় না। সেকারন পরাক্রমীর দর্পের বিনাশ ঘটিয়ে অধিকার কায়েম করাকে মানবিকতা বলা হয়।

মানুষ বনের কুকুর ও জানোয়ারদের ভালোবাসার বন্ধনে আপন করে যেভাবে অনুগত করে ফেলে, যেভাবে তারা মানব জীবন রক্ষার কারনে প্রাণ উৎসর্গ করতে পিছপা হয় না, তেমনি পৃথিবীর সমস্ত উদ্ভিদ, ভাইরাস, প্রাণীকুল ও সংস্কারহীন মানবকে সুরক্ষা প্রদান করে বাঁচার পথ দেখায় ও তাদের আস্থাভাজন হয়ে বাঁচার নামই হল "রাজত্ব কায়েম করা"। তাই তো পৃথিবীর সমস্ত মানুষই বলতে পারে "মানবতার সাম্রাজ্যে আমরা সবাই রাজা"।

সংস্কারহীন জীবন ও জিদ্
(এগারো)

সেদিন আমি বাগানে ফুল তুলতে গিয়ে ছিলাম। পাশের বাড়ী থেকে হঠাৎ শিশুর কান্না শুনতে পেলাম। সে কি ভীষন চিৎকার। কান্না থামতেই চাইছিল না। আমি অধিক উৎসাহে শিশুটির কষ্ট লাঘবের উদ্দেশ্যে কোন পরামর্শ দেওয়া যায় কি না ভেবে ওর বাড়ীর উঠানে গেলাম। সেখানে গিয়ে দেখি এক শিশু সন্তান এক মহিলার কোলে একনাগাড়ে কেঁদেই চলেছে। মহিলা না-না বলে আদর করছেন। তাতে কোন কাজ হচ্ছিল না। আমি উপযাচ হয়ে বললাম, "বোধ হয় পেটের ব্যথা বা অন্য কোন কষ্টে সে কাঁদছে। ওকে ডাক্তারের কাছে নিয়ে যাও"। মেয়েটি বলল, না কিছুই হয় নি। জিদ্, কেবল জিদ্ করছে। মায়ের কোলে গেলে এক্ষুনি শান্ত হয়ে যাবে। সে সময় ওর মা গোশালায় কাজ করছিল, হাত-পা ধুয়ে পরিষ্কার কাপড় পরে সন্তানকে নিতে পারবে। কিন্তু ছেলের তর সইছে না। তার এক্ষুনি মাকে চাই। ঠাকুমা ঘর থেকে বেরিয়ে এসে বলল, ছেলেটার ভীষন জিদ্। যখন মায়ের কোলে যাওয়ার ইচ্ছে হবে তখন কেউ তাকে শান্ত করতে পারবে না। এই বলে নিজে ছেলেটিকে কোলে নিলেন। ঠাকুমার কোলে যাওয়ার পর ছেলেটি আরও বেশী চিৎকার করে কাঁদতে লাগলো। আমি ভাবছিলাম ওই মহিলা অথবা ওর ঠাকুমা ভুল ব্যাখ্যা করে থাকবেন। কিন্তু না, কেবল মিনিট পাঁচ পর ছেলেটির মা এসে ওকে কোলে নিতেই সন্তানটি একদম কান্না বন্ধ করে চুপ হয়ে গেল। ওর ঠাকুমা বললেন, মাত্র পাঁচ মাসের শিশু। কিন্তু ভীষন জিদ্ করে। ডাক্তার দেখিয়েছি। কোনো লাভ হয় নি। ডাক্তার বাবু বললেন, ওর শরীরে কোন সমস্যা নেই। তবে বড় হলে সংস্কার পাওয়ার পর এই অভ্যাসটা পরিবর্তন হয়ে যাবে। শুধু ঐ শিশুটি নয় আমার পাড়ার বাবলু আর গনশা দুজনেই বেশ জিদ্ ধরে। বাবলু সেদিন ক্রিকেট ব্যাট চেয়ে বায়না ধরেছিল। গ্রামে কি দোকান আছে যে বলা মাত্র জিনিস পাওয়া যাবে? তাছাড়া ওর বাবা গরীব মানুষ। পয়সা যোগাড় করে বাজার থেকে কিনে আনবে বলে প্রতিশ্রুতি দিয়েছিল। কিন্তু ছেলের জিদ্। তার এক্ষুনি চাই। না পাওয়ার কারনে সে লাঠি দিয়ে মাটির তৈরী ধান সেদ্ধ করার হাঁড়িটা ভেঙেছে। বাগানের ফুল গাছ নষ্ট করে ফেলেছে। থালা, বাটি গ্লাস ছুঁড়ে ফেলেছে। নিজের খেলনার ঘাড় মটকে ভেঙে ফেলেছে। তাতেও সন্তুষ্ট নয়, কেবল জিদ্ করছে যে তার বন্ধুর মত বাজারের নূতন ব্যাট ও বল চাই। অথবা বন্ধুরটাই চাই। জিদের কারনে লোকসান হওয়ায় বাবলুর বাবা দুঃখ পেয়েছে। বাবলুকে দু-এক ঘা উত্তম মধ্যম দিয়েছে। তাতেও দমেনি বাবলু। সে এখন অনশন রত। ব্যাট না এনে দিলে সে না খেয়ে মরে যাবে, আরও কষ্ট করবে, কিন্তু সিদ্ধান্ত বদলাবে না। বাবলুর এই দশা দেখে তার বাবা বললেন-

- জিদের কারনে সে কাউকে আঘাত করে না।
- অন্যকে আক্রমণ করে না।
- কেবল অভিমানে নিজেকে কষ্ট দিতে চায়।
- এটা তার ভালোবাসা আদায় করার কৌশল।
- তার দাবী পুরনের জন্য কারুর ক্ষতি হোক বা কষ্ট হোক, তাতে তার কিছু যায় আসে না।
- এটাকে ভালোবাসা পাওয়ার জিদও বলা হয়।
- এইরূপ জেদের কারনে অপরের অধিকার নিয়ে ভাবনার অবকাশ থাকে না। কেবল নিজের স্বার্থ পোষনের নেশা প্রাধান্য পায়।

- তাই মানুষ এটিকে স্বার্থপরতা হিসাবে গণ্য করে।

আসলে জিদ হল সকল জীবেরই জন্মগত প্রাকৃতিক স্বভাবের অংশ। এটি তম গুনের অংশ বিশেষ। অবদমিত অথবা ব্যর্থ ক্রোধ রূপান্তরিত হয়ে জিদে পরিনত হয়। জিদের সময় পরিনাম বিচারের কোন সুযোগ থাকে না। তাই এটিকে একগুঁয়েমী ও বেপরোয়া বলা হয়। জিদের লক্ষ্য ও আক্রমনের দিশা স্থির হয়ে যায়। তাই প্রতিপক্ষ সচেতন হয়ে অন্য পথ অবলম্বন করতে সমর্থ হয়। তাই আজও সচেতন মানুষ ভাবেন জিদ হল আত্মবিনাশের পূর্ব লক্ষন।

v. জিদের কারনে পিঁপড়ে কামড়ে ঝুলে থাকতে অভ্যস্ত হয়। ফলে আক্রান্ত ব্যক্তি তাকে সহজেই মেরে ফেলে।

v. সাপ জিদের বশবর্তী হয়ে শত্রুকে দংশন করতে চেষ্টা করে। কিন্তু নিজের বুদ্ধি ও ক্ষমতার পরিধি আন্দাজ করতে না পারায় জীবন হারাতে বাধ্য হয়।

v. হাতি, গণ্ডার, বাঘ, ভালুক, শেয়াল, জলের কুমীর, তিমি ও সকল জন্তুই এইরূপ জিদের শিকার হয়ে বুদ্ধির জালে বন্দী হয়ে যায়।

v. জিদের বশে দুই মোরগ লড়াই করতে গিয়ে মানুষের হাতে ধরা পড়ে যায়।

v. জিদের বশে দুটি পাখী লড়াই করার সময় কুকুর বা বিড়ালের শিকার হয়ে যায়।

v. মানুষের জীবনেও জীদের প্রভাব রয়েছে। সংস্কারহীন মানব সে কারনেই শিশুকাল থেকে জীবনের শেষ মূহূর্ত পর্যন্ত জিদের শিকার হয় এবং সকল সম্ভবনাকে হারিয়ে বিফল জীবনের জন্য ভাগ্যকে দোষ দেয়।

v. তোমরা শুনে থাকবে একগুঁয়ে রতন কাকার কথা। সে দু-ফুট জমিনের বিবাদকে সমাধান করতে গিয়ে জিদের বশে জমিদারের বিরুদ্ধে মামলা করেছিল। মামলার খরচ মিটাতে তার বিশ বিঘে জমি বিক্রি হয়ে গেছে। ঘরে তার খাওয়ার দানা নেই। আজও মামলা চলছে। তার কোন গতি হয় নি। লাভবান হয়েছেন উকিল বাবু ও অন্য এক ব্যক্তি।

v. অর্থাৎ জিদে লাভ হয় না তা নয়, নিজের লাভ না হয়ে প্রতিপক্ষের লাভ হয়। জিদের বশে তুমি যে সব জিনিস ভাঙলে সেগুলি তো আর জোড়া লাগবে না। তারপর অভাবী পিতাকে যে ছেলেটি ব্যাট কিনতে বাধ্য করল সে পরোক্ষভাবে ভালোবাসা আদায় করতে গিয়ে বাবার দেনা বাড়ালো। অর্থাৎ বাবাকে দরিদ্র করার প্রয়াস করলো। এখন জেদী ছেলেটি বার বার জেদ করে তার বাবাকে দরিদ্র করতে থাকলে ও উন্নয়নের কথা না ভাবলে প্রতিপক্ষ অনায়াসে নিজের উন্নতি করে চিরদিন সুখী থাকতে পারে। তাই প্রতিপক্ষের লাভ হবে।

v. আসলে জীবনকে নদীর মতো গতিশীল করে তুলতে হয়। সামনে বাধা পেলে গতিপথ অন্যদিকে ঘুরিয়ে দিও। থমকে দাঁড়িয়ো না। নয়তো ভূগতে হবে।

v. জিদের কারনে নারী পুরুষের বিবাহিত জীবন সুখের হয় না। পিতাপুত্রের সম্পর্ক হারিয়ে যায়। ভূল সিদ্ধান্ত মানুষকে অপরাধী হতে বাধ্য করে। সামাজিক সংঘাত বাড়ে আর অসামাজিক ঘটনার কারনে জীবনের বিনাশ হয়। সেকারন জিদ ত্যাগ করে স্থির মস্তিষ্কে ভেবে সমস্যা সমাধান করো। নয়তো অকালে ঝরে যেতে পারে তোমার সুন্দর জীবন।

v. আমার জীবনেও জিদের প্রভাব ছিল। আমিও জিদের শিকার হয়েছিলাম বহুবার। কিন্তু আমার কোন লাভ হয় নি। আমার এই জিদের কথা জেনে এক সন্ন্যাসী আমায় এক গল্প

শুনিয়েছিলেন।

তিনি বলেছিলেন- "অপরের জিদ্ দেখে অনুকরন করো না। জিদ্ ভবিষ্যৎ বিনাশকারী ও ধংশের কারন হয়"।

• 93 •

মৃগাঙ্ক শেখর রায়

শুনিয়েছিলেন।

তিনি বলেছিলেন- "অপরের জিদ্ দেখে অনুকরন করো না। জিদ্ ভবিষ্যৎ বিনাশকারী ও ধংশের কারন হয়"।

• 93 •

3

আর্তনাদ

(বারো)

মানুষের উপার্জন ও প্রয়োজনীয় খরচের বোঝা যখন ভারসাম্য হারায়, তখন অসহায় মানুষের মনে আর্তনাদ ওঠা স্বাভাবিক। তাই দ্রব্যমূল্য বৃদ্ধির নামে আন্দোলন, অপরাধ বৃদ্ধি ও বিবাদ প্রকট হয় পৃথিবীর সকল দেশে।সেই সময় সাধারন মানুষ বুঝতে পারেন যে এই সমাজে কেবল পেশাদার মানুষ কিছু না নিয়ে কিছু দিতে নারাজ হন না।দেওয়ার মত কিছু সঞ্চয় না করলে জীবনের কোন প্রয়োজনই মিটানো সম্ভব নয়। এই প্রসঙ্গে একটি রূপে-কার্ডের বিজ্ঞাপন বেশ উপযোগী মনে হয়। যখন এক অসহায় মানুষ দল-দলের পাঁকে ডুবে যাচ্ছিল, তখন এক নারী টাঁগাওয়ালাকে সাহায্য করতে বলায় সে বলছে "আগে 6,000 টাকা একাউন্টে পেমেন্ট কর, তারপর তুলবো"। সাধারণ মানুষ বুঝতে পারে না যে এই নীতি যুগ যুগ ধরে চলে আসছে। কিন্তু বোকা মানুষকে ভূল শিক্ষা দিয়ে তাদের বিনে পয়সায় কাজ করিয়ে নেয় চতুর মানুষ। ভূক্তভোগীদের মতে-

- পরিবারের বড়রা ছোটদের অনুসাশন শেখানোর সময় বড়দের অনুগত হওয়ার শিক্ষা দেন। সেসময় বলা হয় বড়দের সন্তুষ্ট করলে আশির্বাদ মিলে।

- তারপর বিনা পারিশ্রমিকে বাজার করানো, নিজের কাপড় ধুইয়ে নেওয়া, দৈহিক সামর্থের কাজ করিয়ে নেওয়া, সন্তানের দেখাশুনা অথবা ডাক্তার দেখানো পারিবারিক সহযোগীতার বাইরেও তাদের করতে বাধ্য করা হয়। তখন তাদের শেখানো হয় না যে সব কাজেরই পারিশ্রমিক পাওনা হয়।

- পরে যখন সন্তান সাবালক হয়ে যায়, তখন সে প্রতিষ্ঠিত মানব, নেতা, রাজনৈতিক দল, ধর্মীয় গুরু অথবা ক্ষমতাবানের সেবা করতে অসমর্থ হয় না। সে একবার ভাবতেও চায় না যে সে বিনিময়ে কি পাবে?আর সেই প্রাপ্তির গ্যারেন্টি কতখানি নির্ভরযোগ্য।

এরপর সন্তানের জীবনের জন্য যখন খাদ্য, পানীয়, বস্ত্র, বাসস্থান ও চিকিতসা সহ অন্যান্য প্রয়োজনের অভাব ঘটে তখন সে সাহায্য চাইলে কেউ এগিয়ে আসে না। তাই-

- নেতার পিছনে ঘুরে বিনে পয়সায় রাজনীতি করা সন্তান অকারন শক্তি ক্ষয় করে যৌবনের অনেকখানি নষ্ট করে ফেলে।

- কেউ ধর্মীয় উন্মাদনায় আসক্ত হয়ে ধর্মগুরুর পরামর্শে আন্দোলন করতে গিয়ে নিজের জীবন হারিয়ে ফেলে, অপরকে আঘাত করার অপরাধে আইনের দণ্ড ভোগে, কৌশলে নারী ভোগের নেশায় মত্ত হয়ে রাজনৈতিক চক্রান্তের শিকার হয়, অথবা মিথ্যা ঈশ্বরের কাজ হিংসায় সম্পন্ন করতে গিয়ে নিজের জীবন হারাতে বাধ্য হয়।

- আবার আন্তর্জাতিক সংস্থায় এইরূপ ব্যক্তিত্ব হীন সম্পন্ন মানুষ ভিটো (VETO) নামক শব্দের পরিণতি বুঝতে না পেরে পুরো দেশকে ভিটো ক্ষমতায় বলিয়ান দেশের গোলাম বানিয়ে ফেলে। উল্লেখ্য গনতান্ত্রিক আইনের সূত্র অনুসার যেকোন সংস্থার আদর্শ হল সকল সদস্যের মতামত অনুসার, সংস্থা সংখ্যা গরিষ্ঠের সিদ্ধান্ত কার্যকর করবে। কিন্তু ভিটো ক্ষমতাধারী সদস্য বিশেষ ক্ষমতার বলে সেই সিদ্ধান্তকে বাতিল, অকার্যকর বা রহিত করতে পারে। সে সময় নীরবে অংশদানকারী সদস্য যদি কিছু আর্থিক মদত পাওয়ার লোভে নতি স্বীকার করে, তবে আন্তর্জাতিক সংস্থার প্রয়োজনীয়তা, একতার উদ্দেশ্য ও নিরপেক্ষতা বিক্রয় হয়ে যায় না কি? আর নীরব থাকা সদস্যের ভূমিকা গোলামীর শৃঙ্খলে আবদ্ধ হয় না কি?

এইরূপে প্রতারনার জালে বেষ্ঠিত এক অন্ধকারাচ্ছন্ন সমাজ যখন সদ্যজাত শিশু থেকে বৃদ্ধ পর্যন্ত সকল মানুষের শ্রম, অধিকার ও রক্ত শোষন করতে অভ্যস্ত। যেখানে মানবতার গান গেয়ে স্বাধীন দেশের ক্ষমতা অপহরনের নেশায় মানুষ গুপ্তচর বৃত্তি করে।

সাধুর বেশে যখন দস্যুও অপারাধের কাজ করতে সমর্থ হয়, যখন বাহুবলী মানুষ নিজের বাঁচার অধিকারকে অগ্রাধিকার দিয়ে অপরের জীবন বিনাশ সুনিশ্চিত করে, তখন সকল সেবা ও উদারতার অর্থ এক মনে হয় না। তাই এই পৃথিবীতে প্রয়োজনীয় শিক্ষা না নিয়ে মানুষ জীবনযাত্রা অতিক্রম করতে পারবে কি?

বিশ্ব-বিবাদঃ সম্প্রতি তৃতীয় বিশ্বযুদ্ধের বাজনা বেজেছে। বিশ্বযুদ্ধ কেবল আজ হওয়ার সম্ভবনা দেখা দেয় নি। পূর্বেও দুবার বিশ্ব যুদ্ধ হয়েছে। এবং সেই বিশ্বযুদ্ধে মানব সভ্যতার বিশাল ক্ষতি হয়েছিল। বহু মানুষ সেই যুদ্ধে প্রাণত্যাগ করেছে। মানবের মৃত্যুর মিছিল সেদিন মানবতাকে উপহাস করেছিল। আর সেদিনও আজকের মত শান্তিকামী মানুষ মহাবিনাশের আশংথায় হায় হায় শব্দে মুখর হয়েছিল। তাদের এই হায় ধ্বনিতে লড়াকুদের কি যায় বা আসে?ওরা যে লড়ে সবাই জয়ী হতে চায়। আর প্রমাণ করতে চায়, তাদের মধ্যে একজন বেশী শক্তিশালী আর অপরজন ভাবে- সে-ই হল সর্ব-শক্তিমান ও বিশ্বের মহান মানুষ। তার ইতিহাসে নাম থাকা চাই। সেকারন সে নিজের নাগরিকের জীবন সুরক্ষার সমস্ত উপকরনকে বিনষ্ট করেও জিতের লোভে সংগ্রাম রত। লোকে বলে বানরকে মুক্তোর মালায় সজ্জিত করলে তার সৌন্দর্য অনুভূতির বিকাশ হয় না। বরং সে সেটিকে বিনষ্ট করার অধিকারী ভেবে ছিঁড়ে ফেলে। তাই প্রবাদ রয়েছে "বানরের গলায় মুক্তোর মালা শোভা পায় না"। আবার এই সংঘর্ষে কাফের পেট ভরাও তো জরুরী? তারা কিছু খেয়ে পেট ভরাতে চায়। অথচ শান্তিকামী মানুষের দল যদি বিশ্ব শান্তির জন্য প্রয়াস করে তবে কাকের পেট ভরবে কি? তাই বিচারক বললেন, "বেল পাকলে কাকের কি?" এই সকল পরিস্থিতি বিচার করলে সাধারন মানুষ বুঝতে পারেন যে বিবাদের ফরমূলাটি এখানেও ব্যক্তি বিবাদের মত সংকীর্ণ মতাদর্শ, সংস্কার হীনতা, অনুচিত শিক্ষা, বিচ্ছিন্নতাবাদী সিদ্ধান্ত ও অক্ষমতার পরিধিতে সীমাবদ্ধ রয়েছে। সনাতনপন্থী ভারতীয় জনগনের মতে এই শিক্ষা ও সংস্কারের উন্নয়ন না হলে পৃথিবীতে আজকের মত বার বার বিশ্বযুদ্ধ হতে থাকবে। যার ফলে মানব সমাজ বার বার ধ্বংস

হয়ে আবার নিস্বঃ হয়ে পড়বে। বিধ্বংশ হওয়া মানব সমাজের জ্ঞান সাধারন মানুষের মধ্যে না থাকায় বেঁচে থাকা মানুষ জন আবার বিজ্ঞান প্রযুক্তি উন্নয়নের জন্য চেষ্টা করবে। কিন্তু এইরূপ আত্মবিনাশে উন্নত মানব সমাজ সেকারনেই ভবিষ্যতে কোনদিন শক্তিশালী হতে পারবে না। তাই করোনা ভাইরাস, ডেঙ্গু, ম্যালেরিয়ার মশা, এইডস, ক্যানসার, টিবি ও ভয়ঙ্কর ব্যাধির ভাইরাসরা সেদিন মানব শিশুর হত্যা করে পৃথিবীতে তাণ্ডব মাচাবে। যাঁরা আজ জয়ের আনন্দে হাসবে তাদেরও মৃত্যুর পর জন্ম নিয়ে বন্য পশু ও ক্ষুদ্রাতিক্ষুদ্র প্রাণীর শিকার হয়ে প্রাণত্যাগ করতে হবে।

প্রশ্ন উঠবে "সংকীর্ণ মতাদর্শ" আবার এলো কোথা থেকে? এই প্রশ্নের উত্তর মানুষ যুগ যুগ ধরে খুঁজেছে। আর তার উত্তরও জেনেছে মানুষ তবু "পাছে লোকে কিছু বলে" এই আশংকায় অথবা মানবরূপী পশুর আক্রমনের ভয়ে তারা তা প্রকাশ করতে পারেনি। মানুষরূপী পশু কেননা, সে বা তারা পশুর মত শক্তিশালী ও হিংস্র। ভবিষ্যত বিষয়ে চিন্তা করার সক্ষমতা না থাকায় ওরা কেবল বিনাশের দ্বারা শেষ সমাধান করতে অভ্যস্ত।

এই সেদিনের কথা বললে সবাই বুঝতে পারবেন যে সিংহ সেদিন মোষের পালের দিকে বিশাল দৌড় লাগিয়ে একটি মোষের গলায় কামড় দিতে সক্ষম হয়েছিল, তারপর সে মোষের শরীরের মাংস খেয়ে পেট ভরিয়ে ছিল। তারপর একদিন দেখলাম সেই সিংহকে কতকগুলো বন্য কুকুর দল বেঁধে কামড়াতে শুরু করতেই বেচারা সিংহ ভয়ে দৌড় দিয়ে প্রাণ বাঁচাল। মানুষের সমাজ কিন্তু তা ভাবে না। তারা সিংহ, বাঘ, ভালুক, শেয়াল, সর্পাদি, নীরীহ পশু যেমন গরু, ছাগল, শুয়োর ও অন্যান্য দংশক প্রাণী সহ সবাইকে নিয়ে পৃথিবীতে বসবাস করতে চায়। তারা দুষ্টু জানোয়ারদের খাঁচায় পুরে বাধ্য করতে পারে। আবার ভালোবাসা দিয়ে আপন করতে পারে।

মানুষ শিক্ষাটাকে সংস্কারের দ্বারা সংশোধিত করে দুরদর্শী ফলাফল পাওয়ার জন্য রপ্ত করে। এইরূপ শিক্ষাকে মানব সমাজে চির প্রতিষ্ঠিত করতে তারা গড়ে তুলেছে মতাদর্শ। মতাদর্শ এক সাথে সারা পৃথিবীতে গড়ে তোলা আজও সম্ভব হয় নি, কারন যোগাযোগের অভাবে সারা পৃথিবীর মানুষ সেদিন মতামত বিনিময় করতে সক্ষম ছিলেন না। অথবা সেদিনের সমর্থ সমাজ পাশবিক সংঘর্ষে লিপ্ত হয়ে আত্মবিনাশে মত্ত ছিল। সে যাই হোক এই পরিস্থিতে পৃথিবীর মানুষ বিভিন্ন এলাকায় নূতন নূতন ধর্ম স্থাপন করে স্বধর্মী মানবের জীবন রক্ষা করে আসছেন। তাঁরা সবাই অনুগামী মানবের জীবন সুরক্ষা, দীর্ঘায়ু লাভ, রোগ প্রতিরোধ কৌশল ও উন্নয়নের কাণ্ডারী হিসাবে কাজ করে চলেছেন। অথচ তাদের মধ্যে অনুগত মানুষের একাংশ ছল, বল ও কৌশলকে প্রাধান্য দিয়ে স্বার্থপর বৃত্তি গ্রহন করছেন। তাই সকল ধর্মেই সংস্কারী ও অসামাজিক মানুষের অস্তিত্ব প্রকট হয়। অসামাজিক মানুষের বংশধর পশুর বংশধরের ন্যায় সামাজিক স্বার্থকে উপেক্ষা করে নিজে ক্ষনিক লাভের আশায় সংঘর্ষ করে। অপরের অর্জিত সম্পদ ছিনিয়ে নেয়। তাদেরও প্রয়োজন অনেক বেশী ও শ্রেষ্ঠ খাদ্য, পরিধান, সুখ সুবিধা আর জীবনের আনন্দ। তারা কুকুর অথবা জঙ্গলের সকল পশুকে মেরে নিজেদের পেট ভরাতে চায়। আবার কেউ মানুষ থেকো হলেও পরোয়া করে না। এই সমস্যা থেকে পৃথিবীকে বাঁচাতে প্রায় আজ থেকে পাঁচ হাজার চারশত বর্ষ পূর্বে অযোধ্যায় ভগবান শ্রীরাম জন্ম নিয়েছিলেন। তিনি পৃথিবীতে কিভাবে জীবন যাপন করা সম্ভব সে বিষয়ে এক উদাহরন পেশ করতে সম্পূর্ণ জীবন অতিবাহিত করেছিলেন।

- তাঁর জীবন দশায় শিশুকালে ছয় বছর বয়স পর্যন্ত তিনি আপন গৃহে পিতা-মাতা, সহোদর ও পরিবারের লোকজনের সাথে প্রতিপালিত হয়েছিলেন।

- তারপর তাঁকে গুরুগৃহে গিয়ে সাবালক হওয়ার পূর্ব পর্যন্ত শিক্ষা গ্রহন করতে হয়।
- শিক্ষা সমাপ্ত হওয়ার পর প্রথমে তিনি তাড়কা বধ করে যোগ্যতার প্রমাণ দিতে সক্ষম হন।
- তারপর পারিবারিক বিবাদে তাঁর জীবন সমস্যার সম্মুখীন হতে থাকে।
- ভগবান শ্রীরাম সেই সংকট মূহূর্তে পিতা-মাতা, সহোদর, পত্নী ও পরিবারের কাউকে আঘাত না করে, সবার জীবন সুরক্ষিত করে নিজেই বনবাস যাওয়ার সিদ্ধান্ত নিয়ে ছিলেন।
- তাঁর বনবাস যাত্রার পর তিনি উপলব্ধি করতে পারেন যে রাজগৃহে যাঁরা বসবাস করেন, তাঁরা বুঝতেই পারেন না যে বনে ও জঙ্গলে বসবাস করা কতটা কঠিন।
- বনবাসের সময় তাঁকে মরীচির মত রাক্ষসের সম্মুখীন হতে হয়েছিল। আজ এমন রাক্ষস বিভিন্ন নামে সমাজে বিচরন করেন। ওঁরা বিদেশী অসুরের অর্থে পরিপুষ্ট হয়ে অসুর নেতার হয়ে প্রচার চালায়।
- রামায়নে বর্ণীত তথ্য অনুসার শ্রীরামকে ও শ্রীহনুমানকে অনেক রাক্ষস বধ করতে হয়েছিল। আর শ্রীরাম সব শেষে সকল রাক্ষসের নেতা রাবনকে বধ করেছিলেন।
- আর প্রমাণ করেছিলেন যে অসামাজিক মানুষকে সংস্কার দ্বারা সংশোধন করে তাদেরও সুরক্ষা সম্ভব। তাই তিনি সংস্কার দানে সুশিক্ষিত করতে বিভীষনের পরিবারকে ঠাঁই দিয়েছিলেন।
- সেসময়ও মানুষ জমি, নারী ও টাকার জন্য বিবাদ করত। আজও সারা পৃথিবীর সংঘর্ষ মূখ্যতঃ এই তিন শব্দের মধ্যে সামীবদ্ধ।
- পশুরা অতীতে বলতো আমাকে বাধা দিলে তোমাকে মেরে ফেলবো। খিদে পেলে তোমাকে খাবো। সাপ বলতো পেট ভরার দরকার নেই, দংশন করে তোমার অস্তিত্ব লোপ করবো। করোনা ভাইরাস বলে ভাইরাস সমাজের সবাই মানুষের শরীরে ঘর বানাবো। কাঁকড়া বিছে বলে কিছু না করতে পারলে দংশন করবো।
- আর অসামাজিক মানুষ বলে, "পশুরা যা করে আমরা সবই করবো। মানুষ মারবো। ধার্মিক ও সংস্কারী মানবদের মানি না। দুর্বল ও সরল মানুষকে মেরে খেলে অপরাধ কিসের। ধর্মীয় মানুষের সকল ধর্মকথা হল ভাঁওতা"।
- তাই অনেক মানুষ প্রাচীনকাল থেকে কেবল নাস্তিক হয়ে বাঁচতে চেয়েছে।

ধর্মীয় সংস্কার ও অসামাজিক মানবের নীতি ও সিদ্ধান্ত প্রাচীনকাল থেকেই পৃথিবীর বিভিন্ন প্রান্তে একই পদ্ধতিতে মগজ ধোলাই করে চলেছে। তবে পৃথিবীর সর্বত্র পুরুষোত্তম শ্রীরামের মত নিজের জীবনে কাহিনীকে সামনে রেখে উদাহরন পেশ করতে সমর্থ হননি। তার মানে এটা ঠিক নয় যে অন্যান্য সকল ধর্ম ভুল দিশায় চলার লক্ষে সৃষ্টি হয়ে ছিল। সত্য ঘটনা হল, ধর্ম ও সংস্কারকে প্রতিষ্ঠিত করতে সকল ধর্মের প্রতিষ্ঠাতা গন যুগ যুগ ধরে সকারাত্মক চেষ্টা চালিয়ে গেছেন। তাই আজ সারা পৃথিবীতে সংস্কারাচ্ছন্ন মানুষ শান্তির আশায় মৃখর। কেবল দশমিক শূন্য এক (.01) শতাংশেরও কম মানব আজ অসামাজিক সংঘর্ষে লিপ্ত।

কতক জনগনের মতে সমস্যা হয়েছে ধর্মের স্থাপকদের জ্ঞানের ভাণ্ডার ও দূর দৃষ্টির অভাব থাকায়। তাঁরা নিজেদের শিক্ষা ও সীমীত জ্ঞানের উপলব্ধী থেকে সিদ্ধান্ত নেওয়ায়, বিভিন্ন ধর্মের স্থাপনায় মতান্তর সৃষ্টি হয়েছিল।

- সে সময় কেউ পুরুষোত্তমের জীবন সংগ্রামকে সামনে রেখে সংস্কার রচনা করেছেন।

- কেউ হিংসার বিরুদ্ধে প্রতিহিংসার পদ্ধতি। নাস্তিকরা চুরি, ডাকাতি, খুন, ষড়যন্ত্র, গোয়েন্দাগিরি আর হত্যা, কেউ ত্যাগ বা শান্তি, কেউবা শক্তির শ্রেষ্ঠতা ও উন্নত আক্রমনের কৌশল।
- কেউবা সৈনিক জাতি সৃষ্টির উদ্দেশ্যে ধর্মের সকল মানুষকে নারী আসক্ত, বিভেদ কামী ও লড়াকু চিন্তাধারায় গড়তে চেয়েছেন।
- কেউবা ত্যাগ ও শান্তির কথা বলেছেন। প্রতিরক্ষার কথা ভাবেন নি।
- আর সবার রয়েছে মতাদর্শ অনুসার অনুশীলন ও বিস্তারবাদী হওয়ার চেষ্টা। এইভাবে গড়ে উঠেছে বিশ্বের বিভিন্ন দেশের নাগরিকগণের স্বভাব শুলভ ধর্মীয় আচরন ও জীবন সংগ্রামের ধারা।

তাই আজকাল ধর্ম প্রচার ও নিজেদের জীবন যাপনের পন্থাকে শ্রেষ্ঠ দাবি করেন সকল ধর্মের প্রচারক। কিন্তু ভুক্তভোগী ধর্মপালনকারীগন বুঝতে পারেন যে ক্রোধ, লালসা, প্রতিহিংসা ও আবেগে মোহিত হয়ে যখন মানুষ সামাজিক আইনের গণ্ডী অতিক্রম করে ফেলে, তখন তার অকাল মৃত্যু অনিবার্য হয়ে যায়। তবে ধর্ম জীবন সুরক্ষিত করল না কৌশলে বিনাশ করলো তার মূল্যায়ন করার সুযোগ পায় না।

এই পরিস্থিতিতে ভারতীয় বংশোদ্ভূত নাগরিকগন বিশ্বাস করেন যে ধর্ম যাই হোক না কেন এশিয়ার মানুষ সবাই শ্রীরামের নীতি অনুসার মাতাকে সর্বোচ্চ সম্মানের অধিকারী মনে করেন। পরিবারকে সুরক্ষিত রেখে জীবন সংগ্রামের নীতি অনুসরন করতে অভ্যস্ত।

তোমার প্রতিপক্ষ

(তের)

বিশ্ব যখন এমন সংঘর্ষে মগ্ন, তখনই তোমার জন্ম হয়েছে। তুমি নবজাত শিশু হলেও বিশ্বের এই হিংসার পরিবেশ তোমাকে শান্তি দেবে কি?মনেরেখো মানব জীবনে আসা বাধা ও বিপত্তি অতিক্রমের জন্য বহু মনীষী তাঁদের উপলব্ধি থেকে বিভিন্ন ধরনের উপদেশ দিয়ে গেছেন।সেকারন মানুষ ধর্মীয় পথ অনুসরন করে উপার্জনের পথে পা বাড়ান।তাদের এই ধর্মীয় নীতি অনুসার প্রচারকগন বলেন, ঈশ্বর কেবল নিজের শ্রম দ্বারা উপার্জনের অর্থ গ্রহন করেন। প্রতারনা অথবা অপরকে বঞ্চিত করে উপার্জন করলে, সে অর্থের পূজা তিনি গ্রহন করেন না। আবার গীতায় বর্ননা অনুসার ভগবান শ্রীকৃষ্ণ যেভাবে অর্জুনকে উৎসাহিত করেছিলেন, তাতে স্পষ্ট হয় যে সকল মানুষই কেবল সিদ্ধান্ত বদলে সঠিক কর্তব্য করতে সক্ষম হয়। এই প্রসঙ্গে আলোচনা করতে গিয়ে যুক্তিবাদী ও বিজ্ঞানীগন গন বলেন-

1. মানুষের মস্তিষ্কে পৃথিবীর সকল জ্ঞান বর্তমান। সেই জ্ঞান কেবল নিষ্ক্রিয় অবস্থায় মস্তিষ্কে জমা থাকে। মানুষের শরীর যখন অনুশীলনের মাধ্যমে সেই জ্ঞানের পরিধি অনুভব করে, তখন তা স্মৃতিতে এসে জমা হয়।
2. স্মৃতি হল মানুষের জ্ঞান সংরক্ষনের ভাণ্ডার। মনের প্রয়োজন হলে স্মৃতি সেই জ্ঞানকে সরবরাহ করে সমস্যা সমাধানে সহায়তা করে।
3. বুদ্ধি হল একটি হাতিয়ার। যা কিনা কেবল স্মৃতির পরশে অনুপ্রাণিত হতে পারে বা মনের সিদ্ধান্ত অনুসার তা ক্ষনিক সিদ্ধান্তের কারনে সক্রিয় হয়।

• ৯৮ •

4. আর মন হল এক মুক্ত অঙ্গ।সেটি শরীরের সাথ সংযুক্ত থেকে সারা বিশ্ব-ব্রহ্মাণ্ডও বিনা বাধায় বিচরন করতে সমর্থ হয়। তাই মন বিচার করে। সিদ্ধান্ত নেয় ও বুদ্ধির প্রয়োগে সমস্যার সমাধান করে।

5. শিক্ষা বিভিন্ন পদ্ধতিতে মস্তিষ্কে থাকা জ্ঞানগুলিকে অনুশীলনের দ্বারা জাগিয়ে তুলে মাত্র। তারপর সেই জ্ঞান স্মৃতিতে গিয়ে জমা হয়।পরে সমস্যা সমাধানের সময় স্মৃতি সেই জ্ঞানকে সরবরাহ করে বলে আমরা মানুষটিকে জ্ঞানী বলি।

লোকে বলে কেবল প্রতিপক্ষই মানুষকে বাড়তে দেয় না। তারা শিশুকাল থেকে আঘাত করতে থাকে। যেমন- ভাবো তোমার মা তোমায় একটা চকলেট দিলেন। তুমি তার অর্ধেকটা খেয়ে সারা শরীরে মেখে বাকীটা মেঝেতে ফেললে। সুযোগ বুঝে একদল পিঁপড়া হাজির হবে সেখানে। তারপর তোমার ফেলা চকলেট খাবে। তোমাকে কামড়ে যন্ত্রণা দেবে। চোখে দেখতে না পাওয়া ভাইরাসগুলো তোমার চামড়ায় গিয়ে চকলেটের সঙ্গে আটকে যাবে। তারপর চামড়ায় ঢুকে তোমার শরীরে চর্ম রোগের বিস্তার করবে। কতকগুলি ভাইরাস তোমার মুখের মধ্যে প্রবেশ করে চকলেটের সাথে পেটের মধ্যে ঢুকে পড়বে। পেটের ভতরে থাকা অঙ্গগুলিকে নিজেদের ঘর বানিয়ে তারা তোমার শরীরের বৃদ্ধি রোধ করতে পারে।

সুন্দর আগুনের রূপটা দেখে তুমি আদর করতে চাইলে দুষ্টু আগুন তোমার হাতটা পুড়িয়ে দেবে। তখন তুমি কষ্ট পাবে। অথবা যন্ত্রণায় ছটপট করবে।জলের বালিতিতে থাকা স্বচ্ছ জলকে আদর করতে যেও না। তোমার মুখ জলে ডুবলে সে তোমায় মেরে ফেলবে। নোংরা জলে মশার বাচ্চা ও ভাইরাসের বংশধর মানুষ মারার ফন্দি আঁটছে। ওদের থেকে দুরে থেকো। যা হাতের কাছে পাবে তা খেয়ো না। মায়ের অনুমতি নিয়ে খেতে শিখো। সময়টাও বেশ দুষ্টু। মায়ের দুধ খেতে দেরী হলে বেশ যন্ত্রণা দেয়। তোমার ক্ষুধা বাড়ে মানে তোমার শরীরে খাদ্যের ঘাটতি দেখা দেয়। সে কারনেই তোমার মা খিদে পাওয়ার আগেই খাইয়ে দেন।

ছোট খাটো পোকা মাকড়, সরীসৃপ তোমার হাসি সহ্য করতে পারেনা। তুমি হাসতে হাসতে তাদের আপ্যায়ন করলে ওরা তোমায় কামড়ে দেবে। তাই ওদের থেকে দুরে থেকো। অসমতল কাঠের টুকরো, পাথর, নুড়ি ইত্যাদি যদি তোমার চারপাশে থাকে, তবে ওরা সব সময় দাঁত উঁচিয়ে তোমার দিকে তাকিয়ে রয়েছে। কেবল তুমি ওদের উপর পড়লে তোমাকে ওরা ক্ষত বিক্ষত করতে চায়। তোমার এই সুন্দর পদ্মের মত চোখগুলি কি ভালো। তা নিয়ে লংকার বীজের বড্ড হিংসা। সেটি তোমার হাতে লেগে চোখের চামড়ায় দংশন করতে পারে।তুমি আনন্দে খেলো বলে গ্রীষ্মের উষ্ণতা তোমায় সহ্য করতে পারে না। সে তোমাকে কাঁদাতে গলদঘর্ম করিয়ে দেয়।আর ঠাণ্ডা বাতাবরন তোমার শরীরে, বুকে ভাইরাস ঘটিত রোগ ছড়াতে সক্ষম হয়। দুষ্টু বিছে, টিকটিকি, মাকড়সা ও কম যায় না। ওরা সুযোগ খুঁজে তোমার খাওয়ারে আত্মহত্যা করতে পারে।

আসলে জীবনটার কাজ হল প্রতিদ্বন্দ্বীদের মোকাবিলা করা। এই তো শুরু হল। এরপর প্রতি পদক্ষেপে দেখতে পাবে বড় বড় প্রতিদ্বন্দ্বী। তোমার কাজ হবে ওদের সকলকে হারিয়ে নিজের জীবনকে প্রতিষ্ঠা করা। আর প্রতিপক্ষকে কাজে লাগিয়ে জীবনের উপযোগী করে তোলা। মনে রাখবে যারা তোমার প্রতিদ্বন্দ্বী, তারাই তোমার জীবন সুরক্ষার উৎস। তোমার বুদ্ধি ও বিবেকের জালে বন্দি হয়ে ওরাও সহায়ক হতে পারে। তাই সতর্ক থেকো। ভেবে কাজ কর। অবশ্যই সফল হবে। মনেরাখবে সকল প্রতিপক্ষকে খালি চোখে নাও দেখা যেতে পারে। ওরা তোমার অজ্ঞানতার

সুযোগ নিয়ে শরীরে প্রবেশ করতে পারে। মুখের লালার সাথে থাকা সহস্র ব্যাকটেরিয়া, ক্রিমি ও নানা ধরনের ভাইরাস তোমাকে আক্রমন করতে তৈরি রয়েছে। তোমার মা ওদের তাড়াতে সদা ব্যস্ত রয়েছেন। তুমি বড় হয়ে ওদের মোকাবিলা করো।

ছেলেবেলায় রোগ-জ্বালা, ভাইরাস, ছোট-বড় প্রাণীর দংশন, অজ্ঞানতার দণ্ড অতিক্রম করতে হয়। একটু বড় হলে প্রতিযোগী, শত্রু ও বিপদের মোকাবিলা আর বার্ধক্যে ভুলের মাশুল ও জরা-ব্যাধির আক্রমন থেকে বাঁচার লড়াই করতে হয় মানুষকে। মানুষ সবটাই অনায়াসে করে ফেলে। তাদের কষ্ট বোধ হয় না। কারন সমস্যা অতিক্রম করলে তার মনে সুখের অনুভূতি সৃষ্টি হয়। তাই জয়ের আনন্দে তার মন প্রসন্ন হয়ে উঠে।

তোমার বাসস্থানঃ সাধারন মানুষ বলেন বাসস্থান নিয়ে সবার মনে স্বপ্ন থাকে। এখন তোমার বাসস্থান কেমন জানি না। তবে বড় হয়ে তুমি এক সুন্দর ঘর বানানোর স্বপ্ন দেখতে পারো। কারন তোমার একটি ভালো ও নিরাপদ বাসস্থান দরকার। একটা পাকা ঘর। যাতে থাকবে তোমার মা ও বাবার জন্য দুটি রুম। আর তোমার গবেষণার জন্য খেলার ঘর। ঘরের সাথে থাকবে বাবার ট্রেড রুম। গাড়ী রাখার গ্যারেজ। সবার একসাথে খাওয়ার জায়গা অথবা ডাইনিং রুম। মায়ের জন্য চাই একটা কিচেন। টয়লেট আর বাথরুমটা ঘরের ভেতরে থাকবে। আর থাকবে একটি চিকিৎসা ঘর। ঘরের মেঝে হবে ঝাঁ চকচকে টাইলস দিয়ে তৈরি। পাম্প দিয়ে জল তোলার অটোমেটিক ব্যবস্থা থাকবে উপরের ট্যাংকে। ঘরের ওয়ারিং হবে বেশ মজবুত ও সুসজ্জিত। খোলা–জানালা ও দরজার সুবিধায় ঘরটা আলোয় ভরে যাবে। আবার প্রয়োজন হলে দরজা–জানালা বন্ধ করে দুর্যোগ থেকে রক্ষা পাওয়াও সম্ভব হবে। মানুষের চতুর্দিকে থাকা অসম্পূর্ণ মানুষের আক্রমণ এবং জীব জন্তুর আগ্রাসন থেকে বেঁচে থাকতে তো এক নিরাপদ আশ্রয় থাকা আবশ্যক। আরাধ্য দেবতার প্রার্থনাটা দোতলায় করলে ক্ষতি কি? একান্তে বসে মেডিটেশন অথবা ঈশ্বর আরাধনায় তোমার মানসিক শান্তি বাড়বে ও বুদ্ধির প্রখরতা বৃদ্ধি হবে। তুমি বলবে খেলার জন্য তো মাঠ আছে। পথের ধুলোয় খেললে ক্ষতি কি? না–না ক্ষতি আছে বৈকি। তোমাদের মত ক্ষুদে বিজ্ঞানীদের অনেক কাজ। পুতুলের ঘাড় মটকে পালিয়ে যাওয়া কুকুরটাকে জব্দ করতে হবে না? আবার পুতুলের মাথাটা জুড়ে একটু ডাক্তারী করতে হবে তোমাকে। তারপর ৩–এর ডানদিকে আঁকলি জুড়ে অ–বানাতে হবে। হাতুড়ি, ছানি, পেরেকের কাজগুলো না করতে পারলে তোমার দাদুভাই তোমাকে বোকা বলবে। পুতুলগুলোর ডাক্তার সেজে তুমি যখন চিকিৎসা করবে, তখন তোমার দাদুভাই দুরে থেকে ফটো তুলে নেবে। কেন জানো? পাছে ভূল করে পুতুলের ভালো হাত অপারেশন করে ফেল। তোমার দাদু বড় চালাক। সে দেখতে চায় তুমি ইস্কুলে কত নম্বর পেয়েছ? তুমি বেশী নম্বর পেলে দাদু খুশি হবে। আর সে কত পেয়েছিল জিজ্ঞাসা করলে চুপ থাকবে। এইসব করতে করতে তুমি একদিন বড় বিজ্ঞানী হয়ে উঠবে। আর তোমার খেলার ঘরটা গবেষণাগার তৈরি হয়ে যাবে। তুমি কি জানো বিজ্ঞানী আইজ্যাক নিউটন এইভাবে খেলতে খেলতে একদিন বিজ্ঞানী হয়ে উঠেছিলেন?

- প্রশ্ন উঠবে মা – বাবার দুটি রুম কেন? আসলে পুরুষ ও নারী উভয়কেই পৃথক পৃথক ভাবে শরীরচর্চা করতে হয়। সেকারন নিজের চিন্তার বিকাশ অথবা বিশ্রামের জন্য এক নিরাপদ ও শান্ত পরিবেশ প্রয়োজন। তাই মা–বাবার পৃথক ঘর থাকলে তাঁরা ভালো থাকতে পারবেন।

- এরপর ট্রেডরুম নিয়ে তোমার প্রশ্ন জাগতে পারে। প্রত্যেক মানুষকে উপার্জন করতে হয়। সেই উপার্জন করতে দুধরনের পন্থা প্রচলিত আছে। (১) নিজে উৎপাদনকে বিক্রয় করে অর্থ উপার্জন অথবা (২) অপরের কাজে সহযোগীতা করে শ্রমের মূল্য গ্রহণ। উভয়-কাজই জন-সংযোগ সম্পর্কিত। কৃষক চাষ করেন। তার পণ্যকে সুন্দর করে প্যাক করে বাজারে বিক্রয় করতে চাই জন সংযোগ। ব্যবসায়ী সংযোগের জন্য যাঁরা যোগাযোগ করবেন, তাঁদের জন্য একটা ট্রেডরুম থাকা তো দরকার। এছাড়া ওটা হবে বিশ্ব যোগাযোগ কেন্দ্র। ওখান থেকে ইন্টারনেট ঘেঁটে সর্ব্বোচ্চ বাজার দর অথবা উপার্জনের উৎস খুঁজে বের করবেন তোমার বাবা। তিনি কৃষি অথবা গবেষণা বিষয়ে পরামর্শ অথবা উন্নয়নের পথ নির্ণয় করতে পারবেন একান্ত পরিবেশে। এইভাবে তোমার পরিবার আর্থিক দিক থেকে সাবলম্বন হয়ে উঠবে। তাছাড়া ব্যবসা রীতি ও গৃহধর্ম পরস্পর বিপরীত মুখী হয়। তাই ব্যবসাকে ঘরের বাইরে রাখা প্রয়োজন।

- আসলে মানুষ পড়ুক বা না পড়ুক সে বেকার হতে পারে না। তার বেকারত্বের কারন যদি অপর মানুষ তার শ্রমকে কিনতে না চায়, তবে সে বেকার হয়ে পড়ে। কিন্তু কৃষক যদি ইচ্ছা করেন মূর্খ-পণ্ডিত যে কোন ব্যক্তিকে যোগ্যতা অনুসার কাজে লাগাতে পারেন। অর্থাৎ উৎপাদন ভিত্তিক পেশায় মূর্খ-পণ্ডিত, দক্ষ-অদক্ষ সবাই কাজ করতে পারেন।

- আবার তোমার বাবা যদি শহরে বা গ্রামে থাকেন, তাঁর স্থায়ী উপার্জনের জন্য একটি ছোড় শিল্প থাকা দরকার। এই শিল্পের উৎপাদন সমাজের বিভিন্ন মানুষের প্রয়োজন মিটালে, তোমার পরিবারের আয়ের উৎস চলতে থাকবে। আর তোমার বাড়ীর ছেলে-মেয়ের কাজের অভাব থাকবে না। তবু মানুষ চাকরী করে কেন? অভিজ্ঞতা অর্জন করতে ও নিয়মানুবর্তীতা শিখতে চাকরী করতে হয়। চাকরী করে মানুষ পরিবারের সমস্যা সমাধান করতে পারে না। চাকরীর অর্থ হল অন্যের উৎপাদনে সহায়তা অথবা শ্রমদানের মূল্য গ্রহণ করা। শুধু শিল্প নয় অনেকে ব্যবসায় প্রতিষ্ঠান খুলেও পরিবারের আয় বাড়িয়ে চলেছেন। একটু বড় হলে এসব তুমি জানতে পারবে।

এছাড়া চিকিৎসা ঘর অত্যন্ত জরুরী। কারন আজকাল নার্সিং হোমে অথবা হাসপাতালে বেড পাওয়া যায় না। তাই ঘরে একটা চিকিৎসা ঘর থাকা দরকার। গাড়ীর গ্যারেজ, কিচেন, ডাইনিং রুম, টয়লেট ও বাথরুম কতটা প্রয়োজন তুমি নিজেই অনুভব করবে। পরিষ্কার পরিচ্ছন্ন থাকাটাও বেশ জরুরী। পরিষ্কার পরিচ্ছন্ন থাকলে রোগ জ্বালা কম হয়। তাই মানুষ সুস্থ থাকতে পারে।

আলোর প্রকাশ

(চৌদ্দ)

তোমার আমার সবাইয়ের ভালো লাগে আলো। তাই আমরা আলোর দিকে এগিয়ে যাই। তোমার ছোড় দুটি চোখ মেললে দেখতে পাবে এক আলোর জগৎ। তার মধ্যে বিভিন্ন চেহারায় থাকবেন মানুষের বংশধর। গাছপালা, কীট পতঙ্গ, জন্তু-জানোয়ার, ক্ষুদ্র ও বৃহৎ জলরাশি, সুউচ্চ পর্বতমালা সহ জীব ও জড় জগতের অস্তিত্ব। রয়েছে বৃহৎ বায়ু মণ্ডল, আকাশ ও সৌরমণ্ডল। তুমি এসবের অস্তিত্ব জ্ঞান ও চোখের দৃষ্টিতে উপলব্ধি করতে পারবে। অভিজ্ঞ মানুষেরা বলেন, যখন তোমার খিদে পাবে অথবা শরীরের আভ্যন্তরীণ অঙ্গগুলো ঠিক ভাবে কাজ করবে না তখন তুমি

যন্ত্রণা অথবা কষ্ট অনুভব করবে। কিন্তু ক্ষণিক পরেই যখন সে কষ্ট দূর হয়ে যাবে, তখন তোমার আনন্দের সীমা থাকবে না। পৃথিবীর আলো যেমন তোমার মনকে ভরিয়ে দেয়, তেমনি মনের আনন্দ ও আলোয় আলোময় হয়ে যায়। এই ভাবে একটু কষ্ট আর একটু ভালোলাগা তোমাকে কিছু পাওয়ার আশায় উৎসাহিত করবে। প্রথমে ভাববে কিছু খাদ্য পেলে তুমি সুখ অনুভব কর। তাই খাদ্যের জন্য তোমার মন ব্যাকুল হবে। তারপর পেট ভরে গেলে তুমি আনন্দে খেলতে থাকবে।

এখন তুমি বুঝবে না যে, তোমার শৈশবটা কত সুন্দর। তোমার চারদিকে থাকা নূতন পরিবেশ, ফুল, বৈচিত্রময় দৃশ্য, গাছপালা ও শিশু সহ আবাল বৃদ্ধ বনিতা সবাই যেন তোমার মিত্র। তারা সবাই তোমাকে ভালবাসতে চায়। বিনিময়ে কিছু পেতে চায়। তুমি তাদের মিষ্টি হাসি দিয়ে অভিবাদন করবে। তাতেই তারা খুশি হবে।

আলোর পৃথিবীতে রয়েছে সহস্র মন। তারা ভালোবাসার পথ বেয়ে তোমাকে সাহায্য করতে চায়। তোমার অস্তিত্বকে প্রতিষ্ঠিত করতে তারা বদ্ধ পরিকর। তাঁরা বলেন, "সকলের তরে সকলে আমরা, প্রত্যেকে আমরা পরের তরে।" স্বামী বিবেকানন্দ সরল ভাষায় ঐক্যের শক্তিকে এইভাবে বর্ণনা করেছিলেন।

তুমি অবশ্য অনুভব করবে, আলো–আর অন্ধকারকে। দৈনিক অর্ধেকটা সময় আলোয় ভরা থাকে তোমার ভূবণ। এখানে অনেক আলো। আকাশ জুড়ে আলোর ছটা, সাদা–কালো মেঘের আনা-গোনা আর নীল আকাশের নীচে কর্মরত চঞ্চল পৃথিবী। সূর্যদেব তাঁর উষ্ণতা বিকিরণ করে সমস্ত প্রাণীও উদ্ভিদকে শক্তি প্রদান করছেন। সবার হৃদয়ে আলোর রশ্মি দান করে আশার বীজ বপন করছেন। বায়ু তোমার হৃদস্পন্দনকে মধুর অনুভূতির তালে যুক্ত করতে অনরবত অক্সিজেন সরবরাহ করছে। তাই তোমার শরীরে খুশির আমেজ। আর তুমিও আলোর অনুভূতিতে মগ্ন।

শৈশবটা চিরস্থায়ী হয় না। জন্মের পর থেকে যখন সময় অতিবাহিত হতে থাকে, তখন তোমার শরীর ধীরে ধীরে বাড়ে। মানুষের সমাজে জন্মের পর থেকে অতীত হয়ে যাওয়া সময়ের কালকে আমরা 'বয়স' বলি। বয়সের প্রত্যেকটি মুহূর্ত জীবনের অনুভূতি বহন করতে থাকে। আর সেই অনুভূতি হল ফেলে আসা মুহূর্তের ইতিহাস। ইতিহাস থেকে জন্ম নেয় জ্ঞান। আর সঞ্চিত জ্ঞানের উপর ভর করে তোমার জীবনের যাত্রা শুরু হয়। আমরা সে কারনেই জ্ঞানকে আলোকের মত জীবন উপযোগী মনে করি।

4

মস্তিষ্কময় জীবন

(পনের)

গবেষনার তখনি প্রয়োজন হয়, যখন মানুষ কোন অজানা বিষয়ে বিজ্ঞান সম্মত সিদ্ধান্ত নেওয়ার প্রয়োজন বোধ করে। আর সে সিদ্ধান্ত যদি বিশ্বের প্রতিটি মানুষের কাজে লাগে, তবে তার প্রয়োজনীয়তা অসীম গন্য করা হয়। মানুষ অন্যন্য বৃহদাকার শক্তিশালী জীবের তুলনায় কম ক্ষমতা সম্পন্ন দেহের অধিকারী হয়। সেকারন ক্ষুদ্রাতি-ক্ষুদ্র অদৃশ্য ভাইরাসও মানুষকে মেরে ফেলতে সমর্থ হয়। এই সকল বিবেচনা করে সুরক্ষিত জীবনচক্রের কথা ভাবলে দেখা যায়, মানুষের জীবনচক্রে (1) নাবালক অবস্হায় শিক্ষা (2) যৌবনে কর্ম (3) বার্ধক্যে বিশ্রাম ও চিকিৎসা সবার জন্য জরুরী হয়ে পড়ে।

আবার নাবালক অবস্থা যখন 18 বছরের মধ্যে সীমাবদ্ধ হয়ে যায়, আর যৌবন 60 বছর বয়সে শেষ করা বাধ্যতামূলক হয়ে যায়, তখন কর্ম জীবনের সীমা (60-18=42) কেবল 42 বছরে সীমাবদ্ধ হওয়াও বাধ্যতামূলক গণ্য হয়। সেকারন সাধারন মানুষ যাঁরা ভবিষ্যৎ পরিণতি অনুমান না করে জীবনচক্র অতিবাহিত করেন, তাঁরা ষাট বছরের পরও আর্থিক অনটন, বিবাদ ও হিংসার শিকার হতে বাধ্য হন। এইসকল পরিস্হিতি বিচার করে পৃথিবীর সকল মানুষকে আজ সন্তান শিক্ষার সিলেবাস তৈরী করা দরকার। আর সেই সিলেবাসে মানব সন্তানদের শেখানো দরকার-

1. নিজের শরীরের অঙ্গ পরিচিতি ও সেগুলির কাজ। সেগুলি সারা জীবন সুরক্ষিত রাখার উপায়। বা শরীরের যত্ন নেওয়ার প্রয়োজনীয়তা।

2. শরীর সুরক্ষার শ্রেষ্ঠ পদ্ধতি ও স্বাস্থ্য সুরক্ষার শ্রেষ্ঠ নীতি। অসহযোগীতার কারনে আত্মনির্ভরতার সহজ উপায় নির্নয়।

3. খাদ্য গ্রহনের শ্রেষ্ঠ নীতি ও পদ্ধতি। কুখাদ্য ও সুখাদ্য নির্নয় পদ্ধতি অনুসরনের শ্রেষ্ঠ নীতি। অসহযোগীতার কারনে আত্মনির্ভরতার সহজ উপায় নির্নয়।

4. সুরক্ষিত বাসস্থান নির্নয় পদ্ধতি। তাতে কি কি সুবিধা অনিবার্য থাকা প্রয়োজন? অনটন অথবা অসহযোগীতার কারনে আত্মনির্ভরতার সহজ উপায় নির্নয়।

5. সুরক্ষিত গুমান সহ পোষাক নির্নয় পদ্ধতি। তাতে কি কি সুবিধা অনিবার্য থাকা প্রয়োজন? অনটন অথবা অসহযোগীতার কারনে আত্মনির্ভরতার সহজ উপায় নির্নয়।

6. ভবিষ্যত পরিণতি বিচার ও নির্নয় পদ্ধতি। তাতে কি কি সংকট অতিক্রম করতে হয়? অনটন অথবা অসহযোগীতার কারনে আত্মনির্ভরতার সহজ উপায় গুলি কি কি?

7. প্রতিটি পুস্তকে লিখতে হবে পাঠ্য বিষয়টি জীবনের কি কাজে লাগে? কেন সেই জ্ঞান সন্তানের জীবনে অত্যন্ত জরুরী?

8. এরপর পিতা-মাতার কর্তব্য হল সন্তানকে প্রতিষ্ঠিত হওয়ার পথ দেখানো, তার শরীরের যত্ন নিয়ে শিক্ষা গ্রহন করতে অনুপ্রাণিত করা। তাকে একটি নির্ভরশীল পেশায় উন্নত হওয়ার পরামর্শ দেওয়া। ইত্যাদি।

9. এই নির্ভরশীল পেশাতে উন্নত করতে তাকে 18 বছর বয়সের পূর্বে প্রয়োজনীয় শিক্ষা গ্রহনের প্রস্তুতি নিতে হবে। যাতে প্রতিযোগীতায় সে জয়ী হয়ে সূযোগটা গ্রহন করতে পারে। এরপর 18 বছরের পরই ঐ পেশার জন্য স্নাতক বা স্নাতকোত্তর ডিগ্রী গ্রহন করলে তার সফলতা নিশ্চিত হতে পারে। তবে বিশেষজ্ঞদের মতে নির্ভরশীল পেশার সাথে একটা বিকল্প বা সহকারী পেশা রাখা জরুরী। কারন যদি প্রতিযোগীতায় সূযোগ লাভ কষ্টকর হয় বা কাল হরনকারী হয়, তবে বিকল্প পথটি সহায়ক হওয়া সম্ভব।

10. আবার বিবাহের জন্য সন্তানকে তৈরী করতে হলে তার বিচারবোধ, ব্যক্তিত্ব ও সিদ্ধান্ত বিষয়ে সতর্ক করা প্রয়োজন। সবথেকে বেশী সতর্ক হতে হয় কন্যা সন্তানকে।

এইরূপ আর একটি বিষয় হল মানুষের 'জীবনমান' নির্ণয়ের সরল পদ্ধতি নির্মান। সম্প্রতি করোনা মহামারী কালে কতক দেশের রাষ্ট্রপ্রধানগন প্রতিটি মানব জীবন নষ্ট হওয়ার কারনে রাষ্ট্রের কতটা ক্ষতি হয়েছে তার হিসাব করতে বিজ্ঞানীদের নির্দেশ দিয়েছিলেন। ফেসবুক ও টুইটারে পাওয়া তথ্য অনুসার বহু বিজ্ঞানীগন তার হদিস খুঁজতে আজও গবেষনা করে চলেছেন। এইরূপ গবেষনার প্রয়োজনীয়তা অনুভব করে আমাদের বিজ্ঞানীরাও সাধারন মানুষের জীবনমান নির্ণয়ের সরল ফরমূলা তৈরী করার প্রয়াস করেন।

জনগনের মতে মানুষ হাজার হাজার বছর ধরে এই পৃথিবীতে বসবাস করছেন। তাঁরা সবাই বেঁচে থাকতে উপার্জন ও খরচ করে চলেছেন। অথচ তাঁরা সকলে জানতে পারছেন না যে, সারা জীবনে 'জীবনমান' অনুসার একজন মানুষকে বেঁচে থাকতে নূন্যতম কতটা উপার্জন করতে হয়? জন্ম থেকে শেষ জীবন পর্যন্ত খরচের আগাম হিসাব কিভাবে করা সম্ভব? মানুষের জীবনমান ব্যয় কিভাবে নির্ধারন করা সম্ভব? যদি হিসাব সম্ভব হয়, তবে কিভাবে সেই উপার্জনের লক্ষ্য হাসিল সম্ভব হবে? সেই প্রয়োজনটিকে লক্ষ্য করে মানুষ সামাজিক শিক্ষা ও সংস্কার গ্রহন করবে কি না? অথবা এই পথে তারা সার্থক জীবন উপভোগ করতে পারে কি না? অথবা স্বনির্ভর হওয়ার চেষ্টায় সফল হতে পারে কি না? এইসব নিয়ে অনেক প্রশ্ন মানুষের মনকে আন্দোলিত করে।

প্রশ্নকর্তাদের মতে উক্ত প্রশ্নগুলির উত্তর পাওয়া গেলে মানব জীবনের অনেক সমস্যা সমাধান হয়ে যাবে। যার মধ্যে-

1. সারা জীবনের ব্যয়কে লক্ষ্য করে মানুষ জীবন বীমার আয়তন স্থির করতে সক্ষম হবে। আর কোন বয়সে কতটা উপার্জন করা উচিত সে বিষয়ে উপযুক্ত পরিকল্পনা করতে পারবে।

2. জীবনমান অনুসার দেশের বেতন নীতি স্থির করলে বিভিন্ন পদে আসীন কর্মীদের বেতন বৈষম্য দূর করে, জনগনকে সমতার অধিকার প্রদান করা সম্ভব হবে।

3. সরকারী কর্মী ও জনপ্রতিনিধিগনের বেতন বৃদ্ধির সাথে সাথে জনসাধারনের বা অসংগঠিত শ্রমিকের নূন্যতম মজুরী সমহারে বৃদ্ধি করা সম্ভব হবে।

তাই এই গবেষনাটি বিষয়ে ব্যাখ্যা করতে গিয়ে জীবনের প্রয়োজনীয়তা, যৌবনে পেশা নির্ণয় দিবস নির্ধারন, মানব জীবনের দায়িত্ব ও সাফল্যের সম্ভবনা বিষয়ে আলোকপাত করা হয়েছে।

গবেষক ও যুক্তিবাদী মানবগনের মতে **"প্রতিটি মানব-মস্তিষ্ক বিশ্ব-ব্রহ্মাণ্ডের সমস্ত জ্ঞানের ধারক"।** অর্থাৎ পৃথিবীর গ্রন্থাগারে ও মহা-বিশ্বের ভাণ্ডারে যত রকম জ্ঞান রয়েছে তার সবটাই প্রতিটি মানব মস্তিষ্কে সুপ্তরূপে বিরাজমান। মানব অনুশীলন দ্বারা প্রয়োজনীয় জ্ঞানকে নিজ মস্তিষ্কে (Brain) জাগরিত করে তার গুরুত্ব অনুভব করতে পারে। তারপর সম্পূর্ণ কৌশলটি আয়ত্ত হওয়ার পর সেটিকে আপন স্মৃতিতে (Memory) সঞ্চয় করতে সমর্থ হয়।

গবেষকদের মতে মস্তিষ্ক (Brain) সরাসরি কোন সমস্যা সমাধান করতে পারে না। মনের বিচার অনুসার স্মৃতি জ্ঞান সরবরাহ করলে, সেই জ্ঞান বুদ্ধির (Intelligence) দ্বারা সঞ্চালিত হয়ে যেকোন সমস্যা সমাধান করতে সক্ষম হয়। তাই বুদ্ধিকে হাতিয়ার বলা হয়।

আর মন (Mind) হল শরীরের সাথে যুক্ত মানসিক শক্তি, যা কিনা মস্তক (Head) থেকে বিশ্ব-ব্রহ্মাণ্ডও বিনা বাধায় ভ্রমন করতে সমর্থ হয়। এই শক্তির দ্বারা মানুষের মন বিনা বাধায় বিশ্ব-ব্রহ্মাণ্ডও ভ্রমন করতে পারে, স্বপ্ন দেখতে পারে, পরিকল্পনা করতে পারে, নিমেষে গ্রহ-গ্রহান্তরে ভ্রমন করতে পারে, ভালো-মন্দ বিচার করতে পারে, সমস্যা সমাধানের নির্দেশ দিতে পারে, বাইরের জ্ঞান আরোহন করতে পারে, সিদ্ধান্ত নিতে পারে, অনুভূতি প্রকাশ করতে পারে, দুঃখ, সুখ ও সমবেদনা অনুভব ও প্রকাশ করতে পারে। ইত্যাদি।

মানুষ সংস্কার ও শিক্ষার দ্বারা নিজের মনকে নিয়ন্ত্রন করে নিজের জীবনযাত্রার পরিকল্পনা তৈরী করতে সমর্থ হয়। আর অনিয়ন্ত্রিত মনের মানুষ কে 'পাগল' বলা হয়। আবার গবেষকদের মতে **"মানুষের মস্তিষ্কে থাকা জ্ঞান অনুশীলনের অভাবে বেরিয়ে না এলে, সেই মানুষ পর-নির্ভর হয়ে জীবন ধারন করতে বাধ্য হয়। এমন মানবকে আমরা বুদ্ধিহীন ও অনুন্নত মানব বলে থাকি"।**

পৃথিবীর পরিবেশ অনুসার যুদ্ধের নীতি হল **"নিজেকে বাঁচিয়ে প্রতিপক্ষকে আক্রমন করতে হয়"।** এই নীতি অনুসার কেবল আত্ম-রক্ষা করতে মস্তিষ্কে জমা জ্ঞানের সামান্য অংশ সকল মানবই কেবল 18 বছর বয়সের মধ্যে অনুশীলন, শিক্ষা ও সংস্কারের মাধ্যমে আয়ত্ত করতে চেষ্টা করে। বাকী জ্ঞান সারা জীবন সংঘর্ষের মাধ্যমে প্রত্যেকে সময় সময় উপলব্ধি করতে পারে। সেকারন বরিষ্ঠ নাগরিকগন অনেক বাস্তব জ্ঞানের অধিকারী হয়ে থাকেন।

গবেষকগন আরও সিদ্ধান্তে উপনীত হয়েছেন যে, মানবের মস্তিষ্ক সমস্ত জ্ঞানের আধার হলেও তা সরাসরি সমস্যা সমাধানে সক্ষম হয় না।

- প্রথমে অনুশীলন অথবা দক্ষতা বিকাশের মাধ্যমে সেই জ্ঞানকে জাগরিত করে মস্তিষ্ক থেকে তা সংগ্রহ করতে হয়। তাকেই শিক্ষা বলা হয়।

- তারপর সেই জ্ঞানকে স্মৃতিতে (memory) ধারন করা হয়। আবার স্মৃতি স্বয়ং সমস্যা অতিক্রম করে অথবা ভুলের পরিণতি বিচার করেও জ্ঞান সঞ্চয় করতে পারে। তাছাড়া পথ হাঁটলে, সাইকেল চড়ে, দোলনায় দুলতে দুলতে, গতিশীল বাহনে চলার সময় অথবা ট্রেড মিলের

ছুটার সময় মস্তিষ্কের মন্থন করে জ্ঞান সংগ্রহ করা যেতে পারে। তবে অলসতার কারনে বিপরীত পরিস্থিতি লক্ষ্য করা যায়।

- এরপর মনের বিচার ও নির্দেশ অনুসার স্মৃতিতে সঞ্চিত জ্ঞানকে 'বুদ্ধি' নামক হাতিয়ারের সাহায্যে প্রয়োগ করে সমস্যা সমাধান করা হয়। তাই মানুষ সমস্যা সমাধানকারীকে বুদ্ধিমান বলে থাকেন।

- 'বুদ্ধি' হল মনের তাৎক্ষনিক হাতিয়ার, যা কিনা সমস্যার সূচনা পাওয়ার সঙ্গে সংগেই প্রতিকারের জন্য সক্রীয় হতে সমর্থ হয়।

- গবেষকদের মতে একজন প্রাপ্তবয়স্ক মানুষ উপযুক্ত শিক্ষা ও সংস্কার গ্রহন করে আত্মনির্ভর মানুষ হিসাবে আত্ম-প্রকাশ করতে পারে। মানুষের জীবন প্রতিবন্ধী না হলে কেবল যৌবনেই সম্পূর্ণরূপে বিকশিত হওয়ার সূযোগ পায়। তাই বুদ্ধিমান ব্যক্তি সমাজে সুপ্রতিষ্ঠিত হওয়ার সূযোগ লাভ করে।

জীবন ও যৌবন সমীক্ষা

(ষোল)

বিজ্ঞান সম্মত বিচার ধারা অনুসার আঠারো বছর বয়সে সন্তান সাবালক হয়ে যায়। তখন সে সতন্ত্রভাবে সিদ্ধান্ত নেওয়ার উপযোগী গণ্য হয়। সেকারন আইন অনুসার 14 বছর বয়সের পরই সকল সন্তানকে যে কোন চুক্তি স্বাক্ষরের অধিকার দেওয়া হয়। তখন সন্তানের জীবনে ভরপূর জীবনী শক্তির প্রকাশ ঘটে। তাই তাকে প্রাপ্ত-বয়স্ক বলা হয়। সন্তান সে সময় পরিবারের প্রতি দায়িত্ব ও কর্তব্য বুঝতে সক্ষম হয়। অন্যদিকে শরীরের মধ্যে ষড় রিপুর বিন্যাস তাকে বিব্রত করতে থাকে। শিক্ষা ও সংস্কার সেগুলিকে সংযত করার প্রয়াস করে। সতর্ক ও প্রতিষ্ঠিত ব্যক্তিগন সেকারনে আঠারো বছরে পদার্পন দিবসে সন্তানের পেশা নির্নয় করে থাকেন। লেখক বন্ধুর আমন্ত্রনে এইরূপ একটি অনুষ্ঠানে উপস্থিত হওয়ার সৌভাগ্য লাভ করেছিলেন। তাঁর বন্ধু পেশায় ছিলেন ইঞ্জিনিয়র। তিনি তাঁর মেয়েকে এম. বি. এ. পড়াচ্ছিলেন। তখনও মেয়ের পড়া শেষ হয় নি। তবু মেয়ের আঠারো বছর বয়সে পদার্পনের দিন তিনি পেশা নির্নয় দিবস উদযাপন করেছিলেন। অনুষ্ঠানে বহু প্রতিষ্ঠিত ব্যক্তির সমাগম হয়েছিল। সেখানে মেয়ে নিজের পরিচয় দিয়ে, নিজের পিতা-মাতার প্রতি কৃতজ্ঞতা ও সম্মান জানিয়ে নিজের পেশা নির্নয় বিষয়ে বক্তব্য রেখেছিল। তার পেশার ভবিষ্যৎ ও সাফল্য বিষয়ে সবার পরামর্শ চেয়ে সে বক্তব্য শেষ করে। তারপর বিশিষ্ট বরিষ্ঠ নাগরিক ও গুনিজন তাকে উৎসাহ দান করে বক্তব্য রাখেন এবং তার সাফল্য কামনা করেন। এরপর যৎসামান্য ভূরিভোজের পর লেখক সহ অতিথিগন বাড়ী ফিরেছিলেন। সেদিনের অভিজ্ঞতা থেকে লেখকের মনে হয়েছিল সকল সন্তানেরই 'প্রথম পেশা নির্নয় দিবস' পালন করা উচিৎ। কারন এইরূপ উৎসবে সন্তান নিজের দায়িত্ব ও কর্তব্য বিষয়ে সচেতন হতে সমর্থ হয়। বিপরীত পরিস্থিতিতে যদি সহজ আয়ের উপায় স্থির না হয়, তবে যুবক বা যুবতী ব্যবসা, শিল্প ও অথবা কৃষিতে আত্মনিয়োগ করে কিভাবে জীবিকা নির্বাহ করবে তা নিজেই স্থির করতে পারবে। তার যোগ্যতা অর্জন বিষয়ে উপস্থিত শুভাকাঙ্খীদের জানানোর ফলে সে পেশাগত কাজে সহযোগীতা লাভের সূযাগ পায়। মেয়েটির পিতা বলেছিলেন, কোন পেশাই খারাপ অথবা কম-বেশী সম্ভবনার উৎস নয়। সকল পেশায় প্রতিষ্ঠার সম্ভবনা রয়েছে। তিনি বললেন নিজেকে সঠিকভাবে উপস্থাপন করতে পারলে যেকোন পেশায় সাফল্য সম্ভব। উপস্থিত গুনিজন

এইরূপ উৎসবের প্রশংসা করেন। তাঁরা ভাষনে বলেন, পেশা নির্নয়ে পিতা-মাতা, ধরিষ্ঠ নাগরিক ও গুনিজনের সমাগম হয়। পড়া শেষ হোক বা না হোক পেশা নির্নয়ের পর সন্তান একই লক্ষ্যে উন্নয়নের প্রয়াস করতে থাকে। ফলে বেকার হওয়ার সম্ভবনা থাকে না। তাই সকল সন্তানের জীবনে এইরূপ উৎসব অত্যন্ত জরুরী। তাছাড়া সমাজ বিজ্ঞানীদের মতে আঠারো বছরে পদার্পন দিবসকে **"প্রথম পেশা নির্নয় তারিখ"** (Occupation Selection Day) হিসাবে গণ্য করা দরকার। মানুষ পরিস্থিতির চাপে বিভিন্ন সময় পেশা পরিবর্তন করতে পারে। কিন্তু প্রথম পেশা নির্নয়ের দিন জীবনের একটি গুরুত্বপূর্ণ ঘটনা হিসাবে চিহ্নিত হতে পারে।

জীবিকা পরিকল্পনা

যে কোন কাজে সম্ভাব্য সমস্যার কথা মাথায় রেখে পরিকল্পনা করতে হয়। অনুমান করার ক্ষমতা না থাকলে কোন পরিকল্পনাই করা সম্ভব হয় না। আমাদের সমাজে উপার্জনের মূল উৎস হল কৃষি, শিল্প, বানিজ্য আর চাকরী। অর্থাৎ দেশের নাগরিকগন এই চার পদ্ধতিতে দেশের জনগনকে পরিষেবা দিয়ে অর্থ উপার্জন করতে পারেন। বরিষ্ঠ নাগরিকদের মতে প্রত্যেক পরিবারে তিন প্রকারের মানুষ থাকেন। শিশু, যুবক ও বৃদ্ধ। ওদের সকলকে জীবন ধারনের জন্য অর্থ ব্যয় করতে হয়। কিন্তু সবাই যে উপার্জন করেন তা নয়। কেবল যুবকেরা এই উপার্জনের ঝুঁকি বহন করে থাকে। অনেকে শ্রদ্ধা ও ভলোবাসাকে সম্মান জানাতে বৃদ্ধ-বৃদ্ধা, বালক-বালিকা ও নির্ভরশীল পত্নীকেও উপার্জনের দায় থেকে মুক্তি দিয়ে থাকেন। আর একজনের উপার্জনে সারা পরিবার সুখে কালাতিপাত করতে থাকেন। এই পদ্ধতিকে পরনির্ভর জীবনযাত্রা বলা হয়। অনেকে অঘটন মুহূর্তে পরিবারকে সুরক্ষিত করতে বীমাও করে থাকেন। কিন্তু তাতেও সমস্যা সমাধান হয় না। কারন অঘটনের পর অদক্ষ ও নির্ভরশীল সদস্যগন কিং কর্তব্য বিমূঢ় হয়ে অপরের পরামর্শে অর্থের অপচয় করতে থাকেন। ফলে ছল অথবা প্রতারনার কারনে তাদের অনেকটা ক্ষতি হয়ে যায়। অথবা তাদের জীবন বিপন্ন হতেও পারে। তাই অভিজ্ঞ নাগরিকদের মতে পরিবারের অপ্রাপ্ত বয়স্ক সন্তান, আবাল-বৃদ্ধ বনিতা সকলকে উপার্জন পদ্ধতি বিষয়ে শিক্ষা দেওয়া উচিৎ। ফলে নির্ভরশীল সদস্য আত্মনির্ভর হওয়ার সুযোগ পেতে পারে। কারন সকলের মধ্যে উপার্জন শিক্ষার সামান্যতম জ্ঞান থাকলে ওরা যে কোন পরিস্থিতিতে নিজেদের জীবন রক্ষা করতে সক্ষম হয়।

* কৃষিজীবীদের মতে এই পেশায় আবাল-বৃদ্ধ-বনিতা সকলকে কাজে লাগানো সম্ভব হয়। কৃষিতে বরিষ্ঠ নাগরিকের অভিজ্ঞতা, যুবক-যুবতির শ্রম আর পরিবারের সহযোগীতা উৎপাদন বৃদ্ধিতে সহায়ক হয়।

* আবার শিল্পেও উপার্জনের সুযোগ রয়েছে। আয়তন অনুসার শিল্প সাধারনতঃ তিন প্রকারের হয়। ক্ষুদ্র শিল্প, মাঝারী শিল্প আর বৃহৎ শিল্প। ক্ষুদ্র শিল্প কম মূলধনে নিজের ঘরে শুরু করা যায়। মাত্র এক হাজার টাকার মূলধনে শুরু করা শিল্প হল-নারকেল সন্দেশ তৈরী, শক্ত পেড়া মিষ্টি তৈরীর কাজ, অন্যন্য মিষ্টি তৈরী, বাদাম ভাজা, চিড়ে ভাজা প্যাকেট তৈরী, নাস্তা তৈরী ইত্যাদি। শিল্পের জন্য মূলধন প্রয়োজন হয়। তাই অনেকে পিছিয়ে যান। ভাবেন অত টাকা কোথায় পাবো? আসলে ক্ষুদ্র শিল্প শুরু হওয়ার পর উদ্যোক্তার উৎপাদন ও চাহিদা বিষয়ে এক ধারনা তৈরী হয়ে যায়। সে সময় বাজার তৈরীর প্রচেষ্টা সার্থক হলে ক্ষুদ্রশিল্প ধীরে ধীরে বড় হয়ে উঠে।

শিল্পের সঙ্গে বানিজ্যের সম্পর্ক রয়েছে। শিল্পের উৎপাদন বিক্রয় না হলে শিল্প বন্ধ হয়ে যায়। তাই বাজারে পণ্যের চাহিদা অনুমান করে শিল্প গড়তে হয়।

- পণ্য বিক্রয়ের ঝুঁকি এড়িয়ে যেতে, অনেকে সেকারনেই পাইকারী দরে পণ্য কিনে কেবল কম লাভে সেগুলি বিক্রয় করতে শুরু করেন। এই ব্যবসায় পাইকারী দাম ও খুচরা বিক্রয় বিষয়ে তাঁর সামান্য জ্ঞান হলে নিজেই শিল্প স্থাপন করেন। ক্ষুদ্র শিল্পের তালিকায় রয়েছে- কৃষি পন্য যেমন চাল, গম, সরষে, ডাল, ছোলা, মুগ, সোয়াবিন ইত্যাদি প্যাকিং শিল্প। বিভিন্ন তেল- সরষে তেল, নারকেল তেল, তিল তেল ইত্যাদি প্যাকিং, লবন, আটা, বেসন, হলুদ, জীরে ও অন্যান্য মশলা ইত্যাদি অপরের মেশিনে পিষে অনেকে ব্যবসা শুরু করতে পারেন। এই সকল ব্যবসার জন্য শহরে ঘর নেওয়ার দরকার হয় না। গ্রামে থেকেই কৃষকের কাছ থেকে কৃষিজাত পণ্য কিনে প্যাকেটগুলি পাইকারী দামে দোকানদারকে অথবা খুচরা গ্রাহককে বিক্রয় করতে পারেন। নূতন কৃষি পণ্যের বিপনন আইন অনুসার কৃষক এখন তাদের পণ্য ভারতের যেকোন স্থানে বিক্রয় করতে পারে। এর জন্য আলাদা অনুমতির দরকার হয় না। পাইকারী ও খুচরা গ্রাহক বিষয়ে ইন্টারনেট সার্চ করে সহজেই ক্রেতা সংগ্রহ করা যায়।
- গ্রামে রয়েছে সাধারন মানুষের জীবন ধারনের জন্য পোষাক-পরিচ্ছদ, শিক্ষা সামগ্রী, বীজ, সার ও রুচিকর খাদ্যের চাহিদা। গ্রামের যুবক-যুবতি এই সকল পণ্য অন লাইন অথবা বাজার থেকে কিনে ছোট ছোট প্যাক করে চাহিদা অনুসার বিক্রয় করলে উপার্জন করা সহজ হয়। আর যাঁরা একটু পরিশ্রমী তাঁরা গ্রামে কোরিয়ার এজেন্সি খুলে বিভিন্ন কোম্পানির পণ্য শহর থেকে গ্রামে আর গ্রাম থেকে সহরে পৌঁছানোর কাজ করে লাভবান হতে পারেন। উপার্জন বিষয়ে ভাবতে গিয়ে অনেক আয়ের কথা ভাবলে তা সফল হয় না।
- প্রথমে নিজের মনকে কেবল উপার্জন করার জন্য স্থির করতে হবে। ভাবতে হবে যে জীবন ধারনের জন্য উপার্জন জরুরী। এই কাজে সম্মান-অসম্মান, বড়-ছোট, উচ্চ-নীচ বিচার করা উচিৎ হবে না। তাই সব থেকে সহজ ও জানা কাজকে আশ্রয় করে উপার্জন শুরু করা দরকার।
- প্রায় সকল মানুষই জন্ম লগ্ন থেকে দেখতে দেখতে কিছু কাজে দক্ষ হয়ে উঠে। যেমন ঘরের রান্না দেখতে দেখতে অনেকে সহজে সকালের খাবার তৈরী করতে পারে। কেউ চা-কফি তৈরী করতে পারে, কেউ নার্শারীর চারা গাছের যত্ন নিতে পারে, কেউ ঘর সাজাতে পারে, কেউ ভালো ছবি আঁকতে পারে, কেউ খেলনা তৈরী করতে পারে, কেউ ধর্ম গ্রন্থ পড়ে সুন্দর ভাবে অন্যকে বোঝাতে পারে, কেউ ভালো গান করতে পারে ইত্যাদি। আর যারা কিছুই পারে না তারা ফল, আনাজ অথবা দৈনন্দিন প্রয়োজনীয় সামগ্রী কিনে প্রতিবেশী অথবা অন্যদের বিক্রয় করলে সহজেই উপার্জন করতে পারবে। মনেরাখতে হবে দৈনন্দিন জীবনযাত্রায় কেউ একশ শতাংশ আত্মনির্ভর হতে পারে না। প্রত্যেক মানুষকে আহার, পরিধান, চিকিৎসা, সেবা, শিক্ষা ও গমনের জন্য অপরের উপর নির্ভরশীল হতে হয়। এই নির্ভরশীলতার চাহিদা পূরন করলেই অর্থ উপার্জন সম্ভব হয়। তবে চতুর মানুষ কর্মীর গুনগান করে বিনামূল্যে কাজ করানোর প্রয়াস করতে পারে। এবিষয়ে সবাইকে সাতর্ক থাকতে হবে।
- উপার্জন বিষয়ে প্রাথমিক জ্ঞান হওয়ার পর সন্তানকে উন্নয়নের জন্য আর তাগিদ দিতে হয় না। সে আপনা-আপনি নিজের ভবিষ্যৎ ঠিক করে নিতে প্রস্তুত হয়ে যায়।

- সেকারন দক্ষ ব্যবসায়ীরা বলেন, প্রথম শুরু করতে গেলে সকল মানুষের ছোট ব্যবসা বিষয়ে জ্ঞান অর্জন করা দরকার। নয়তো অজ্ঞতার কারনে লোকসান হতে পারে।
- পরিষেবা দান ও চাকরী একই ধরনের কাজ। কোন ঝুঁকি না নিয়ে কেবল শ্রমের মূল্য পাওয়া হল চাকরীর উদ্দেশ্য। এক্ষেত্রে নিয়োগ কর্তারা দেখতে চান –

- কর্মী কতটা কর্মঠ হবে?
- অলস হবে কি না?
- কর্মী যদি কাজে ফাঁকি দেয়, তাকে সরানো যাবে কি না?
- বিতর্কিত কর্মীর কারনে ব্যবসায় বিঘ্ন ঘটতে পারে কি না?
- কর্মীকে যতটা বেতন দেওয়া হবে তার থেকে বেশী উপার্জন সম্ভব কি না?
- কর্মী মালিকের অথবা উর্দ্ধতন কতৃপক্ষের অনুগত থাকবে কি না?
- কর্মী কতটা দায় বহন করতে সক্ষম?
- বিনা নোটিশে কাজ ছাড়ার অভ্যেস আছে কি না?
- কতটা কাজের অভিজ্ঞতা রয়েছে?
- যদি এই সকল বিষয়গুলির একটিও লঙ্ঘন হয় তবে তাকে অপসারন করতে কতটা ক্ষতি হওয়া সম্ভব?

- আর পরিষেবার বিনিময়ে ঠিকায় অর্থ উপার্জন করা হল পরিষেবা ব্যবসার কাজ। যেমন কেউ দশটি কাপড় পরিষ্কার করে আয়রন করতে দিল। প্রতি কাপড়ের পরিষেবা মূল্য দশ টাকা। লণ্ড্রীর মালিক দশটি কাপড় কেচে, আয়রন করে ঠিকা চুক্তি অনুসার কাপড়গুলি মালিককে ফেরত দিলে বিনিময়ে একশ টাকা পাবেন। এই ধরনের ব্যবসাকে পরিষেবা ব্যবসা বলা হয়। গাড়ী সার্ভিসিং, সাইকেল রিপেয়ারিং, চুক্তিতে ঘর মোছার কাজ, বাড়ী রঙ করা ইত্যাদি হল পরিষেবা ব্যবসার উদাহরন।

বিশেষজ্ঞদের মতে প্রত্যেকটি পরিবারে কৃষি, শিল্প আর চাকরীর সুযোগ থাকা প্রয়োজন। চাকরীতে শিল্প ও বানিজ্যের অভিজ্ঞতা লাভ সম্ভব হয়। তাই প্রথম জীবনে সবার চাকরী করা উচিৎ। এতে মূলধন সংগ্রহের সম্ভবনা বাড়ে কিন্তু চাকরীতে নিজের জীবন অতিবাহিত হওয়ার পর পরবর্তী প্রজন্মের জীবীকা সম্ভবনা সুরক্ষিত সম্ভব হয় না। অবসরের পর অথবা কোন কারনে চাকরী না থাকলে সারা পরিবার অসহায় হয়ে যায়। তাই চাকরী পাওয়ার পর বুদ্ধিমান ব্যক্তিগন ঘরে ক্ষুদ্র শিল্প গড়তে চেষ্টা করে। ব্যবসায়ীরা পড়শুনার সাথে সাথে সন্তানকে ব্যবসা শিখিয়ে দিতে ভুলে না। আর সতর্ক কৃষক কৃষিকে পরিবারের চিরন্তন আয়ের উৎস তৈরী করতে সক্রীয় হন।

উপার্জনের লক্ষ্য

তবে জীবিকা পরিকল্পনার পূর্বে উপার্জনের লক্ষ্য স্থির করা আবশ্যক হয়। অর্থাৎ কতটা উপার্জন করা আবশ্যক তা জানা দরকার। কারন পরিবারটি চালাতে যতটা খরচ হয়, তার থেকে কম আয় করলে সংসার গরীব হয়ে যাবে। সংসারে অভাব অনটন বাড়বে। আর বেশী উপার্জন করলে সংসারের সম্পদ বাড়বে ও পরবর্তী বংশধরের জীবন সুরক্ষিত হতে পারে। সেকারন হিসাব করে দেখা দরকার যে একটি চার জনের সংসারে (পরিবারে) কতটাকা খরচ হতে পারে?

বাসস্থানটি পৈতৃক হলেও তার বার্ষিক কর দিতে হয়, ঘরের যত্ন নিতে মেরামত, রঙকরা ও দরজা জানালার মেরামত খরচ প্রায় প্রতি বর্গফুট বার্ষিক দশ টাকা হারে খরচ হয়ে যায়। চারজন মানুষ একটি নয়শত বর্গফুট ঘরে বসবাস করলে স্বাভাবিক জীবন যাপন করতে পারেন। অর্থাৎ ব্যক্তি পিছু 225 বর্গফুট ঘর দরকার হয়। যার পরিচালনা ব্যয় র‍্ঃ225X10=2250 টাকা খরচ হয়। অন্যান্য খরচের মধ্যে-

ক্রমিক

বিবরন

মূল্য

খরচ

বার্ষিক

1.

বাসস্থান পরিচর্যা

ক্ষয়-ক্ষতি
9,000

2.

বিছানা খরচ

40,000
ঐ
4000

3.

খাট বা পালঙ্ক

20,000
ঐ
2000

4.

পর্দা, কার্পেট ইত্যাদি

6,000
ঐ
600

5.

বিদ্যুৎ ওয়ারিং

15,000
ঐ
1500

6.

ফ্যান, লাইট, বৈদ্যুতিক সরঞ্জাম

12,000

৳
1200

7.

রং, ডেকোরেশন

30,000
30,000

8.

আলমারী, ফার্নিচার

90,000
৳
9000

9.

মোবাইল,টিভি, কম্পপিউটার

1,50,000
৳
15000

10.

ওয়াশিং মেসিন, ফ্রিজ

30,000
৳
3000

11.

বাসন ও খাওয়ার পাত্র

11,000
৳
11000

12.

মিক্সার-গ্রাইন্ডার, জুসার

4,000
৳
400

13.

জলের ফিলটার

12,000
৳
1200

14.

গৃহস্থালী পাত্র

6,000

৳

600

15.

চুল্লি, হিটার ইত্যাদি

15,000

৳

1500

16.

ইলেকট্রিক আয়রন,

1,500

৳

150

17.

জলের ট্যাংক

12,000

৳

1200

18.

কিচেন ফার্নিচার ও রান্নার উপকরন

45,000

৳

4500

19.

ব্যাগ, ট্রলি, লাগেজ, হোলডোল

40,000

৳

4000

20.

বুক সেলফ, বই, রেজিষ্টার

1,50,000

৳

15,000

21.

সম্পদ ফাইল

4,000

22.

ঘরের ইন্সুরেন্স প্রিমিয়াম

2,000

23.

লাইব্রেরী ফি

2,000

24.

হেল্থ ইন্সুরেন্স প্রিমিয়াম

8,000

25.

অলংকার ব্যয়

1,50,000
ঐ
30,000

26.

স্বাস্থ্য ব্যয়

8,000

27.

আইন শিক্ষা তহবিল

10,000

28.

কর প্রদান

10,000

29.

দান ও ভূলের মাশুল

5,000

30.

সামাজিক দায়

15,000

31.

মূলধনের সূদ

8,000
96,000

32.

ব্যবসায় ক্ষতির শিক্ষা ব্যয়

30,000

33.

বার্ষিক পরিচ্ছদ ব্যয়

20,000

34.

স্যানিটেশন খরচ

600

7,200

35.

পরিবহন বাহন মূল্য

5,00,000

8,000

96,000

36.

যাতায়াত খরচ

15,000

1,80,000

37.

বাহন ইন্সুরেন্স খরচ

20,000

38.

স্থায়ী সম্পদ ক্ষয় ক্ষতি

600

7,200

39.

কেবিল ভাড়া

400

4,800

40.

মোবাইল মূল্য

50,000

41.

নেতা খরচ, রাজনীতির চাঁদা

1,2000

42.

মোবাইল বিল

12,000

1,44,000

43.

বিদ্যুত বিল

15,00

18000

44.

উকিল খরচ

500

6000

45.

পূজা, অতিথি সেবা, দান

2,500

30,000

46.

সন্তান শিক্ষা,

30,000

47.

বার্ধক্য পরিষেবা

6,000

72,000

48.

সহধর্মিনী বিলাস

10,000

1,20,000

49.

উচ্চ শিক্ষা ব্যয়

50,000

50.

অসুস্থতায় কর্মনাশ ব্যয়

4,000

51.

উৎসব, অনুষ্ঠান ব্যয়

10,000

1,20,000

52.

ভ্রমন ব্যয়

5,000

60,000

53.

জীবন বীমা প্রিমিয়াম

8,000

96,000

54.

স্বল্প সঞ্চয়

10,000

1,20,000

55.

পেনশন প্রকল্পে জমা

5,000

60,000

56.

পরিকল্পনা ব্যয়

1000

12,000

57.

পারিবারিক চিকিৎসা ব্যয়

6000

72,000

58.

বংশধর যন্ত্র ব্যয়

5000

60,000

59.

বিশ্ব যোগাযোগ ব্যয়

3000

36,000

60.

সম্পদ বিভাজন ব্যয়

10,000

1,20,000

61.

ইত্যাদি

20,000

2,40,000

মোট বার্ষিক খরচ

21,52,050

কর্ণাটকের ব্যাঙ্গালোরে একটি পরিবারের খরচের হিসাব অনুসার চার জন ব্যক্তির বার্ষিক খরচ 21,52,050 টাকা। এবং বার্ষিক মাথা পিছু খরচ হল 21,52,050/4 = 5,38,012.5 টাকা। খাওয়া বাদে দৈনিক খরচ হল 5,38,012.5/365=1474 টাকা। আবার তাদের প্রত্যেকের দৈনিক চার বেলা খাওয়ার খরচ হয় 240 টাকা। অর্থাৎ জীবনমান ব্যয়টি দৈনিক খাওয়ার খরচের =1474/240 =6.1 গুন বেশী।

গবেষকদের মতে উপরে বর্ণীত উদাহরনটি একটি মধ্যবিত্ত পরিবারের জীবন ধারা থেকে সংগ্রহ করা হয়েছে। পরবর্তীকালে দিন মজদুর, শিক্ষক, ছোট ও মাঝারী ব্যবসায়ী, ডাক্তার, ইঞ্জিনিয়র ইত্যদিরও জীবনমান নির্নয় করা হয়েছে। এইসব গবেষনায় পাওয়া তথ্য অনুসার জানা গেছে যে একজন সাধারন মজদুরের থেকে সামান্য মানুষের নূন্যতম গড় জীবনমান ব্যয় দৈনিক ব্যয়িত খাদ্য মূল্যের 5.4 গুন বেশী। অর্থাত যদি তাঁর দৈনিক খাদ্যের মূল্য 100 টাকা হয়, তবে গড় নূন্যতম জীবনমান হবে 100 X 5.4 = 540/- টাকা। আবার উন্নত পেশার মানুষের জীবনমান ব্যয় 11 গুনের ও বেশী হওয়া সম্ভব।

কার্যতঃ চিরাচরিত প্রথা অনুসার আমাদের দেশের মানুষ নিজ পরিবারের প্রয়োজন মিটাতে-

- প্রথম একটি কর্মের সন্ধান করেন।
- কর্ম প্রাপ্তির পর পাওয়া বেতন অথবা পারিশ্রমিকের পরিমান অনুসার খাদ্য, পরিধান ও জীবন যাত্রার মান নির্ধারন করে জীবিকা নির্বাহ করতে বাধ্য হন।
- এই পদ্ধতি গতানুগতিক ভাবে চলতে থাকায় খাদ্যের মানের সঙ্গে জীবনমানের এক আনুপাতিক সম্পর্ক সৃষ্টি হয়েছে।
- যার ফলে যিনি কম দামের চাল, আটা অথবা খাদ্য বাজার থেকে কিনে সেগুলিকে সযত্নে পরিষ্কার করে আহারের জন্য তৈরী করেন, তাঁরা কখনো বেশী দাম দিয়ে পরিষ্কার ও তৈরী আনাজ কিনবেন না।
- আর আহার ও জীবনমানের খরচটা তখনই বেড়ে যায়, যখন ব্যস্ত মানুষ সময়ের অভাবে পরিষ্কার ও তৈরী আনাজ বাজার থেকে সরাসরি কিনতে বাধ্য হয়।
- বিভিন্ন রাজ্যের নাগরিকদের জীবনমান ও খাদ্য গ্রহনের মান নির্নয় করার সমীক্ষায় জানা গেছে "প্রত্যেক ব্যক্তি সারা দিনে যত মূল্যের খাদ্য গ্রহন করে তার নূন্যতম জীবনমান ব্যয় দৈনিক খাদ্যের মূল্যের 5.4 গুনেরও বেশী হয়"।

উপরের সমীক্ষাটি একটি মধ্যবিত্ত পরিবারের বার্ষিক খরচের তালিকা থেকে নেওয়া। এই খরচটি দৈনিক খাদ্য মূল্যের 6.1 গুন। তাই একজন মানুষের দৈনিক জীবনমান ব্যয় ও খাদ্যের গড় মূল্য দাঁড়ায় 1474+240=1514 টাকা। তান বার্ষিক গড় খরচ হবে 1514X365=5,52,610 টাকা। এবার তিনি যদি 70 বছর বাঁচেন তাঁর সারা জীবন বেঁচে থাকার জন্য গড় খরচ হবে 5,52,610 X 70 =3 কোটি 86 লক্ষ 82 হাজার 700 টাকা।

তাই এই অর্থ মানুষটিকে 21 বছর বয়স থেকে 60 বছর বয়সের মধ্যে উপার্জন করতে হবে। নয় তো পরিবারের সঞ্চয় শেষ হওয়ার কারনে পরিবারটি দরিদ্র হয়ে যেতে পারে। এটাকে আমরা 'কর্মজীবন দায়' বলতে পারি। স্বনির্ভর ও অভিজ্ঞ ব্যক্তিদের মতে-

- একজন দক্ষ অথবা অদক্ষ মানুষ দৈনিক অনায়াসে 1500 থেকে দু-হাজার টাকা কামিয়ে ফেলতে পারে। কিন্তু এক কালিন চল্লিশ বছরের আয়টা দেখলে অসম্ভব মনে হয়।
- আর একটি বিপত্তি হল সঞ্চয় অভিজ্ঞতা না থাকা। সঞ্চয়ের রীতি হল উপার্জনের অর্ধেক রেকারিং-এ জমা করা। যাদের আয়ের স্থিরতা নাই তারা প্রথমে সেভিংস-এ জমা করে পরে রেকারিং-এ স্থানান্তর করতে পারেন। থোক জমা কোন সময় সেভিংস-এ রাখা উচিত নয়। কারন ঐ এ্যাকাউন্টে ভুল স্থানান্তর ও কম সুদের হার থাকায় ক্ষতির সম্ভবনা বাড়ে।
- তাই ফিক্সড ডিপোজিট অথবা টার্ম ডিপোজিট করা দরকার। ফিক্স ডিপোজিট বিষয়ে মতামত যাচাই করতে গিয়ে জানা যায়, এই ডিপোজিট পদ্ধতি মানুষের চাহিদা মিটানোর জন্য যথেষ্ট নয়। সাধারন মানুষ চায় "ফিক্সড ফর প্রপার্টি ট্যাক্স", "ফিক্সড ফর ইন্সিওরেন্স প্রিমিয়াম", "ফিক্সড ফর লিগ্যাল ফাও" ইত্যাদি হওয়া প্রয়োজন।

পরের হিসাব হল-(সাবালক হওয়ার খরচ+কর্মজীবন দায়+বার্ধক্য ব্যয়।) এই সব খরচের টাকা সন্তান যদি আয় করতে না পারে তবে পরবর্তী প্রজন্মের পরিবার গরীব হয়ে যাবে। অর্থাৎ কম করে 3 কোটি টাকা রোজগারের পরিকল্পনা করতে হবে। সময় থাকবে 40 বছর। মনেরাখতে হবে-

- 18 বছরের নীচে সন্তান সাবালক হয় না।
- শিশু শ্রমিকের দ্বারা কাজ করানো দণ্ডনীয় অপরাধ।
- সন্তান যদি 18 বছর বয়সে উপযুক্ত শিক্ষা লাভ না করতে পারে, তথাপি সে রোজগার করতে সমর্থ হয়। ব্যঙ্গালোরে একজন চা বিক্রেতাকে জিজ্ঞাসা করায় তিনি বললেন দৈনিক প্রায় 500 কাপ চা বিক্রয় করে তিনি দু-হাজার টাকা রোজগার করতে পারেন। তার সাথে অন্যান্য জিনিসেও বেশ লাভ হয়। আসলে ব্যবসা করতে ডিগ্রির দরকার হয় না। প্রাথমিক জ্ঞান ও সদ্-ব্যবহার জানা প্রয়োজন। মানুষকে হেসে আকর্ষন ও সদ্-ব্যবহার সংস্কার থেকেই শেখা যায়। তাই ডিগ্রী ছাড়াও ব্যবসা করা সম্ভব হয়।
- মূলধন না থাকার কারনে একজন অটো চালক অপরের অটো ভাড়া নিয়ে কাজ শুরু করে ছিল। সে এখন প্রতিদিন চার হাজারের বেশী রোজগার করে। পড়াশুনা করার পর যদি কোন সন্তানের পরিস্থিতি নিম্নরূপ হয়, সেও উপার্জন করতে সক্ষম হতে পারে।

- মূলধন শূন্য টাকাঃ যদি কোন যুবকের ব্যবসা করার মত মূলধন না থাকে তবে সে এক মাস অপরের অধীন কাজ করে ছোট ব্যবসার জন্য মূলধন সংগ্রহ করতে পারে।
- সহযোগীতায় শিক্ষা ও কৌশলঃ ব্যবসায় তার শিক্ষার প্রয়োগ সম্ভব হলে সে চতুর গ্রাহকদের মিষ্টি কথায় সন্তুষ্ট করে ও ব্যবসায়ী কৌশল শিখে লাভবান হতে পারে।
- ক্ষেত্র 135 কোটি মানবজীবনঃ ব্যবসার সুযোগ বিস্তারের ক্ষেত্র হল সারা দেশের 135 কোটি জনগন। মানুষকে হেসে কথা বলার অভ্যেস ও আকর্ষন করার কৌশল রপ্ত করলেই সাফল্য ধরা দেয়।
- উৎস হল- কৃষি, শিল্প, বানিজ্য ও পরিষেবাঃ মনেরাখা দরকার সকল মানুষেরই উপার্জনের উৎস কেবল কৃষি, শিল্প, বানিজ্য ও পরিষেবায় নিহিত রয়েছে। কেবল সামান্য চেষ্টা করলেই

তা অর্জন সম্ভব।

- উদ্যোগ কেন্দ্র হল নিজ বাসস্থানঃ এই সকল কাজ নিজের বাড়ী থেকেই শুরু করা সম্ভব। তাই বয়স অনুসার উপার্জন শিক্ষা নিজের বাড়ীতেই শুরু করা দরকার।

অনেক সময় অর্থহীন অবস্থায় শ্রমের বিনিময়ে অর্থ সংগ্রহ জরুরী হয়। নিজের শিক্ষা ও দক্ষতা সে সময় নিজেকে স্বনির্ভর হতে সাহায্য করে। যেমন- সাধারন বিভাগে বিজ্ঞান, কলা ইত্যাদি নিয়ে স্নাতক হওয়ার উদ্দেশ্য ছিল শিক্ষক হওয়া। কিন্তু পর্যাপ্ত পদ খালী না থাকার কারনে অথবা চাকরী না হলে ঐ ব্যক্তি-

- প্রাইভেট টিউশন করতে পারে।
- বই লিখতে পারে।
- সংবাদ পত্র প্রকাশনার কাজ করতে পারে।
- কোচিং সেন্টার খুলতে পারে।
- রুচিকর খাদ্যের ব্যবসা করতে পারে।
- কৃষকের পণ্য ছোট ছোট প্যাকেট করে বিক্রয় যোগ্য করতে সাহায্য করতে পারে।
- কৃষকের পন্য উচিত দামে বিক্রয় করতে উপযুক্ত ক্রেতা খুঁজে কমিশন লাভ করতে পারে। ইত্যাদি

অনেকে ব্যবসার লাভ-ক্ষতি নিয়ে প্রশ্ন তোলেন। তাদের মতে ব্যবসায় লাভ যে হবেই তার গ্যারেন্টি হয় না। সেকারন সাধারন মানুষ ব্যবসা করতে ভয় করেন। আসলে ব্যবসা করার এক রীতি রয়েছে। এই রীতি মেনে ব্যবসা করলে কোন ঝুঁকি থাকতেই পারে না। ব্যবসার এই রীতি হলঃ

- প্রথমে স্থানীয় এলাকায় সেবাদান করে অভিজ্ঞতা ও সুনাম অর্জন করতে হবে।
- সেবা দানের জন্য বাজারে পণ্যটির বাজার দর জানতে হবে। জানতে হবে পাইকারী বিক্রয় দর। তার সাথে জুড়তে হবে পরিবহন, নিজের মজুরী, ঘর ভাড়া, সুদ, অন্যান্য খরচ ও লাভ। তারপর পণ্যটি বিক্রয় করলে যদি লাভ হয়, তবে সেই ব্যবসা করতে হবে।
- দক্ষ ব্যবসায়ীদের মতে সব ব্যবসায়ই লাভ সম্ভব। তবে ব্যবসার কৌশল না শিখলে লাভ দেখতে পাওয়া যাবে না। ব্যবসায়ীদের মতে প্রথমে লাভের পরিমান কম থাকলে জনগনের বিশ্বাস বাড়ে। তাই গ্রাহকের বিশ্বাস অর্জন করতে ব্যবসায়ীগন কম লাভেই ব্যবসা শুরু করেন।
- এইরূপ পরিষেবায় ব্যবসার চতুর্দিকে থাকা বসবাসকারীগন নির্ভরশীল হতে থাকলে আরও ব্যবসার পরিধি বিস্তারের পরিকল্পনা করা হয়।
- সনেরাখতে হবে যত বেশী মানুষ তোমার ব্যবসার উপর নির্ভরশীল হবে তত বেশি মুনাফা অর্জন সম্ভব হবে। সেকারন ব্যবসায়ীগন যে কোন পরিস্থিতিতে কাউকে সরাসরি অসন্তুষ্ট করতে চান না। কেবল নিজের ব্যবসার প্রতিদ্বন্দ্বীকে কৌশলে মোকাবিলা করতে থাকেন।

- ব্যবসায় নিযুক্ত ব্যক্তিকে হাসি মুখে কথা বলতে শিখতে হয়। অন্যথায় গ্রাহকের সমস্যা ব্যবসার সমস্যায় রূপান্তর হতে পারে। এইগুলি হল ব্যবসায়ী রীতির প্রাথমিক নির্দেশ। বাকীগুলি ব্যবসায় নামলেই শিখে যায় উদ্যোক্তা।

- তারপর ধীরে ধীরে ব্যবসার পরিধি বাড়িয়ে জেলা, রাজ্য ও দেশে বিস্তার করতে পারলেই সফলতা ধরা দেবে।

- তবে লোভ সম্বরন না করতে পারলে অথবা লোভে বিশ্বাস হারিয়ে ফেললে ব্যবসার ইতি ঘটতে পারে।

ব্যবসায় সমস্যা হল পণ্যের বিক্রয় মূল্য নির্ধারনের অভিজ্ঞতা নিয়ে। সাধারনতঃ উৎপাদিত পণ্যকে তিন স্তর অতিক্রম করে উপভোক্তার কাছে পৌঁছাতে হয়। যেমন-বিপনন দপ্তর, বিতারক (ডিস্ট্রিবিউটর), ডিলার ও খুচরা কারবারী। তার সঙ্গে যুক্ত থাকে নির্ধারিত করের পরিমান। এরা সবাই নিজেদের লাভের জন্য নির্ধারিত মূল্যের পঞ্চাশ শতাংশ দাবী করে থাকেন। সেকারন অনভিজ্ঞ উৎপাদনকারীগন অভিজ্ঞতার অভাবে কতটা মূল্য নির্ধারন করবেন ঠিক করতে পারেন না।

অভিজ্ঞ ব্যবসায়ীগনের মতে উৎপাদনের মূল্য নির্ধারন করতে হলে-

- উৎপন্ন পণ্যের উৎপাদন খরচ + ইন্সুরেন্স খরচ + কর -কে যোগ করতে হয়।

- তারপর ঐ যোগফলকে তিন দিয়ে গুন করে যে রাশি দাঁড়ায়, সেটিকে এম, আর, পি, হিসাবে লেখা হয়। যেমন ফার্ণিচার (উৎপাদন খরচ + ইন্সুরেন্স খরচ + কর) তৈরী করতে যদি 1000 টাকা খরচ হয়, তার বিক্রয় মূল্য হবে 3000 টাকা।

- এরপর 50 শতাংশ বিক্রয় কমিশন, বিপনন কর্মীদের বেতন ও সংরক্ষন খরচ মিটিয়ে উৎপাদনকারী ঐ বিক্রয় মূল্য থেকে মাত্র 1200 টাকা পেতে পারেন। অর্থাৎ তাঁর লাভ হবে মাত্র 200 টাকা।

এইভাবে বাজারের পণ্য আমরা বিক্রয় না করলে নিজে ঘুরে ঘুরে ক্রেতা খোঁজা সম্ভব হয় না। মনেরাখা দরকার ক্রেতা সব সময় পাশাপাশি পাওয়া যায় না। তাই পরিনতি বিচার করে পরিকল্পনা করাই হল ব্যবসার মূল নীতি।

আজকাল গ্রামেও ব্যবসার সুযোগ বেড়েছে। প্রায় সকল কৃষকই সচেতন হয়েছেন। তাঁরা অবহেলা করে গোলায় ধান, চাল, গম, ভুট্টা ইত্যাদি রাখছেন না।

i. তাঁরা শষ্যকে ছোট ছোট প্যাকে ভরে নিরাপদ ঘরে মজুত করছেন। ফলে সেগুলির বীমা করা সহজ হচ্ছে।

v. তারপর সযত্নে রাখার কারনে ইঁদুর ও পোকার হাত থেকে বাঁচছে শষ্য।

v. দাম বাড়লেই ইন্টারনেট থেকে ক্রেতার খোঁজ নিয়ে সঠিক দামে বিক্রয় করতে পারছেন কৃষক।

v. সেকারনেই গ্রামে গ্রামে প্যাকিং মেটিরিয়েলের ব্যবসা শুরু করেছে যুবক-যুবতীর দল।

v. কেউ কেউ ঠিকায় প্যাকিং-এর কাজ করছেন। কেউ বাড়ীর লোকজনকে কাজে লাগিয়ে আয় বাড়ানোর চেষ্টা করছেন।

v. গ্রামে রুচিকর ও পুষ্টিকর খাদ্যের বেশ চাহিদা। তাই কেউ ইডলি, দোসা, খিচুড়ি, বিরিয়ানী, থুসকা, মোমো, চা-কফি, ফলের জুস তৈরী, ভূষিমাল, কাপড়ের ও মনোহারী ইত্যাদি দোকান খুলে বেশ রোজগার করতে পারছেন।

v. সবথেকে ভালো ব্যবসা হল জৈব ও রাসায়নিক সারের ব্যবসা। কৃষকরা কীটনাশক ও সারের জন্য সারা বছর লেনদেন করতে থাকেন। এটাও চলছে সর্বত্র।

v. চলছে ট্রাকটর, কৃষি যন্ত্রাদির ভাড়া দেওয়া, জলের পাম্প ভাড়া, অনুষ্ঠানের জন্য ডেকোরেশন ভাড়া ও রাজমিস্ত্রির কাজ।

v. মাল বওয়ার জন্য পরিবহনের কাজ। অটো চালানো, ছোট-বড় ট্রাক ভাড়া দেওয়ার ব্যবসাও বেড়ে চলেছে।

v. রাস্তা ও নালা তৈরীর কাজ, বৃক্ষ রোপন ও সব্জী চাষের ব্যবসাও চলছে।

v. এখন নূতন সংযোগ হয়েছে মোবাইল রিপেয়ারিং এর কাজ। আজকাল সবাইয়ের মোবাইল রয়েছে। মোবাইল হীন মানুষ এখন পাওয়া মুশকিল।

v. সবার মোবাইল থাকলে তো খারাপ হবেই। আর সারালে রোজগারও হবে।

v. অনেকে গ্রামে প্রি-স্কুল খুলে ছোট ছোট শিশুদের খেলতে খেলতে পড়ার কাজে অনুপ্রাণিত করছেন।

v. কেউ বা প্রাইভেট কোচিং সেন্টার খুলে ছেলে মেয়েদের পড়ানোর কাজ করেন।

v. অঙ্গনওয়াড়ী ও আশা কর্মীদের কাজ অত্যন্ত প্রশংসার দাবী রাখে।

v. আরও একদল মানুষ গ্রামে মানুষের জীবন বাঁচায়। তাদের বেশীরভাগই চিকিৎসার প্রাথমিক জ্ঞান অর্জন করেছেন। এঁদের হাতুড়ে ডাক্তার বলা হয়।

v. গ্রামকে আরও গতিশীল করতে বিস্তার লাভ করছে গ্রাম কোরিয়ার সেবা। মানুষের পছন্দের পণ্যটি সরাসরি পৌঁছে দেওয়াই তাদের কাজ।

v. আজকাল এসব উন্নয়নের কাজ তদারকী করছেন সকল এলাকার পঞ্চায়েত দপ্তর। তাঁরা উদ্যোক্তাকে ট্রেড লাইসেন্স দিচ্ছেন ও সহযোগীতা করছেন।

v. আরও অনেক কাজের খোঁজ পঞ্চায়েত দপ্তরে পাওয়া যাচ্ছে।

কারন পঞ্চায়েত দপ্তরের কাজই হল পঞ্চায়েত প্রতিনিধি মারফত স্থানীয় নাগরিকের জীবন, স্বাধীনতা, সমানতার অধিকার ও মর্যাদা সুরক্ষিত রেখে কিভাবে সামগ্রিক উন্নয়ন সম্ভব তার অনুসন্ধান করা। সেই অনুসার আইন তৈরী করতে সরকারকে অনুপ্রাণীত করা। আর সামগ্রিক উন্নয়নে সরাসরি যোগদান করা।

মনেরাখতে হবে সকল শিক্ষাই সামাজিক প্রয়োজন মিটাতে সক্ষম। চাকরী ছাড়া শিক্ষার জ্ঞানকে কাজে লাগিয়ে মানব সমাজকে পরিষেবা দিতে পারলে সহজেই উপার্জন সম্ভব হয়। কিন্তু প্রশ্ন-উত্তর মুখস্তকারী অথবা নোট নির্ভর ডিগ্রীধারীদের কোন উপায় নাই। কারন তারা জ্ঞানহীন ডিগ্রীধারী মানবে পরিনত হয়। তাই সাধারন মানুষের স্তরে গিয়ে তাদের প্রথমে ব্যবসা শুরু করা উচিত এবং পরে ডিগ্রির মান অনুসার যোগ্যতা অর্জন করতে প্রশিক্ষন নিতে হবে। প্রশিক্ষনের পর নিজেকে যোগ্য করতে পারলে আবার ডিগ্রী তূল্য উন্নয়ন সম্ভব হবে। সে কারন শিক্ষাবিদগন বলেন "প্রকৃত শিক্ষা চাকরীর অপেক্ষা করে না। সমস্যার বিহিত খুঁজতে গিয়ে চাকরীর উৎস হয়ে দাঁড়ায়"।

জীবিকা নির্ধারন পদ্ধতিঃ জীবিকা নির্ধারন করতে হলে প্রথমে সন্তানকে পিতা অথবা অভিভাবকের সমক্ষে আঠারো বছর বয়সে নিজের যোগ্যতা যাচাই করে নেওয়া দরকার। কারন নিজের যোগ্যতা বিষয়ে সবাইকে অন্ধকারে রেখে কাজের খোঁজ করলে লোকে কাজ দেবে কেন? যদি কাজ দেয় সে কাজ করতে না পেরে বিভিন্ন অজুহাত খাড়া করে কর্মী। তাই কর্মী নিয়োগের সময় নিয়োগ কর্তাগন দক্ষ না ফ্রেসার (নবাগত) জানতে চান। নিয়োগের সময় ফ্রেসারদের উপযুক্ত শর্ত আরোপ করে প্রশিক্ষন দেওয়ারও প্রথা প্রচলিত রয়েছে। কিন্তু একবার দক্ষ হয়ে উঠলে আর কাজের অভাব হয় না। ব্যবসা, চাকরী, শিল্প অথবা পরিষেবা সর্বত্র একই ফরমূলা চলছে। মজার বিষয় হল সকল পেশায় জীবন ধারনের উপযুক্ত পরিমান অর্থ আয়ের সুযোগ রয়েছে। কিন্তু কর্মীর দক্ষতা বৃদ্ধি ও উন্নয়ন নির্ভর করে তার যোগ্যতা ও উপস্থিত বুদ্ধির উপর। সেকারন পিতা-মাতা অথবা অভিভাবকের সামনে নিজের যোগ্যতা যাচাই করে নিলে ঠকে যাওয়ার ভয় থেকে না। মনেরাখতে হবে যোগ্যতা কম অথবা বেশী যাই হোক না কেন, কাজের সংস্থান সহজেই করা সম্ভব।

যোগ্যতা যাচাই পদ্ধতিঃ প্রথমে একটি কাগজে সন্তানের বায়োডাটা লিখে ফেলুন। তাতে থাকবে নাম, পিতার নাম, জন্ম তারিখ, বয়স, শরীরের উচ্চতা, বক্ষের পরিধি, ওজন, যোগাযোগের ঠিকানা, মোবাইল নং, ই-মেল, শিক্ষাগত যোগ্যতা, অতিরিক্ত যোগ্যতা, জাতীয়তা, স্বাক্ষর ইত্যাদি।

একনজরে এই বায়োডাটা দেখার পর অভিভাবক বুঝতে পারবেন যে সন্তানটি শারীরীক সক্ষমতার কারনে কি কি কাজের যোগ্য হতে পারে?

- যদি তার শরীরের গঠন ও স্বাস্থ্য স্বাভাবিক হয়, সে অবশ্যই দৈহিক শ্রমের কাজ যেমন- রান্না, তদারকি, আজ্ঞা বাহক, ডাক বাহক, রাজ মিস্ত্রীর সহযোগী, চাষের শ্রমিক, বৃক্ষ রোপন, মশলা প্যাকিং, কৃষকের ফসল প্যাকিং, সংরক্ষনের কাজ, সিকিউরিটি গার্ড, পিওন, অফিসার, পরিচালক, ম্যানাজার অথবা শিল্পীর কাজ ইত্যাদি করতে সক্ষম হবে।

- তারপরের পরীক্ষা হল শিক্ষার প্রভাব। এই পরীক্ষার জন্য তাকে বলুন লিখিত পরীক্ষা দিতে। ধরুন রাতে গোদাম ঘরের তালা ভেঙ্গে কতকটা আনাজ চুরি গেছে। সে যদি গোদাম ঘরের দেখাশুনার জন্য ভারপ্রাপ্ত হয় তবে তার করনীয় কি? সে কিভাবে ডাইরী লিখবে তার নমুনা পেশ করতে বলুন।

- জিজ্ঞাসা করুন সাধারন মানুষ আক্রমন, চক্রান্ত অথবা কাজে বাধা দিলে কিভাবে সমাধান করতে হয়? কোন সরকারী দপ্তর যদি ক্ষমতার অপব্যহার করে কিভাবে তার প্রতিকার করা সম্ভব? সাধারন জ্ঞান অনুসার আইনী ও বেআইনি কথার অর্থ কি? ইত্যাদি। সব কিছুর লিখিত উত্তর পেলেই সঠিক ভুল নির্নয় সম্ভব হয়।

- এরপর লেনদেন সংক্রান্ত অভিজ্ঞতা বিষয়ে পরীক্ষা করুন। অপরের কাছ থেকে জেনে উত্তর মুখস্ত করে বললে কাজের সময় সে কিছুই করতে পারবে না। তাই দক্ষতা যাচাই করে সম্ভাব্য বিপদ থেকে বাঁচার উপযুক্ত কি না বিচার করে তাকে ব্যবসায়, শিল্পে, পরিষেবায় অথবা চাকরীতে পাঠানোর সিদ্ধান্ত নিতে হবে।

- অভিজ্ঞতার অভাব থাকলে দক্ষ মানুষের কাছে প্রশিক্ষন দিয়ে তাকে শিক্ষিত করে তুলুন। আর নিজেই স্থির করুন আপনার সন্তান কি কাজের জন্য উপযুক্ত।

- আমাদের দেশ মূখ্যতঃ কৃষি, বন, খনি, শিল্প ও পরিষেবায় কর্মের সংস্থান করে থাকেন। তার পাশে রয়েছে খেলা, অভিনয়, গান, অংকন ও পরিবেশ উন্নয়নে কাজের সুযোগ। দ্বাদশ শ্রেণী পাশের পর যোগ্যতা অনুসার যেকোনো সন্তান একটি পেশা সহজেই চয়ন করতে পারবে।

- যাদের আরও বেশী দক্ষ অথবা জ্ঞান অর্জনের ইচ্ছা হবে তারা স্নাতক শ্রেণীতে পড়ার সুযোগ নিতে পারে ও স্নাতকোত্তর পাশের পর কর্ম শুরু করতে পারে। তবে আঠারো বছর বয়সের পূর্বে পেশা নির্বাচন করার পর স্নাতক হওয়ার পড়া পড়তে হবে। কারন যদি কেউ ডাক্তার হতে চায় তাকে জীবন বিজ্ঞান পড়তে হবে, সাহিত্য পড়লে চলবে না। আবার যদি কেউ ম্যানাজার হতে চায় তাকে ম্যানেজমেন্ট পড়তে হবে।

একটি চারা গাছকে যেমন যত্ন নিয়ে ধীরে ধীরে বড় করা হয়, তেমনি নিজের পেশাকে সযত্নে সংরক্ষিত করতে অর্জন করতে হবে আস্থা ও বিশ্বাস। এরপর বিশ্বাস যত মজবুত হবে মানুষ তোমার উপর নির্ভরশীলতা বাড়াতে থাকবে। তারপর নির্ভরশীলতা বাড়লেই মূল্য দাবী করার সুযোগ আসবে। এইভাবে প্রত্যেক সন্তান নিজেদের স্বনির্ভর করে তোলে। তাই জীবিকা নির্ধারন করতে হলে প্রথমে পরিনতি বিচার করতে হয়। উজ্জ্বল ভবিষ্যতের কথা মাথায় রেখে সবাই জীবীকা নির্বাচন করেন। আর সন্তানের যোগ্যতা অনুসার জীবীকা স্থির করতে পারলে অবশ্যই সাফল্য আসে।

জীবিকা পরিকল্পনার উদ্দেশ্যঃ জীবিকা পরকল্পনার উদ্দেশ্য হল সন্তানের ভবিষ্যৎ সুরক্ষিত করতে সাহায্য করা। সাধারনতঃ সন্তানগন এই বয়সে অস্থির চিত্তের হয়। তারা কি করবে আর কি করবে না নিজেরাই ঠিক করতে পারে না। আমি বহু ছাত্রছাত্রী কে প্রশ্ন করেছি যে স্নাতক হওয়ার পর তারা কি করবে? তাদের মধ্যে 95 শতাংশের একই উত্তর এখনও ভেবে দেখিনি, পরে ভেবে দেখবো কি করা সম্ভব? অর্থাৎ ওরা পড়া মুখস্ত করতে করতে কর্তব্য ভুলে যাচ্ছে। ওদের চেতনা বৃদ্ধি হচ্ছে না। তাই তো আন্দোলন ও জিদ্ করছে চাকরীর দাবীতে। এটিকে সমাজ প্রতারনার কৌশল হিসাবে গণ্য করে। মনেরাখা দরকার ভালোবাসাতে দাবীর কোন স্থান হয় না। এটি স্বাধীন মনের অনুভূতি মাত্র। অক্ষমকে চাকরী দাও, ভিখারীকে খাদ্য দাও, পিছিয়ে পড়া মানুষকে দয়া কর ও কনসিডার করো অথবা অনুমোদন কর ইত্যাদি ছোটদের মত জিদ করা, অথবা সবাই মিলে জিদ করলে কি ওদের প্রতিষ্ঠা সম্ভব হবে? আসলে শিশুরা জিদ করে তার পরিনাম না বুঝে। ওদের আব্দার মানতে গিয়ে অনেককে বঞ্চিত করতে হয়। অপরদিকে অক্ষম মানুষ চিরকাল অর্থাৎ বংশানুক্রমে প্রগতিশীল মানুষ রুপে দয়া নির্ভর হয়ে বেঁচে থাকে। ওরা বুঝে না 'প্রগতিশীল' আর 'প্রতিষ্ঠিত' নাগরিকের পার্থক্য কি? এই সব দিক বিচার করে আমাদের সন্তানকে তৈরী করতে হলে অভিবাবককে সতর্ক হয়ে চেতনার উন্মেষ ঘটাতে হবে। জীবীকা নির্ধারনের পূর্বে তাদের সমাধান করার দায় অর্পন করতে হবে কতক প্রশ্নের মাধ্যমে। প্রশ্নগুলি হল-

- পৃথিবী কি পারে নি?
- মানুষ কি পারে নি?
- আমাদের দেশ কি পারে নি?
- তোমার পরিবার কি পারে নি?
- তোমার বাবা-মা কি পারে নি?

◦ তুমি কি পারো নি?

সকল না পারাকে সাফল্যে রূপান্তর করার দায় হল সন্তানের। এরই মধ্যে লুকিয়ে রয়েছে তার কর্তব্যের পরিধি, সক্ষমতা, মনুষ্যত্ব বোধ, শিক্ষার মাধুর্য্য ও মানব হয়ে জন্মানোর সার্থকতা। একজন সফল বিজ্ঞানী তার জীবিকা পরিকল্পনার পূর্বে লিখে ছিলেন-

- পৃথিবী সকল প্রাণীকে সম্পূর্ণ আয়ু পর্যন্ত বাঁচার সুযোগ দিতে পারে নি।
- সম্পূর্ণ পৃথিবীকে একই সময়ে আলোকিত রাখতে পারে নি।
- পৃথিবীর কম্পন জীবনের বিনাশ রুখতে অক্ষম।
- মানুষ মৃত মানুষের জীবনকে ধরে রাখতে পারে নি।
- একটা দেহের প্রাণ অন্য দেহে স্থানান্তর করতে অক্ষম।
- মানুষ কৃত্রিম মানব সৃষ্টি করে তাতে প্রাণ সঞ্চার করতে অক্ষম।
- মানুষ অভঙ্গুর যানবাহন তৈরী করতে পারে নি।
- সারা পৃথিবীর জলভাগার থেকে অধিক পরিমান অক্সিজেন ও হাইড্রোজেন বিভাজন করে পৃথিবীকে বিনাশের আশংকা থেকে মুক্ত করতে পারে নি।
- আমাদের দেশ একশ শতাংশ নাগরিকের জীবন, স্বাধীনতা, সমানতা ও মর্যাদা সুরক্ষা করতে পারেনি।
- পুলিশ ও আদালতকে অপরাধীদের আওতার বাহিরে রেখে সুরক্ষিত করতে পারে নি। সর্ব ক্ষেত্রে দুর্নীতি অপসারন করতে পারে নি।
- সুবিচার প্রতিষ্ঠিত করতে পারে নি। একশ শতাংশ নাগরিকের জীবন সুরক্ষা করতে পারে নি।
- পরিবারের সকলকে আত্মনির্ভর করে অন্ন, বস্ত্র, বাসস্থান ও চিকিৎসার অভাব পূরন করতে পারেনি।
- পিতা-মাতা ও আপনজনের প্রতি কর্তব্য পরায়ন বংশধর তৈরীর সংস্কার আবিষ্কার করতে পারে নি।
- আঠারো বছরের পর শিক্ষিত ছাত্র ও প্রগতিশীল নাগরিককে বাবা-মায়ের স্বপ্ন পূরন করার মত সঠিক পরিকল্পনার ফরমূলা দিতে পারে নি।

মনেরাখতে হবে, না পারাকে অতিক্রম করলেই প্রতিষ্ঠালাভ করা সম্ভব হয়। জীবিকা নিন্বয় হল না পারাকে জয় করার প্রথম সিঁড়ি।

জীবিকা পরিকল্পনার প্রকার

মানুষ সাধারনতঃ জীবীকা অন্বেষনকারী ব্যক্তিদের আমরা দু-ভাগে ভাগ করতে পারি। 1) আত্ম-নির্ভর চেতা মানুষ 2) পর-নির্ভর চেতা মানুষ।

আত্ম-নির্ভরচেতা মানুষঃ জন্মের পর থেকে মানব সন্তানকে জীবন বাঁচানোর জন্য আত্মনির্ভর হওয়ার চেষ্টা করতে হয়। ধরা যাক শিশুটির পেটে ব্যাথা হচ্ছে। সে সময় মা নিজের ও পরিবারের সেবায় ব্যাস্ত। তখন কিভাবে শিশু মাকে জানাবে যে সে কষ্ট পাচ্ছে? সে সময় চিৎকার করে সে কাঁদতে শুরু করে। কাঁদতে অপরের সাহায্য দরকার হয় না বলে কাঁদাটাই আত্মনির্ভরতা বলতে পারি। অর্থাৎ অপরের সাহায্য না নিয়ে কাজ করার ক্ষমতাই হল আত্ম-নির্ভরতা। আবার এই

কান্না যখন বড়দের মধ্যে দেখা যায় সেটাকে পরাজয়ের কান্না অথবা অভিনয় অথবা হতাশার মুহূর্ত ভাবা হয়। এইভাবে মানব সন্তান সকল কাজ নিজে করার যে শিক্ষা সংস্কার ও সামাজিক পাঠক্রম থেকে পায় তার সবটাই আত্মনির্ভর হওয়ার কাজে লাগে। একজন আত্মনির্ভর মানুষ শিশুকাল থেকে-

- কান্না, হাসি, আদ্দার, দাবী, অধিকার ও জেদ প্রদর্শন করে নিজের বাঁচা ও সুখানুভূতির সামগ্রী অর্জন করতে সক্ষম হয়। এসকলই আত্মনির্ভর প্রয়াস। কিন্তু অপরকে অসন্তুষ্ট করে বা বঞ্চিত করে পাওয়ার পর বিরুদ্ধ প্রতিক্রিয়া জন্মলাভ করে। সেটি ভবিষ্যতের পাওয়ার পথ বন্ধ করে দেয়।
- সেকারন শিখতে হয় কিভাবে বিরুদ্ধ পরিবেশকে শান্ত করে বাঁচা সম্ভব?
- পারিবারিক সংস্কার ও সামাজিক শিক্ষার মধ্য দিয়ে এই সকল বিষয়ে আলোকপাত করাই হল সামাজিক শিক্ষার উদ্দেশ্য। তারপর সন্তানের মধ্যে সেই আত্মনির্ভরতার জ্ঞান সৃষ্টি হল কি না তা পরীক্ষা করতে প্রতি বছর পাশ-ফেলের পরীক্ষা নেওয়া হয়। শিশুশ্রেণী থেকে স্নাতোকোত্তর ডিগ্রী এইভাবেই পাশ করে নিজেকে আত্ম-নির্ভর করাই হল মানব জীবনের রীতি।

একজন আত্ম-নির্ভর মানব সন্তান প্রাপ্তবয়স্ক (আঠারো বছর অতিক্রম) হওয়ার পর জীবনের প্রয়োজনীতা বুঝতে পারে। আর-

- নিজের শরীরের যত্ন নিয়ে বেঁচে থাকার কৌশল শিখে যায়।
- নিজের মুখমণ্ডল, মস্তক, চোখ, মুখ, নাক, হাত-পা ও সারা অঙ্গের যত্ন নেওয়ার কৌশল শিখে যায়।
- নিজের ভালো-লাগা, খারাপ-লাগা, ভালো-মন্দ বিচার বোধ, সু-খাদ্য, কু-খাদ্য, প্রয়োজন-অপ্রয়োজন বুঝতে পারে। সেকারন তার মনে সাবলম্বন বোধ জেগে ওঠে।
- সে বুঝে যায় যে অপরের সহযোগীতা ছাড়া সমাজে বেঁচে থাকা কষ্টকর। যৌথ প্রচেষ্টায় বাঁচার পথ সহজ হয়ে যায়। তাই অপরকে রুষ্ট না করে নিজের বাঁচার রসদ সংগ্রহের কৌশল শিখতে চায় মানুষ। আর যাদের মধ্যে এই বোধ জন্মে না, তাঁরা গায়ের জোরে অপরের অধিকার কেড়ে নিতে চায়। কিন্তু এই প্রয়াসকে সমাজ চিরস্থায়ী হতে দেয় না বলে সমাজবিরোধীদের অকাল মৃত্যু ঘটে। তবে সাবলম্বন বোধই হল আত্মনির্ভর চিন্তার পরনতি।
- এই সাবলম্বন বোধই তাকে নিজের খাদ্য তৈরী করে নিতে, পরিধান তৈরী, নিরাপদ বাসস্থান, সুখ ও সমৃদ্ধির অনুসন্ধান করতে উৎসাহ দান করে। সেকারন মানব সন্তান নিজের ঘরে খাদ্য তৈরীর প্রণালী শিখে যায়। পোশাকের সমস্যা মিটাতে টেলারিং শিখতে যায়। বাসস্থান তৈরীর কৌশল শিখতে চেষ্টা করে। কেউ পোষাক পরিস্কার, নিজের প্রয়োজনীয় দৈনন্দিন সামগ্রী সংগ্রহ করতে প্রয়াস করে। আর এই শিক্ষার মাঝে যে বিষয়ে বেশী দক্ষতা অর্জন সম্ভব হয়, সেই কাজে পরিবারের লোকজন অথবা সমাজের অন্য লোককে সে সাহায্য করতে সমর্থ বলে বিবেচনা করা হয়।

- সকল মানুষই বুঝে যায় যে সমাজে বেঁচে থাকতে হলে শরীরের যত্ন নেওয়া, পোষাক বানানো, ঘর বানানো, খাদ্য তৈরী, নিরাপত্তা নিশ্চিত করা, একটা সূঁচ থেকে রান্নার উপকরন ও গতিশীল গাড়ীর প্রয়োজনীয়তা ও ফসল ফলিয়ে খাদ্য সংগ্রহ একজন মানুষ করতে পারবে না। সকল কাজেই যৌথ প্রচেষ্টার প্রয়োজন। সে কারন সে প্রথমে নিজের পরিবারকে খুশি করার কৌশল শিখে নেয়। তারপর সমাজের মানুষকে খুশি করতে পারলে সে আত্ম-নির্ভর হওয়ার কৌশল জানতে পারে।

- অপরকে পরিষেবা দান করে, অপরের সিদ্ধান্তে পরিচালিত হয়ে, অর্থ উপার্জনের নাম হল চাকরী। চাকরীজীবী নিজের দক্ষতাকে অপরের কাজে লাগিয়ে অপরকে সমৃদ্ধ করে। বিনিময়ে অপর ব্যক্তি তাকে মাসিক বেতন প্রদান করেন। পরিবারে ও তাই হয়। কেউ রান্না করেন, কেউ চাষের জন্য মাঠে যান, কেউ কাপড় সেলাই করেন, কেউ চাকরী করেন, কেউ সব্জী চাষ করে পরিবারের চাহিদা মিটান, কেউ অসুস্থের চিকিৎসা বিষয়ে তদারকী করেন। পরিবার গঠনের রীতি অনুসার সকল মানুষের উপার্জনই সমান ধরা হয়। কারন এই প্রত্যেকের বিশেষ কাজগুলি সমষ্টিগত সাহায্য ছাড়া সম্ভব হত না। তাই পরিবারে বসবাসকারী প্রত্যেক মানুষ আত্মনির্ভর হতে পারলে ও সকলের উন্নয়নের চিন্তায় নিজেদের উৎসর্গ করতে পারলে স্বনির্ভর পরিবার গড়ে উঠতে পারে।

- আত্ম-নির্ভর মানুষ নিজের শরীরের যত্ন, পোষাক পরিচ্ছদের প্রয়োজনীয়তা, জীবনধারনের জন্য খাদ্যের যোগান, চিকিৎসা সমাধান, ভাষা বিপত্তি সমাধান, যোগাযোগ বিপত্তি সমাধান, হিংসক মানব অথবা প্রাণীর থেকে বাঁচার কৌশল, নিজেকে অপরের কাছে গ্রহনযোগ্য করার কৌশল ইত্যাদি সমাধানে যোগ্য করে তোলে। যারা আত্মনির্ভর না হয়ে অপরের উপর নির্ভরশীল হয়, তাদের অনিশ্চিত ভবিষ্যতের শিকার হতে হয়। কারন চতুর মানুষদের মতে জীবন সুরক্ষার নীতি হল, নিজের প্রয়োজন মিটিয়ে অপরকে সাহায্য করা। তাই অনেক সময় নিজের প্রয়োজন মিটানোই প্রাধান্য পেয়ে যায়।

- সমস্যা রয়েছে সাধারন মানুষের বিচার ধারায়, তাঁরা লোক মারফত কোন ব্যক্তি সম্পর্কে কিছু শোনার পর একটা সিদ্ধান্ত নিয়ে ফেলেন যে ব্যক্তিটি থারাপ অথবা ভালো। এবং এই ধারনা সত্য নাও হতে পারে। কারন মৌখিক প্রচার তথ্যের সঠিকতা বহন করে না। সেটি সমালোচকদের দ্বারা দূষিত হয়ে বার বার বিস্তারিত হওয়ার অবকাশ পায়। সেকারন প্রায় সকল দুঃপ্রচারই পরবর্তী কালে মিথ্যা প্রমানিত হয়। এইরূপ দুঃপ্রচার থেকে বাঁচতে সাধারন মানুষকে সতর্ক থাকতে হবে। নয়তো ব্যবসার ক্ষতি হওয়ার সম্ভবনা থাকে।

তথ্য সংগ্রহঃ জীবীকা পরিকল্পনার প্রথম কাজ হল জ্ঞান অর্জন করার জন্য তথ্য সংগ্রহ করা। কিভাবে শুরু করা যায়? কতটা প্রশিক্ষন প্রয়োজন? কোথায় বা কিভাবে প্রশিক্ষন পাওয়া সম্ভব? কি কি বাধা রয়েছে? ইত্যাদি, সব কিছু জানতে হবে। এই সবকে তথ্য সংগ্রহের কাজ বলা হয়।

সহজ জীবীকা নির্ধারন পদ্ধতিঃ সমাজ বিজ্ঞানীদের মতে যে কোন প্রাপ্তবয়স্ক মানুষ আত্মনির্ভর পদ্ধতি অনুসরন করে জীবীকা নির্ধারন করতে সক্ষম। আমাদের সমাজে এইরূপ আত্মনির্ভর হওয়ার সংসাধন রয়েছে। কিন্তু সাধারন মানুষ নিজের যোগ্যতাকে বৃহৎ করে দেখানোর পর ক্ষুদ্র কাজে যোগদান করতে অনিচ্ছা প্রকাশ করেন। তাঁর মনে হয় ক্ষুদ্র কাজটি অসম্মানের উৎস হতে পারে। তাই বৃহৎ কর্মের সন্ধানে তাকে দীর্ঘকাল কর্মহীন হতে হয়। এই

পরিস্থিতিকে অতিক্রম করে আত্মনির্ভর হওয়ার পদ্ধতি হল-

- খাদ্য, পরিধান, শিক্ষা অথবা স্বাস্থ্য রক্ষা বিষয়ে নিজেকে দক্ষ করে তোলা। এবং এই পরিষেবা গুলির একটিকে জীবনের পেশা হিসাবে গ্রহন করার সিদ্ধান্ত নেওয়া।

- কৃষিপ্রধান এলাকায় বসবাস করলে, কৃষি উৎপাদন প্যাকিং, সংরক্ষন, বিপনন, সার ও কীটনাশক বিক্রয়, কৃষি পরামর্শ কেন্দ্রস্থাপন, গবেষনা, অনুসন্ধান ও যোগাযোগ সংক্রান্ত ব্যবসা করা উচিৎ।

- পূর্বেই বলা হয়েছে যে- কোন মানুষ ক্ষুদ্র ব্যবসা শুরু করলে তার জ্ঞান বৃদ্ধি হয়। ঠকে শেখার সুযোগ হয়ে যায়। তারপর ব্যবসার কৌশল শিখে গেলে সেই মানুষটি অনায়াসে ব্যবসা বাড়িয়ে প্রতিষ্ঠিত হতে পারেন। কিন্তু অলস ব্যক্তিগন ভবিষ্যতের ক্ষতির আশংকা করে কেবল চাকুরীর পথ চেয়ে বসলে অকারন সময় নষ্ট হয়ে যায়।

- ব্যবসা ছাড়া স্বনির্ভর হওয়ার আর একটি পন্থা হল ক্ষুদ্রশিল্প স্থাপন। একবার ক্ষুদ্র শিল্প স্থাপন করতে পারলে বংশ পরম্পরায় তা চলতে থাকে। সেকারন পরিবারে আর বেকার হওয়ার ভয় থাকে না। এই উদ্যোগটির জন্য কোন দোকান অথবা শোরুমের দরকার হয় না। নিজের ঘর থেকেই ক্ষুদ্রশিল্প শুরু করা সম্ভব।

- মনেরাখতে হবে যেকোন বস্তুর উৎপাদন অর্থাৎ তৈরী করাকে শিল্প বলা হয়। ঘরে মিষ্টি তৈরী, মিষ্টির প্যাকেট তৈরী, ছোট ছোট শুকনো খাবার তৈরী, খাতা তৈরী, ছাপার কাজ, কাপড় বোনা, রেডিমেড জামাকাপড় তৈরী ইত্যাদি হল শিল্পের উদাহরন। এই সব শিল্প এক হাজার টাকা থেকে কোটি টাকা পর্যন্ত বিনিয়োগ করে শুরু করা সম্ভব। কিন্তু এককালিন বেশী উৎপাদন করে বিক্রয় করতে না পারলে লোকসান হওয়ার সম্ভবনা বেড়ে যায়। তাই সকল কৌশল জানতে ছোট-ব্যবসাই শুরু করা দরকার।

- ব্যবসা অথবা শিল্প শুরুর পূর্বে ভাবতে হবে যে উদ্যোগটি সমাজের কত শতাংশ লোকের প্রয়োজন মিটাতে পারে? যেমন খাদ্য, এটি সকল মানুষের দরকার। পরিধানও সকল মানুষের দরকার হয়। আর জনসংখ্যা বেশী হওয়ার কারনে সারা দেশে চাহিদা রয়েছে। তাই খাদ্যের ব্যবসায় বা শিল্পে কেউ লোকসান করে না। যাঁরা লোকসানের মূখ দেখছেন, তাঁদের দক্ষতা বিকাশ হচ্ছে না। তাই বিশেষজ্ঞের পরামর্শ নিয়ে ব্যবসার উন্নয়ন করা দরকার।

- আর কর্মপ্রাথীকে সর্বদা নিজ যোগ্যতা উন্নয়ন বিষয়ে সতর্ক থাকাও জরুরী। কারন ব্যক্তির দৈহিক ক্ষমতাকে গতিশীল করতে না পারলে, ব্যবসা, শিল্প অথবা চাকুরীতে সফল হওয়া সম্ভব হয় না। আর এই গতিশীলতা শিখতে হলে সাইকেল, মোটর বাইক এবং চার চাকার যানবাহন চালানো শিখতে হয়। শিখতে হবে কম্পিউটার ও ইন্টারনেট চালানোর কৌশল।

- শিখতে পারে ইলেক্ট্রিক্যাল ওয়ারিং, ওয়েলডিং, টেলারিং অথবা যেকোন শিল্প রচনার কাজ। সবথেকে সহজ ও সুলভ ব্যবসা হল কৃষি পণ্য যেমন- চাল, ডাল, সরষে, গম ইত্যাদি কৃষিপণ্যকে সুন্দর প্যাকেটে ভরে বাজারে বিক্রয়ের জন্য সরবরাহ করা। মনে রাখতে হবে মানুষ পরিষ্কার-পরিচ্ছন্ন জিনিস ব্যবহার করতে ভালোবাসে। সে জন্য স্বচ্ছল মানুষ অধিক দাম দিতেও কার্পন্য করে না। আর মানুষকে আকর্ষন করার কৌশল হল সৌন্দর্য

বিন্যাস পদ্ধতি অনুসরন। আজকাল প্যাকেটিং-এর মেসিন কেবল এক হাজার থেকে দু-লক্ষ টাকার মধ্যে পাওয়া যায়। আর সুন্দর প্যাক ছাপিয়ে কৃষি পণ্য প্যাক করলে সহজে ব্যবসার উন্নয়ন সম্ভব।

- মনে রাখতে হবে " মানব মস্তিষ্ক কেবল তিন ধাপে কাজ করতে পারে। (1) কাজের বিষয়টি সম্পর্কে জানার পর প্রথম দূর ভবিষ্যতের লক্ষ্য স্থির করতে হয়। যেমন সাধারন মানুষ ভাবেন যে তিনি সংসার ধর্ম করে পিতা-মাতা অথবা পিতামহ-পিতামহীর মতো সংসার ধর্ম পালন করে ধন-সম্পত্তি অর্জন করবেন। তারপর 60 বছর বয়সে সুখী জীবন ভোগ করবেন। অন্যরা কেউ ডাক্তার, ইঞ্জিনিয়র, সমাজসেবক, অভিনেতা, লেখক ইত্যাদি হওয়ার লক্ষ্য স্থির করেন।(2)পরন্তু দূর ভবিষ্যতে পৌঁছাতে হলে মানুষকে হঠাৎ উপস্থিত বাধাগুলি অতিক্রম করতে হয়। যেমন-নিজেকে নিজের আহার, পরিধান, শিক্ষা, চিকিৎসা, মার্গ দর্শন, বাসস্থান সংকট ইত্যাদি দূর করতে হয়। তৎকাল সমস্যা দূর করার জন্য মানব সন্তান শূন্য বয়স থেকে সংস্কার ও শিক্ষা নিয়ে সমাজের সঞ্চিত জ্ঞান ও অনুভব নিজের মাথায় (ব্রেনে) জমা করে নেয়। এরপর এই সঞ্চিত জ্ঞান কে 18 বছরের পর থেকে সারা জীবন তাৎক্ষনিক সমস্যা দূর করতে বার বার ব্যবহার করে। যেমন একবার যোগ, বিয়োগ, গুন, ভাগ শেখার পর সারাজীবন মানুষ অংককে ব্যবহার করে হিসাব করার সমস্যা দূর করতে পারে, তেমনি সব শিক্ষাই তৎকাল সমস্যা দূর করার কাজে লাগে। আর লক্ষ্য স্থির না হলে জীবনযাত্রা দিশেহারা হয়ে যায়। সে জন্য দরকার হয় সঠিক পরিকল্পনা ও শক্তি সঞ্চয়। (3) এরপর কর্মে অগ্রসর হয়ে তৎকাল সমস্যাগুলি দূর করতে পারলে, দূর অথবা অদূর ভবিষ্যতে লক্ষ্য পূরন সম্ভব হয়।"

- যাঁরা সম্পূর্ণ জ্ঞান অর্জন করতে পারেন না, তাঁরা তৎকাল সমস্যা সমাধান করতে অপরাধের পথ বেছে নিতে বাধ্য হন। আর জ্ঞানী মানুষ সকল প্রকার বাধা অতিক্রম করে দূর ভবিষ্যতের স্বপ্ন পূরন করতে সমর্থ হন। তবে বেশীরভাগ মানুষই ঠকে শেখার সুযোগ পেয়ে থাকেন। আর যাঁরা ঠকেও শিখতে পারেন না, তাঁদের অক্ষম মানব হিসাবে বিবেচনা করাই হল মানবতার আদর্শ।

- ব্যবসা, চাকরী অথবা শিল্প যাই করুন না কেন মস্তিষ্কের ক্ষমতা বিচার করে করা দরকার। মনেরাখতে হবে সকল মানব মস্তিষ্কই যেকোন প্রকার সমস্যা সমাধানে সক্ষম। কেবল অনুশীলনের মাধ্যমে তার দক্ষতা বৃদ্ধি করতে পারলে সকল পরিকল্পনা সফল হতে বাধ্য হয়। সেকারন অক্ষমতার পরামর্শকে ক্রীতদাস বানানোর কৌশল হিসাবে বর্ননা করা হয়। মানসিক দুর্বলতা অলসতা আনে, তাই সদা সতর্ক মানব কখনো অসফল হন না।

পরিবার গঠন ও সন্তান পরিকল্পনাঃমানব সন্তান প্রাপ্তবয়স্ক হওয়া পর্যন্ত ধীরে ধীরে জীবন সম্পর্কে জ্ঞান লাভ করতে থাকে। সে বুঝতে পারে কিভাবে শিশুর জন্ম হয়? আর কিভাবে সে ধীরে ধীরে বড় হয়ে উঠে? সে বুঝতে পারে যে সারা পৃথিবীর পরিবেশ তার জীবনকে ঘিরে চক্রবুহ তৈরী করে ফেলেছে। এখন তার কর্তব্য হবে ধীরে ধীরে ঐ চক্রবুহ অতিক্রম করে মহামানবের পথ অনুসরন করা। কর্তব্যের মাঝে থাকবে সহযোগীতার সুযোগ। একজন নারী চিরসাথী হয়ে

উভয়ের লক্ষ্য পূরনে এগিয়ে আসবে। তারপর শুরু হবে আবার নৃতন জীবন। এই মিলনের অনুষ্ঠানকে আমরা বিবাহ বলি।

বিবাহঃ পুত্র অথবা কন্যার বিবাহের দায় পিতা-মাতাকেই বহন করতে হয়। কারন কন্যার পরিবার অথবা পাত্রের পরিবার পারিবারিক সংস্কারের উপর নির্ভর করে সম্পর্ক স্থাপনের সিদ্ধান্ত নিয়ে থাকেন। প্রাপ্তবয়স্ক সন্তানও অভিজ্ঞতার অভাবে পিতামাতা ও পরিবারের উপর নির্ভরশীল হয়ে পড়ে। আবার আবেগে প্রেম ঘটিত বিবাহে অন্য পরিস্থিতির উদ্ভব হয়।

অভিজ্ঞতাঃ প্রত্যেক বরিষ্ঠ নাগরিকই বিবাহিত জীবনের অভিজ্ঞতা লাভের সুযোগ পেয়ে থাকেন। তাদের জীবনের অভিজ্ঞতা থেকে জানা গেছে পাত্র ও কন্যা উভয় পক্ষই ভবিষ্যতের কলহ, বিবাদ ও সন্তানের অনিশ্চিত ভবিষ্যতের আশংকা থেকে বাঁচার লক্ষ্যে উপযুক্ত বান্ধবের সন্ধান করেন। তাঁরা প্রত্যাশা করেন যে-

v.   সন্তানের জীবন যেন সুরক্ষিত হয়।

v.   পরিবারের সঙ্গে সন্তানের সম্পর্ক যেন বিচ্ছিন্ন না হয়।

v.   দম্পতিগন যেন সুখে কালাতিপাত করতে পারে।

v.   তাদের যেন ধন সম্পত্তি বৃদ্ধি হয় ও সুরক্ষা নিশ্চিত হয়।

v.   তারা যেন বংশ বৃদ্ধিতে সফল হয়ে নৃতন পরিবার গঠনে সমর্থ হয়।

v.   তাদের জীবন যেন সমাজে আশীর্ব্বাদ ধন্য হয়ে পিতা-মাতার নাম উজ্জ্বল করতে সমর্থ হয়।

সাধারন মানুষের অভিজ্ঞতা অনুসার এই সকল প্রত্যাশা তখনি পূর্ণ হওয়া সম্ভব যদি উভয় দম্পতির পরিরার বুঝতে পারে যে-

<u>জীবন সুরক্ষা তখনি সম্ভব হয়ঃ-</u>

- যদি উভয় পরিবার নিজেদের স্বার্থ পোষনের জন্য সন্তানকে প্ররোচিত অথবা বাধ্য না করে। তারা দম্পতিকে সাহায্যের নামে শোষন করার প্রয়াস না করে।
- যদি দম্পতি অসামাজিক কাজে লিপ্ত না হয় অথবা অসামাজিক কাজে রত মানুষের ফাঁদে পা দিয়ে বিপন্ন না হয়ে পড়ে। অথবা নেশার কারনে একে অপরের প্রতি দায় পালনে অনিচ্ছুক না হয়।
- উভয়েই যেকোন সমস্যা সমাধানে ধৈর্য্য ও সাহস অবলম্বন করতে সক্ষম হয়।
- বিবাহিত জীবন ও উভয়ের নিরাপত্তাকে সর্ব্বোচ্চ দায় হিসাবে গণ্য করে।
- পরস্পর বিশ্বাস ঘাতকতা না করার জন্য প্রতিজ্ঞাবদ্ধ হয় ও সামান্য ভুল ত্রুটি সংশোধনে একে অপরকে সাহায্য করতে পারে।
- যে কোন সমস্যার মোকাবিলায় যদি উভয়ে একাত্ম হতে সমর্থ হয়।

<u>পরিবারের সঙ্গে সন্তানের সম্পর্ক ততক্ষন ঠিক থাকে যতক্ষন-</u>

- পরিবারের পাওয়ার অধিকার সন্তানের ইচ্ছার মধ্যে সংরক্ষিত থাকে।

- পরিবার তাদের পরোক্ষ চাপে শোষনের কৌশল সৃষ্টি না করে।
- প্রাপ্তি না ঘটার কারনে সন্তানকে প্ররোচনা দিয়ে দম্পতির মধ্যে বিভেদ সৃষ্টি করতে প্রয়াস না করে।
- সাহায্যের অজুহাতে পরিবারের সদস্য নিজেদের ভরন পোষনের দায় দম্পতির উপর চাপিয়ে দেয়।
- সন্তানের উন্নয়নকে গুরুত্ব না দিয়ে পারিবারিক স্বার্থকে গুরুত্ব দেয়।

দম্পতিগন সুখে কালাতিপাত করতে পারেঃ-

- যদি তাদের বাসস্থান, অন্ন সংস্থান, আয়ের উৎস, চিকিৎসা সংগতি ও আকস্মিক খরচের সামর্থ পরিকল্পনার দ্বারা সুরক্ষিত হয়।
- একে অপরের প্রতি দায়বদ্ধতা ও সম্মান বজায় রাখতে সক্রীয় থাকে।
- বিশ্বাস ভঙ্গের পরিস্থিতি থেকে দূরে থাকতে সমর্থ হয়।
- উভয়ে পারিবারিক দায় ও সম্পর্ক রাখতে সমান দায় স্বীকার করে।

তাদের ধন সম্পত্তি বৃদ্ধি ও স্বার্থ সুরক্ষিত করার নীতি অনুসারঃ-

- উভয় পরিবারকে গ্রহন ও শোষন নীতি ত্যাগ করতে হয়।
- পরন্তু দম্পতিগনের সাচ্ছন্দের অভাবগুলি উপলব্ধি করে সামর্থ অনুসার উপহার দিতে হয়। আর সামর্থ না থাকলে কাউকে দোষী না করে দম্পতিকে সম্পদ অর্জনে উৎসাহ দিতে হয়।
- দম্পতিগনকে নিজেদের ভবিষ্যৎ সুরক্ষিত করতে যেগ্যতা উন্নয়নের পরামর্শ দিতে হয়।
- তাদের কলহ বিবাদ থেকে দূরে রাখার পরামর্শ দিতে হয়।
- বংশ বৃদ্ধিতে সফল হতে-

1. উভয় দম্পতির সন্তান-ধারন ক্ষমতা বিষয়ে ডাক্তারী পরীক্ষার দরকার হলে, শিঘ্র তা করানো দরকার হয়।
2. কোন দোষ অথবা ক্রটি থাকলে চিকিৎসার দ্বারা সারিয়ে তুলতে হয়।
3. সন্তান জন্মের পর ডি. এন. এ. পরীক্ষা করে উভয়ের বিশ্বাস দৃঢ় করতে হয়।
4. তারপর তাদের জীবন সমাজে আশীর্বাদ ধন্য হয়ে পিতা-মাতার নাম উজ্জ্বল করতে সমর্থ হয়।
5. পরে তারা উভয়েই প্রতিষ্ঠিত নাগরিক হিসাবে আত্ম প্রকাশ করতে সমর্থ হয়।

সমাধানঃ উপরের সকল সমস্যা সমাধান করতে চিরাচরিত প্রথা অনুসার বিবাহের প্রস্তুতি নিতে সকল পরিবারই একে অপরের নাম, গোত্র, বংশ পরিচয়, পেশা ও জীবন যাত্রার মান পরথ করতে থাকেন। দেখা যায় সম-মনোভাবাপন্ন পরিবার গুলি বিবাহ বন্ধনে আবদ্ধ হলে দম্পতিগন চিরস্থায়ী পরিবার গঠনে সমর্থ হয়। কিন্তু সামান্য উচ্চ-নীচ পরিবারগুলির মধ্যে বিবাহ হলে শোষন ও তোষন দম্পতির জীবনকে বিপর্যস্ত করে তুলে।

পরাক্রম
(সতের)

শুধু মানুষ নয়, প্রত্যেক জীবকেই সমস্যা অতিক্রম করে বেঁচে থাকতে হয়। পিঁপড়েও খিদের জ্বালা জুড়াতে খাদ্যের অন্বেষনে ঘুরে বেড়ায়। আর সেই অন্বেষন করতে গিয়ে ব্যাঙের সামনে পড়লে ব্যাঙ তাকে খেয়ে ফেলতে পারে। আবার ব্যাঙের ভয় সাপকে, সাপের ভয় বড় সাপ, ময়ূর অথবা নেউলকে। ময়ূর ও নেউল শৃগালকে বা বন্য কুকুরকে ভয় করে, তাদের ভয় বাঘ, ভালুক, হাতি ও সিংহ দের নিয়ে। আর মানুষ সবার উপরে। তবে সব মানুষ সমান হয় না। কারন অলস মানুষ ভীতির শিকার হয়ে নিজেকে পরখ করতে চায় না। তাই অল্পে সন্তুষ্ট থেকে বাঁচতে চায়। তবু সে যেভাবেই বাঁচুক না কেন অতিক্রম না করলে বাঁচা সম্ভব হয় না। অতিক্রম কথার ব্যাপক অর্থ সমস্যার সমাধান। মনেরাখতে হবে জীব জন্তুর সমস্যা আর মানুষের সমস্যা এক নয়।

মানব সন্তান জন্মের পর থেকে পরিবেশ ও পরিস্থিতি অতিক্রম করতে বাধ্য হয়। যেমন-

- বায়ুমণ্ডলের তাপমাত্রা যদি কম হয় তবে শীত লাগতে পারে। সে সময় মা পোষাক দিয়ে তার শরীরটা ঢেকে দিলে তার শরীর সুরক্ষিত হয়।
- আবার অতি গরমে যখন সে হাঁপিয়ে পড়ে তখন তাকে পাখার হাওয়া দিতে হয়।
- খিদে পেলে তার শরীরে যন্ত্রনার সৃষ্টি হয়। কখনো মশা, মাছি অথবা কীট-পতঙ্গের কামড় তাকে অস্থির করে তোলে। সে সময় সে নিরাপদ আশ্রয় খুঁজতে থাকে। তাই মায়ের কোলে থাকলে শান্ত হয়ে যায়। এই সকল ক্ষেত্রে মা অবশ্য সমস্যার সমাধান করে দেন। কিন্তু যতক্ষন সমাধান না হয়, ততক্ষন শিশু কেঁদে সমস্যা অতিক্রম করার প্রয়াস করতে থাকে।
- শিশু একটু বড় হলে বন্ধু, শত্রু মনোভাবাপন্ন মানুষ ও অনাত্মীয়ের প্রভাব অতিক্রম করতে থাকে। কারও ভালো খেলনা, ভালো খাবার, ভালো পোষাক তার চাহিদা মিটাতে পারে না। বড়দের মন জয় করতে না পারলে অনেক সময় প্রহারের ভীতি তাকে ভাবিয়ে তোলে। শিক্ষার অজুহাতে তাকে স্বাধীনতা হারাতে হয়। তার সাথে যুক্ত হয় রোগ ও অদৃশ্য ভইরাসের আক্রমন। এইরূপ অনেক সমস্যা অতিক্রম করে মানব সন্তান ধীরে ধীরে বেড়ে ওঠে। সকল মানুষকেই প্রাক-জন্ম কাল থেকে যৌবনাগম কাল পর্যন্ত অপরের উপর নির্ভরশীল হয়ে সমস্যা অতিক্রম করতে হয়। এই সময় নিজের আত্মীয় ছাড়া অনাত্মীয় যেমন বিদ্যালয়ের কর্মী, খেলার সাথী, প্রতিবেশী ও সামনে আসা অনাত্মীয় মানব সন্তানকে পীড়া দিতে পারে। এই সব পরিস্থিতি অতিক্রম করে বালক-বালিকা শিক্ষা লাভ করতে পারে। আবার তাদের জীবন বিপন্ন হতেও পারে।
- বিদ্যালয়ে ছাত্র-ছাত্রী গন সহপাঠীদের মধ্যে বেশী নম্বর পাওয়ার প্রতিযোগীতা অতিক্রম করতে বাধ্য হয়। শিক্ষকদের স্নেহভাজন হওয়ার প্রতিযোগীতা অতিক্রম করতেও হতে পারে।
- একটু বড় হলে সন্তান বুঝতে পারে যে সমাজের বেশীরভাগ মানুষ শিক্ষার নীতি অনুসরন করেন না। তাঁদের মধ্যে অনেকে অসামাজিক ও পাশবিক আচরনের ভিত্তিতে প্রতিষ্ঠিত।
- সে কারন চতুর মানব বুদ্ধির জালে ফাঁসিয়ে অক্ষম অথবা দুর্বল মানুষের বাঁচার রসদ কেড়ে নিতে চেষ্টা করে অথবা পরিষেবার অধিক মূল্য দাবি করতে পারে।
- এইরূপ অতিক্রমের ঘটনা জন্মের পর থেকে শেষ জীবন পর্যন্ত চলতে থাকে।

অতিক্রমের ঘটনাগুলির সমীক্ষা করতে গিয়ে সমাজ বিজ্ঞানীরা জানতে পেরেছিলেন যে, একটি পরিবারের শিশু যার বয়স কেবল তিন বছর, সে বিভিন্ন রোগে আক্রান্ত হয়ে দুর্বল হয়ে পড়েছে। শিশুর পিতা-মাতা ও বাড়ীর লোকজনকে আলাদা আলাদা ভাবে একান্তে জিজ্ঞাসা করায় জানা গেল-

- শিশুটির শরীরের স্বাভাবিক বৃদ্ধি না হওয়ায় সে কথা বলতে পারছে না। কানে শোনার সমস্যা হচ্ছে। ডাক্তার বলেছে কিছুদিন চিকিৎসা করলে ও স্বাভাবিক হয়ে উঠবে। জন্মের পর থেকে চিকিৎসা না পাওয়ার কারনে এই অবস্থা।

- শিশুর মা বললেন চিকিৎসা করতে অনেক খরচ। তাই তিনি অপরের বাড়ীতে কাজ করে শিশুর চিকিৎসা করাচ্ছেন। তিনি আরও বললেন, অপরের বাড়ীতে কাজ করা বেশ কঠিন। ওদের মনের মত কাজ না করতে পারলে ওরা টাকা দেবে না অথবা কাজটা ছাড়িয়ে দিতে পারে।

- তাঁর নিজের জীবনের সমস্যা নিয়ে বলতে গিয়ে শিশুর মা বললেন, বিয়ের পর থেকে তাঁকে অনেক সমস্যা অতিক্রম করতে হয়েছে। শ্বশুর বাড়ীর সকলকে মানিয়ে নিতে তিনি অনেক অত্যাচার সহ্য করেছেন।

- বিয়ের পূর্বে তিনি তাঁর স্বামী অমিতকে ভালো বাসতেন। সেকারন তাঁর জন্মদাতা মা-বাবা ও ভাই সকলেই বিরোধিতা করেছিল। তাই একদিন লুকিয়ে বাড়ী থেকে তিনি পালিয়ে আসেন ও কোর্টে বিয়ে করে অমিতের বাড়ী পৌঁছে যান।

- শ্বশুর বাড়ীর লোকও প্রথমে মানতে চান নি। কিন্তু ছেলের অভিমানের কথা ভেবে পরে সবকিছু মেনে নেয়।

- সমস্যা ছিল সংস্কার নিয়ে। ওদের সংস্কার শিখতে প্রায় এক বছর কেটে যায়। তারপর অক্লান্ত পরিশ্রমে শ্বশুর ও শাশুড়ীর সেবা করার পর ওরা তাকে আপন করে নিয়েছেন। তাই এখন আর কোন সমস্যা হয় না।

- তবে অমিতের কোন স্থায়ী রোজগার না থাকায় অনটন বাড়ছে। অমিত অপরের বাড়ীতে কাজ করাটা পছন্দ করে না। ওর মনে সন্দেহ জাগে। তবু সন্তানের চিকিৎসার কথা ভেবে কাজ করতে যেতে হয়।

- অমিত বলল সে রঙ মিস্ত্রির কাজ করে। সবদিন কাজ থাকে না। তাই মাঝে মধ্যে সে বেকার হয়ে যায়। স্ত্রী ও বাবা-মায়ের দরকার মত টাকা রোজগার করতে পারে না বলে সে দুঃখ পায়। ছেলেটাকে যে কিভাবে সুস্থ করবে সেই নিয়ে তার চিন্তা লেগেই থাকে। বেশী টাকা যোগাড় করতে পারলে তাকে নিয়ে ভেলোর যাওয়ার কথা ভাবছে সে। আত্মীয় ও অনাত্মীয় সবাই ভেলোর নিয়ে যাওয়ার জন্য পরামর্শ দিচ্ছে। বোধ হয় ওখানে গেলেই ছেলেটা ভালো হয়ে উঠবে।

- অমিতের বাবা-মা ও একই বাড়ীতে থাকেন। তাঁদের বয়স ষাট পেরিয়েছে। ওরা সেকালের মানুষ। পুরাতন সংস্কার নিয়ে থাকে। পুরাতন সংস্কার সবার ভালো লাগে না। ওঁরা দিনরাত কেবল শরীরের সমস্যা, বাত, বেদনা, বদ হজম, সুগার আর নানা রকমের অসুখে ভূগছেন। ওদের সমস্যা মিটাতে না পারলে কষ্ট হয়। ভূল ধরার অভ্যেসটা না শুধরাতে পারায় মাঝে মধ্যে ওরা ঝগড়া করে, অভিমান করে আবার নিজেরাই চুপ হয়ে যায়।

- অমিতের বাবা বললেন- তিনি বেশ ভালোই আছেন। তবে সমস্যা নাকি তার পিছু ছাড়ছে না। সেই ছেলে বেলা থেকে তিনি বিভিন্ন পরিস্থিতি অতিক্রম করে চলেছেন। একটা সমস্যা দূর করলে অন্য একটি সমস্যা হাজির হয়ে যায়। সমস্যা কিছুতেই পিছু ছাড়তে চায় না। এখন বড় সমস্যা হল বার্ধক্য জীবন। পরনির্ভর হয়ে কাটাতে হচ্ছে এই জীবন। তিনি বললেন, সারা জীবনের ভুল ও অক্ষমতা বার্ধক্যে উপস্থিত হয়ে শাসিয়ে চলেছে। তাঁর আশা পূরন হয়নি এমন নয়। জয়-পরাজয় দুটাই পেয়েছেন তিনি। কিন্তু আশার শেষ নেই। তাই আশার পথ চেয়ে বেঁচে আছি।

উপরের লেখা ঘটনাগুলিতে সব বয়সের মানুষ সমস্যায় ভুগেছেন। ধনি, দরিদ্র, উচ্চ, নীচ সবাই সমস্যা অতিক্রম করে বেঁচে আছেন। যাঁদের অনেক অর্থ আছে তারা উন্নত খাবার খেয়ে ওজন বৃদ্ধি জনিত রোগের শিকার হয়ে পড়ছেন। কেউ বা মানসিক পীড়ার শিকার। এইভাবে আমরা কেউ সমস্যা অতিক্রম না করে বাঁচতে পারি না। আবার কিছু সমস্যা রয়েছে যা কোন মানুষ অতিক্রম করতে পারেনি। পৃথিবী পারে নি, সমাজ অথবা দেশ পারে নি, কতক সমস্যা আমিও অতিক্রম করতে পারিনি। সেগুলি পরবর্তী অধ্যায় বর্ননা করা হল।

অক্ষমতার ইতিহাস

মানুষ পারেনিঃ মানুষকে সারা জীবন প্রাকৃতিক ও কৃতিম সমস্যা অতিক্রম করতে হয়। সে কারন নিজের জীবনকে সুরক্ষিত রেখে প্রতিপক্ষের পরাক্রমকে কাজে লাগানোর দক্ষতাকেই মানবতা বলা হয়। মানুষ আজও বহু সমস্যার সমাধান করে উঠতে পারে নি। সেগুলি হল-

i. আগুনের তাণ্ডব। বনে অথবা তেল ক্ষেত্রে আগুন লাগলে হঠাৎ নিভানো যাচ্ছে না। অথচ বিভৎস আগুন মানুষের সৃষ্টি ধ্বংশ করে দেয় অথবা জীবন নষ্ট করে ফেলে।

ii. আর বিশাল আগুনের তাপকে মানুষ পৃথিবীর কাজে না লাগানোয় তাপ শক্তির বিনাশ হচ্ছে। তাই বিশাল অগ্নিকাও কে সুযোগে পরিনত করার প্রয়োজন।

iii. পৃথিবীতে এখন একটি জল বোমের দরকার। অথবা গ্যাস বোম। যেটি জ্বলন্ত আগুনে নিক্ষেপ করলে তৎক্ষনাৎ আগুন নিভানো সম্ভব হবে।

iv. দরকার হবে তাপ শোষক যন্ত্র। যেটি তাপ শোষন করে জ্বলন্ত অগ্নির প্রভাবকে নিঃস্তেজ করতে সক্ষম হবে। আর সেই তাপকে অন্য কাজে ব্যবহার করা সম্ভব হবে।

v. সবার জন্য দরকার হবে উভচর যান। যেগুলি জলে ও স্থলে অনায়াসে বিচরন করতে পারবে। ডুবলেও তার মধ্যে জল ঢুকবে না। জলে ডুবে থাকা অবস্থায়ও জল থেকে অক্সিজেন সংগ্রহ করে মানুষ বাঁচতে পারবে।

vi. মরার জন্য তৈরী করতে হবে এমন বাড়ী যা বন্যা, সুনামী, ঝড় ও সকল প্রাকৃতিক দুর্যোগের প্রভাবকে প্রতিহত করতে সক্ষম হবে। অবশ্য তেমন বাড়ী মাটির নীচে বানানো সম্ভব।

vii. বন্যা ও ঝড়ের তাণ্ডবকে সুযোগে পরিবর্তন করে সবার জীবন রক্ষার কাজে লাগাতে হবে।

viii. ভূমিকম্পের কম্পন শক্তিকে কাজে লাগানোর পন্থা আবিষ্কার করতে হবে।

ix. আকাশে উড়ন্ত জাহাজে আগুন লাগলে মানুষ মরছে। আগুনের মধ্যে সুরক্ষিত থাকার কৌশল শিখতে হবে মানুষকে।

x. উপর থেকে পড়ে যাতে মৃত্যু না হয়, তার জন্য সুরক্ষিত চেয়ার বানাতে হবে। সেই চেয়ারে বসে পতনের পর মানুষের জীবন অক্ষত রাখার প্রযুক্তি আবিষ্কার করতে হবে।

xi. সারা পৃথিবীর অপরাধীদের শাস্তি দিয়ে হত্যা নয়। তাদের "প্রগতিশীল মানব" হিসাবে নাম করন করে চিহ্নিত করতে হবে। আর যাঁরা প্রতিষ্ঠিত ও দুর্নীতিকে অপ্রয়োজনীয় হিসাবে স্বীকার করেন তাদের "প্রতিষ্ঠিত নাগরিক" হিসাবে চিহ্নিত করতে হবে।

xii. বিনাশকারী অস্ত্রের আঘাত থেকে পরিত্রান পাওয়ার বিকল্প আবিষ্কার করতে হবে। রেডিয়েশন শোষক যন্ত্র আবিষ্কার করতে হবে।

xiii. পরমানু বোমের শক্তিকে কিভাবে মানব কল্যানে লাগানো সম্ভব তা আবিষ্কার করতে হবে।

xiv. মানুষ পারেনি অপরাধের উৎস বিনাশ করতে। শিক্ষিত করতে পারেনি সমগ্র মানব জাতিকে।

xv. বিস্তার বাদীদের বন্দী করতে হবে আইনের জালে। সুরক্ষিত করতে হবে সারা পৃথিবীর মানুষকে।

xvi. ফুটো হলেও ডুববে না এমন জলযান তৈরী করতে হবে। জলযানটি ডুবতে ও ভাসতে থাকার সময় তার ভীতর জল যাতে প্রবেশ করতে না পারে তার ব্যবস্থা করতে হবে।

xvii. তেল নয় নোনা জলে যানবাহন চলার পন্থা আবিষ্কার করতে হবে।

xviii. সূর্যের কিরন থেকে শক্তি সংগ্রহ করে বাঁচার পথ আবিষ্কার করতে হবে।

xix. মানুষের মাংস মানুষ খাবে কেন? সারা পৃথিবীতে গড়ে তুলতে হবে শিক্ষা, প্রশিক্ষন ও কর্মের কেন্দ্র। বলতে হবে "সকলের তরে সকলে আমরা প্রত্যেকে আমরা পরের তরে"।

5

পূর্ণাঙ্গ জীবন সমীক্ষা

(আঠারো)

পূর্ণাঙ্গ জীবন সমীক্ষায় আমরা কেবল বরিষ্ঠ নাগরিক যাঁরা 60 বছর অতিক্রম করেছেন ও সর্বোচ্চ আয়ু ভোগ করে চলেছেন তাদেরই মতামত যাচাই করা হয়েছে। কারন এঁদের প্রত্যেকের জীবনে আসা বাল্যাবস্থা, যৌবন ও বার্ধক্যের অনুভূতি সঠিক ও অভিজ্ঞতার আধারে নির্মিত হওয়া সম্ভব। তাই আমাদের সমীক্ষায় কেবল দশজন সফল ব্যক্তির জীবন সমীক্ষার অংশ বর্ণনা করা হয়েছে। যাঁদের বয়স 70 থেকে 80-র মধ্যে সীমাবদ্ধ ছিল। তাঁদের দশজনের নাম এস-1, এস-2, এস-3, এস-4, এস-5, এস-6, এস-7, এস-8, এস-9, এস-10 ধরা হয়েছে। এঁদের মধ্যে দুজন নারী রয়েছেন। তাঁদের সবার জীবনে-

- প্রিমেটাল লাইফ (মাতৃগর্ভে 280 দিন) ছিল অজানা। মাতা সন্তানকে সে অনুভূতি জানাতে পারেননি। এস-5 ও এস-9 এর মাতা ছিলেন দুখী।
- সবার মাতাই সন্তান সুখ অর্থাৎ বড় হয়ে পিতা-মাতার দুঃখ ঘোচাবে, এমন আশা করতেন।
- সবাই একমত যে সন্তানের নামকরনের মধ্যে পিতা-মাতার আশা সুপ্ত থাকতো ও সন্তানকে লক্ষ্য দান করা হত। আর সেই লক্ষ্য নামটির অর্থ বহন করতো কিন্তু বর্তমান প্রজন্ম তা অনুসরন করে না।
- তাঁদের মধ্যে নয় জন ব্যক্তি তামাক জাতীয় দ্রব্য সেবন করেন না। তবে সবাই পূর্বে সেবন করতেন। শরীরের ক্ষতি হওয়ার কারনে, ডাক্তারের পরামর্শ ক্রমে তাঁরা নেশা ত্যাগ করেছেন।
- নেশা ত্যাগের পর সবাই উপকার পেয়েছেন। বদহজম, গ্যাস ও অন্যান্য সমস্যার উপশম হয়েছে।
- দশজন বরিষ্ঠ নাগরিকের মধ্যে ছয়জন নন-মেট্রিক, দুজন এগারো পাশ ও দুজন স্নাতক।
- নন-মেট্রিকগন একাধারে কৃষক ও ব্যবসায়ী ছিলেন। জাম ও ঘর বাড়ী বানিয়েছেন। ছেলে-মেয়েদের ডাক্তার, ইঞ্জিনিয়র বানিয়েছেন। সহরে প্রতিষ্ঠিত।
- এগারো পাশগন প্রাথমিক শিক্ষক, নেতা ও ব্যবসায়ী। সন্তানদের উচ্চশিক্ষিত করেছেন। ঘর-বাড়ী বানিয়েছেন। রাজনৈতিক লাভ জীবনকে প্রভাবিত করেছে।
- স্নাতকগন অবসরপ্রাপ্ত সরকারী অফিসার। উভয়ের সন্তান ডাক্তার। সবাই শিক্ষিত ও চাকরী নির্ভর। ঘর-বাড়ী সবই রয়েছে শহরে। প্রতিষ্ঠিত পরিবার।

- সবাই একমত যে পিতার মতামত অনুসার মাতাই সকলকে সংস্কারের শিক্ষা দান করেছেন। সেবা যত্ন করেছেন ও অনুপ্রেরনা দান করেছিলেন। কিন্তু কেউ ভবিষ্যতের কথা ভেবে পড়াশুনা বা যে কোন কাজ করতে অভ্যস্ত ছিলেন না। কেবল বড়দের আদেশ মেনে বা পরামর্শ মানা ছিল পরিবারের রীতি।

- তাঁদের মতে প্রতিটি পরিবারে সন্তানের ভবিষ্যৎ গড়তে পিতা পরিকল্পনা করে থাকেন। আর মাতা অধিক যত্নে সেবা প্রদান করে সন্তানকে সংস্কার দান করেন।

- পিতা কি ধরনের পরিকল্পনা করে থাকেন?

- এই প্রশ্নের জবাবে পুরুষ ব্যক্তিগন বলেন, সন্তান জন্মের পর থেকে সবাইকে কতক দীর্ঘ মেয়াদী পরিকল্পনা করতে হয়। যাতে 0-ছয় মাস পর্যন্ত, ছয় মাস থেকে তিন বছর পর্যন্ত, 3-10 বছর পর্যন্ত, 10-14 বছর পর্যন্ত ও 14-18 বছর পর্যন্ত পরিকল্পনা সকল পিতাকে করতে হয়।

- পিতা-মাতাকে কোন বয়সে কি কি লক্ষ্য হাসিল করতে হয়?

- উল্লেখিত পরিকল্পনাগুলির মধ্যে (1) তিন বছর বয়সে স্কুলে যাওয়ার যোগ্য তৈরী করা হয়। (2) এরপর দশ বছর বয়সে নিজের স্বাস্থ্য রক্ষা, পৃথিবী ও পরিবেশ বিষয়ে জ্ঞান, ভালো-মন্দ বিচার ও শিক্ষায় আগ্রহ তৈরী করতে হয়। (3) তারপর 14 বছর বয়সে নিজের খাদ্য, শরীর ও স্বাস্থ্য রক্ষা বিষয়ে আত্ম-নির্ভর করতে হয়। অপরের সাহায্য ছাড়া জীবন ধারন করতে রান্নার প্রাথমিক জ্ঞান, ভালো পরিধান চয়ন, সুখাদ্য বিচার, ছাঁয়াচে রোগ ও ভাইরাসের থেকে দূরে থাকার সতর্কতা, ভূলের দণ্ড ও পরিবারের প্রতি কর্তব্য বিষয়ে শিক্ষা দেওয়া জরুরী হয়। তার সাথে সামাজিক যোগাযোগ, ধার্মিক চেতনা, লেনদেন, বিভিন্ন পেশা বষয়ে জ্ঞান ও সামাজিক জীবন যাপনের নীতি বিষয়ে সংস্কার দেওয়া হয়। (4) 14 বছরের পর থেকে পিতা-মাতার পরামর্শ অনুসার পেশা নির্নয়ের প্রস্তুতি নিতে হয় সন্তানকে। এই বিষয়ে পিতা-মাতা প্রয়োজনীয় প্রশিক্ষন, শিক্ষা অথবা টিউশান দিয়ে সন্তানকে দক্ষ্য করে তুলেন।

তবে সন্তান 18 বছর বয়সের পর আবার পিতা-মাতার পরামর্শ নিয়ে, সেই পেশা পরিবর্তন করে অন্য পেশা গ্রহন করলেও সমস্যা হয় না। কিন্তু যাঁরা পেশা বিষয়ে কোন পরিকল্পনা করেন না, তাঁদের সন্তান সমাজের দালাল বা সুযোগ সন্ধানীদের মিথ্যা প্ররোচনার শিকার হয়ে বেকার জীবন ভোগ করতে বাধ্য হয়।

- শিক্ষায় রাজনীতির ভূমিকা রয়েছে কি?

- শিক্ষার সিলেবাস তো নির্বাচিত সরকার তৈরী করেন। তাই শিক্ষায় ক্ষমতাসীন দলের মতাদর্শ শিক্ষাকে প্রভাবিত করতে থাকে।

- দেশ স্বাধীন হওয়ার পর থেকে শিক্ষায় কি কি উন্নয়ন হয়েছে?

- দেশ স্বাধীন হওয়ার পর ব্যক্তিগত জীবনের নিরাপত্তা বিষয়ে কোন শিক্ষার সিলেবাস তৈরী করা হয়নি। এই সময় প্রথম কংগ্রেস দেশ সাশন করার সুযোগ পায়। কিন্তু মোঘল সাশনের কায়দায় দেশের জনগনকে পরিষেবা দেওয়ার কারনে তাঁরা ভারতের প্রাচীন শিক্ষা পদ্ধতি ফিরিয়ে আনতে পারেনি। বরং বাহুবলীদের সন্তুষ্ট করতে তাঁরা মাইনরিটি, তপশীলী জাতি, উপজাতি ও বিভিন্ন অনুন্নত সম্প্রদায়কে বিভক্ত করে কম বেশী পাইয়ে দেওয়ার রাজনীতি করতে থাকেন। আর শিক্ষায় অযোগ্য শিক্ষকদের অনুপ্রবেশ ঘটিয়ে তাদের দ্বারা রাজনৈতিক

কাজ সারতে সমর্থ হন। সেকারন দেশে সমান শিক্ষার সুযোগ সকল নাগরিক পান নি। বরং এই সকল সুবিধা খোর নাগরিকগন কিছু পাওয়ার আশায় নিম্নমানের শিক্ষা আর গোলামীতে মশগুল হয়ে পড়ে। শিক্ষার মান নিম্ন হওয়ার কারনে জনসাধারনের মনে জাতীয়তা বোধ জন্মাতে দেরী হয়। ফলে 1962 সালে যুদ্ধের পর দেশের কতক ভূমি চীন দখল করলেও নাগরিকদের চেতনা লক্ষ্য করা যায়নি। বরং একই পরিবারের সাশনকে শ্রেষ্ঠ ভেবে কতক অনুগত নাগরিক পরিবার উদাসীন থাকে। শিক্ষা দূষনের কারনে কাশ্মীরে 370 এবং 35-এ ধারার অপপ্রয়োগ করে হিন্দু নির্যাতন, পি.ও.কে. হাতছাড়া, সৈনিকের মস্তক কাটার পর নিশ্চুপ থাকা, প্রতিরক্ষাকে দুর্বল করা ও দেশের সীমানাকে উন্মুক্ত করে রাখা সত্ত্বেও জনপ্রতিনিধি 75 বছর ধরে সংশোধনের আওয়াজ তুলতে সমর্থ হননি। সঠিক শিক্ষার অভাব জনিত কারনে অনুন্নত মেধার নেতাগন বাহুবলীর দাসত্ব করতে থাকেন। আর কতক উচ্চশিক্ষায় আইনের বাধ্যবাধকতা অতিক্রম করার কৌশল শিক্ষায় যুক্ত করায় দেশে অপরাধ বাড়তে থাকে। তারই পরিণতি হিসাবে এক মুখ্যমন্ত্রী কৌশলে দেশদ্রোহীদের সহযোগীতা করেও প্রধানমন্ত্রী হওয়ার চেষ্টা করছেন বলে অভিযোগ উঠেছে।

- বর্তমান পরিস্থিতিতে সন্তান শিক্ষায় কি কি শেখানো কর্তব্য?

- বর্তমান পরিস্থিতিতে যেকোন সন্তানকে বেঁচে থাকতে হলে কেবল আত্ম-নির্ভর হয়ে বাঁচার শিক্ষা নিতে হবে। যাতে সন্তান (1) নিজের শরীর সম্বন্ধে সব কিছু জানতে পারে। শরীরের জন্য কি ভালো আর কি মন্দ জ্ঞান লাভ করতে পারে। অসুবিধা হলে কিভাবে চিকিৎসা করবে? যদি ডাক্তার বা চিকিৎসক না পাওয়া যায়, তবে কিভাবে নিজেকে রক্ষা করবে? (2)আইনের পরিষেবা নিতে কিভাবে উকিল নির্বাচন করবে? না পাওয়া গেলে নিজে কিভাবে মোকাবিলা করবে? (3) খাদ্য বিষয়ে ঘরে, বাইরে ও সংকট মুহূর্তে কি কি ব্যবস্থা নেওয়া প্রয়োজন? (4) কত বছরের পর উপার্জনশীল হওয়া প্রয়োজন ও বিকল্প পন্থাগুলি কি কি? (5)সকল কাজে নিজের বিচারবোধকে কিভাবে জাগ্রত করতে হয়? (6) প্রত্যেকের আত্মজীবনের লক্ষ্য, পরিবার জীবনের লক্ষ্য, জাতীয়তাবাদী লক্ষ্য, বিশ্ব-কল্যানের লক্ষ্য কি কি হওয়া উচিৎ? (7) দক্ষতা বিকাশের সাথে সাথে নাগরিকের সামাজিক দায় কতখানি? (8) পাঠ্য বিষয়টির প্রয়োগ কখন ও কিভাবে হয়? (9) কিভাবে জীবনের লক্ষ্য স্থির করতে হয়? ইত্যাদি।

- আদর্শ পিতার কি কি কর্তব্য হওয়া দরকার?

- বরিষ্ঠ নাগরিকদের মতে, আদর্শ পিতা সন্তানের জন্মের পর থেকে সুরক্ষা, উন্নয়ন ও ভবিষ্যত রচনার নিঃস্বার্থ পরিকল্পনা করেন। সামর্থ ও যোগ্যতা অনুসার লালন-পালন করে সন্তানকে 18 বছর বয়সে সাবলম্বী করতে সচেষ্ট হন। পিতার এইরূপ নিঃস্বার্থ সেবায় আর্থিক অপচয়, সম্পদের লাভ-ক্ষতি যদি সন্তানের জীবনের তুলনায় পিতা মূল্যহীন মনে করেন, এইরূপ পিতাকে আদর্শ পিতা বলা যায়।

সময়ের মূল্যঃ সবাই বলেন সময়ের মূল্য বুঝতে হয়। এই প্রসঙ্গে আমরা সাধারন মানুষের অভিজ্ঞতার কথা জানতে গিয়ে বিভিন্ন রাজ্যে সমীক্ষা করছিলাম। সমীক্ষায় বিভিন্ন স্তরের মানুষের মতামত জানার সময় কতক কৃষক বললেন, চাষের জমিতে জল ও সারের প্রয়োজন হয়। কিন্তু বোনার সময় যে সার দেওয়া জরুরী, তা ফসল ফলার সময় দরকার হয় না। সেইভাবে ধানের ক্ষেতে ফসলের অবস্থা অনুসার বিভিন্ন সময় বিভিন্ন পরিমান জল মজুত করতে হয়। আর

ঠিক সময় প্রয়োজনীয় জল না রাখলে ফসল নষ্ট হয়ে যায়। তাই সময়ের মূল্য বুঝতে হয়। প্রশ্ন কর্তা বললেন, তবে কৃষকদের কাছে এক ঘন্টার মূল্য কত? কৃষকগন সেই প্রশ্নের উত্তর দিতে পারেন নি।

আবার কয়েকজন বরিষ্ঠ নাগরিক বললেন, "যে ছেলেবেলায় ফুটবল বা ক্রিকেট খেলে নি সে কি এখন খেলতে পারবে? জীবনটা প্রতিমুহূর্তে সামনের দিকে এগিয়ে চলেছে। তার সঙ্গে মানুষের দায়িত্ব ও কর্তব্য বৃদ্ধি পেয়ে চলেছে। বয়সের সময় সীমার মধ্যে নিজেদের কাজ সেরে ফেলতে হবে। না হলে অসমাপ্ত কাজ সারা সম্ভব হবে না। তাই সময়ের মূল্য বুঝতে বলা হয়"। তাঁরা বলেন, সময়ের মূল্য বিভিন্ন হতে পারে। সেটা কাজের গুরুত্ব ও সমগ্র প্রকল্পটির মূল্যের উপর নির্ভরশীল হয়। আবার 70 শতাংশ যুবক বললেন, আমাদের পৃথিবীতে বেঁচে থাকতে হলে সবাইকে আয় করতে হয়। তাই "বেঁচে থাকার খরচ অথবা উপার্জন মূল্য যা বেশী, তার প্রতি ঘন্টায় খরচ বা উপার্জনের পরিমানকে সময়ের মূল্য বলা যেতে পারে"।

তারা বলেন, সকল প্রাপ্তবয়স্ক মানুষকে প্রত্যক্ষ্য বা পরোক্ষ্য ভাবে আয় করতে হয়। আর সেই আয়ের অংশ থেকে আমাদের বাঁচার সামগ্রী কিনে শরীরের প্রয়োজন মিটাতে হয়। অতি প্রাচীনকালে দ্রব্য বিনিময় প্রথা প্রচলিত ছিল। তখন মানুষ চাল দিয়ে অপরের কাছ থেকে তেল বা মশলা নিত। কেউ বা বস্ত্র দিয়ে চাল কিনতো। এখন কিন্তু তা হয় না। অর্থের বিনিময়ে সব কিছু কিনতে হয়। সে কারন এখন সময়ের মূল্য নির্ধারন করা সহজ। কতক অজ্ঞ মানুষ বললেন, সময়ের মূল্য আবার কি? তবে শিক্ষিত যুবকরা বললেন, প্রত্যেক ঘন্টা বেঁচে থাকতে মানুষকে যতটা অর্থ খরচ করতে হয়, সেটাকে নূন্যতম সময়ের মূল্য ধরা হয়। এই সময়ের মূল্যকে হিসাব করার সহজ পদ্ধতি হল-

মানুষ সারা দিনে যতটা মূল্যের খাদ্য গ্রহন করতে বাধ্য হয়, ভারতে তার নূন্যতম 5.4 গুন অর্থ জীবনমান ব্যয় বাবত খরচ করতে বাধ্য হয়। অর্থাৎ যদি একজন মানুষ প্রতিদিন খাদ্যের জন্য 100 টাকা খরচ করে, তবে তার দৈনিক জীবন যাত্রার বাবত খরচ হবে 100 X 5.4 = 540 টাকা। আর 100 টাকা খাদ্যের খরচ জুড়লে তার মোট খরচ দাঁড়ায় 640 টাকা।

মানুষ নিজের শরীর পরিচর্যার পর দিনে আট ঘন্টা কাজ করতে সক্ষম হয়। তাই আট ঘন্টায় 640 টাকা আয় করলে সে 24 ঘন্টা বাঁচতে পারে। সুতরাং ঘন্টায় কত টাকা রোজগার করলে সে আট ঘন্টায় 640 টাকা উপার্জন করতে পারবে, তা বের করতে হবে। এখন 640 কে আট দিয়ে ভাগ দিন। উত্তর হবে (80) আশি টাকা। অর্থাৎ ঐ ব্যক্তির জীবন ধারন ব্যয় ঘন্টায় 80 টাকা। আবার 80 টাকাকে 60 দিয়ে ভাগ করলে বেরিয়ে আসবে এক মিনিট বাঁচার খরচ। এইভাবে সময়ের মূল্য নির্ধারন করতে হয়।

আর বেঁচে থাকার সময়ের মধ্যে সকল কাজ সারতে না পারলে যে মানুষ হয়ে জন্মানোর সার্থকতা লোপ পায়। তাই জীবন, মরন ও কাজের সীমা যখন নির্দিষ্ট, তখন সময়ের মূল্য নির্ধারন করে বাঁচতে শেখা জরুরী হয়ে যায়। তারা আরও বলেন, সময়ের মূল্য না বুঝলে প্রতিপক্ষের সুযোগ বাড়ে। সেকারন জীবন বিপন্ন হতে পারে। তাই সদা সতর্ক থাকা দরকার। সময়কে গুরুত্ব দিয়ে সকল কাজ সারতে হয়। তবেই সবার জীবনে সাফল্য ধরা দেবে।

অদৃশ্য ফাঁদঃ সমীক্ষায় পাওয়া তথ্য অনুসার সত্তর শতাংশ যুবক মনে করেন, আমাদের পৃথিবীতে রয়েছে অনেক "অদৃশ্য ফাঁদ"। এই ফাঁদের কবল থেকে বাঁচার কৌশল শিখতে হবে আমাদের। একটু বড় হলে অবশ্য শিশুরা ঘুঘু পাখির ডাক শুনবে। কি মনোরম সেই ডাক। অনেকে দেখে থাকবে, ঘুঘু পাখি সরল বিশ্বাসে তোমার উঠানে ঘুর ঘুর করতে থাকে। তার মনে

থাকে অসীম আনন্দ। সে তার সাথীকে ডেকে অনেক কথা বলে যায়। আর আহারের খোঁজ করতে থাকে। সে সময় শিকারী কুমতলবে সুতোর ফাঁদ তৈরী করে মাটিতে বিছিয়ে রাখে। ফাঁদের চার পাশে ছড়িয়ে দেয় শস্যের দানা। বোকা ঘুঘু আনন্দে খাওয়ার খেতে খেতে সেই ফাঁদে পা দিয়ে ফেলে। ফাঁদে পা দিলেই সে শিকারীর হাতে ধরা পড়ে যায়। শিকারী ঘুঘু পাখীকে ধরার পর তাকে হত্যা করে। তারপর তার মাংস খেয়ে নিজের পেট ভরায়।

তাই শিকারীরা বলে, **'ঘুঘু দেখেছ, ফাঁদ দেখনি'**। এর অর্থ হল ঘুঘুর সরলতা দেখেছ কিন্তু জটিল ফাঁদের কৌশল দেখনি। মানুষ বুদ্ধির ফাঁদে পৃথিবীর বড় বড় জন্তু, জানোয়ার ও সরল মানুষকে ফাঁসিয়ে দেয়। সেইরূপ অদৃশ্য ফাঁদের আড়ালে যখন অক্ষম মানুষ জমি, নারী ও টাকার লোভে ভুল পথে পা বাড়ায়, তখন গণ্যমান্য দেশ বরেন্য নাম ধারী ক্ষমতাবান ব্যক্তি তাকে আইনের জালে ফাঁসিয়ে বন্দী করে ফেলে। সেসময় অসহায় মানুষ বাঁচার জন্য ছটপট করতে থাকে। তার অর্জিত সকল সম্পদ দিয়েও সে বাঁচতে চায়। শিকারী মানুষের দল সেই সুযোগে তার সর্বস্ব লুটে নেয় অথচ তার পরিত্রান সম্ভব হয় না। কারন ভুল কাউকে ক্ষমা করে না। যেকোনো পথে সে তার মাশুল আদায় করে নেয়। তাই ফাঁদ থেকে সাবধান।

প্রচলিত সংস্কার

(উন্নিশ)

জীবন সম্পর্কে বিভিন্ন মানুষের অভিজ্ঞতা বিভিন্ন হয় পেশাগত কারনে। এবিষয়ে জনমত জানতে চাওয়ায় সাধারন মানুষ বললেন, আমরা সবাই জানি মানুষকে জীবন ধারন করতে হলে দৈনিক স্বাস্থ্য চর্চা করতে হয়। জীবন ধারন করা অর্থাৎ শরীরে আত্মাকে ধারন করা। অদৃশ্য আত্মা শরীরের অঙ্গ-প্রত্যঙ্গে মিশে থাকে। তারপর এই অঙ্গ-প্রত্যঙ্গ গুলিকে সচল করে শরীরের ক্ষমতার বহিঃপ্রকাশ ঘটালে আমরা জীবন্ত মানুষের অস্তিত্ব অনুভব করি। অর্থাৎ জীবন্ত মানুষকে দেখতে পাই। জীবন্ত মানুষ শ্বাস-প্রশ্বাস গ্রহন অথবা বর্জন করতে পারে। হাত-পা, মাথা ও শরীরের বহিরাঙ্গ গুলি নাড়াচাড়া করতে পারে। বুদ্ধির প্রয়োগে সমস্যার মোকাবিলা করতে পারে। এক স্থান থেকে অন্য স্থানে গমন করতে পারে ইত্যাদি।

কিন্তু শরীরের অভ্যন্তরে অথবা বাইরে আঘাত পেয়ে এই সচল শরীর থেকে যখন আত্মা বা জীবন বেরিয়ে যায়, তখন আমরা মানুষটিকে মৃত বলি। মানুষের মৃত্যু এইরূপ আঘাত জনিত কারনে অথবা রোগের আক্রমনে যে কোনো বয়সে ঘটা সম্ভব। সে কারন মানুষের জীবনযাত্রায় শরীরকে সুরক্ষিত করতে দৈনিক স্বাস্থ্য চর্চার পদ্ধতি অনুসরন করা হয়। আর আক্রমন থেকে বাঁচতে সতর্কতা অবলম্বন করতে হয়।

এই বিষয়ে সাধারন মানুষের অভিজ্ঞতা নিয়ে সমীক্ষা করতে গেলে, 70 শতাংশ সাধারন মানুষ বললেন-

স্বাস্থ্য চর্চার মাধ্যসে শিশুকাল থেকে জীবনের শেষ মুহূর্ত পর্যন্ত মানুষ নিজের জীবনকে সুরক্ষিত করতে সক্ষম হয়। তাঁদের মতে শিশুকালে অর্থাৎ বাল্যাবস্থায় মা শিশুর শরীরের যত্ন নিয়ে জীবনকে সুরক্ষিত করেন। তারপর ধীরে ধীরে শিশু যখন বড় হয় তখন মায়ের দ্বারা শরীরের যত্ন নেওয়ার পদ্ধতি অনুভব করে ও সেই পদ্ধতিতে একাই শরীরের যত্ন নিতে অভ্যস্ত হয়ে যায়। এরই নাম সংস্কার।

একজন আয়ুর্বেদিক ডাক্তার বললেন, শরীরের অভ্যন্তরে ও বাইরে থাকা সমস্ত অঙ্গ-প্রত্যঙ্গ সর্বদা শরীরকে সুরক্ষা দিতে ব্যস্ত রয়েছে। বহিঃরাঙ্গে মাথা, মৃথমণ্ডল, নাক, কান, গলা, চক্ষু,

মাথার খুলির উপর থাকা চুল, হাত, পা, বক্ষদেশ, পেট, কোমর, জানু, জননেন্দ্রীয়, হাঁটু ও পায়ের তলদেশ পর্যন্ত ত্বক দ্বারা সুরক্ষিত রয়েছে। বাহিরের আঘাত থেকে শরীরকে বাঁচাতে শরীরের সংবেদনশীল স্থানে চুল জন্মায়। সেগুলি প্রত্যহ ক্রমাগত বাড়তে থাকে।

আভ্যন্তরিন অঙ্গে দাঁত, জিহ্বা, গ্রাসনালী, পরিপাক তন্ত্র, শ্বাস তন্ত্র, হৃদযন্ত্র, কিডনি, লিভার, প্যাংক্রিয়াস, অস্থি, মাংস, মজ্জা, কলা তন্ত্র, কোষ ইত্যাদি। এই সকল অঙ্গ-প্রত্যঙ্গকে প্রতিনিয়তঃ যত্ন নিতে হয়। আর সারা শরীরকে আক্রমন থেকে বাঁচাতে সতর্ক থাকতে হয়। এই যত্ন নেওয়া ও সতর্ক থাকার পদ্ধতিগত অভ্যাসকে 'সংস্কার' বলা হয়।

অভিজ্ঞতাঃ সাধারন মানুষের মতামত যাচাই করে জানা গেছে যে পৃথিবীতে যত মহাপুরুষ জন্মেছেন তাঁদের 'সংস্কার' মজবুত থাকার কারনে প্রতিভার বিকাশ সম্ভব হয়েছিল। ঘরের ভীত মজবুত হলে যেমন ঘরটি বৃহৎ কাঠামো ধরে রাখতে পারে, তেমনি সংস্কার যদি মজবুত হয়, তবে মানুষ যেকোন সমস্যার মোকাবিলা করেও দীর্ঘকাল বেঁচে থাকতে পারে। কথিত আছে **"কর্মজীবনে যে মানুষ যত বড় সমস্যার সমাধান করতে পারেন, তিনি তত বড় মাপের মানুষ হিসাবে গন্য হন"।** তাই অসাধ্য সাধন করতে পারা মানুষকে আমরা 'মহাপুরুষ' বলি।

বরিষ্ঠ নাগরিকদের মতে বাবা-মা শিশুকাল থেকে সন্তানকে শ্রেষ্ঠ মানব তৈরীর আশায় সংস্কার দিতে থাকেন। শিশুকালে প্রচলিত সংস্কার গুলি সন্তান পিতামাতা ও বড়দের কাছ থেকে জেনে নেয়। সে কারন নিজ নিজ ধর্মের প্রথা অনুসার সংস্কার অপরিবর্তীত থাকে। কিন্তু অজ্ঞ পিতামাতা সংস্কারকে অবজ্ঞা করলে সন্তানের জীবনে সংকট সৃষ্টি হয়। এইরূপ সংস্কার দুধরনের হয়। তাদের একটি সামাজিক সংস্কার ও অন্যটি পারিবারিক সংস্কার। শিশু জন্মের পর থেকেই সামাজিক সংস্কার জীবন সুরক্ষার জন্য পিতামাতাকে অনুসরন করতে বাধ্য করে। দেখা যায় শিশু জন্মের পর এক নির্দিষ্ট পদ্ধতিতে তার নাড়ী কাটা হয়। তারপর তাকে মায়ের থেকে আলাদা করা হয়। আসলে সতর্কতার সঙ্গে এই নাড়ী কাটা সম্ভব না হলে টিটেনাশ জনিত রোগে শিশু আক্রান্ত হতে পারে অথবা শিশুর জীবন বিপন্ন হতে পারে। তাই সামাজিক রীতি হল, প্রথানুসার পদ্ধতি অনুসরন করে নাড়ী কাটতে হবে। তারপর হলুদ জলে স্নান করিয়ে সারা শরীরকে জীবানু মুক্ত করতে হবে। সমস্ত কাজটি আত্মীয় পরিজনের সমক্ষে সারলে ভুল ত্রুটি শুধরে নেওয়া সম্ভব হয়। হাসপাতালেও বিজ্ঞান সম্মত পদ্ধতি অনুসরন করার পদ্ধতি রয়েছে। এছাড়া ধাপে ধাপে আনুষ্ঠানিক উৎসবের মধ্যে শিশুর জীবনকে সামাজিক সংস্কারে উন্নত করার প্রথা রয়েছে আমাদের সমাজে। নামকরন, জন্মদিন পালন ইত্যাদি হল সামাজিক সংস্কারের বৃহৎ উদাহরন।

তাঁদের মতে পারিবারিক সংস্কারের মধ্যে রয়েছে দৈনন্দিন জীবন রক্ষা অর্থাৎ স্বাস্থ্য চর্চার প্রয়াস। মা শিশুকালে সন্তানের স্বাস্থ্য চর্চা করেন চিরাচরিত প্রথা অনুসরন করে। ঠিক সময়ে বুকের দুধ খাওয়ানো, ভালো কাপড় দিয়ে শিশুর শরীরকে ঢেকে রাখা, প্রয়োজন মত রোদ খাওয়ানো, প্রস্রাব পায়খানা পরিষ্কার করে শিশুর শরীর পরিচ্ছন্ন রাখা। আর কাঁদলে তার যন্ত্রনার কারন বুঝে পরিষেবা দেওয়া হল মায়ের প্রাথমিক কাজ। এই কাজ সামাজিক রীতি অনুসারে চলতে থাকে। কিন্তু মায়ের স্নেহ ও ভালোবাসা সেই রীতির গণ্ডী ছাড়িয়ে আরও স্পর্শ কাতর হয়ে যায়। ফলে শিশুর জীবনে সৃষ্টি হওয়া সামান্য কষ্ট মায়ের অন্তরে বেদনার সৃস্টি করে। মা তৎক্ষনাৎ শিশুর কষ্ট দূর করতে সক্রীয় হন। সেকারন মা-ই সব থেকে বেশী আপন হিসাবে গন্য হন। কিন্তু অন্ধ স্নেহে বশীভূত ও সরল জীবন-যাপনকারী মা সামাজিক জটিলতা বিষয়ে অজ্ঞ থাকতে পারেন। তিনি বিপদে ঈশ্বরকে প্রার্থনা করা, আর চোখের জলে দুঃখ প্রকাশ করতে অভ্যস্ত হতে

পারেন। সেকারন সংস্কার নিয়ে তাঁর মাথা ব্যাথা নাও থাকতে পারে। তিনি সংস্কার নিয়ে পতির উপর নির্ভরশীল হতে পারেন। তাই শিশুর জীবনে পিতা-মাতার ভূমিকা অপরিসীম গন্য হয়। এইভাবে সামাজিক রীতি অর্থাৎ সামাজিক সংস্কার ও পারিবারিক সংস্কার সন্তানের জীবনকে এক সুন্দর ও মজবুত পরিকাঠামোর মধ্যে সুরক্ষিত করতে সমর্থ হয়। এইরূপ পরিষেবার মাধ্যমে শিশু জীবন যাপন করতে অভ্যস্ত হলে পরবর্তী ধাপে তাকে অন্যান্য সংস্কার গ্রহন করতে বাধ্য করা হয়।

সংস্কার বিধি

(কুড়ি)

বরিষ্ঠ নাগরিকদের মতে **সকল মানব সন্তানই সংস্কারকে দৈনিক জীবনযাত্রার মধ্যে রপ্ত করতে বাধ্য হয়**। এটি হল জীবনকে সুরক্ষিত করে অগ্রগতি সূচিত করার ফরমূলা। এই ফরমূলা অতি প্রাচীন। তথাপি কেবল আধুনিক সমাজের অভিজ্ঞতা অনুসার বিজ্ঞান ভিত্তিক তথ্যের আধারে সংশোধিত হয়। তাঁদের মতে শূন্য আয়ু থেকে জীবনের শেষ মূহূর্ত পর্যন্ত মানুষকে বহু সমস্যা অতিক্রম করতে হয়। কিন্তু একই সমস্যা বার বার অতিক্রম করতে সংস্কার অত্যন্ত উপযোগী গণ্য হয়। প্রচলিত প্রথা অনুসার সকাল 6-00টা. থেকে পরের দিন সকাল 6-00টা. পর্যন্ত শরীরের যত্ন ও কাজের অভ্যেস রপ্ত করার রীতিই ছিল সংস্কার। পরে আরও অনেক সমস্যা সমাধানের সূত্র যুক্ত করে সংস্কারের আয়তন বৃদ্ধি করা হয়েছে। তাই এই রকম একটি সংস্কার হল "নামকরন উৎসব"। আয়োজকদের মতে মানুষের সন্তানকে চিহ্নিত ও পরিচয় দান করার জন্য উৎসবের মাধ্যমে নামকরন করতে হয়।

ব্যখ্যাঃ বরিষ্ঠ নাগরিকগন বলেন, শিশু জন্মের পর সামাজিক রীতি অনুসার সরকারী দপ্তরে নাম নথিকরন করার প্রথা প্রচলিত রয়েছে। গ্রামে পঞ্চায়েত দপ্তর ও শহরে পৌরসভা সন্তানের জন্ম সার্টিফিকেট দিয়ে থাকেন। তারপর রয়েছে আধার নথিকরন। রেশন কার্ড নথিকরন ইত্যাদি। তথাপি আমরা বিভিন্ন উৎসবের মাধ্যমে সন্তানের মঙ্গল সূচক অনুষ্ঠান করে থাকি। "নামকরন" হল এইরূপ একটি সামাজিক অনুষ্ঠান। সন্তানকে চিহ্নিত না করলে সে পৃথিবীর জনসমুদ্রে মিশে গেলে হারিয়ে যেতে পারে। আজকাল অবশ্য অনেকে নামকরনের পরে ডি.এন.এ. উৎসব পালন করেন। এই পদ্ধতি নাকি আধুনিক ও বিজ্ঞান সম্মত।

বিশেষজ্ঞদের মতে নামকরন ছাড়া সন্তানের অধিকার অথবা উত্তরাধিকার গুলি সংরক্ষিত হয় না। একই নামে অন্য ব্যক্তি থাকলে সন্তানের অধিকার নিয়ে বিবাদ সৃষ্টি করে এবং তা অবৈধ ভাবে হস্তান্তর হওয়ার সম্ভবনা রয়ে যায়। তাই সন্তান চিহ্নিত করন ও পরিচয় দান জরুরী হয়। প্রাচীনকালে সরকারী ব্যবস্থা ছিল না। সেকারন সন্তানের অধিকার ও পরিচয় প্রচার করতে সমস্ত মানুষ উৎসবের রীতি অনুসরন করতো। আজও সেই রীতি আমাদের সমাজে প্রচলিত রয়েছে। এই নামকরনের পর সন্তান নিজের পরিচয় পেয়ে যায়। তার নামের সাথে গ্রাম অথবা শহর, পঞ্চায়েত অথবা পৌরসভা, থানা, জেলা, রাজ্য ও দেশের নাম যুক্ত হলে সে নাগরিকত্বের স্বীকৃতি পেয়ে যায়। ফলে সে পৃথিবীর যে কোনো স্থানে গেলে হারিয়ে যাওয়ার ভয় থাকে না।

তাঁরা বলেন, সাধারনতঃ প্রায় ছয় মাস বয়সে সন্তানের নামকরন উৎসব পালন করার রীতি প্রচলিত রয়েছে। শূন্য থেকে 180 দিন বয়স পর্যন্ত মাতৃসেবায় শিশুকে থাকতে হয়। সে সময় শিশু সামাজিক স্বীকৃতি, পরিচিতি ও উত্তরাধিকার প্রাপ্তির হকদার হয়ে যায়। নামকরন উৎসবের মাধ্যমে মাতাপিতা ও আত্মীয় স্বজন সন্তানের সঙ্গে সমাজের পরিচয় করিয়ে দিতে ও জনসমক্ষে তাদের উত্তরাধিকারের স্বীকৃতি প্রদান করতে চান। এটাই হল এই উৎসবের আসল

উদ্দেশ্য। নামকরন উৎসবে পূজা-পাঠ, দেব আরাধনা ও গোত্র পরিচয় নিবেদন করা হয়। গোত্র হল বংশধারার সূত্র। মানুষ বিশ্বাস করে বিশেষ কোন মুনি অথবা ঋষির বংশধর বংশানুক্রমে পরিবার গড়ে চলেছেন। আর নবজাতক সেই পরিবারেরই অংশ। তাই মুনির নাম অনুসার গোত্র নির্ধারন করা হয়।

আমাদের সমাজে পিতৃ-পরিচয়ে সন্তানকে প্রতিষ্ঠালাভ করতে হয়। ধর্মীয় আইন অনুসার সন্তান পিতার ঔরষজাত হওয়ার কারনে শরীরে পিতার অনুরূপ সংবেদনা বহন করে। সে কারন সন্তানের স্বভাব, আচরন ও চেহারা পিতার মত হতেও পারে। বর্তমান বিজ্ঞানের পরিভাষায় সেই ধারনা হয়ত বদলেছে। কারন পৃথিবীতে জিন আবিষ্কারের পর জানা গেছে, সন্তানের শরীরে থাকা জিন, পিতার জিনের মত হওয়ার কারনে উভয়ের আচরন ও চেহারায় সাদৃশ্য দেখা যায়। আবার এই তথ্যকে কাজে লাগিয়ে মানুষ নিজের সন্তানকে চিহ্নিত করতে পারছেন অনায়াসে।

আবার কতক নাগরিক বললেন, উত্তরাধিকার সম্পর্কীত আইনে প্রকৃত সন্তানই সম্পত্তির অধিকারী গন্য হয়। সে কারন নাম করন উৎসব সন্তানের জীবনকে পিতার স্বীকৃতি ও মাতাকে সহধর্মীনী হওয়ার স্বীকৃতি দেয়। ফলে সম্পত্তির উত্তরাধিকার নিয়ে বিবাদ এড়িয়ে যাওয়া সম্ভব হয়। নামকরন উৎসবের আরেকটি সুফল হল সন্তান পরিচিতি ও আশীর্বাদ। নামকরন উৎসবে উপস্থিত ব্যক্তিগন সন্তানের পরিচয় জানার পর তার পিতার সঙ্গে থাকা সম্পর্ককে সন্তানের উত্তরাধিকার হিসাবে গন্য করেন এবং সেই মর্মে নবজাতককে আশীর্বাদ করেন।

বরিষ্ঠ নাগরিকদের মতে **আশীর্বাদ হল মানুষের অন্তরের বন্ধন।** স্নায়ুর অনুভূতিকে অন্যের আত্মার সাথে যুক্ত করার প্রয়াস। প্রত্যেক মানুষের মস্তিস্কে অপরকে অনুভব করার শক্তি রয়েছে। নিজের স্নায়ুকে অন্য মানুষের স্নায়ুর সাথে যুক্ত করে মানুষ তার যন্ত্রনা অথবা অসুস্থতা অনুভব করতে পারে। সে কারনেই মা-বাবা সন্তানের অসুস্থতা অথবা বিপদ অনায়াসে অনুমান করতে পারেন ও শরীরে প্রতিক্রিয়া অনুভব করেন। তাঁদের আশীর্বাদ দেওয়ার সময় আত্মীয় বা অনাত্মীয়গন সন্তানকে এক অলিখিত প্রতিশ্রুতি দিয়ে ফেলেন যে তার জীবনের অস্তিত্ব রক্ষায় আশীর্বাদক চিরকাল সহায়ক হবেন। এরপর যখন আশীর্বাদ প্রাপ্ত ব্যক্তি সমস্যার সম্মুখীন হয়, তখন তা আশীর্বাদকের গোচরে এলে, তার পূর্ব পরিচিতি ও স্নেহের সন্তানকে সুরক্ষিত করার সিদ্ধান্ত নেয়। এইভাবে আশীর্বাদের সুফল সন্তান পেতে থাকলে তার শৈশব ও কর্মজীবন সুরক্ষিত হয়।

তাঁদের মতে, সন্তানের জীবনকে আরও সুরক্ষিত করার আশায় বাবা-মা অথবা অন্যান্য আত্মীয়গন সম্পত্তি, অর্থ অথবা সারা জীবন সুরক্ষার জন্য ইন্সুরেন্স পলিশি দান করেন। অনেকে সোনা অথবা দামী ধাতুর অলংকার, উপহার সামগ্রী দান করে সন্তানের ভবিষ্যৎ সুরক্ষার প্রয়াস করেন। অনেকের মতে সমাজের ব্যর্থ মানুষ অন্যের সুখে ঈর্ষা অনুভব করেন। কিন্তু এইরূপ উৎসবে সবার আমন্ত্রন হলে, সবাই ঈর্ষা ভুলে একে অপরের সহায়তায় সামিল হয়। তাই একই গোষ্ঠীর লোক সম্প্রীতির বন্ধন সুদৃঢ় করতে এইরূপ উৎসবের আয়োজন করেন।

তাঁরা আরও বলেন, সামাজিক অনুষ্ঠানে গৃহকর্তার সুখ্যাতি বাড়ে। পরে নিজেদের অজ্ঞাতে পথে-ঘাটে লোকালয়ে সন্তানের বিপদ ঘটলে পরিচিত মানুষ সন্তানকে রক্ষা করতে এগিয়ে আসেন। এইভাবে সামাজিক নিরাপত্তা সুনিশ্চিত করতে নামকরন উৎসব জীবনে কার্যকরী হয়। ইতিমধ্যে সন্তান ছয় মাস (180 দিন) মায়ের পরিষেবা পেয়ে দৈনিক খাওয়া, পরা ও খেলার পরিবেশে বেড়ে ওঠার এক অভ্যাসে রপ্ত হয়ে যায়। তখন আপন পর চিনতে শেখা, আধো আধো কথা বলার চেষ্টা

করা, বল অথবা হাতে ধরার জিনিস পেলে মুখে পোরা অথবা ছুঁড়ে ফেলায় অভ্যস্ত হতে দেখা যায়। তখন তার ভালো লাগার কারনেই কারুর কোলে যাওয়া, বল অথবা ছোট বস্তু ছোঁড়া, এক স্থান থেকে অন্য স্থানে যাওয়া, সুন্দর বস্তুর দিকে এগিয়ে যাওয়ার প্রবনতা লক্ষ্য করা যায়। কিন্তু তার এই ভালোলাগা, নিজের জীবনের অনিষ্ঠের কারন হতে পারে এবং তাতে জীবনের নিরাপত্তা বিঘ্নিত হওয়াও সম্ভব। তাই এই সময় মাতা-পিতা সন্তানকে সংস্কার দিতে সক্রিয় হন। আর সতর্কতার সঙ্গে সন্তানকে আগলে রাখেন।

সমীক্ষকদের মতে মানব সন্তানের বিচার শক্তি জন্মের সঙ্গে সঙ্গেই প্রাপ্ত হয়ে থাকে। সেকারন শিশু কি পরিস্থিতিতে কাঁদবে আর কি পরিস্থিতিতে হাসবে তা নিজেই স্থির করতে পারে। পরে সে তার পছন্দ ও অপছন্দ প্রকাশ করতে থাকে। তাই মানব জীবনে বিচারবোধ কোন জটিল প্রক্রিয়া নয়। এটি একটি জন্মগত জ্ঞানের প্রকাশ মাত্র।

সংস্কার কেন প্রয়োজন হয়? এই নিয়ে জিজ্ঞাসা থাকা স্বাভাবিক। আসলে প্রত্যেক মানুষ জীবন ধারনের পদ্ধতি জেনে জন্মগ্রহন করে না। জন্ম গ্রহনের পর সমাজ থেকে জীবন ধারনের কৌশল জেনে নিতে হয়। ঠিক সেই কারনেই মানুষের সমাজ মূর্খ, অশিক্ষিত, শিক্ষিত ও সকল প্রকার মানবের নিরাপত্তা ও উন্নয়নের কথা ভেবে জীবন ধারনের এক সরল পদ্ধতি অনুসরন করার পরামর্শ দিয়ে গেছেন। তারই নাম সংস্কার। মানব জীবনে সংস্কার নামক অভ্যাস চলতে থাকলে জীবন এক নিদ্দিষ্ট ছন্দে চলতে থাকে। ফলে রোগ, দুর্ঘটনা, অপরাধ ও ভূল সিদ্ধান্তের কারনে জীবন সংশয় থেকে অনেকটা রেহাই পাওয়া সম্ভব হয়।

শুধু মানুষ নয়, পশুপক্ষীর জীবনেও সংস্কার রয়েছে। কতক পাখী ডিম পাড়ার পূর্বে নিরাপদ স্থানে বাসা তৈরী করে। তারপর সেখানে ডিমের তদারকী করতে থাকে যতক্ষন না সন্তান ডিম থেকে বেরিয়ে আসে। মুরগী ডিম থেকে বেরিয়ে আসা বাচ্চা গুলোকে নিয়ে ঘুরতে থাকে। খাওয়ার খুঁজতে শেখায়। বিড়াল অথবা কাক পক্ষীর সাথে লড়াই করে সন্তানকে রক্ষা করে। সন্তান বড় হলে তাকে সতন্ত্র করে দেয়। আবার বাঘের জীবনেও সেইরূপ নিদ্দিষ্ট পদ্ধতি রয়েছে। বাঘ পরিষ্কার স্থানে বাচ্চার জন্ম দেয়। সন্তানের নিরাপত্তার জন্য পাহারা দেয়। তাদের খাদ্য সংগ্রহ করে বাঁচতে শেখায়। কিভাবে শিকার করতে হয় তার প্রশিক্ষন দেয়। তারপর একটু বড় হলে যখন সে নিজে শিকার করে আহার সংগ্রহ করতে সক্ষম হয়, তখন তাকে স্বতন্ত্র ভাবে বাঁচতে ছেড়ে দেয়।

তাঁরা বলেন, "এই যে সকল মানুষ একই পদ্ধতি অনুসরন করে বাঁচে অথবা জীবন অতিবাহিত করে এরই নাম হল গতানুগতিক সংস্কার"। মানুষ যদি সংস্করের অনুগামী হয়, তবে সে একইভাবে উন্নত মানুষ হিসাবে প্রতিষ্ঠা লাভ করতে পারে। যাঁরা সংস্কার মানেন না তাঁরা বারবার ভূল করে শিখতে থাকেন ও অনিশ্চিত ভবিষ্যতের শিকার হন।

ভালোবাসার ফরমূলাঃ বরিষ্ঠ নাগরিকগন বলেন,শুধুভালোবাসি-ভালোবাসি বললে ভালোবাসা গড়ে উঠে না। ভালোবাসা গড়ে উঠতে সময় লাগে। মানুষকে ভালোবাসা প্রমান করতে হলে মনের কয়েকটি দশা অতিক্রম করতে হয়। যেমন- (আশা + আগ্রহ + প্রমান + আস্থা) = বিশ্বাস, (ভালোলাগা + বিশ্বাস) = ভালোবাসা। এটিকে ভালোবাসার সংক্ষিপ্ত ফরমূলা বলতে পারো।

আশাঃ আশা হল নিকট ও দূর ভবিষ্যতের সম্ভবনা বিষয়ে অনুমান ভিত্তিক পরিকল্পনার ইচ্ছা। এই আশার কারনে মানুষ কর্মের গতি সচল রাখে। তাই আশা হল পরিকল্পনার প্রথম ধাপ। আশার উপর নির্ভর করেই মানুষ লক্ষ্য স্থির করেন। আশার কারনে মানুষের মনে কাজে অগ্রসর হওয়ার

আগ্রহ জন্মে। অর্থাৎ আশা প্রথমে পরিনতি অনুভব করে। তারপর শরীরকে আগ্রহী হতে প্রেরণা দেয়।

আগ্রহঃ আগ্রহ শারীরিক প্রতিক্রিয়ার দ্বারা প্রকাশিত হয়। এইরূপ প্রতিক্রিয়ায় আগ্রহী ব্যক্তি অপরের দৃষ্টি আকর্ষন করতে চেষ্টা করে। অপর ব্যক্তিও সেই আকর্ষনে সাড়া দিলে উভয়ের আশা সক্রীয় হয়। কিন্তু প্রমান ছাড়া আস্থা জন্মে না।

প্রমানঃ আস্থা অর্জনের লক্ষ্যে তাই মানুষ সদিচ্ছার প্রমান পেশ করে। যেমন-মা শিশুর কাছে আসতেই শিশু আরাম অথবা খাদ্যের সাহায্য পাওয়ার আশায় মায়ের কাছে যাওয়ার আগ্রহ প্রকাশ করে। তারপর মা তাকে কোলে নিলে তার আস্থা জন্মে যে সে আগ্রহ প্রকাশ করলেই অপরে সাহায্য করবে। এইরূপ সদিচ্ছার প্রমান বার বার পাওয়ার পর তার মনে আস্থা সৃষ্টি হয় যে পরিষেবা দানকারী নির্ভরযোগ্য ব্যক্তি।

আস্থাঃ আস্থার অর্থ হল নির্ভর যোগ্যতা। নির্ভরতা মানুষ, পশু ও মেধা ধারনকারী জীবকে গোলাম বানিয়ে ফেলতে সমর্থ হয়। তাই আস্থার উপর ভর করা ঠিক হবে কি না মানুষ বিচার করতে থাকে। যেমন-দৈনিক গৃহপালিত মোরগকে খাবার দিয়ে মানুষ তার পেট ভরানোর আস্থা অর্জন করে। কিন্তু নিজের জীবন ধারন অথবা অস্তিত্ব রক্ষার প্রয়োজনে তাকে হত্যা করে মাংস খায়। তেমনি অক্ষম অথবা অনুন্নত অথবা স্বার্থপর অথবা বিপন্ন মানুষ নিজের অস্তিত্ব রক্ষার প্রয়োজনে আস্থা অর্জনের পরই বিনাশের ফন্দি আঁটে। তাই আস্থাকে সুদৃঢ় করতে গ্যারেন্টির অর্থাৎ ভরসার মূল্যায়ন জরুরী হয়। প্রমান দিয়ে মানুষ আস্থা অর্জন করে।

প্রমানঃ কয়েকবার নির্ভর যোগ্যতার প্রমান দেওয়ার পর মানুষের মনে বিশ্বাস জন্মে। আর যখন একে অপরের উপর ভরসা করতে শুরু করে তখনই বিশ্বাসের বৃদ্ধি হয়। মনে খুশি অনুভূত হয়। তাই ভালোলাগে।

বিশ্বাসঃ বিশ্বাস করা সহজ বিষয় নয়। বিশ্বাসের ভীত হল (আশা + আগ্রহ + আস্থা + প্রমান = বিশ্বাস)এক দীর্ঘ প্রচেষ্টার সমন্বয়। বিশ্বাস হল সত্যকে উপলব্ধি করার পরিস্থিতি। কিন্তু সকল বিশ্বাস ভালোলাগা নয়। যেমন- আমরা বিশ্বাস করি বাঘ কাছে গেলে মানুষকে মেরে ফেলবে। এর পরিনতি ভালো লাগে না। স্ত্রীর চক্রান্তে স্বামীর মৃত্যু, স্বামীর চক্রান্তে স্ত্রীর জীবন বিপন্ন, বিষক্রীয়ায় মানুষ মরে। এসবই বিশ্বাস যোগ্য। অথচ এসবের পরিনতি ভালো লাগে না বলে আমরা গ্রহন করতে পারি না। বিশ্বাস চিরস্থায়ী নাও হতে পারে। নিজ স্বার্থরক্ষার কারনে অথবা অন্য পরিস্থিতিতে বিশ্বাস ভঙ্গ করলে মানুষকে বিশ্বাস ঘাতক বলা হয়।

ভালোলাগাঃ ভালোলাগা কি? এটি হল শারীরিক অনুভূতি। শরীর তার স্নায়ুর প্রভাবে মনকে খুশি করতে না পারলে ভালোলাগা অনুভূত হয় না। বাহ্যিক প্রতিক্রিয়ার প্রভাবে আমাদের স্নায়ু খুশি অথবা অখুশি হওয়ার পরিস্থিতি অনুভব করতে পারে। সে সময় এক আরামের মুহর্ত অনুভূত হয়। সেটাই ভালোলাগা। অর্থাৎ বিশ্বাস যদি কল্যানকর হয়, তবে ভালোলাগা সম্ভব।

ভালোবাসাঃ ভালোবাসা হল বিশ্বাস ও ভালোলাগার সমন্বয়। বিশ্বাস যখন সুদৃঢ় হয় আর একে অপরকে পছন্দ করে, তখন ভালোবাসার জন্ম হয়। তাই ভালোবাসা মানে শুধু গলায় গলা জড়িয়ে অনুভূতি বিনিময় নয়। মুখের কথায় ভালোবাসি ভালোবাসি বলা নয়। এটি এক দীর্ঘ গবেষনা ও প্রত্যক্ষ ভূমিকার অলিখিত দলিল। শিক্ষিত মানুষ সতর্ক হয়ে ভালোবাসতে শেখে। কারন অসতর্ক ভালোবাসায় জীবন বিপন্ন অবশ্যম্ভাবী হয়। তবে বিশেষজ্ঞদের মতে অন্ধ ভালোবাসা আত্মহত্যার কারন হয়। তাই অন্ধ বিশ্বাস ও অন্ধ ভালোবাসা মঙ্গলময় হয় না।

কতক বরিষ্ঠ নাগরিক প্রচলিত সংস্কারের উদাহরন দিতে গিয়ে বলেন-

- সকালে ঊষা আর্বিভাব মুহুর্তে অর্থাৎ অন্ধকার থেকে আলোর প্রকাশ মুহুর্তে শয্যা ত্যাগ করা উচিৎ। অনেকে এই মুহুর্তকে কাকভোর বলেন। বিভন্ন রাজ্যের অবস্থান অনুসার সকাল 5-00টা. অথবা তার পর থেকে এই মূহর্ত শুরু হয়।

- ঘুম ভাঙার পরই বিছানায় বসে হাত জোড় করে ইষ্ট দবতাকে প্রনাম করতে হয়। তারপর ধ্যান, ইষ্ট দেবতার স্মরন অথবা মেডিটেশন করা উচিৎ।

ব্যাখ্যাঃ সারা রাত শিশির পড়ে বায়ু মণ্ডল শীতল হয়ে যায়। বেশীরভাগ গাছ রাত্রে অক্সিজেন ত্যাগ করে বায়ু স্তরকে বিশুদ্ধ করে তোলে। সেকারন দূষন মুক্ত বায়ু সকালের পরিবেশকে মধুর করে তোলে। তারপর সারা রাত ঘুমের পর মস্তিষ্ক বিশ্রাম পেয়ে যায়। সেই সময় বিছানা থেকে উঠে মস্তিষ্কের কাজ করলে সাফল্য পাওয়া যায়।

মানুষ বিশ্বাস করে প্রত্যেক মানুষই পরম পিতা ঈশ্বরের সন্তান। আমরা সবাই হাত জোড় করে তাঁকে প্রনাম জানাই। হাত জড়ো করি কেন? মানুষের কর্ম ক্ষমতা দুই হাতের মাধ্যমে প্রসারিত হয়। হাত জড়ো করার অর্থ হল সমর্পন করা। তাঁর সামনে এই শরীরের সকল ক্ষমতাই মূল্যহীন। তিনি অর্থাৎ পরমপিতা সৃষ্টি অথবা ধ্বংশ অনায়াসে করতে পারেন। সেকারন তাঁর অনুগ্রহ পেতে শরীরের সমস্ত ক্ষমতাকে সমর্পন করতে আমরা হাত জোড় করি ও জীবন রক্ষার প্রার্থনা করি। কর্মের সমস্ত নির্দেশ মস্তিষ্ক থেকে সম্পন্ন হয় বলে আমরা মাথা ঠুকে প্রণাম করতে অভ্যস্ত হই। সে কারন সন্তানকে পিতা-মাতা, গুরুজন ও পরম পিতা ঈশ্বরের প্রতি আনুগত্য শিখাতে হাত জোড় করা, নমস্কার করা অথবা প্রণাম করার কৌশল শিক্ষা দিতে হয়। এইরূপ সমর্পনের সময় মানুষের মন অন্যান্য চিন্তা থেকে সরে এসে এক বিন্দুতে কেন্দ্রীভূত হয়। মন একাধিক চিন্তার সমস্যা থেকে মুক্ত হয়ে যায়। এই সময় সেকারনেই সঠিক সিদ্ধান্ত নেওয়া সহজ হয়ে যায়।

মস্তিষ্ক নির্ভর জীবনঃ সাধারন মানুষের মতে, মানুষের মস্তিষ্ককে অতীত, ভবিষ্যৎ ও বর্তমান কাল অনুসার মূলতঃ তিন ধরনের কাজ করতে হয়।

1. অতীতের ইতিহাস থেকে অভিজ্ঞতা অর্জন করে স্মৃতিতে ধরে রাখা।
2. ভবিষ্যতের কাজটি করতে (নিকট ও দূর ভবিষ্যতের) পরিকল্পনা করা।
3. বর্তমান পরিস্থিতিতে পরিণতি অনুমান করে সিদ্ধান্ত নেওয়া ও বুদ্ধিকে সক্রীয় করা।

বরিষ্ঠ নাগরিকদের মতে, সংস্কার মস্তিকের এই তিনটি কাজকে সহজ করে দেয়। বার বার জীবনের সমস্যা সমাধান করতে অভিজ্ঞতার প্রয়োগ কিভাবে করতে হয়, তা শিখিয়ে দেয় সংস্কার। যেমন- শষ্য উৎপন্ন হওয়ার পর কৃষক সযত্নে ধানকে সংগ্রহ করেন এক বিশেষ পদ্ধতিতে। তারপর সেটি সেদ্ধ করে শুকিয়ে মেসিনে নিয়ে যাওয়া হয়। মেসিনে ধান থেকে চাল তৈরী করে খাদ্যের উপযোগী করলে, চালকে জলে সেদ্ধ করে আমরা ভাত তৈরী করি। তারপর সেগুলি খাদ্য হিসাবে গ্রহন করা হয়। ধান থেকে খাদ্য তৈরীর প্রক্রিয়াটি আমাদের পূর্ব-পুরুষ আবিষ্কার করেছিলেন। এটি একটি ঐতিহাসিক ঘটনা। আমরা আমাদের সন্তানকে সেই ঐতিহাসিক

ঘটনার কৌশল শিখিয়ে দিলে তা সন্তানের মাথায় অভিজ্ঞতা হিসাবে ধরা থাকে। সেকারন যখন সন্তান কৃষির কাজ করে ধান উৎপাদন করবে ও তার থেকে খাদ্য তৈরী করবে, তখন তার অভিজ্ঞতা অনুসার কাজটি সম্পন্ন করতে সমস্যা সৃষ্টি হবে না। এইভাবে অতীতের ইতিহাস থেকে মানুষ অভিজ্ঞতা অর্জন করে জীবনের সমস্যা সমাধান করে আসছে।

তাই ভবিষ্যতের কাজ নিয়ে মস্তিষ্কের অনেক দায়। যেমন আজ কৃষক ভাবলেন যে কাল মাঠে গিয়ে জল দেখা প্রয়োজন। এটা ভবিষ্যতের চিন্তা। কখন যাবেন? পরের দিন ভোরে। এটা পরিকল্পনা। পরের দিন ভোরে ঘুম থেকে উঠে হাতে একটা কোদাল নিলেন। এই হাতে কোদাল নেওয়াটা তাৎক্ষণিক সিদ্ধান্ত (বর্তমান পরিস্থিতির পরিনতি অনুমান করে নেওয়া সিদ্ধান্ত)।

তারপর কোথায় যাবেন? কিভাবে জলের প্রয়োজন মূল্যায়ন করবেন? সব কিছুই যাওয়ার পূর্বে মনে মনে ঠিক করে ফেলেন। এরই নাম পরিকল্পনা। এইরূপ মানুষ প্রত্যেকটি কাজে কেবল কালের পরিস্থিতি অনুসার অতীতের অভিজ্ঞতাকে কাজে লাগাতে শেখে। সংস্কার ও শিক্ষা হল অতীতের অভিজ্ঞতায় ভরপুর ভাণ্ডার। এগুলি রপ্ত করতে পারলে মানুষ জীবনের সমস্ত রকম সমস্যা সমাধান করতে পারে।

সমস্যা হল জীবন রক্ষার কারনে সৃষ্ট বাধা। মানুষকে খাদ্য, পরিধান ও বাসস্থান সংগ্রহ করতে হয় এক জটিল পদ্ধতি অতিক্রম করে। আর সেই পদ্ধতি অনুসরন করলেই বাধা, বিপত্তি ও আক্রমনের সম্মুখীন হতে হয়। যাকে এক কথায় আমরা সমস্যা বলি। সমাজ জীবনে বাঁচার প্রয়োজনে সারা পৃথিবীর মানুষ সংগ্রাম করে চলেছেন। তোমাকেও একই পদ্ধতি অনুসরন করে একইভাবে তাদের মত জীবন যাপন করতে হবে। এসবই মস্তিষ্কের সিদ্ধান্তের উপর নির্ভরশীল।

তাঁরা বলেন, রাস্তায় চলতে চলতে যদি তোমার দিকে একটা চলন্ত গাড়ী ধেয়ে আসে, তুমি তৎক্ষনাৎ কি করবে? সেটা তোমার সিদ্ধান্তের উপর নির্ভর করবে। তুমি রাস্তা থেকে বাঁদিকে নেমে যেতে পারো। যদি নেমে যাও তবে প্রান বাঁচতে পারে। আর যদি দাঁড়িয়ে থাকো, মৃত্যু হতেও পারে। অর্থাৎ সঠিক সিদ্ধান্তই পরিনতির কারন হবে। সে কারন সংস্কার অনুসার মানুষকে ধৈর্য্য সহকারে জ্ঞান অর্জন করতে হয়। আর ভবিষ্যৎ পরিকল্পনা করে লক্ষ্য পূরণ করতে হয়।

মানুষের জীবনে সকল কাজই পরিকল্পনা ভিত্তিক। পরিকল্পনা ছাড়া খাওয়া, পরা, বাস করা, চিকিৎসা, শিক্ষা, জ্ঞান সঞ্চয় অথবা জীবন সুরক্ষা সম্ভব নয়। একজন মানুষ তার সামনে বসে থাকা মানুষের সঙ্গে আলাপ করলেই অচেনা মানুষের স্বভাব, চরিত্র ও আচরন বিষয়ে কতকটা অনুমান করতে পারবে। এইরূপ অনুমান করার দক্ষতা কেবল সংস্কারের মাধ্যমে অর্জন করা সম্ভব।

কার্যতঃ সংস্কারে রপ্ত মানুষ একই ধরনের চরিত্র অনুসরন করলে দেহের গঠন চারিত্রিক কর্মের উপযোগী আকার ধারন করতে থাকে। ফলে একজন ঝগড়াটে মানুষের মুখ দেখে বোঝা যায় সে কতটা ভয়ঙ্কর হতে পারে। একজন শক্ত শরীরের মানুষকে দেখে পেশীবান ব্যক্তি বোঝা যায়। আবার কৃষকের শক্ত হাতের ছোঁয়ায় বোঝা যায় যে সে কি কি কাজ করতে সক্ষম। আর কোমল হাতের ছোঁয়ায় কি কি কাজ করা সম্ভব তাও সহজে অনুমান করা যায়।

কতক মানুষ মনে করেন যে, "মানুষ শৈশব থেকে নিজ নিজ সংস্কার অনুসার নিজের জীবন যাত্রার পদ্ধতি ঠিক করে ফেলে"। তাই তাদের শরীরের গঠনও জীবন যাত্রার উপযোগী হয়ে গড়ে উঠে। শিক্ষার কারনে এইরূপ জীবনযাত্রার পদ্ধতি যদি পরিবর্তিত হয়, তবে শরীরের গঠনও বদলে যায়। তাই দেখা যায় দুইটি ভিন্ন পরিবারের নারী ও পুরুষ বিবাহের পর একই সংস্কারে

জীবন যাপন করলে তাদের চেহারা বদলে যায়। মনে হয় উভয়েই ভাই-বোনের মত একই পিতার সন্তান। এসবই মস্তিষ্কের অভিজ্ঞতা।

জ্যোতিষ চর্চায় নারী ও পুরুষের আকার বিষয়ে যে সব বর্ণনা রয়েছে এবং আকার অনুসার মানুষের চরিত্র নিয়ে যে সকল মতামত প্রকাশ করা হয়েছে তার সত্যতা অনেকই অনুভব করেন। পুরাকালে বিবাহের পূর্বে নারী চয়ন পদ্ধতি ছিল অভিনব। সেকালের মানুষ নারীদের চার ভাগে ভাগ করতেন। পদ্মিনী, চিত্রীনী, শঙ্খিণী ও হস্তিনী। যদিও ভগবানের উক্তি অনুসার "শিশু জন্মক্ষণে অতীত অথবা বর্তমানের কোন চরিত্র ধারন করে না।" তবে মানুষ এই চার রকম চরিত্র পেল কিভাবে? আসলে চরিত্রের বিকাশ সম্ভব হয়েছে শরীরের গঠন অনুসার নয়, সংস্কারের অনুগামী হয়ে গড়ে উঠেছে শরীর।

অনেকের মতে সঠিক সংস্কারে বেড়ে ওঠা নারী চঞ্চল ও সত্যানুরাগী হওয়ার কারনে তার শারীরিক গঠন পদ্মিনীর আকার ধারন করেছে। যে নারী শিল্পকলা ও আনন্দের জগতে মশগুল ও আলোর দিশায় জীবন ভাসিয়ে সকলের হৃদয় জয় করতে পারে, সে চিত্রীনী রূপের শরীর ধারন করে। আবার যে নারী সংস্কারের অভাবে কপটতা, মিথ্যাচার ও নির্লজ্জ প্রকৃতির হয়, তার শরীরের গঠন শঙ্খিনীর মত হয়। আর অলস প্রকৃতির মানুষ যারা কেবল খাওয়া আর শুয়ে থাকায় মশগুল, তাঁরা মোটা হয়ে অলস জীবন যাপনে অভ্যস্ত হন। সহজে পাওয়ার সুযোগ খুঁজেন। এরাই হস্তিনী।

পুরুষদের বেলায়ও ঠিক সেইভাবে আকার অনুসার মানুষের স্বভাব-চরিত্র বোঝা সম্ভব হত। যিনি সাধারন শরীর ধারন করেন, তিনি সুস্থ ও সবল হলে, আচরন ও প্রতিক্রিয়া অনুসার বুদ্ধির ধারক হতে পারেন। ভূঁড়িওয়ালা মানুষের যৌন অক্ষমতা, আলস্য ও কপটতা বিষয়ে দুর্বলতা থাকে। পেশী নির্ভর মানুষ অপরের বুদ্ধিতে সায় দিতে অভ্যস্ত হয়। দুর্বল ও সুবুদ্ধি ধারনকারী মানুষ শিক্ষিত হলে অসাধ্য সাধন করতে পারেন। সক্ষম মানুষ নির্ভরশীল ব্যক্তির দায় বহন করতে অভ্যস্ত হয়। এই সকল ঘটনা থেকে মস্তিষ্ক স্বাধীন ভাবে সিদ্ধান্ত নিতে পারে।

বিশেষজ্ঞদের মতে, সাধারনতঃ দেহের গঠন শূন্য বয়স থেকে পরিবর্তীত হতে থাকে। শরীরের বৃদ্ধি হয় 25 বছর পর্যন্ত। তারপর শরীর এক বিশেষ উচ্চতায় আসার পর স্থির হয়ে যায়। শরীরের বৃদ্ধির সঙ্গে সঙ্গে মেধা ধারন ক্ষমতারও বৃদ্ধি ঘটে। মোটা অথবা পাতলা হওয়াটা নির্ভর করে খাদ্য গ্রহন, রোগ নিরাময় ও জীবন যাত্রার মানের উপর। পূর্ণাঙ্গ দেহের গঠন হওয়া মানুষকে প্রাপ্ত বয়স্ক বলা হয়। প্রাপ্ত বয়স্ক মানুষ সামাজিক আইন অনুসার অন্যের সাহায্য ছাড়া সিদ্ধান্ত নিতে সক্ষম হন। সে কারন প্রাপ্ত বয়স্ক মানুষ নিজের খাদ্য, পরিধান, বাসস্থান ও জীবীকা বিষয়ে সিদ্ধান্ত নিতে দায়বদ্ধ। এক কথায় প্রাপ্ত বয়স্ক মানুষ নিজের জীবন রক্ষা ও উন্নয়নের জন্য নিজেই দায়ী থাকেন। বিজ্ঞানের দৃষ্টিতে বিচার করলে বোঝা যায় আমরা প্রত্যেক মানুষ সমান অঙ্গ প্রত্যঙ্গ পেয়েছি। হাত, পা, শরীর, আভ্যন্তরীন অঙ্গ আর একটি মস্তিষ্ক সকল মানবই পেয়েছেন। মানব শরীরের মধ্যে কোন প্রকার বিপত্তি সৃষ্টি হলে মস্তিষ্কে তার সূচনা প্রেরন করার পদ্ধতি রয়েছে। সে কারন শরীরের অভ্যন্তরে বিপত্তি ঘটলে আমরা যন্ত্রনা অনুভব করি। শরীরের কাজ হল "মস্তিষ্কের বিচারকে কাজে লাগিয়ে নিজের জীবনকে সুরক্ষিত করা ও সম্পূর্ণ জীবনকালকে ঐতিহ্যমণ্ডিত করতে অক্ষয় কীর্তি অর্জন করা। আর সমস্যা অতিক্রম করে জয়ী হওয়া।"

মানুষের জীবনযাত্রার মান বিভিন্ন হয়। উপার্জনের আয়তন অনুসার নির্দিষ্ট মানের খাদ্য, পরিধান, আবাস ও জীবনযাত্রার মান মানুষ নিজেই তৈরী করে ফেলে। এইভাবে প্রতিষ্ঠিত নূন্যতম উপার্জন নির্ভর মানুষ প্রতিনিয়ত অধিক উপার্জনের পরিকল্পনা করতে থাকে। সঠিক পরিকল্পনার

কারনে কতক মানুষ উপার্জনের মাত্রা বাড়িয়ে নিজেদের সুখ ও সমৃদ্ধি বিস্তার করতে সক্ষম হলে তাদের জীবনযাত্রার মান উন্নত হয়। যারা সঠিক পরিকল্পনা করতে ব্যর্থ হয়, তারা সমাজে দরিদ্র জীবন যাপন করতে বাধ্য হল।

সমীক্ষায় অংশগ্রহনকারীদের নব্বুই শতাংশ মানুষ বিশ্বাস করেন, দারিদ্রতার আর একটি কারন হল-গোলামী। মানুষের সমাজে প্রাচীনকাল থেকে গোলাম বানানোর কৌশল প্রচলিত রয়েছে। চতুর মানব কম বুদ্ধি সম্পন্ন মানুষকে চাতুরীর দ্বারা প্রলোভিত করে বন্দী করে ফেলতো। কিন্তু শরীর তো খাদ্য, পরিধান ও বাসস্থান ছাড়া বাঁচতে পারবে না। সে কারন যখন বন্দী মানুষ বাঁচার জন্য ব্যাকুল হয়ে পড়ে। তখন চতুর মানব তাদের অভিপ্রায় অনুসার পরিষেবার কাজ করে দেওয়ার বিনিময়ে নূন্যতম খাদ্য, পরিধান ও বাসস্থানের সুযোগ দিত। এইরূপ জীবনযাত্রাকে গোলামী বলা হত। গোলাম হওয়া মানুষ মনিবের আজ্ঞাবাহক হিসাবে কাজ করতে বাধ্য হত। তাই ভুল সিদ্ধান্ত বিপদের কারন হয়।

সারকথাঃ মানুষের মস্তিষ্ক অতীত, ভবিষ্যৎ ও বর্তমান কাল অনুসার কেবল তিন প্রকারের কাজ করে।

ক) ইতিহাস অথবা অভিজ্ঞতা থেকে অর্জিত জ্ঞান স্মৃতিতে ধারন করা।

খ) নিকট ভবিষ্যৎ থেকে দূর ভবিষ্যৎ পর্যন্ত পরিকল্পনা করা।

গ) বর্তমান পরিস্থিতিতে উদ্ভূত সমস্যা সমাধানে তাৎক্ষনিক সিদ্ধান্ত নিয়ে বুদ্ধিকে সক্রীয় করা।

বিশেষজ্ঞরা বলেন, মানুষ মস্তিষ্কের অনুগামী হওয়ার কারনে, দেহের গঠন কর্মের গতি অনুসার পরিবর্তীত হয়। নারী-পুরুষ উভয়েই সদাচারী হয়ে দেহের সৌন্দর্য বিকাশ করতে পারে।

- একজন মানুষ অপর মনুষের দেহের গঠন, কণ্ঠস্বর, বচনভঙ্গী বিশ্লেষন করে তার চারিত্রিক গুনের বিচার করতে পারে।
- চতুর ও ধূর্ত মানব সরল ও বোকা মানুষকে গোলামীর ফাঁদে বন্দী করার প্রয়াস জারী রাখে। তাই মনেরাখতে হবে 'অফারে কাঁটা আছে'।
- যিনি যত বেশী অলসতাকে জয় করতে পারবেন, তাঁর শরীর তত বেশী সক্ষম হবে। তাই অলসতা জয়ের উপরই দীর্ঘজীবী হওয়া নির্ভর করে।
- "সমস্যা" হল মানব প্রত্যাশার সিড়ি। সমস্যা অতিক্রম করে দক্ষতা অর্জন করতে হয়।
- কোন মানবই কুৎসিত চেহারা নিয়ে অথবা অপরাধ প্রবন হয়ে জন্মায় না। সংস্কারের অভাব অথবা পরিস্থিতির চাপে শরীরের আকার ও মস্তিষ্কের গতি বদলে যায়।
- মানুষ বাল্মিকীর মতো যে কোন মুহূর্তে নিজের সিদ্ধান্ত বদলে নিতে পারলে, রত্নাকর থেকে মহর্ষি হয়ে সুন্দর শরীর ও সুখময় জীবন লাভ করতে পারে।

মস্তিষ্কের প্রয়াগঃ সমীক্ষায় পাওয়া তথ্য অনুসার মানুষের মস্তিষ্ক বিভিন্ন রূপে কাজ করতে সক্ষম হয়। জ্ঞান প্রাপ্তির পর মানুষ পরিনতির কথা ভেবে প্রত্যেক কাজে প্রথম লক্ষ্য স্থির করে। যেমন-

- বড় হয়ে শিশু উপার্জন করে পরিবারের সমস্যা সমাধান করবে।

- পড়াশুনা করে ভালো শিক্ষক হবে।
- ভালো মানুষ হলে পিতার নাম উজ্জ্বল হবে।
- ডাক্তার হয়ে মানুষের জীবন বাঁচাবে।
- পরীক্ষায় 90 শতাংশ নম্বর পেলে ডাক্তারী পড়া যাবে।
- বাজার গিয়ে ভালো পোশাক কিনতে হবে।
- আজ দুপুরে মাছ ভাত খাব।
- পোশাক কেনার টাকা এ,টি,এম থেকে তুলতে হবে ইত্যাদি।

এই সকল ক্ষেত্রেই দূর ভবিষ্যতের লক্ষ্য স্থির করা হয়েছে মস্তিষ্কের সিদ্ধান্ত অনুসার। তারপর দ্বিতীয় ধাপে ঐ লক্ষ্যতে পৌঁছাতে-

(1) শিশুকে লালন-পালন করতে হয় ধীরে ধীরে।

(2) শিক্ষক হওয়ার উপযোগী শিক্ষা প্রদান করতে হয়।

(3) সংস্কার দিয়ে ভালো মানুষ তৈরী করতে হয়।

(4) ডাক্তারী পড়ার সূযোগ করে দিতে হয়।

(5) বেশী নম্বর পেতে ভালো টিউশন দিতে হয়।

(6) বাজার যাওয়ার জন্য অর্থ, সময় ও বাহনের যোগাড় করতে হয়।

(7) বাজার থেকে মাছ কেনা ও রান্নার আয়োজন করতে হয়।

(8) পোশাক কেনার অর্থ ব্যাংকে মজুত রাখতে হয় ও গুনমান বুঝে জিনিস কিনতে হয় ইত্যাদি।

অর্থাৎ এই সবগুলি হল পরিকল্পনা। পরিকল্পনা ছাড়া কোনো কাজই সম্ভব নয়। তাই দরকার বুদ্ধির সফল প্রয়োগ। ভাবতে শেখা, পরিনতি অনুমান করা। দূর ভবিষ্যতের সিদ্ধান্ত স্থির করা। দূর ভবিষ্যতের সিদ্ধান্ত পর্যন্ত পৌঁছাতে সঠিক পরিকল্পনা করা। পরিকল্পনার ভ্রান্তি বিপদের কারন হয়। তাই লোকে বলে "ভাবিয়া করিও, করিয়া ভাবিও না।"

তৃতীয় ধাপে মানুষ এক-একটি সমস্যা সমাধান করে কাজটি শেষ করতে অগ্রসর হয়। এই সময় তাৎক্ষণিক সমস্যা গুলি উপস্থিত হলে (1) শিশুর অন্ন, বস্ত্র, আহার ও শিক্ষার খরচ (2) প্রতিষ্ঠান চয়ন (3) যোগ্যতা উন্নয়ন (4) বিশেষজ্ঞের সহায়তা (5) জ্ঞানের ঘাটতি মিটানো (6) বাজার যওয়া পর্যন্ত বাধা অতিক্রম (7) অর্থ, যোগাযোগ, পন্য প্রাপ্তির সূযোগ (8) প্রত্যাশা অতিক্রম করা পর্যন্ত এগিয়ে যেতে হয়। অর্থাৎ মনের কাজ হলঃ-

-দূর ভবিষ্যতের লক্ষ্য স্থির করা,

-সঠিক পরিকল্পনা করা,

-আর লক্ষ্য পর্যন্ত পৌঁছাতে তাৎক্ষনিক ছোট ছোট সমস্যা গুলির সমাধান করতে বুদ্ধির প্রয়োগ করা।

মানুষের মন এই তিন ধাপে কাজ করে। ছোটো সমস্যা সমাধান করতে আমরা তাই তাৎক্ষণিক সিদ্ধান্ত গ্রহন করি। এই তাৎক্ষনিক সিদ্ধান্ত নেওয়ার অভ্যেস স্কুল শিক্ষার দ্বারা বৃদ্ধি হয়। এরপর ধীরে ধীরে ছোট সমস্যা গুলি অতিক্রম করলে আমরা অনায়াসে লক্ষ্যে পৌঁছে যাই। আরও প্রচলিত সংস্কার হল-

- ঘুম থেকে উঠে চোখে-মুখে জল দিয়ে কথা বলা উচিত।
- মুখে জল দেওয়ার সময় সাবান দিয়ে মুখমণ্ডল পরিষ্কার করে নেওয়া, চোখের কোনে থাকা পিঁচুটি পরিষ্কার করে নিতে হয়।
- প্রথম সাক্ষাতে যেকোন ব্যক্তিকে হেসে সুপ্রভাত বলতে হয়।

ব্যাখ্যাঃ বহুলপ্রচলিত সংস্কার হল ঘুম থেকে উঠে মুখ ধোয়ার অভ্যেস করা। সারারাত ঘুমানোর ফলে মানুষের শরীরে অনেক পরিবর্তন ঘটে। মৃত কোষগুলির পরিবর্তে নূতন কোষের সৃস্টি হয়। সদ্যজাত শিশুরা তাই 24 ঘন্টার মধ্যে 21 ঘন্টা ঘুমাতে পারে। একজন প্রাপ্তবয়স্ক মানুষ অন্তত পক্ষে সাড়ে সাত ঘন্টা ঘুমাতে অভ্যস্ত। কিশোর কিশোরীরা 10 ঘন্টা আর 65 বছরের বেশী বৃদ্ধরা কম করে 6 ঘন্টা ঘুমান। ঘুম থেকে উঠলেই ক্লান্তির ছবি ও ভারাক্লান্ত মুখমণ্ডলকে অবসন্ন দেখায়। চোখের কণায় জমা পিঁচুটি, এলোমেলো চুল, স্বপ্নলোকে বিচরনকারী মনের ক্লান্তি মুখমণ্ডলকে মেঘাচ্ছন্ন করে তোলে। তাই ঘুম থেকে উঠেই পরিষ্কার জলে মুখমণ্ডলটা ধুয়ে ফেললে আর চোখের কোনা পরিষ্কার করে যখন কাউকে সুপ্রভাত বলবেন, তখন আপনার মুখমণ্ডলের হাসি তাকে মুগ্ধ করবে। আনন্দ দেবে। আর আপনি নিজেও নিজেকে ফ্রেস অনুভব করবেন। এই অভ্যাসের পিছনে একটি যুক্তি হল, মুখমণ্ডলের যত্ন নেওয়ার প্রয়োজনীয়তা। মুখমণ্ডলটি সর্বদা উন্মুক্ত থাকে। বায়ুমণ্ডলের ধূলিকণা ও বাতাবরনের উষ্ণতা সহ্যকরা হল মুখমণ্ডলের দৈনন্দিন কাজ। ত্বকের চর্চা না থাকলে চর্মরোগ, প্রতিরোধ ক্ষমতা হ্রাস ইত্যাদি সমস্যা সৃষ্টি হওয়া সম্ভব। সে কারন পরিষ্কার জলে সকাল ও সন্ধ্যেয় মুখমণ্ডল ধোয়ার অভ্যেস থাকলে চোখের যত্ন নেওয়া ও ত্বকের সুরক্ষা করা সহজ হয়ে যায়। তাই **ঘুম থেকে উঠে মুখ ধোয়ার অভ্যেস মানুষের জীবনে এক জরুরী সংস্কার** হিসাবে গণ্য হয়।

সন্তানকে সর্বদা সুখী দেখতে হলে মানুষ প্রথম তাকে হাসতে শেখায়। শিশু হল অনুকরন প্রিয়। তার দিকে তাকিয়ে হেসে কথা বললে অথবা ইঙ্গিত করলে সে ও হাসতে থাকে। উপর ও নীচের ঠোঁট গুলি বাম ও ডান দিকে প্রসারিত হলে আমরা হাসি দেখতে পাই। যদি এই হাসির পরিনাম বিশ্লষন করা যায় তবে বোঝা যাবে যে ঠোঁটের দুই প্রান্ত প্রসারিত হওয়ার ফলে মানুষের সারা শরীরে এক আরামের অনুভূতি ছড়িয়ে পড়ে। সে কারন হাসলে আমরা সুখ অনুভব করি। মনে হয় ঠোঁটের দুই দিক সম্প্রসারনের ফলে এক বিশেষ ধরনের স্নায়ুর উপর টান পড়ে। যার ফলে সারা শরীরে আরামের অনুভূতি প্রকট হয়।

আবার ঐ ঠোঁটকে সংকুচিত করলে শরীরে কষ্ট অনুভূত হয়। অর্থাৎ দুঃখের অনুভূতি প্রকাশ পায়। দুঃখ ও সুখের এই দুই পর্ব মুখমণ্ডল দেখে আমরা অনুমান করতে পারি। তাই মানুষের শরীরে উৎসাহ ও উদ্দীপনা জাগিয়ে রাখতে সহাস্য বদনের ভূমিকা অসীম। তাই মুখমণ্ডল হাসিমুখে শরীরের অবসাদ, ক্লান্তিও হতাশাকে অতিক্রম করে শরীরকে সুস্থ রাখতে সাহায্য করে। আর হাসি মুখের আকর্ষনে পৃথিবীর মানুষ আগন্তুক সন্তানের প্রতি সদয় মনোভাব পোষন করেন। তাই পিতামাতা যদি সন্তানকে হাসতে শেখান, যদি আত্মীয় ও অনাত্মীয় ব্যক্তির উপস্থিতি সন্তানের হাসির কারন হয়, তবে সে সহজেই মানুষের মন জয় করে জীবনে সাফল্য আনতে সক্ষম হবে। সে কারন সন্তানের জীবনে প্রথম সংস্কার হাসতে শেখা বেশ উপযোগী।

আরেকটি সংস্কার হল নিজেকে খুশি রাখতে সামনের মানুষকে প্রথম সাক্ষাতে "সুপ্রভাত বলা" আর নিজের মনকে উন্মুক্ত করা। তারপর অপরের প্রশংসা করার সুযোগ খোঁজা। সকালে পিতা-

মাতা অথবা গুরুজনদের অথবা দেব-দেবী অথবা ঈষ্ট দেবতার স্মরন করে প্রণাম করলে, সংক্ষেপে নিজের মন এক নিঃস্বার্থ সাধনায় কেন্দ্রীভূত হয়। তখন জীবনের সমস্যা ও সমাধানের চিন্তা নিয়ে মনকে বিব্রান্ত হতে হয় না। এটা হল সরল মেডিটেশন। যাঁরা একটু বেশী জ্ঞানী ও বিশ্বকে বোঝেন, যাঁদের মধ্যে প্রকৃতি সম্পর্কে সামান্য জ্ঞান রয়েছে, তাঁরা একান্তে বসে কিছুক্ষণের জন্য মেডিটেশন করেন। এছাড়া আপন মনে ভগবানের নাম করা, গান গাওয়া, এক মনে নৃত্য করা ইত্যাদি মনকে চাপহীন করার কৌশল হিসাবে গণ্য করা হয়। এই সংস্কারটিতে অভ্যস্ত হতে পারলে মানুষ সারাজীবন অস্থির সিদ্ধান্তের শিকার হয় না। অপরের প্রশংসা করার অভ্যেস শক্রতার সম্ভবনাকে নিষ্ক্রীয় করে। ভেবে কাজ করার অভ্যেস ও সঠিক সময়ে সঠিক সিদ্ধান্ত নেওয়ার অভ্যেস তার জীবনকে সুরক্ষিত করে। সারা দিন মন খুশি থাকে। আর প্রয়োজন মত যোগব্যায়াম করলে শরীরের অবসাদ দূর হয় ও রোগ প্রতিরোধ ক্ষমতা বাড়ে। মনেরাখতে হবে যোগ খালিপেটে করা দরকার। যদি কেউ খাওয়ার খেয়ে ফেলে তবে খাওয়ার দু-ঘন্টা পর যোগ করলে ফলদায়ী হয়।

- **এরপর দাঁত মেজে দুগ্লাস (অপ্রাপ্ত বয়স্কদের জন্য) অথবা এক লিটার (প্রাপ্ত বয়স্কদের জন্য) জল পান করা দরকার হয়।**

ব্যাখ্যাঃ নিত্যকর্মের পূর্বে অভ্যেস হল দাঁত মাজা। রাতের খাওয়ার খেয়ে ঘুমিয়ে পড়লে জীভের তলায় থাকা ব্যাকটিরিয়া গুলো বংশ বিস্তারের সুযোগ পেয়ে যায়। তারা দাঁতের গোড়ায় জমে থাকা খাদ্যকনায় সক্রীয় হয়। তারপর মাড়িতে পাইওরিয়া ও দাঁতের গোড়ায় অ্যাসিড উৎপন্ন হলে খাদ্য কনাগুলি পাথরে পরিনত হয়। দাঁতকে এই সকল রোগ থেকে রক্ষা করতে আমরা প্রতিদিন সকালে দাঁত মাজি। দাঁত মাজার নির্দিষ্ট পদ্ধতি রয়েছে। ব্রাশকে দাঁতের ফাঁকে উপর নীচ করে মাজতে হয়। দাঁত কতক্ষন মাজবে, কি দিয়ে মাজবে, ব্রাশ করার পদ্ধতি কি সবই মায়েরা দাঁতের ডাক্তারের কাছ থেকে জেনে নেন। আজকাল দাঁত সুরক্ষার বহু তথ্য ইন্টারনেটেও পাওয়া যায়। তবে দাঁতকে মজবুত ও সুস্থ রাখতে হলে অন্ততঃপক্ষে দিনে দু-বার দাঁত মাজা দরকার। সকালে খাওয়ার পূর্বে আর রাত্রে খাওয়ার পর। তবে যাঁরা দুপুরে খাওয়ার পর দাঁত মাজতে পারেন, তাদের দাঁত আরও সুরক্ষিত হয়। দাঁতের গুনাগুন নিয়ে পূর্বে আলোচনা করা হয়েছে। তাই দাঁত মাজার অভ্যাসটি মানুষের স্বাস্থ্য চর্চার এক গুরুত্বপূর্ণ সংস্কার হিসাবে গণ্য হয়। দাঁত না মেজে বেড টি(চা)পান করা হয়তো অনেকের অভ্যেস থাকতে পারে। যৌক্তিকতা বিষয়ে অনেকে অনেক প্রশ্ন করবেন। বলবেন বাঘ কি দাঁত মাজে? দাঁত না মাজলে ক্ষতি কি? বিতর্কীত উত্তর হল, ওরা কাঁচা মাংস খায়। ওদের জীবন কাল মানবের মত দীর্ঘ নয়। আর বাকী প্রশ্নের উত্তর খুঁজতে ইন্টারনেট দেখে নেওয়া ভালো।

পূর্বেই বলা হয়েছে দাঁত মাজার পর সকালে **খালি পেটে পরিমান মতো জল পান করা দরকার।** পরিমান মতো অর্থাৎ প্রাপ্ত বয়স্কদের জন্য প্রায় এক লিটার অথবা একটু বেশী। ছোটদের জন্য এক থেকে দু-গ্লাস যথেষ্ট। মনে রাখতে হবে মানুষের শরীরে 50 থেকে 60 শতাংশ জল থাকে। জল শরীরের আভ্যন্তরীন অঙ্গ গুলিকে সুরক্ষা করে। কোষে অক্সিজেন ও মিনারেল পৌঁছে দেয়। পুষ্টি পৌঁছানোর কাজে ও জলের প্রয়োজন হয়। আর শরীরের জয়েন্ট গুলিকে পিচ্ছিল করার কাজ জলই করে থাকে। শরীরে তাপ নিয়ন্ত্রনে জলের ভূমিকা অসীম। খালি পেটে জল খেলে

'কোলন' অর্থাৎ লার্জ ইনটেস্টাইন সংশোধিত হয়ে কোষ্ঠ-কাঠিন্য থেকে মুক্তি দেয়। শরীরের টক্সিন বেরিয়ে যায়। বদহজম ও গ্যাসের সমস্যা দূর হয়। শরীরের অন্যান্য অঙ্গ গুলি জলের প্রভাবে সতেজ হয়ে ওঠে, ফলে শরীরে প্রতিরোধ শক্তি বাড়ে। জাপানের ডাক্তারগন মনে করেন সকালে খালি পেটে জল খাওয়ার অভ্যাস করলে মাথাধরা, শরীরের যন্ত্রনা, বাত-বেদনা, আর্থাইটিস, হৃদরোগ, দ্রুত হৃদস্পন্দন, এপিলেপ্সী, চর্বি বৃদ্ধি, এজমা, ব্রঙ্কাইটিস, টিবি, মেনেনজাইটিস, কিডনি, মূত্ররোগ, বমিভাব জনিত রোগ, ডায়রিয়া, পাইলস, ডায়বেটিস, সমস্ত রকম চোখের রোগ, স্ত্রীরোগ, ক্যান্সার, কান, নাক ও গলার রোগ প্রতিরোধ ক্ষমতা বৃদ্ধি হয় ও এইরূপ রোগে আক্রান্ত ব্যক্তি উপকৃত হতে পারেন। উক্ত কারনে প্রত্যেক মানুষের জীবনে খালিপেটে জল খাওয়ার অভ্যাস অত্যন্ত জরুরী ও লাভ দায়ক হয়। এটি একটি সহজ ও সরল স্বাস্থ্য চর্চার পদ্ধতি। শিশুকাল থেকে অভ্যাস করলে মানুষ সারা জীবন এর সুফল লাভ করতে পারে। তবে জল পানের পর সামান্য হাঁটা জরুরী। বিশেষজ্ঞরা বলেন গ্যাসের কারনে বুকের ব্যাথা অথবা বদ-হজম হলে তখনি এক লিটার জল পান করা উচিৎ।

- জল পানের পর বাথরুম যাওয়া ও নিত্যকর্মের কাজ সারতে হয়। কারন পেট পরিষ্কার হলে রোগের সম্ভবনা দূর হয়।

ব্যাখ্যাঃ বিশেষজ্ঞরা বলেন, সকালে খালিপেটে জল পানের পর শরীরে নিত্য কর্মের বেগ অনুভূত হয়। নিত্য কর্মের ফলে শরীরে জমে থাকা মল নিষ্কাশন হয়। ফলে পেট পরিষ্কার হয়ে যায়। এই পেট পরিষ্কার পদ্ধতি হল স্বাভাবিক শরীরের কাজ। নিয়মিত একই সময়ে মানুষ নিত্য কর্ম সেরে থাকেন। তবে অনেকের শরীরে বেগ অনুভব না হওয়ার কারনে কোষ্ঠ কাঠিন্য অনুভব হয়। তখন দম বন্ধ করে পেটের উপর চাপ সৃষ্টি করতে হয়। এই পদ্ধতিতে বিপরীত ফল হওয়ার সম্ভবনা থাকে।

যোগ বিশেষজ্ঞরা বলেন, কোষ্ঠ কাঠিন্যের সময় ঘন ঘন প্রশ্বাস নিয়ে শরীরে অক্সিজেনের প্রবেশ করালে স্বাভাবিক চাপে নিত্যকর্ম সম্পন্ন হওয়া সম্ভব। নিত্যকর্মের পর হাত-পা সাবান দিয়ে ধুয়ে পরিষ্কার করে নিতে হয়। যে কাপড় পরে নিত্য কর্ম যাওয়া হয় তা ধুয়ে ফেলতে হয়। কারন নিত্য কর্ম করার স্থানটি দূষিত বায়ুর প্রভাবে সংক্রমনে সক্ষম হতে পারে। কাপড়ে অদৃশ্য ভাইরাস অথবা সংক্রমনের উৎস যুক্ত হয়ে নিজের সুস্থ শরীরকে অসুস্থ করতে পারে। সে কারন যে কাপড় পরে নিত্য কর্ম যাওয়া হয় সেই কাপড়টি ধুয়ে নেওয়া আবশ্যক হয়। সকালে নিত্য কর্মের অভ্যাস সৃষ্টি হলে সারা দিনের কাজে বাধা সৃষ্টি হয় না। মন সারা দিন খুশি থাকে। শরীর হাল্কা লাগে। ফলে আহারে রুচি ফিরে আসে। তাই নিত্য কর্মের অভ্যেস ও একটি গুরুত্বপূর্ণ সংস্কার।

- বাথরুম থেকে এসে যোগ ব্যয়াম করা জরুরী। খালি পেটে যোগ করলে শরীরের ক্রিয়া স্বাভাবিক হয়ে যায়।

ব্যাখ্যাঃ যোগ হল এমন এক প্রাকৃতিক চিকিৎসা পদ্ধতি যার মধ্য দিয়ে মানুষ নিজেদের শরীরকে সচল ও সুস্থ রাখতে সক্ষম হয়। জন্মের সময় সন্তান যে সকল অঙ্গ-প্রত্যঙ্গ পায় সেগুলিকে সর্বদা সচল রাখা জরুরী হয়। তাই শিশু যখন বিছানায় শুয়ে থাকে, অন্যত্র যেতে পারে না তখন

সে হাত-পা ছুঁড়তে থাকে। এইরূপ হাত-পা ছোঁড়ার মাধ্যমে শিশুর সারা শরীর সচল হলে সে সুস্থ থাকতে সমর্থ হয়।

প্রাপ্ত বয়স্ক মানুষ বিভিন্ন কাজের পরিস্থিতিতে শরীরের সকল অঙ্গের ব্যবহার করতে সক্ষম হয় না। ফলে সক্রীয় না থাকা অঙ্গ গুলি খারাপ হতে থাকে। শরীরে বিভিন্ন অসুবিধা সৃষ্টি হয়। সেটিকে আমরা অসুখ বলি। শরীরকে সুস্থ ও সবল রাখার নিয়ম অনুসার সে কারনেই নির্দিষ্ট পদ্ধতিতে যোগ ব্যয়াম করতে হয়। যোগ করলে শরীরের সকল অঙ্গ-প্রত্যঙ্গ সচল হতে সমর্থ হয় ও রোগ নিরাময় সম্ভব হয়। যোগ হল রোগ নিরাময়ের প্রাচীন পদ্ধতি। পূর্বে মুনি-ঋষি গন শরীরকে সুস্থ রাখতে বিভিন্ন গবেষনার মাধ্যমে এই পদ্ধতির আবিষ্কার করে ছিলেন। তা আজও প্রচলিত। যোগ বিশেষজ্ঞদের মতে মানুষের শরীরে উপস্থিত যেকোন রোগ নিরাময়ের পন্থা শরীরেই নিহিত রয়েছে। মানুষ তার কতক পন্থা আবিষ্কার করলেও সবটা জানতে পারে নি। সে কারন আরও গবেষনার প্রয়োজন। তার প্রকৃষ্ট প্রমান হল আকুপ্রেসার চিকিৎসা পদ্ধতি। এই পদ্ধতিতে মানুষের হাতের তালু ও পায়ের তলায় সঠিক অংশে চাপ দিয়ে রোগ নিরাময় করা সম্ভব হয়। তাঁরা আরও বলেন নিয়মিত যোগের ফলে শরীরের সকল অঙ্গ সচল রাখা সম্ভব হয়। খারাপ হয়ে যাওয়া অঙ্গ গুলি সুস্থ হয়ে উঠে। তাই প্রত্যেক মানুষেরই যোগ করা উচিত।

- **এরপর প্রাতঃরাশ করা জরুরী। সম্ভব না হলে হালকা জল বিস্কুট খেয়ে একটু পরে প্রাতঃরাশ করতে হয়।**

ব্যাখ্যাঃ সকালের খাওয়ার অভ্যেসও সংস্কারের মধ্যে পড়ে। সকালের জল-খাওয়ার অর্থাৎ ব্রেকফাস্ট করার অভ্যেস। রাতে একটানা ঘুমের পর অনেকটা ক্যালোরী খরচ হয়ে যায়। বিজ্ঞানীদের মতে ঘুমানোর সময় মানুষ ঘন্টায় 65 ক্যালোরী শক্তি খরচ করে ফেলে। এই ক্যালোরী আমরা আহারের মধ্য থেকে সংগ্রহ করে থাকি।

তাই রাতে একটানা আট-নয় ঘন্টা ঘুমানোর পর শরীরে খাদ্যের প্রয়োজন হয়। ব্রেকফাস্ট বা প্রাতঃরাশ হলো দিনের প্রথম খাওয়ার যার মধ্যে পুষ্টি ও শরীরে গ্লুকোচ সরবরাহের দ্বারা শক্তি বৃদ্ধি সম্ভব হয়। পুষ্টিকর প্রাতঃরাশ করলে স্বাস্থ্য ভালো থাকে। স্মৃতি শক্তি বাড়ে, মনসংযোগ বৃদ্ধি হয়, ব্যাড-কোলেস্টেরেল কমে, রোগীদের সুগার নিয়ন্ত্রন হয়, হৃদরোগ ও শরীরের বেশী ওজন জাতীয় সমস্যার সমাধান হয়।

বিজ্ঞানীদের মতে প্রতি দু-তিন ঘন্টা অন্তর কম কম খেলে শরীর ভালো থাকে। কিন্তু প্রয়োজনীয় প্রাতঃরাশটা একটু ভারী হওয়া আবশ্যক। কারন সারাদিনের প্রয়োজনীয় শক্তির 15 থেকে 25 শতাংশ প্রাতঃরাশ থেকে সংগ্রহ করলে সারা দিন শরীর ভালো থাকে।

ভালো প্রাতঃরাশ বিষয়ে এক প্রবচন রয়েছে। বলা হয়েছে- "Eat Breakfast like a king, lunch like a prince and dinner like a pauper." অর্থাৎ প্রাতঃরাশ কর রাজার মত, দুপুরের খাওয়ার খাও রাজপুত্রের মত আর রাতের খাওয়ার খাও দরিদ্রের মত। এখন রাজার মত খাওয়ার বলতে মণ্ডা-মিঠাই যা ভালোলাগে তাই নয়. যে খাবারে রয়েছে প্রোটিন, চর্বি, ক্যালসিয়াম, আয়রন, ভিটামিন-বি, ফাইবার ইত্যাদি। অনেকে ছোলা, অঙ্কুর ছোলা, ডিম, বাদাম, মাখন, মাছ অথবা মাংস, কম চর্বির ডায়েরী মিল্ক অথবা খাঁটি দুধ ও ফলফলাদি ইত্যদি সেবন করেন।

স্বাস্থ্য সচেতন বাঙালী ব্রেকফাস্ট করতে ভোলেন না। সকালে উঠে খাওয়ার তৈরী করার ঝামেলাও থাকে। তাই ব্রেকফাস্ট দেরী হয়ে যেতে পারে। দেরীতে খেলে শরীরে কষ্ট হয়। সেকারন বাঙালীরা মুড়ি, চিড়ে অথবা রুটিকে প্রাতঃরাশে যুক্ত করে একটা স্থায়ী সমাধান করে ফেলেছেন। তাঁরা মুড়ির সাথে কলা, দুধ অথবা দই, অঙ্কুর ছোলা, শশা ইত্যাদি খেতে অভ্যস্ত হন। এছাড়া যদি কোন ব্যক্তি পুষ্টিকর সংযোজন সংগ্রহ করতে না পারেন, তবে অন্ততঃপক্ষে মুড়ি বা চিড়ে দিয়ে ব্রেকফাস্ট করলে শরীরের অর্ধেকটা প্রয়োজন মিটে যায়।

আবার আজকাল মানুষের আয়ের পরিধি বাড়ার সঙ্গে সঙ্গে মানুষ পুষ্টিকর উপাদান সহ ব্রেকফাস্ট করতে অভ্যস্ত হয়েছেন। এছাড়া মাংসাসী বা নন-ভেজ পন্থীরা সহজেই প্রয়োজনীয় খাবর খেয়ে সুস্থ থাকতে পারেন। কিন্তু খাওয়া বললে তো গেলা হয় না। অনেকের রুচি ও আগ্রহ নিয়ে সমস্যা সৃষ্টি হয়। আবার বিশেষ পদ্ধতি অবলম্বন করে না খেলে খাওয়ার মাটিতে পড়ে দূষিত হতে পারে। তাই সব কিছু ভেবে খাদ্যের ব্যাপারে আমাদের সমাজে এক উন্নত সংস্কার প্রচলিত রয়েছে। সেই সংস্কারে খেতে বসার ধরন কেমন হয়? কিভাবে খাওয়ার মুখে তুলতে হয়? মুখে তোলার পর কিভাবে চিবোতে হয়? খাওয়ার পরিবেশনের নিয়ম কি? এসব সন্তানগন মায়েদের কাছে শিখে নেয়।

মায়েরা খাদ্যকে থালায় সুসজ্জিত করে পরিবেশন করলে, প্রথমে খাদ্যের সৌন্দর্য মনকে আকর্ষন করে। তারপর খাওয়ার মুখে দিলে তার স্বাদ মন ভরিয়ে দেয়। শান্তিতে খাদ্য গ্রহন করলে তা সহজে হজম হয়ে যায়, শরীর গঠনে সহায়ক হয় ও মনকে খুশি রাখে। খাদ্য পরিবেশনের এই কলা নিজেদের রান্না ঘরের বাইরে বহুল প্রচারিত। সে কারন বড় হোটেল ও রেস্তোঁরায় অনেক দাম দিয়ে শান্তির পরিবেশে রুচিকর খাদ্য খেতে ভীড় করেন মানুষ। বহু পরিবারে খাওয়ার সময় কথা বলা বারন থাকে।

খাওয়ার শেষে ভালো করে হাত-মুখ না ধুলে চিট চিটে খাদ্যকনা শরীরের চামড়ায় লেগে যায়। মুখের ভিতর জমা খাদ্য খেতে ব্যাকটিরিয়া ভীড় করে, চামড়ায় ভায়রাস অথবা জীবানুর অনুপ্রবেশ ঘটলে চর্মরোগ হয়। তাই খাওয়ার পর ভালো করে হাত-মুখ ধোয়া আর পরিষ্কার থাকা আমাদের কর্তব্য।

এখন অভ্যাসের বিষয় হল ঠিক সময়ে যতটা সম্ভব প্রাতঃরাশ করা। ভালো খেতেই হবে তার কোন মানে নেই। তবে সঠিক সময় যৎ-সামান্য খেয়ে সুস্থ থাকার প্রয়াস জরুরী। সামাজিক নিয়মে খাদ্য গ্রহন করা ও খাওয়ার শেষে হাত-মুখ ধোয়ার অভ্যেস গড়া দরকার।

বিশেষজ্ঞদের মতে, আমাদের দেশে যে খাদ্য গ্রহনের অভ্যেস রয়েছে, সেই অনুসার প্রতি 2-3 ঘন্টা অন্তর খাওয়ার খেলে শরীর ভালো থাকে। সেই মত-

প্রাতঃরাশ সকাল 6-00 টায়, হালকা টিফিন 9-00 টায়, মধ্যাহ্ন ভোজ 12-00 টায়, বিকালের টিফিন 03-00 টায়, নিশিভোজ সন্ধ্যা 07-00 টায়, বিছানায় নিদ্রা রাত্রি 08-00 টায় সারা উচিৎ।

কিন্তু বেশীর ভাগ মানুষ কাজের সময়কে গুরুত্ব দিতে গিয়ে দিনে চারবার খেয়ে থাকেন। প্রাতঃরাশ সকাল 8-00 টায়, মধ্যাহ্ন ভোজ দুপুর 12-00 টায়, বিকালের টিফিন 04-00 টায়, নিশিভোজ সন্ধ্যা 08-00 টায়, বিছানায় নিদ্রা রাত্রি 09-00 টায় করেন। বরিষ্ঠ নাগরিকগনের মতে-

- প্রাতঃরাশের পর লিখতে হবে 'ডাইরী'।

- প্রতি ঘন্টায় কি কি কাজ হয়েছে? (1.পরিকল্পনা 2.অগ্রগতি 3.সমস্যা) তার তালিকা তৈরী করতে হবে।

ব্যাখ্যাঃ সাধারনতঃ পরিকল্পনা অনুসার অনেক সময় সকল কাজ হওয়া সম্ভব হয় না। সেকারন হওয়া ও না হওয়া কাজগুলির তালিকা করে ফেললে ভুলে যাওয়ার ভয় থাকে না। কাজের পরের দিন 'গতকালের ডাইরী' লিখতে হয়। ডাইরীতে লিখতে হবে কি কি পরিকল্পনা ছিল? কতটা অগ্রগতি হয়েছে? কি কি সমস্যা সৃষ্টি হয়েছে? এই গুলি লিখলেই পরের কাজের পরিকল্পনা করতে অসুবিধা হবে না। এবং সিদ্ধান্ত নিতে সুবিধা হবে। তাই প্রত্যেক মানুষেরই গতকালের ও আজকার ডাইরী লেখা উচিত।

- এরপর লিখতে হবে আজকের কাজের পরিকল্পনা।

ব্যাখ্যাঃ গতকাল যেসব কাজ হয়নি তা নিয়ে সিদ্ধান্ত নিতে হবে। তৈরী করতে হবে আজকার কাজের তালিকা। সেই তালিকায় কাজের পরিকল্পনা অগ্রাধিকারের ভিত্তিতে লিখলে কাজের সুবিধা হয়। তবে গতকালের ডাইরী থেকে পাওয়া তথ্য অনুসার লক্ষ্য ও সমস্যা চিহ্নিত করন সহজ হয়।

লক্ষ্য ও সমস্যা চিহ্নিত করন সংস্কারঃ সাধারন জীবন যাপনের মধ্যে সমস্যা চিহ্নিত করন বিষয়ে সাধারন মানুষ, সন্তানদের অভ্যাস গড়ে তুলেন। মানুষের জীবনে চাহিদা ভিত্তিক প্রয়োজনীয়তাই হল সমস্যা। সমস্যা মানে কেবল জটিল পরিস্থিতি নয়। বেঁচে থাকার প্রয়োজনে, আরও ভালো থাকার প্রয়োজনে অথবা জীবনের লক্ষ্য পূরনের প্রয়োজনে যেসব পরিস্থিতি অতিক্রম করতে হয় সেগুলিই সমস্যা। মানুষের মস্তিষ্ক এই সকল সমস্যাকে ভবিষ্যতের কাজ হিসাবে গণ্য করে। তাই ভবিষ্যতের লক্ষ্যে পৌঁছাতে মস্তিষ্ককে প্রস্তুতি নিতে হয়। এই প্রস্তুতি পর্বকে পরিকল্পনা বলা হয়।

ছোট ছোট সমস্যার উদাহরন হল সকালের জল খাওয়ার, দুপুরের আহার, বিকালের টিফিন, রাতের আহার সারার কাজ। মানুষের খাদ্য উদ্ভিদের ফল, ফুল ও বীজ থেকে সংগ্রহ করতে হয়। খিদে পেলে কোনো মানুষ ফসল ফলিয়ে খাদ্য সংগ্রহ করে পেট ভরাতে পারবে না। তাই কৃষক অনেক দিন ধরে পরিকল্পনা অনুসার ফসল ফলায়। আমরা বাজার থেকে তা কিনি। ঘরে পরিকল্পনা অনুসার রান্নার ব্যবস্থা রয়েছে। তাই রান্নার পরে আমরা খাই।

এই ঘটনায় মন প্রথমে খাওয়ার সিদ্ধান্ত নেয়। তারপর যোগাড়ের পরিকল্পনা করে। এরপর ধাপে ধাপে অনেক গুলি সমস্যা অতিক্রম করে খাওয়া সম্ভব হয়। এইভাবে মানব মন প্রথম প্রাপ্তির লক্ষ্য স্থির করে। যেমন-ভাত খাব, বাজার যাব, স্কুলে ভর্তি হবো, উচ্চ শ্রেণীতে উত্তীর্ণ হব, জ্ঞান লাভ করবো, রাজধানী যাব, উড়ো জাহাজ চড়বো, শিক্ষক হব, ড্রাক্তার হব, ঘর বানাবো, গাড়ী কিনবো, ব্যাংকে টাকা রাখবো, সবাইকে সুখী করবো ইত্যাদি সকল হল জীবনের চাহিদা ভিত্তিক সমস্যা।

এই ধরনের যেকোল সমস্যা মাথায় আসার পর তা জয় করতে পরিকল্পনা করতে হয়। সঠিক পরিকল্পনা করতে পারলে সহজে লক্ষ্য পর্যন্ত পৌঁছানো সম্ভব হয়। আর পরিকল্পনার পরের ধাপ হল অগ্রসর হওয়া। একবার লক্ষ্য স্থির হলেই মানুষের মন তা জয় করার প্রয়াস করতে শুরু করে। তারপর কাজের সময় পরিস্থিতি অনুসার পরিকল্পনা সংশোধিত ও পরিবর্তিত হয়। কিন্তু লক্ষ্য

স্থির থাকে।

বাঘ যেমন প্রাণীদের শিকার করে নিজেদের উদর পূর্তি করে, তেমনি মানুষ সমস্যার শিকার করে জীবনের চাহিদা মিটায়। এই সত্যটা বুঝতে না পেরে অক্ষম মানুষ আত্মহত্যা করে বসেন। তাই মানুষের সন্তানকে সমস্যা শিকারের পদ্ধতি শেখাতে যে সংস্কার প্রচলিত আছে, তা হল-

(1)লক্ষ্য নির্ধারন করা।

(2)সঠিক পরিকল্পনা করা।

(3)লক্ষ্যের দিকে অগ্রসর হওয়া।

লক্ষ্যের দিকে অগ্রসর হওয়ার সময় কেবল সামনের ধাপ অতিক্রম করতে হয়। পাহাড়ে ওঠার সময় যেমন সামনের সিঁড়ি অতিক্রমের কথা ভাবতে হয়, তেমনি সামনের সমস্যা অতিক্রম করলেই যথারীতি লক্ষ্যে পৌঁছানো সম্ভব হয়। যাঁরা লক্ষ্য স্থির করতে পারেন না, তাঁরা কখনো সফলতার শীর্ষে পৌঁছাতে পারেন না। মনেরাখতে হবে মানুষ যে কোনো পরিস্থিতি থেকে লক্ষ্যে পৌঁছাতে সক্ষম। সে ক্ষেত্রে কেবল পদ্ধতি অনুসরন জরুরী।

মানুষ সামনের সমস্যা অতিক্রম করার সময় তাৎক্ষনিক সিদ্ধান্ত নিতে বাধ্য হয়। কারন তাৎক্ষনিক সমস্যা সমাধানের জন্য পরিকল্পনা করার সূযোগ থাকে না। যেমন-দোকানে গ্রাহক উপস্থিত হয়ে 600 গ্রাম চিনি চইলেন। যদি প্রতি কিলো চিনির দাম 40 টাকা হয়, তবে 600 গ্রামের দাম কত? অন্যজন 750 গ্রাম চাইলেন। তবে 750 গ্রামের দাম কত? এই সকল সমস্যা তৎকাল সমাধান না করতে পারলে ব্যাবসা সম্ভব নয়।

তাই বিদ্যালয়ে অংক শেখানো হয় তৎকাল সমস্যার সমাধান করতে। শুধু অংক নয়, সমস্ত প্রকার শিক্ষায় বেশীর ভাগই তাৎক্ষনিক সমস্যা সমাধানের ফরমূলা রয়েছে। মানুষ তাই ধাপে ধাপে তাৎক্ষনিক সমস্যা সমাধান করেই ভবিষ্যৎ লক্ষ্যের দিকে অগ্রসর হয়। তাই সন্তানকে শিক্ষার প্রতি আগ্রহ সৃষ্টি ও সমস্যা শিকারের পদ্ধতি শেখানোও একটি সংস্কার।

- ডাইরী লেখার পর ঘরের অথবা বাইরের লোকের অভিযোগ শোনা, পরামর্শ, আদেশ, তথ্য বিনিময়, যোগাযোগ করতে হয়।

ব্যাখ্যাঃ যে কোনো সময় জনসংযোগ করলে অন্য কাজের ব্যঘাত ঘটে। সকালে মাথা ঠান্ডা থাকার কারনে সঠিক সিদ্ধান্ত নিতে সুবিধা হয়। তাই জন সংযোগ ও সমস্যা সমাধানের জন্য সিদ্ধান্ত নেওয়ার উচিৎ সময় হল সকাল। বুদ্ধিমান মানুষ সারাদিন অগ্রগতির চেষ্টা করেন আর সমস্যা সমাধান ও ভূল ভ্রান্তি সংশোধন করতে আলাদা সময় ঠিক করে রাখেন। তাই ঘরের অথবা বাইরের লোকের অভিযোগ, পরামর্শ, আদেশ, তথ্য বিনিময়, যোগাযোগ ডাইরী লেখার পর করাই ভালো।

- এরপর ভালো জামা কাপড় পরে, মুখ-হাতে ক্রিম লাগিয়ে কাজের তালিকা অনুসার কাজ করতে হয়। সারাদিনের কাজের মধ্যে কিছু সিদ্ধান্ত স্থির করে রাখা ভালো।
- যেমন- ভালো-মন্দ যে কোন মানুষকে দেখা মাত্র হাসির ভাব প্রকাশ করতে হয়।
- কথার মধ্যে নিজের উদ্দেশ্য প্রকাশ না করে সামনের মানুষকে উৎসাহ দিতে হয়।

ব্যাখ্যাঃ নিজেকে কাজের উপযুক্ত করে তৈরী করার পর, উপযুক্ত পোষাক পরে কাজে যোগদান করতে হয়। অন্যথায় কাজের স্বীকৃতি পাওয়া যায় না। যেমন পুরোহিত যদি প্যান্ট-শার্ট পরে টাই লাগিয়ে পূজা করতে যায়, লোকে হাসবে। গুরুত্ব দেবে না। কিন্তু সে যদি গায়ে নামাবলী চাপিয়ে পূজার সামগ্রী নিয়ে আসে সবাই তাকে সাদরে অভিনন্দন জানাবে। আবার ঐ ব্যক্তি অফিস যাওয়ার সময় প্যান্ট-শার্ট পরে টাই লাগিয়ে উপস্থিত হলে অফিসে যথারীতি মর্যাদায় কাজটা হওয়া সম্ভব। কারন পোষাকের গুরুত্ব ব্যক্তিত্বের বিকাশে সহায়ক হয়। আর ব্যক্তিত্ব দুর্বল হলে কাজে সাফল্য অনিশ্চিত হয়ে পড়ে।

পরবর্তী কাজ হল দর্শনেই হাসি উপহার দেওয়ার কৌশল। তুমি হাসলে তোমার প্রতিপক্ষও হাসবে। আর হাসিতে মানুষের ক্রোধ, কুচিন্তা অথবা আক্রমনের অভিপ্রায় হ্রাস পায়। সে কারন হেসে কথা বললে দুঃশ্চিন্তার অর্ধেক জয় হওয়া সম্ভব। তাই চাকরীর কাজে দায়িত্ব পালন করা, ব্যাবসায় কৌশল অবলম্বন আর গবেষনায় অধ্যাবসায় জয় করতে হাসির বিকল্প হয় না। বনিষ্ঠ নাগরিকদের মতে-

- ভালোবাসার অর্থ উপলব্ধি করে আবেগকে নিয়ন্ত্রন করতে হবে।
- সামনের মানুষের কথা শুনে তার উদ্দেশ্য অনুমান করতে হবে।
- সংক্ষিপ্ত উত্তর দিয়ে বিষয়টি নিয়ে ভাবার সময় নিতে হবে।
- সকল কাজে সময়সীমা, লক্ষ্য ও সমস্যা নির্ধারন জরুরী।

ব্যাখ্যাঃ দেখতে ভালো লাগে জ্বলন্ত অগ্নিশিখা, ফনাধর সর্প, বনের বাঘ, সিংহ ও বন্য জানোয়ার, পাহাড়, নদী, সাগর অথবা মরুদ্যান। তবু তাদের আলিঙ্গন করি না। অথচ বলি এদের আমরা ভালোবাসি।

কারন ভালোলাগার সাথে বিশ্বাস যুক্ত হয়নি। তাই ভালোবাসা গড়ে উঠে নি। অর্থাৎ ভালোলাগার সাথে বিশ্বাস যুক্ত হলে ভালোবাসার জন্ম হয়। পূর্বেই বলা হয়েছে যে, 'তোমার জীবনে প্রথম আশার সঞ্চার হয়, তারপর সৃষ্টি হয় আগ্রহ, আগ্রহকে আস্থায় রূপান্তর করতে উভয়ে প্রমান পেশ করে। তারপর সৃষ্টি হয় বিশ্বাস(অর্থাৎ **আশা + আগ্রহ +প্রমান + আস্থা = বিশ্বাস**)। আর ভালোলাগার সঙ্গে বিশ্বাস যুক্ত হলে (**ভালোলাগা + বিশ্বাস = ভালোবাসা**) ভালোবাসার সৃষ্টি হয়'।

সন্তান কিভাবে মা-বাবাকে ভালোবাসতে শুরু করে?

-শিশু প্রথম পিতা-মাতা, আত্মীয় অথবা যেকোন ব্যক্তির উপস্থিতির আশা করে।

-তারপর উপস্থিত ব্যক্তি ও শিশু কাছে আসার আগ্রহ প্রকাশ করে।

-শিশুকে কোলে নিয়ে আদর করলে বা খিদে মেটাতে সাহায্য করলে তার মনে আস্থার সৃষ্টি হয় যে এই ব্যক্তি প্রয়োজনে সাহায্য করবেন।

-তারপর যখন আবার তার খিদে পায়, সে কেঁদে চিৎকার করতে থাকে, তখন মা এসে দুগ্ধ পান করান। তাই তার বিশ্বাস জন্মে যে কাঁদলে কেউ আসবে।

-এরপর সমস্যা দূর হলে তার মনে আনন্দ হয় ও ভালোলাগে। এই যে ভালোলাগা আর বিশ্বাস যখন দৃঢ় হয় তখন সে মা, বাবা অথবা আত্মীয়কে ভালোবাসতে শুরু করে। আর যে আত্মীয়ের প্রতি বিশ্বাস ভঙ্গ হয় তাকে ভালোবাসে না।

আবার দম্পতিদের ভালোবাসার ক্ষেত্রেও একই পদ্ধতি লক্ষ্য করা যায়ঃ-

-প্রথম নারী অথবা পুরুষ একজন অপরের উপস্থিতি আশা করে।

-দ্বিতীয় ধাপে একে অপরের সঙ্গে মেলামেশার আগ্রহ প্রকাশ করে। একে অপরকে জানতে চায়, উদ্দেশ্য তারা সম-মনোভাবাপন্ন হতে পারবে কি না যাচাই করে।

-তৃতীয় ধাপে হৃদয় বিনিময় হলে একে অপরের প্রতি আস্থা জন্মে।

- চতুর্থ ধাপে আস্থাকে বিশ্বাসে রূপান্তর করতে একে অপরের কাছে প্রমান পেশ করে। প্রমানই উভয়কে বিশ্বাস করতে বাধ্য করে। সে কারন উভয়ের মধ্যে নিঃস্বার্থ সহযোগীতার বাতাবরন সৃষ্টি হয়।

-নিঃস্বার্থ সহযোগীতার অপর নামই হলো ভলোবাসা। এইভাবে সারা পৃথিবীতে পুরুষ-নারী, স্বামী-স্ত্রী, বন্ধু-বান্ধব, কর্মী-সহকর্মী, আত্মীয়-অনাত্মীয় ও জগৎ সংসার ভালোবাসার জালে আবদ্ধ হয়ে চলেছে। ভালোবাসার মূল্য হয় না। ভালোবাসা দিয়েই ভালোবাসার মূল্য ঘুচাতে হয়।

আমরা সারা পৃথিবীর মানুষ একে অপরের সাথে কিভাবে যুক্ত তা অনুভব করতে পারি করোনা মহামারীর সংক্রমন প্রতিক্রিয়া থেকে। চিনের বুহান শহরে করোনা ভাইরাস প্রথম মানুষের শরীরে সংক্রমন শুরু করে। তারপর সেটি কেবল ছোঁয়াছুঁইর মধ্য দিয়ে ছড়িয়ে পড়তে থাকে সারা পৃথিবীতে। আমাদের চতুর্দিকে সারা পৃথিবী জুড়ে বহু মানুষ বসবাস করেন। আমরা তাদের ভালোমন্দ ও সুখ সমৃদ্ধি নিয়েও চিন্তিত হই। আর আমরা সবাই একে অপরকে ছোঁয়াছুঁই করতে থাকি সমষ্টিগত প্রয়োজনে। কারন আমরা সবাই পরস্পর নির্ভরশীল জীবন যাত্রায় বিশ্বাসী। তাই ভালোলাগে আমাদের এই বৃহৎ মাটির ঢেলার গোলাকার পৃথিবীকে। ভালোলাগে তার উপর জন্মানো উদ্ভদ, প্রাণী, জীব ও জড় সহ সমস্ত সম্পদকে। শিশুদের ভালোবাসার মর্ম উপলব্ধি করতে শিক্ষা ও সংস্কার দিতে হয়। নইলে সে আবেগ বশতঃ ভালোবাসার জালে আবদ্ধ হয়ে সারা জীবন ঠকতে থাকবে। তাই, ভালোবাসার অর্থ উপলব্ধি করে আবেগকে নিয়ন্ত্রন করতে হবে।

-সামনের মানুষের কথা শুনে তার উদ্দেশ্য অনুমান করতে হবে।

-সংক্ষিপ্ত উত্তর দিয়ে বিষয়টি নিয়ে ভাবার সময় নিতে হবে।

-সকল কাজে সময়সীমা, লক্ষ্য ও সমস্যা নির্ধারন করতে শিখতে হবে।

তার পরের কাজ হল সিদ্ধান্ত। ভূল সিদ্ধান্তের সংশোধন সম্ভব হয় না। হয় অর্থ দণ্ড, জীবনের ক্লেশ অথবা মৃত্যু। মৃত্যুও ভূলের কারন বশত হয়ে থাকে। তাই যে কোনো সিদ্ধান্ত নেওয়ার পূর্বে ভেবে নেওয়া জরুরী।

- দূর থেকে প্রণাম করার রীতি অনুসরন করতে হয়।
- যদি হাত মেলানো জরুরী হয়, তবে তৎক্ষনাৎ হাত ধুয়ে স্যানিটাইজার নিতে হয়।
- সতর্কতার অভ্যেস রপ্ত করতে হয়।

ব্যাখ্যাঃ সতর্কতার অভ্যেস অত্যন্ত গুরুত্বপূর্ণ সংস্কার। সতর্ক না থাকলে ক্ষুদ্রতম ভাইরাসও রেহাই দেয় না। সম্প্রতি করোনা ভাইরাস অসতর্ক মুহূর্তে আক্রমন করে মানুষ মেরে ফেলছে। তাই আমরা দূর থেকে প্রণাম করার রীতি অনুসরন করতে বাধ্য হচ্ছি। যদি হাত মেলানো জরুরী হয়, তবে তৎক্ষনাৎ হাত ধুয়ে স্যানিটাইজার নিতে হচ্ছে। সতর্কতার অভ্যেস রপ্ত করতে হবে নয়তো অকালে জীবন বিপন্ন হবে অথবা ঝরে যাবে।

আবার খাদ্যের সঙ্গে লোভ, পাপ-পূণ্যের সম্পর্ক রয়েছে। সে কারন প্রচলিত প্রবচন হল "লোভে পাপ, পাপে মৃত্যু।" সুস্বাদু খাওয়ার পেলে অনেকে মোহিত হয়ে যায়। তাই লোভ লালসার ফাঁদে পড়ে অনেকে অর্থ ও সম্পতি হারিয়ে ফেলে। অতিরিক্ত লোভনীয় খাদ্য খেয়ে অনেকের মৃত্যু হয়। অথবা লোভের ফাঁদে বিষাক্ত খাবার খেয়ে অনেকে চক্রান্তের শিকার হয়।

ভালো খাওয়া, ভালো পরা ও পরিচ্ছন্ন থাকার কারনে মানুষকে যথেষ্ট অর্থ ব্যয় করতে হয়। এছাড়া শরীর থাকলে কম-বেশী ভুলের কারনে অসুস্থতা প্রকট হতে পারে। সে কারন মানুষকে চিকিৎসার ব্যয় বহন করতে হয়। তাই অর্থ উপার্জন না করতে পারলে সমাজে বেঁচে থাকা কষ্টকর হয়। সে কারন কর্ম করে অর্থ উপার্জন করা হল মানুষের মূখ্য দায়।

অথচ সন্তানকে সুখী ও সুস্থ রাখতে পিতা-মাতা বিভিন্ন পরিকল্পনা করে থাকেন। তাঁদের উদ্দেশ্য হল সন্তানকে সংকট মুক্ত করা। তাঁরা সঞ্চয়ের অংশ থেকে সন্তানের জন্য বাসস্থান তৈরী করে দেন। ফলে ভাড়া ঘরে বসবাসের কারনে শোষিত হওয়ার সমস্যা দূর হয়।

তারপর অর্থ ও সম্পদ দান করে তাদের আহার ও দৈনন্দিন খরচের সংস্থান করা হয়। কিন্তু তাতেও সন্তানের জীবন সুরক্ষিত হওয়ার কোন গ্যারেন্টি থাকে না। কারন সমাজে বসবাসকারী চতুর ব্যক্তিগন বুদ্ধির বলে অথবা কৌশলে ঐ অর্থ ও সম্পদ যে কোন মূহূর্তে অপহরন করতে সক্ষম হয়। এই পরিস্থিতিতে সতর্কতা অবলম্বন করতে সন্তানের অভ্যাস থাকা প্রয়োজন। যেমন-

ক) খাদ্যের স্বাদে মোহিত হওয়া চলবে না।

খ) খাদ্যর পুষ্টি বিষয়ে সচেতন হতে হবে।

গ) বুঝতে হবে, অতিরিক্ত পরিমান খাদ্য বদ-হজম ও রোগের কারন হয়।

ঘ) খাদ্য গ্রহনের পর পর্যাপ্ত পরিমান জল খাওয়া জরুরী।

ঙ) খাদ্যে বিষক্রিয়া বুঝলে তৎক্ষণাৎ হাসপাতাল অথবা ডাক্তারের কাছে যাওয়া দরকার।

চ) লোভনীয় খাদ্যের টোপ কোন কৌশল কি না ভাবতে হবে।

ছ) কোন খাদ্যে মোহ সৃষ্টি বর্জন করতে হবে।

জ) সঠিক সময়ে খাদ্য গ্রহন জরুরী।

এই সকল অভ্যাস অনুসরন করতে বুদ্ধির প্রয়োজন হয়। বুদ্ধির বিকাশ করতে হলে পড়াশুনা করতে হবে। জানতে হবে-

- কিভাবে মানুষ ঠকতে ঠকতে বুদ্ধিমান হয়ে উঠল?
- কিভাবে মানুষ অসম্ভবকে সম্ভব করতে পেরেছে?
- কেন মানুষ বিভিন্ন সময় লড়াই করেছে?
- বুদ্ধিমান ও বুদ্ধিহীন মানুষের পার্থক্য কি?
- সঠিক তথ্য কিভাবে জানা যায়?
- শিক্ষিত ও অশিক্ষিত মানুষের পার্থক্য কি?
- কি ধরনের শিক্ষিত মানুষও প্রতারনার স্বীকার হতে পারেন?
- কিভাবে আইন মানুষকে অদৃশ্য জালে বেঁধে রাখে?
- কিভাবে সামাজিক মানুষ সামাজিক ভাবে উপার্জন করে সুখী হতে পারে?
- কিভাবে নিজের শরীর, জীবন, স্বাধীনতা, সমান বিচার পাওয়ার অধিকার ও আত্মমর্যাদা রক্ষা সম্ভব?

- কিভাবে অসম্পূর্ণ মানুষ চেনা যায়?
- কিভাবে পৃথিবীর মানুষের কল্যানে নিজের জীবন উৎসর্গ করা সম্ভব?
- কিভাবে সাধারন মানুষও মহাপুরুষ হয়েছেন?
- কিভাবে একজন মানুষ সারা বিশ্বের কল্যান করতে পারে?
- কিভাবে মা-বাবা ও আত্মীয় পরিজনের দুঃখ মিটানো সম্ভব?
- দেশ, সমাজ ও মা-বাবার প্রতি সন্তানের কর্তব্য কি?
- দেশ ও সমাজ কিভাবে চলছে?
- তাতে সন্তানের অর্থাৎ নাগরিকের কর্তব্য কি?
- কিভাবে সার্থক জীবন সম্ভব? ইত্যাদি।

এইসব শিখে গেলেই সন্তান নিজের সমস্যা নিজেই সমাধান করতে পারবে। আর মা-বাবা অথবা অশিক্ষিত পিছিয়ে পড়া আত্মীয়-অনাত্মীয়দের সাহায্য করে তাদের সুখী করতে পারবে। আর যদি প্রকৃত শিক্ষা না পায় তবে কি গতি হবে?

ধরুন একটি ছেলে স্কুলের পড়ায় ফাঁকি দিয়ে চুরি করে মাধ্যমিক পাশ করেছে। সে যদি চাকরীর পরীক্ষায় বসে তবে সে পাশ করতে পারবে না। কারন নিয়োগ কর্তা পরীক্ষা করে দেখবেন যে কর্মপ্রার্থী চাকরীর কাজে দরকার জ্ঞান অর্জন করতে পেরেছে কি না। পরীক্ষায় ফেল হওয়ার অর্থ হল উপযুক্ত নয়।

তখন অসৎ পথ হল-অর্থের বিনিময়ে চাকরীটি হাসিল করা। আর কাজের অজুহাতে ভূল পড়িয়ে বা অকাজ করে বেতন ভোগ করা। এই কাজে নিয়োগ কর্তার অযোগ্যতা অথবা দুর্নীতি, অপরাধী রাজনেতা ও কর্ম প্রার্থীর চরিত্র দূষিত হয়। ধরুন কর্মপ্রার্থী পিতার অর্জিত সম্পত্তি বিক্রয় করে, অর্থ দিয়ে একটি প্রাথমিক বিদ্যালয়ে চাকরীর চেষ্টা করলেন। সে চাকরী হতেও পারে, আবার নাও হতে পারে। যদি কাজ না হয় তবে কর্ম প্রার্থীর অর্থ নাশ হবে।

আর যদি তার চাকরী হয়ে যায়, তবে সে বিদ্যালয়ে ছাত্রছাত্রীদের সঠিকভাবে পড়াতে সক্ষম হবে না। যদি সে ছাত্র-ছাত্রীদের পড়ায়, তাতে অনেক ভূল থাকতে পারে। কিন্তু তাতে তার কোন যায় আসে না। কারন সে প্রতিমাসে যথারীতি বেতন থেকে বঞ্চিত হবে না। তাই সে বেশী রাজনীতি করে মাসে মাসে বেতন পাওয়ার রাস্তাটা ধরে রাখবে।

কিন্তু আপনার বা সাধারন মানুষের সন্তানকে উপযুক্ত শিক্ষা না দিয়ে সে আইনতঃ অপরাধী গণ্য হবে। তাই অযোগ্য শিক্ষক ছাত্রদের ভূল পরামর্শ দিবেন অথবা আমাদের সন্তানকে বিষয়টিতে অজ্ঞ থাকা সত্বেও নোট পড়ে, কেবল প্রশ্নের উত্তর মুখস্ত করে, চুরি করে অথবা পরীক্ষককে বোকা বানিয়ে কিভাবে পাশ করা যায়, তার পরামর্শ দেবেন। ভূল উত্তরের জন্য বেশী নম্বর দিয়ে মূল্যায়ন রীতিকে দূষিত করবেন। তাই আমাদের সন্তান কৌশলে হয়তো ডিগ্রী সংগ্রহ করবে। কিন্তু জীবনে বড় হওয়ার কৌশল না জানার কারনে তারা চির বেকার হয়ে যাবে। তাই দেশে ডিগ্রী ধারী মূর্খের সংখ্যা বাড়বে। তারা আবার এইরূপ অসৎ নেতার অনুগ্রহের অপেক্ষায় দিন গুনবে।

এইভাবে অর্ধশিক্ষিত মানুষ নিজেদের ও পরিবারের চাহিদা মিটাতে কপটতার আশ্রয় নিয়ে অসৎ পথে উপার্জনে পা বাড়াতে বাধ্য হয়।

মনেরাখতে হবে প্রতিষ্ঠিত মানুষ লক্ষ্যে মগ্ন থাকার কারনে পদ্ধতিগত ভূল ক্রটি অনুভব করতে পারে না। তাই সঠিক জ্ঞান অসফল ভুক্তভোগীদের নিকট জেনে নিতে হয়। সমাজ বিজ্ঞানীদের

মতে ঘুষ নেওয়া, অপরাধ জগতে অর্থ উপার্জন করা, মিথ্যাচারকে সত্যে পরিনত করে উপার্জন করা, মানুষকে হত্যা করা, চুরি, ডাকাতি, রাহাজানি, প্রতারনা এসবই অসম্পূর্ণ শিক্ষার পরিনতি ও অক্ষমতার পরিনাম ছাড়া কিছুই নয়। সে কারন শিক্ষিত মানুষ সন্তানকে যে শিক্ষা দেয় তা যাচাই করতে ভুলে না। প্রশ্ন উঠবে একজন অশিক্ষিত পিতা অথবা মাতা কি সন্তানের শিক্ষা যাচাই করতে পারবে? প্রশ্ন দিয়েই এই প্রশ্নের উত্তর দেওয়া যায়। যেমন একটি অজ্ঞ সন্তান যে শিক্ষা অপরের কাছে শিখতে পারবে, সেই শিক্ষা একজন প্রাপ্ত বয়স্ক নাগরিক শিখতে পারবে না কেন? আসলে চেষ্টা থাকলে সবই সম্ভব।

বর্তমান বহু গ্রাম ও শহরে পিতা-মাতা সন্তানের পঠন-পাঠনকে ভিডিও রেকর্ডিং করছেন। অবসর সময়ে সেই রেকর্ডিং টিভিতে চালিয়ে ছেলেমেয়েকে পড়াটা বুঝিয়ে দিচ্ছেন। সঙ্গে সঙ্গে তাদের জ্ঞানও বাড়ছে। নিজেরাও শিক্ষিত হচ্ছেন। মাস্টার ভুল পড়ালে ধরে ফেলছেন। আর পরীক্ষার পূর্বে ঐ ভিডিও চালিয়ে দিলে সন্তান সহজেই পড়া মনে করে পরীক্ষায় সফল হচ্ছে।

সে কারন সন্তানকে শিক্ষাদান করা মানব জীবনের এক সংস্কার হয়ে দাঁড়িয়েছে। যারা স্কুলে যেতে পারে না তারা মা-বাবার কাছে পারিবারিক পেশা শিখে দক্ষ হয়ে যায়। এটাও এক ধরনের সংস্কার। তাই সংস্কার হল সন্তানকে সুরক্ষিত করতে সকল পিতা-মাতার এক প্রচেষ্টা। যাদের বাবা-মা নেই, তারা নিজেরাই নিজেদের জীবন উন্নয়নের জন্য সংস্কার গ্রহনের দায় বহন করে।

আরেকটি উপদেশ হল প্রাতঃরাশের পর যৎ-সামান্য কর্ম করা উচিৎ। যে সব কর্ম নিজের জীবনকে সমৃদ্ধ করে তেমন কর্মই করা দরকার। যেমন-

-ছোটরা খেলা করতে পারে।

-পড়াশুনা করতে পারে।

-বড়রা কর্মের পরিকল্পনা করতে পারে অথবা কর্মে নিযুক্ত হতে পারে।

-চাকুরীজীবীরা বাজার সেরে অফিস যাওয়ার প্রস্তুতি নিতে পারে।

তবে যাঁরা সকালের ব্রেকফাস্ট এড়িয়ে যান তাঁদের শরীরে ভীষন ক্ষতি হয়। কম বয়সে এই ক্ষতি অনুভব হয় না ঠিকই। কিন্তু সামান্য বয়স হলে লিভার, কিডনি ও অন্ত্রের বিভিন্ন রোগ প্রকাশ পেতে থাকলে, শরীর অসুস্থ হয়ে যায়। তাই সকালের খাবার এড়িয়ে না যাওয়া ভালো। প্রতিদিন প্রাতঃরাশের পর পড়াশুনা অথবা কর্মের অভ্যাস হলে মানুষ চিরকাল একই সময়ে কর্মের জন্য তৈরী হতে অসুবিধা বোধ করে না। তাই তারা সঠিক সময়ে সঠিক কাজ ও স্বাস্থ্য সুরক্ষা করতে পারে ও উভয় দিক বজায় রাখতে সক্ষম হয়।

সতর্কতার আরেকটি দিক হল উপার্জনের চেষ্টা। আমাদের অভিজ্ঞতা হল সবাই সমান উপার্জন করতে পারে না। কারন আমাদের মধ্যে 70 শতাংশ মানুষ চাতুরতার শিকার হয়ে বিনামূল্যে শ্রমদান করতে বাধ্য হয়। অনেকে বাহবা কুড়াতে অভুক্ত অবস্থায় অপরের উপকারে সময় নষ্ট করে। আবার পেটের দায়ে অপকর্ম করে জীবীকা নির্বাহ করতে বাধ্য হয়।

সেকারন যে মানুষ স্ব-উপার্জনে নিজের জীবনমান ব্যয় অর্জন করতে ব্যর্থ হন, তিনি সমাজ সেবায় নিযুক্ত হলে সমাজ তাকে বাঁকা চোখে দেখে। অর্থাৎ তিনি প্রথমে সমাজ সেবার নামে নিজেকে ও নিজের পরিবারকে পরিপুষ্ট করবেন। এমন সন্দেহ অন্যেরা পোষন করেন। পরে তা প্রকাশ হলে দুর্নীতির দায়ে অভিযুক্ত হতে পারেন। তাই সতর্কতা হল, শিক্ষাকে উপার্জনের উপযোগী করে তোলা অথবা শিক্ষার উদ্দেশ্য হবে নিজেকে উপার্জনশীল হিসাবে গড়ে তোলা। চাকরী অথবা পর-নির্ভরশীলতাকে এড়িয়ে স্বনির্ভর হওয়ার কৌশল রপ্ত করা। যদি অর্জিত শিক্ষার দ্বারা সন্তান

স্বনির্ভর হতে সক্ষম হয়, তবে তাকে উপার্জনের জন্য পরনির্ভরশীল হতে হয় না। অর্ধশিক্ষিত ডিগ্রীধারী বোকা মানুষ চাকরী পাওয়ার আশায় সমাজের প্রভাবশালী ব্যক্তির গোলাম হয়ে যেতে পারেন। অথবা লোভের বশবর্তী হয়ে অসামাজিক কাজে লিপ্ত হতে পারেন। সে কারন মা-বাবার কর্তব্য হল সতর্কতা অবলম্বনে সন্তানকে সঠিক শিক্ষা দান করা।

আমরা মানুষের জীবনযাত্রাকে দু-ভাগে ভাগ করতে পারি। এক ধরনের মানুষ ভালো খাদ্য, পরিধান ও জীবনমান সুরক্ষিত করতে আরও বেশী উপার্জনের চেষ্টা করতে থাকেন। আর এক ধরনের মানুষ রয়েছেন যাঁরা উপার্জনের পরিমানকে লক্ষ্য করে নিজেদের প্রয়োজনকে সংকুচিত করে জীবন মান স্থির করেন। এতে শ্রমের ঝুঁকি কমে যায়। শুধু মনকে শান্তনা দিয়ে নিজেরা বেঁচে থাকার উপায় খোঁজেন মাত্র। অনেক বাবা-মা, সরকার ও ঈশ্বরের ভূল ত্রুটি ব্যাখ্যা করতে করতে নিজেদের দায় এড়িয়ে যেতে সমর্থ হন।

এই রকম পরিনতি কেবল অলসতার কারনে বৃদ্ধি পায়। তাই সন্তান যাতে অলসতার শিকার না হয়, সে বিষয়ে সংস্কার দান করা হবে জীবন রচনার মূল কাজ। মনেরাখতে হবে একজন সাধারন মানুষ সংস্কারের প্রভাবে একজন দক্ষ সৈনিক হিসাবে গড়ে উঠতে পারেন। তাই আপনার সংস্কারও সন্তানকে সঠিক মানুষ হিসাবে গড়ে তুলতে পারবে। মানুষের জীবনে অলসতা ও পরনির্ভরশীলতা প্রকট হলে মানুষ দরিদ্র হয়ে যায়। আর এই দারিদ্রতার ফলে অনেক পরিবারে স্বাস্থ্য চর্চা উপেক্ষিত হতে থাকে। দেখা যায়-

- অনটনের কারনে মানুষ প্রাতঃরাশ উপেক্ষা করতে বাধ্য হন। কেউ কেউ এক কাপ চা আর দুটা বিস্কুটে তা সেরে ফেলেন। তারপর খিদে পেলে অর্থাৎ শরীরের চাহিদা এড়াতে বিড়ি, সিগারেট ইত্যাদি সেবন করে দুপুর পর্যন্ত শরীরকে কষ্ট দিতে থাকেন। তারপর দুপুরে পেট ভর্তি খেয়ে আবার রাতের খাওয়ার জন্য অপেক্ষা করেন। এই ধরনের অভ্যেসকে অনেকে নেশার পরিনতি হিসাবেও গণ্য করেন।

- শরীরের চাহিদা কিন্তু থেমে থাকে না। ঠিক সময় খাদ্য না পেলে খিদে বাড়ে। নিজের মনে বেদনা অনুভূত হয়। সেই সব বেদনাকে উপেক্ষা করে মানুষ বিভিন্ন রকম বদভ্যাসের আশ্রয় নেন। কেউ খৈনি, দোক্তা, পান, বিড়ি ইত্যাদি সেবন করে শরীরের চাহিদা ভুলে থাকতে চায়।

- প্রবাদ আছে অনেকে স্টাইল দেখানোর প্রয়োজনে নেশায় আকৃষ্ট হন। কিন্তু আজকাল এই সব নেশায় স্টাইল তো হয় না, বরং এসব নেশার কারনে প্রতিষ্ঠিত ব্যক্তিগন ও সমাজ অস্বস্তি অনুভব করে। পিতা-মাতার উচিৎ সকল বিতর্ক এড়িয়ে বিজ্ঞানের পরামর্শ মত সন্তানকে নেশা করতে বারন করা ও সুস্থ্য জীবন ধারনের পরামর্শ দেওয়া।

- সমাজ বিজ্ঞানীরা বলেন দেশের নাগরিক সুস্থ্য ও সুশিক্ষিত হলে আমাদের দেশ স্বনির্ভর হয়ে উঠবে। খাদ্য, পরিধান ও উন্নত জীবন মান প্রত্যেক মানুষের একান্ত অধিকার। সেই অধিকার কায়েম করতে হলে প্রতিটি মানুষকে সতর্ক হতে হবে। শিক্ষিত হতে হবে আর সক্ষম হয়ে নিজের দায় পালন করতে হবে। মনেরাখতে হবে নিজের জীবন সুরক্ষার জন্য অন্য কেউ দায় বহন করে না। তাই আমাদের সন্তানও পরনির্ভরশীল হলে বিপন্ন হবে।

- ডাক্তার বাবুরা বলেন স্বাস্থ্য চর্চার অভাব জনিত কারনে মানুষ সম্পূর্ণ জীবন ভোগের পূর্বেই মৃত্যু বরন করতে বাধ্য হয়। যিনি নিয়মিত দাঁতের যত্ন নিতে অক্ষম হন তার 60 বছর বয়সের পূর্বেই দাঁত পড়তে শুরু করে। নিয়মিত খাদ্যের অভাবে পাকস্থলি, লিভার, কিডনি ও আভ্যন্তরীন অঙ্গে বিভিন্ন রোগের সৃস্টি হয়। শরীরের স্নায়ু ও রক্ত সংবহন তন্ত্রের অক্ষমতার কারনে মস্তিষ্কের বিচার ক্ষমতা দুর্বল হয়ে পড়ে। হৃদযন্ত্রে রক্ত সরবরাহে বাধা সৃষ্টি হয়। শরীরে চর্বি ও স্নেহ জাতীয় পদার্থের বৃদ্ধি হলে মানুষ হৃদ রোগের শিকার হয়। এই পরিস্থিতিতে শরীরের বিভিন্ন অংশ অষাঢ় হয়ে গেলে পক্ষাঘাত রোগের প্রকাশ ঘটে।

- বিশেষজ্ঞরা আরও বলেন মানুষের শরীর একশত বছরের অধিক কাল জীবীত থাকতে পারে। কিন্তু নিয়মিত আহার ও পাণীয় যোগানের অক্ষমতা, অস্বাস্থ্যকর খাদ্য গ্রহনের লোভ, নেশা ও উপযুক্ত চিকিৎসার অভাব শরীরকে অসহায় করে তুললে মানুষ অকাল মৃত্যু বরন করতে বাধ্য হয়। এবিষয়ে বিজ্ঞানীদের মতামত বিস্তারিত ভাবে বিভিন্ন প্রকাশনা অথবা ইন্টারনেটে পাওয়া সম্ভব।

- পিতা-মাতা সকল সন্তানের দীর্ঘায়ু কামনা করেন। তাঁরা নিজের জীবন দিয়েও সন্তানকে দীর্ঘজীবী করতে পিছপা হন না। কিন্তু ভূল জ্ঞানের প্রভাবে অনেকে সন্তানের জীবনে সংস্কার দিতে ব্যর্থ হন। ফলে সন্তান সমাজে প্রচলিত অসফল ব্যক্তির ক্রিয়াকলাপে আকৃষ্ট হয়ে নিজের জীবন বিপন্ন করে।

- শরীরকে রক্ষা করার ক্ষমতা হারিয়ে বেপরোয়া জীবন যাপন করলে, জীবনের স্থায়িত্ব অনিশ্চিত হয়। তাই অকাল মৃত্যু তার জীবন কেড়ে নেয়। ধূমপান কারীগন অথবা মাদক সেবনকারীগন নিজ নিজ সমস্যা সমাধান করতে না পারার করনে ধূমপান করেন, এমন যুক্তিও সমাজে প্রচলিত রয়েছে। তবে কি সত্যি ধূমপান অথবা মাদক সেবনে সমস্যা সমাধান সম্ভব?

- গবেষকরা বলেন না-কারন মাদক সেবন অথবা নেশার বশবর্তী হয়ে মানুষ সমস্যা ভূলে যেতে পারে। অথবা অজ্ঞানতার জিদকে প্রাধান্য দিতে পারে। সেকারন মানুষ মাদক সেবন করে নেশায় মশগুল হয়ে খুন, রাহাজানি ইত্যাদি কুকর্ম করে আইনের জালে বন্দী হয়ে যায়। ফলে বাকি জীবন কন্টকাকীর্ণ হলে তারা পূর্ণাঙ্গ জীবন ভোগ করতে পারে না। এমন কি আইনের কোপে ফাঁসি অথবা মৃত্যুদণ্ডও হলে তাদের অকালমৃত্যু অবশ্যম্ভাবী হয়।

তাই সন্তানকে নেশা না করার জন্য উপযুক্ত শিক্ষা দিতে হবে। তাদের জানাতে হবে নেশার সুফল ও কুফল কি? তারপর নেশা না করার পরামর্শ দিলে তারা অবশ্যই মানবে।

নেশা যখনস্টাইলঃ প্রচলিত প্রবচন হল "আহার, নিদ্রা, ভয়-যত বাড়াবে তত হয়"। অতিরিক্ত আহার করার অভ্যেস ভালো নয়। প্রতিদিন বেশী খেতে খেতে মানুষ আগ্রাসী হয়ে যায়। ভূঁড়ি বাড়ে কিন্তু খাদ্যের গুন শরীরের কাজে লাগে না। বদ হজম ও পেটের রোগের শিকার হতে হয়। আবার স্বাভাবিক নিদ্রার কাল হল আট থেকে নয় ঘন্টা। যাঁরা ভালো লাগার কারনে অতিরিক্ত

ঘুমোন, তারা স্বাভাবিক শক্তি হারিয়ে ফেলতে থাকেন। সে কারন ওদের আমরা অলস বলি।

আর ভয় হল জীবনের হতাশা সৃষ্টির উৎস। ভয় যতটা বাড়াবে ততটাই ভীতি বাড়বে। তাই ভয় না বাড়িয়ে সমস্যার মোকাবিলা করতে হয়। মানুষ আহার, নিদ্রা ও ভয়কে অভ্যাসে পরিনত করে ফেলে বলে এইগুলিকেও নেশার পরিনতি হিসাবে গণ্য করা হয়।

তা ছাড়া নিজের জীবনে উপস্থিত সকল বিপত্তি অতিক্রম করতে মানুষকে সদা তৈরী থাকতে হয়। সে কারন দক্ষ মানুষ সদা সতর্ক থাকেন। আমরা তার সচেতন থাকার ভাব, চলাফেরা, আচরন ও কর্মের পরিনতিতে অনুভব করতে পারি। এইরূপ ব্যক্তির পোষাক-পরিচ্ছদ, আগ্রহ ও সচেতন মনোভাব প্রকাশের কৌশলকে স্টাইল বলা হয়। এখন অবশ্য এই সব স্টাইলের সংজ্ঞা বদলেছে।

আজকাল সমাজে বিভিন্ন স্টাইল প্রচলিত রয়েছে অন্য উদ্দেশ্যে। যাঁরা নিজের জীবনকে উপেক্ষা করেন, তাঁরাও স্টাইল করেন অপরকে আকর্ষন করতে। এধরনের স্টাইলের উদ্দেশ্য হতে পারে সত্যকে আড়াল করার প্রয়াস অথবা অন্যকে আকর্ষন করার চেষ্টা। সে যাই হোক না কেন এই প্রচেষ্টায় শরীরের কোন লাভ হয় না। অনেকে ভাবেন নেশা করে সমাজে নিজেকে আলাদাভাবে চিহ্নিত করা সম্ভব হয়। আসলে স্টাইলের মাধ্যমে নিজেকে সুন্দর করে তোলা, অথবা সচেতন মানুষ হিসাবে উপস্থাপন করা ভালো অভ্যেস। কিন্তু ছদ্মবেশ ধারন করা ভালো কাজ নয়।

বড়রা বলেন "ভগবানের সৃষ্ট প্রত্যেক মানুষই সুন্দর চেহারা নিয়ে জন্ম গ্রহন করেন। আর সৌন্দর্যের অনুভূতি হৃদয়ের অভ্যন্তরে সৃষ্টি হয়। অথচ বহু মানুষ জ্ঞানের অভাবে তা উপলব্ধি করতে পারেন না। অথবা জ্ঞানের অভাবে নিজেকে সুন্দর করে উপস্থাপন করতে না পারলে অনেকে হতাশা অনুভব করেন"। ইংরাজীতে একটি কথা প্রচলিত রয়েছে, "The nice bird has nice feather." অর্থাৎ সুন্দর পাখীর সুন্দর পাখনা রয়েছে। আর মানুষের পাখনা হল পোষাক। তবে অসুন্দর হওয়ার প্রশ্নই ওঠে না। যদি মানুষ নিজের শরীরকে মানান সই সুন্দর কাপড় দিয়ে ঢাকতে পারে তবে তাকে অবশ্যই স্মার্ট ও সুন্দর দেখাবে। কিন্তু কোন নেশাই স্টাইল হতে পারে না।

মনেরাখতে হবে পৃথিবীতে থাকা সমস্ত চেহারাই ঈশ্বরের সৃষ্টি অনুসার প্রকৃতিক স্টাইল বহন করে। তথাপি একজন মানুষ অন্যজনকে অপরের সঙ্গে তুলনা করে ভালো-মন্দ বিচার করে। মানুষের মস্তিষ্ক তুলনা মূলক বিচার ধারায় অভ্যস্ত। তাই প্রত্যেকেই নিজেকে অপরের সংগে তুলনা করে ঘাটতি অনুভব করে।

দুর্বলতাহীন মানুষ পৃথিবীতে পাওয়া সম্ভব নয়। সবারই কিছু দুর্বলতা থাকে। তাই প্রতিপক্ষ মানুষকে দুর্বল করতে অনেকে বলে, "আয়নায় মুখ দেখেছিস?" এই কথা শোনার পর যখন নিজের বিচার ধারা মনে পড়ে যায়, তখন মানুষ হতাশা অনুভব করে। আসলে সৌন্দর্যের অনুভূতি হল হৃদয়ের কাজ।

সে কারন প্রত্যেক পুরুষ তাঁর স্ত্রীর চেহারায় শ্রেষ্ঠ সৌন্দর্য খুঁজে পায়। আর সমস্ত নারী নিজের পতিকে সুন্দর ভাবতে পারে। তাই সর্বজন স্বীকৃত সত্য হল প্রত্যেক মানুষই সুন্দর।

সুন্দর সাপ দংশন করলেও মৃত্যু অনিবার্য হয়। সে কারন একজন মানুষ বাহ্যিক চেহারায় কেমন তা দেখে তার গুনের বিচার করা হয় না। লোককথায় শোনা যায়, "দেখিতে পলাশ ফুল অতি মনোহর, গন্ধ নাই বলে কেহ করে না আদর।" তাই আসল সৌন্দর্য প্রাকৃতিক রূপে অনুভূত হয় না। গুনের মধ্যে সৌন্দর্যের সৌরভ বিকশিত হলে, তা চির সুন্দর হিসাবে স্বীকৃত হয়। সেকারন মানুষ চিরকাল নিজ নিজ প্রতিভা বিকাশের চেষ্টায় রত হয়েছেন। পৃথিবীতে বহু মানুষ আছেন

যাঁরা নিজ নিজ প্রতিভার বিকাশ করে সঙ্গীত, নৃত্য, অভিনয়, সাহিত্য, শিল্প, বানিজ্য, শিক্ষা ও বিজ্ঞান ইত্যাদির জগতকে আলোকিত করেছেন। তাই সন্তানকে নিজগুনে সুন্দর হওয়ার শিক্ষা দিতে হবে। যেভাবে আমরা একটি খালি ঘরকে সুন্দর করে সাজিয়ে তুলি, তেমনি নিজের জীবনকে সাজিয়ে তুলতে হবে।

আবার অন্য একটি প্রবচনও আমরা শুনে থাকি। সেটি হল-"সুন্দর মুখের জয় সর্বত্র।" আসলে সৌন্দর্যের অনুভূতি সকল মানব মধ্যে বিদ্যমান। আর মানুষ সুন্দরের মধ্যে সম্ভবনা ও সাফল্য আশা করে। এই দৃষ্টিতে মানুষ সুন্দর মুখের হাসি এড়িয়ে যেতে পারে না। তাই সুন্দরকে সহজে স্বাগত জানায়। তবে পরের কাজটা দক্ষতার উপর নির্ভরশীল হয়। কিন্তু স্টাইল করে বিড়ি, পান, সিগারেট অথবা তামাক জাতীয় নেশা করলে যে সৌন্দর্য বৃদ্ধি পায় এমন তথ্য আমার জানা নেই। আমার মতে নেশা নিজের শরীরকে নির্যাতন করে। তাই নেশায় আকৃষ্ট হওয়া ক্ষতিকর।

- **সময়ের সাথে কাজের সম্পর্ক রয়েছে।** সঠিক সময়ে যেকোন কাজ না করতে পারলে তা মূল্যহীন হয়ে যায়। তাই সকল কাজেসময় অনুসরন করতে হবে।

সময় অনুসরন সংস্কারঃ জীবন নির্দিষ্ট সময় পর্যন্ত বেঁচে থাকতে পারে। আর বেঁচে থাকা অবস্থায় কাজ করার সময়-সীমাটি জীবনকালের থেকেও কম হয়। তাই বয়সের সাথে তাল মিলিয়ে মানুষকে কাজ করতে হয়।

সারা জীবনের দশা গুলি হল, প্রাক-জন্ম কাল 280 দিন, সদ্যজাত জীবন 0 থেকে 30 দিন, প্রথম শৈশব 01 থেকে 18 মাস, অতিক্রান্ত শৈশব 18 থেকে 30 মাস, আসন্ন শৈশব 30 মাস থেকে 5 বছর, মধ্য-বাল্যকাল 5 থেকে 9 বছর, প্রান্তীয় বাল্যকাল 9 থেকে 12 বছর, যৌবনাগম 12 থেকে 21 বছর, যৌবন কাল 21 থেকে 60 বছর, বার্ধক্য 60 থেকে শেষ জীবন।

যেমন শেষ জীবনের কাজ যৌবনে করা যায় না। তেমনি যৌবনের কাজ বাল্যকাল বা শৈশবে করা যায় না। সময় থেমে থাকে না। সে যথারীতি এগিয়ে চলে। তাই কাজ নির্দিষ্ট সময় সীমার মধ্যে না সারলে তা জীবনের কাজে আসে না।

সন্তানের জীবনের মূহর্তগুলি ধরে রাখতে বাবা-মা সে কারনেই ছেলেবেলার ছবি তুলে রাখে। সম্প্রতি আমার একজন ছাত্র তার ছেলেবেলার এ্যালবাম থেকে কয়েকটা ছবি দেখিয়েছিল। দেখে ভালো লাগলো যে তার বাবা শিশুকাল থেকে একুশ বছর বয়স পর্যন্ত তার সকল বয়সের ছবি সুন্দর ভাবে গুছিয়ে রেখেছেন। আজ তিনি বেঁচে নেই কিন্তু তাঁর স্মৃতি আজও জীবীত রয়েছে।

ভাষা জ্ঞানঃ ভাষা মানুষের জীবনে এক গুরুত্বপূর্ণ যোগাযোগ মাধ্যম। জ্ঞান আরোহন, মত বিনিময় অথবা মনের ভাব প্রকাশ ভাষা জ্ঞান ছাড়া সম্ভব হয় না। সে কারন প্রত্যেক মানুষকে ভাষা শিখতে হয়। আমরা মাতৃভাষায় পরিবার পরিজন, স্থানীয় সমাজ ও রাজ্যের মানুষের সাথে মত বিনিময় করতে পারি। জীবনের প্রয়োজন ও সমস্যা মিটানোর প্রয়োজনীয়তা ব্যাখ্যা করতে পারি। কিন্তু ভিন্ন ভাষী মানুষের কথা বুঝতেও পারি না আর নিজের মনের কথা বুঝাতেও পারি না। কিন্তু কাজের বেলায়-

- **সকল রাজ্যের মানুষের সংগে যোগাযোগ জরুরী হয়।** গ্রামে টাকা আসে কেন্দ্র থেকে। কত এলো? কি বাবত এলো? সবই লেখা থাকে ইংরাজীতে। পড়তে না জানলে ধূর্ত মানুষ তোমার

টাকা নিয়ে নিতে পারে। তাই অফিসের লোক যখন স্থানীয় ভাষায় কথা বলবে, তুমি অজ্ঞানী হলে ওরা যা বলবে তোমাকে তাই বিশ্বাস করতে হবে। সে কারন বর্তমান নূতন শিক্ষা ব্যবস্থায় স্থির করা হয়েছে-

- সকল শিক্ষার্থীকে অষ্টম মান পর্যন্ত্য মাতৃভাষায় দক্ষ হতে হবে। যার ফলে তারা স্থানীয় মানুষের সংস্কৃতি, পরিবেশ ও জীবনযাত্রা বিষয়ে সঠিক জ্ঞান অর্জন করতে সক্ষম হবে। এইরূপ জ্ঞানের উন্মেষের ফলে তারা জাতীয় স্তরে ও আন্তর্জাতিক স্তরে জ্ঞান অর্জনের উপযুক্ত হয়ে উঠবে। সেই জ্ঞান তাদের অফিসের কাজে নিয়োগের যোগ্য করে তুলবে। অথবা স্বনির্ভর হওয়ার পথ দেখাবে।
- তারপর তাদের দ্বাদশ শ্রেণী পর্যন্ত হিন্দি, ইংরাজী ভাষা শিখে জাতীয় ও আন্তর্জাতিক স্তরে জ্ঞান আরোহনের জন্য যোগ্যতা অর্জন করতে হবে। মনেরাখবে প্রতেকটি জ্ঞান তাদের জীবনকে আলোকিত করতে পারে। তাই অষ্টম মান উত্তীর্ণ, দ্বাদশ শ্রেণী উত্তীর্ণ অথবা স্নাতক হওয়ার পর পড়া বন্ধ হলে 'যোগ্যতা উন্নয়ন কোর্স' করে শিক্ষার্থী তাদের শিক্ষা সম্পূর্ণ করতে পারবে।
- আর যোগ্যতা উন্নয়ন কোর্স করলেই তাদের কাজের দিশা স্পষ্ট হয়ে যাবে আর তাই তারা সহজেই অফিসের কাজে নিযুক্ত হতে সমর্থ হবে।

- **প্রতিদিন সঠিক সময়ে খাবার খেতে হবে।**

প্রতিদিন একই সময়ে খাবার খেলে শরীর ভালো থাকে। কারন একই সময় খাবার খেলে খালি পেট থাকে না। যদি সামান্য দেরী হয়ে যায় সে সময় জল পান করলে পরিপাক তন্ত্রের সুরক্ষা সম্ভব হয়। এছাড়া প্রতি তিন অথবা চার ঘন্টা অন্তর শরীরে খাদ্যের প্রয়োজন হয়। সঠিক সময়ে খাদ্য না খেলে পরিপাক তন্ত্রে বেদনা অনুভব হয়। পরে এই বেদনা অসুখে রূপান্তর হলে চিকিৎসার জন্য বহু অর্থ ব্যয় করতে হয়।

- **সারা দিনে কম করে তিন লিটার জল পান করতে হবে।**
- কাজের সময় নিজের কাছে জল রাখা দরকার। অনেকে কম জল পান করেন বলে তাদের অনেক রোগে ভূগতে হয়। বিশেষজ্ঞ দের মতে জল কম খেলে পাচন ভালো হয় না। তাই খাদ্য পাচনে প্রয়োজনীয় জল, শরীরের কোষ ও অন্যান্য অঙ্গ থেকে শোষন হতে থাকে। ফলে শরীরে স্বভাবিক জলের মাত্রা কমে যায়। ত্বকের রঙ কালো হতে থাকে। ডাক্তার বাবুরা সে কারনেই প্রতিদিন কম করে তিন লিটার জল খাওয়ার পরামর্শ দেন। বেশী জল খেলে ক্ষতি হয় না।

- **নির্দিষ্ট সময়ের মধ্যে নির্দিষ্ট কাজ সারার অভ্যাস করতে হবে।**

ঠিক সময়ে কাজ সারার অভ্যেস থাকা উচিৎ। কেউ যদি সকালের প্রাতঃরাশ তৈরী করতে দুপুর লাগিয়ে দেয় তবে কি সকালের প্রাতঃরাশ সম্ভব হবে? না হবে না। আর সকালে না খেলে শরীর খারাপ হয়ে যাবে। তেমনি উপার্জনের সময় সঞ্চয় না করলে দরকারের সময় সমস্যা বাড়বে। তখন ঋনের খপ্পরে পড়ে দরিদ্র হয়ে পড়বে। শিশুকালে খেলাধূলা না করলে বুড়ো বয়সে খেলার আনন্দ পাওয়া সম্ভব হয় না। সংস্কার আঠারো বছর বয়সের মধ্যে না শিখলে অপরাধে

আকর্ষন বাড়ে। সারা বছরের পাঠ সময়ে না সারলে পরীক্ষায় পাশ সম্ভব হয় না। এইভাবে প্রত্যেক কাজেরই সময়সীমা নির্দিষ্ট থাকে। সে কারন প্রত্যেকটি কাজ যথার্থ সময়ে সারলে তা মূল্যবান গন্য হয়।

কাজের অগ্রাধিকারকে জীবন-দশার সীমা, কমহীনতার প্রভাব, ছলনা, মানবিকতার দায় ও ভুল জ্ঞান গ্রহনের আওতার বইরে রাখতে হবে।

- জীবন দশা যেমন সদ্যজাত জীবন, প্রথম শৈশব, অতিক্রান্ত শৈশব, আসন্ন শৈশব, মধ্য-বাল্যকাল, প্রান্তীয় বাল্যকাল, যৌবনাগম, যৌবন কাল ও বার্ধক্য কাল এইসব দশার প্রত্যেকটিতে জীবনের কর্তব্য রয়েছে। বয়সের সময় সীমার মধ্যে সেই সব কর্তব্য না করতে পারলে ভবিষ্যতের লক্ষ্য পূরন সম্ভব হয় না। সে কারন সংস্কার, জ্ঞান অর্জন থেকে শুরু করে জীবনের শেষ মূহর্ত পর্যন্ত প্রত্যেকটি কাজ সঠিক সময়ে করা প্রয়োজন।

- ঠিক সময়ে জ্ঞান অর্জন করতে না পারলে মানুষ যৌবনে কমহীন হয়ে যায়। তাই ছেলেবেলায় পড়াশুনা করে জ্ঞান অর্জন করতে হয়। মনেরাখতে হবে বেকার হল শিক্ষাকে কর্মের উপযোগী করে জীবীকা নির্বাহ করতে না পারার অক্ষম ব্যক্তি। সে কারন প্রত্যেক মানুষের জীবনে কেবল কর্মের উপযোগী শিক্ষা আবশ্যক। মানুষ ভুল জ্ঞানের প্রভাবে অপ্রয়োজনীয় শিক্ষায় সময় কাটিয়ে যৌবনে কাজের প্রত্যাশায় পরনির্ভরশীল হয়ে পড়ে। তাই শিক্ষা গ্রহনের পূর্বে পরিনতির সমীক্ষা জরুরী।

- অসমপূর্ণ মানুষ ছলনার আশ্রয়ে জীবীকা নির্বাহ করেন।
- জিজ্ঞাসার উত্তর কেবল বিশেষজ্ঞের মতামত সাপেক্ষে নেওয়া দরকার।
- অন্যদের পরামর্শ ইন্টারনেটে যাচাই করে প্রয়োগ করতে হয়।
- অপরকে সংশোধন না করে নীরব থাকলে শত্রু সৃষ্টির সম্ভবনা কম হয়।
- দিনে অন্তত: একবার যে কোন সময়ে খোলা আলো, বাতাস ও আকাশের নীচে আসলে মন ভালো থাকে।
- প্রতিযোগীর প্রশংসা করলে তার শক্তি হ্রাস হয়।
- সদা হাস্য ব্যক্তি চতুর ও দূরদর্শী হয়।
- চতুর মানব কর্ম স্থলে কাম, ক্রোধ, লোভ, মোহ ও অহংকার নিয়ন্ত্রন করতে সক্ষম হন।
- ছলনা থেকে সবাইকে সদা সতর্ক থাকতে হয়।

ব্যাখ্যাঃ গুরুদেব রবীন্দ্রনাথ ঠাকুর বলেছেন, "মানুষের চরিত্রে সকল জানোয়ারের স্বভাব লুকিয়ে রয়েছে। গানের সা রে গা মা গুলিকে সুসজ্জিত করলে যেমন সুন্দর সুরের সৃষ্টি হয়, তেমনি মানুষের পাশবিক গুনগুলিকে সংস্কার দ্বারা সংশোধন করলে মানবতার আত্মপ্রকাশ ঘটে"। অসম্পূর্ণ মানুষ ছলনার আশ্রয়ে জীবীকা নির্বাহ করতে বাধ্য হন, সংস্কার ও জ্ঞানের অভাব জনিত কারনে। সেকারন যিনি সু-বাক্যের প্রভাবে প্রতিপক্ষকে মোহিত করতে পারেন, তিনি কখনো দৈহিক আক্রমন অথবা নর হত্যার কথা ভাবতেই পারেন না। হিংসা কেবল পশুদের সমাজে সংস্কার হীনতার অভিশাপ বহন করে। সে কারন তাদের জীবন অপরিকল্পিত ও অনিশ্চিত ভবিষ্যতের মধ্যে সীমাবদ্ধ হয়। আবার সংস্কারাচ্ছন্ন গৃহপালিত কুকুর ও পশু সংস্কারের প্রভাবে

অনেক অসাধ্য সাধন করতে পারে। তারাও মানব সমাজে সুরক্ষিত ও সমাদৃত হতে পারে।

সকল বিষয়ে জ্ঞান লাভ করা কঠিন ব্যাপার। তাই মানুষ সমস্যায় পড়লে অপরের পরামর্শ নিতে অভ্যস্ত হন। নূতন সহরে পথ চলতে গিয়ে অনেকে এই অভিজ্ঞতা লাভ করে থাকবেন। আমিও কলেজে যাওয়ার পথ জানতে চাওয়ায় একজন পথিক আমাকে উল্টা পথ বলে দিয়ে ছিলেন। যাচাই না করলে হয়তো আমার বিপদ বাড়তো। সেকারন জিজ্ঞাসার উত্তর কেবল বিশেষজ্ঞের মতামত সাপেক্ষে নেওয়া দরকার। আর যাচাই করে নেওয়া জরুরী। তথাপি ভুল তথ্যের সংশোধন অথবা প্রতিবাদ করার প্রচেষ্টাও ভয়ঙ্কর হতে পারে। কারন এই ধরনের প্রবৃতি কেবল বিকৃত ও অসম্পূর্ণ মস্তিষ্কের কারনে বিকশিত হয়।

তাই নীতি হল নিদ্দিষ্ট সময়ের মধ্যে নিদ্দিষ্ট কাজ সারার অভ্যাস করতে হয়। কাজের অগ্রাধিকারকে জীবন-দশার সীমা, কর্মহীনতার প্রভাব, ছলনা, মানবিকতার দায় ও ভূল জ্ঞান গ্রহনের আওতার বইরে রাখতে হয়।

সংস্কার প্রথাঃ লোককথায় প্রচলিত আছে "যে সকলকে সন্তুষ্ট করতে চায় সে কাউকে সন্তুষ্ট করতে পারে না"। লোককথা হল পুরাতন সভ্যতার সংক্ষিপ্ত সতর্ক বাণী। সে সময় সাধারন মানুষ নিজেদের অভিজ্ঞতাকে সংক্ষিপ্ত বাণীর মাধ্যমে প্রচার করতো। মুখে মুখে প্রচার হওয়া এই বাণী হল অভিজ্ঞতার সার কথা। অনেক অসম্ভব কাজের সমাধান এইরূপ বাণীর মাধ্যমে পাওয়া যেত। সে যাই হোক, পরিবারের সকলকে সন্তুষ্ট করা অথবা তাদের মন জয় করা বেশ কঠিন কাজ। কারন পরিবারের প্রত্যেকটি মানুষই নিজ নিজ কাজে ব্যস্ত থাকেন। তাদের প্রত্যেককে নিজের জীবন, পারিবারিক উন্নয়ন, সামাজিক পরিস্থিতি ও সমস্যা নিয়ে ভাবতে হয়। তাই তাদের মতিগতি বুঝে খুশি করা এক কঠিন কাজ হয়ে দাঁড়ায়। অথচ তোমাকে তাদের সবাইকে খুশি করার কৌশল শিখতে হবে।

সংস্কারঃ (এক) সবাইকে খুশি করার সংস্কার হল "সামনের মানুষকে দেখা মাত্র হাসতে শেখা"। হাসলে নিজের মন খুশি থাকে আর প্রতিপক্ষের মনে হিংসা ও ক্রোধের হ্রাস হয়। সে তোমাকে দেখে হাসতে বাধ্য হয় অথচ তোমার মনের অবস্থা মুখমণ্ডল দেখে অনুমান করতে পারে না। সেকারন দুঃখে-সুখে, কষ্ট-বেদনা কালে হাসতে পারা এক সর্বজয়ী সংস্কার হিসাবে গণ্য হয়।

-'পাছে লোকে কিছু বলে' এটি একটি কু-সংস্কার। প্রচলিত এই সংস্কারের কারনে অক্ষম মানুষ বাধ্য হয়ে অপরকে সাহায্য করার প্রতিশ্রুতি দিয়ে ফেলে। তারপর প্রতিশ্রুতি অনুসার সাহায্য না করতে পারলে শত্রুতার সৃষ্টি হয়। সংকোচের কারনে সরাসরি 'না' বলার ক্ষমতা হারিয়ে ফেলাও একটি প্রচলিত দুর্বলতা।

সংস্কারঃ (দুই) কোন কাজে সক্ষমতা সন্দেহজনক হলে অথবা নিজের ক্ষতির সম্ভবনা থাকলে সরাসরি 'না' বলতে শেখো। এর ফলে সদ্ভাব বজায় থাকবে আর সাহায্য প্রার্থী বিপন্ন হবে না। সে অন্য উপায় করার প্রয়াস করতে পারবে। সে কারন অনেকে সব কথায় 'না' বলেন। পরে ভেবে চিন্তে যদি সম্ভব হয় 'হ্যাঁ' বলতে চেষ্টা করেন।

-যদি তোমাকে পিঁপড়ে কামড়ায়, বিড়াল, কুকুর অথবা বানর আক্রমন করতে আসে, সাপের গতি দেখে তুমি ভীত হও, কোন মানুষ তোমাকে আঘাত করতে চায়, খিদে পেলে যখন তুমি কষ্ট অনুভব কর, কোন ভারী বস্তুর আঘাতে তোমার জীবন বিপন্ন হতে পারে এমন মনে হলে অথবা অসুস্থ হয়ে তুমি যন্ত্রনা পাচ্ছ তখন নিজের জীবন রক্ষার দায় তোমারই। এসব ঘটনা তোমার রক্ষক ব্যক্তির অগোচরেও ঘটতে পারে। তাই তোমাকে জানতে হবে, কিভাবে নিজেকে বাঁচাবে?

সরাসরি প্রতিরোধ গড়ে, না অপরের সাহায্যে নিয়ে? আর তোমার ভূল সিদ্ধান্ত হলে জীবন বিপন্ন হতে পারে।

সংস্কারঃ(তিন) তোমার বিপদের সম্ভবনা বুঝলে চিৎকার করে আশপাশের মানুষের দৃষ্টি আকর্ষন করো। ওরা তোমাকে বাঁচাতে সাহায্য করবে। কোন গোপন কথা মা-বাবা অথবা শুভাকাঙ্খী পরিজনকে লুকাবে না। বাইরের লোকের পরামর্শ মা-বাবার কাছে যাচাই করে নিতে হয়। হঠাৎ আক্রমন হলে হাত দিয়ে প্রতিরোধ করতে হয় এবং তৎক্ষনাৎ চিৎকার করে দৃষ্টি আকর্ষন করতে হয়। নিজের বাড়ীর ঠিকানা ও পিতা-মাতার পরিচয় জেনে রাখা জরুরী।

-তোমার ভালোমন্দ নিয়ে অনেকে সমালোচনা করবে। সমালোচনায় দুধরনের পরিস্থিতির উদয় হয়। যেমন ভালো সমালোচনা হলে তুমি খুশি হতে পারো। আরও উৎসাহ পেতে পারো। আর থারাপ সমালোচনায় তুমি দুখী হতে পারো অথবা ভূল শুধরে নিতে পারো। দুখী হলে তোমার অহংকার বোধ প্রতিহংসার সিদ্ধান্ত নিতে প্ররোচিত করতে পারে। তাতে শত্রুতা সৃষ্টি হওয়ার সম্ভবনা থাকে। কিন্তু ভূল শুধরে নিলে সমালোচনার উদ্দেশ্য থারিজ হয়ে যায়। সে সময় তোমাকে ভালো না-ও লাগতে পারে। তুমি শুনে দুঃখ পেতে পারো। কিভাবে তা গ্রহন করবে তাও তোমাকে শিখতে হবে।

সংস্কারঃ(চার) সমালোচনায় মৌন থাকা ভালো। পারলে হাসতে থাকো। সমালোচকরা প্রতিক্রিয়া আশা করে। তুমি হাসতে থাকলে তাদের উদ্দেশ্য ব্যর্থ হবে। ভূল সিদ্ধান্ত শুধরে নেওয়া ভালো। বিতর্ক করে অপরকে সত্যের পাঠ শেখানো বোকামী। সমযোগ্যতা সম্পন্ন ব্যক্তি ছাড়া বিতর্ক করলে সম্মানের হানী ঘটে। কেউ পরামর্শ চাইলে উপকার করো। যেচে উপকার করলে বিপদের সম্ভবনা সৃষ্টি হয়।

-পরিবারের সবার ক্ষতি হোক এমন কাজ না করা ভালো। তবে নিজের জীবন রক্ষার প্রয়োজনে কি সিদ্ধান্ত নেবে তা তোমার জানা উচিৎ। যেমন-তুমি যদি স্বেচ্ছাচারকে গ্রহন করে নেশা কর, চরিত্রহীন হয়ে যাও, অসামাজিক কাজে লিপ্ত হও বা তোমার কারনে প্রতিবেশী ও সমাজ অত্যাচারিত হয়, তখন তোমার পরিবারের বদনাম হতে থাকে। তোমার শরীরেরও ক্ষতি হয়। সে সময় সামাজিক মানুষ ভাবেন যে তোমার পরিবারের সংস্কার ভালো নয়। সবাই তোমার অসামাজিক কাজকে প্রশ্রয় দিচ্ছে। এই পরিস্থিতিতে সমাজের প্রতিষ্ঠিত মানুষ তোমার পরিবারের সঙ্গে লেনদেন, বন্ধুত্ব, সহযোগীতা কমিয়ে দূরত্ব বাড়াতে বাধ্য হয়। অর্থাৎ তোমার থারাপ কাজের কারনে পরিবারের উপার্জন ও সহযোগীতা কমবে ও তাদের জীবন সংকট সৃষ্টি হবে। এই রকম পরিস্থিতির ফলে পরিবার দরিদ্র হতেও পারে। অর্থাৎ তোমার কারনে সবার ক্ষতি হবে। এইরূপ কাজ করা উচিৎ নয়। কিন্তু যদি তোমার জীবন রক্ষা করতে আরোগ্যের কারনে যৌথ সম্পত্তি বিক্রয়ের প্রয়োজন হয়, তখন তোমার জীবনের মূল্যকে অগ্রাধিকার দিও।

সংস্কারঃ(পাঁচ) সবার ভালো করার প্রয়াসই তোমার ভালো হওয়ার পথ। নিজের স্বার্থকে প্রাধান্য দিলে সবাইকে বঞ্চিত করা হয়। এই সিদ্ধান্ত মনে রাখা প্রয়োজন। বহিরাগত পরামর্শ তোমাকে প্রভাবিত করলে পিতা-মাতার কাছে যাচাই করার দরকার হয়।

-অভিমানবোধ এক ব্যাধি যা গুপ্তরোগ রূপে অন্তরে বাসা বাধে। অভিমান বোধকে ছেলে বেলায় প্রশ্রয় দেওয়ার কারনে সন্তান নিজের দাবী আদায় করতে বার বার একই পদ্ধতি গ্রহন করতে অভ্যস্ত হয়ে যায়। তারপর সেই অভ্যাস কর্ম জীবনে প্রয়োগ করতে গিয়ে সন্তান আত্মহত্যার পথ বেছে নেয়। তাই এটিকে গুপ্ত রোগ হিসাবে গণ্য করা হয়। মানসিক চিকিৎসায় বিশেষজ্ঞ

ডাক্তারগন কাউন্সেলিং এর মাধ্যমে এই রোগের চিকিৎসা করে থাকেন। এই রোগ বৃদ্ধি হলে মানুষ আত্মহত্যা করতে পারে। যদিও সে বুঝতে পারে যে অভিমানে অপরের কোন ক্ষতি হয় না। নিজের কোনো লাভও হয় না। অথচ নিজের বিনাশ সুনিশ্চিত হয়। তোমার জীবনে অভিমান বোধ জাগলে কিভাবে তার সমাধান করবে তাও তোমাকে জানতে হবে।

সংস্কারঃ(ছয়) অভিমান করা উচিৎ কাজ নয়। অভিমানের কারন প্রতিপক্ষের গোচরে নাও থাকতে পারে অথবা প্রতিপক্ষ গুপ্ত শত্রু হলে বিনা বাধায় তার অভিষ্ট পূর্ণ হয়ে যায়। এমন পরিস্থিতিতে অভিমানের বদলে অধিকার পেশ করতে শেখো। বঞ্চিত হলে তার প্রকাশ করে সবার দৃষ্টি আকর্ষন করো। মনেরাখতে হবে তোমার উদ্দেশ্য হল জয়ী হওয়া। অপরকে জয়ী করা নয়।

-অজ্ঞানতা হল সিদ্ধান্তের ঘাটতি জনিত দুর্বলতা। কিভাবে অজ্ঞানতার প্রভাব কাটিয়ে লক্ষ্যে পৌঁছানো সম্ভব তাও তোমাকে শিখতে হবে। কারন কোন ব্যক্তিই পৃথিবীর জ্ঞান ভাণ্ডারে থাকা সমস্ত জ্ঞান আরোহন করতে সমর্থ হয় না। অথচ যে কোন সমস্যা প্রত্যেকের জীবনে আসতে পারে। অজ্ঞানতার সত্ত্বেও সমস্যা দূর করা সম্ভব হয়। সে কারন অর্থ ও সামর্থের প্রয়োজন হতে পারে। এই বিষয়ে আগাম প্রস্তুতি না থাকলে বিপদ ঘটে।

সংস্কারঃ(সাত) ঠকে শেখা অথবা বিশেষজ্ঞের পরামর্শ নিয়ে শেখার উপায় রয়েছে সমাজে। প্রথমে সঠিক জ্ঞান আরোহন করে কাজে হাত বাড়াতে হয়। অর্থাৎ অজ্ঞানতা বশত কোন কাজ না করা ভালো।

-আবেগ হল গতিশীল চিন্তার স্রোত। এতে ভুলের সম্ভবনা প্রকট হয়। আবেগের মুহূর্তে মানুষ পরিকল্পনা করতে পারে না। শুধু সিদ্ধান্ত নিতে পারে। পরিকল্পনা করার সময় কাজের পরিনতির কথা মাথায় থাকে। কিন্তু সিদ্ধান্তের বেলায় ওসবের প্রয়োজন হয় না। তাই ভুল হয়ে যায়। সে কারন আবেগ নিয়ন্ত্রন করা মানুষের একান্ত কর্তব্য। আবেগ নিয়ন্ত্রন কৌশল শেখাও জরুরী।

সংস্কারঃ(আট) আবেগ নিয়ন্ত্রন করতে হলে তৎক্ষনাৎ সিদ্ধান্ত না নেওয়ার অভ্যাস গড়তে হবে। সময় নিয়ে ভাবার পর সিদ্ধান্ত নিলে আবেগ দূর হয়। সিদ্ধান্ত নেওয়ার পূর্বে ও পরে নিজের মনে যাচাই করে নেওয়া দরকার যে, বিষয়টি আবেগহীন হয়েছে কি না?

ভুল বিভন্ন প্রকারের হয় যেমন-বড়দের কথা না মেনে সন্তান ধূমপান করেছে, ভুল নেশার কারনে টিবি বা ক্যানসার হয়েছে, ভুল সিদ্ধান্তের কারনে দুর্ঘটনা ঘটেছে, বন্ধুদের কথায় উৎসাহিত হয়ে মারপিট করা ভুল হয়েছে, ভুল বুঝে পিতাকে আঘাত করেছে, ভুল সিদ্ধান্তের কারনে মাকে ত্যাগ করেছে, ভুলে বিদ্যুতের তারে হাত পড়ে গেছে ইত্যাদি। এই সকল কাজের পরিনাম যখন খারাপ হয়, তখন বিপথগামী ব্যক্তি ভুল বুঝে ক্ষমা প্রার্থনা করে। এই ক্ষমা প্রার্থনার অর্থ হল ক্ষতি স্বীকার করতে অনুরোধ করা। কিন্তু এইসব ঘটনার কারনে ক্ষমা করলে কি ক্ষতিপূরন সম্ভব হয়? না, তা হয় না। আসলে ভুল কাউকে ক্ষমা করে না। ভুল করে আগুনে হাত দিলে যেমন আগুন হাতকে রেহাই দেয় না, তেমনি ভুলের সঙ্গে সঙ্গে শাস্তি হয়ে যায়। যেমন ধূমপানের সঙ্গে সঙ্গে ফুসফুসে কার্বন মনোক্সাইড বিষক্রিয়া করতে শুরু করে দেয়, সে কারন আভ্যন্তরীন অঙ্গের আয়ু কমে যায় ও রক্তের মধ্যে বিষক্রিয়া সৃষ্টি হলে শরীরে প্রতিরোধ ক্ষমতা কমে যায়। তাই টি বি অথবা হাঁপানী জাতীয় রোগের আবির্ভাব ঘটে। এখন পরিবারের লোকজন সন্তানকে ক্ষমা করলেও শরীরের ক্ষতি প্রতিরোধ সম্ভব হয় না। এইরূপ বহু রকমের ভুল মানুষ করে থাকে। ভুলের পথে চলতে গিয়ে মানুষ সমাজবিরোধীও হয়ে যায়। সেইরূপ ভুল নেশার কারনে টিবি বা ক্যানসার হয়েছে, ভুল সিদ্ধান্তের কারনে দুর্ঘটনা ঘটেছে, বন্ধুদের কথায় উৎসাহিত হয়ে মারপিট

করা ভুল হয়েছে, ভুল বুঝে পিতাকে আঘাত করেছে, ভুল সিদ্ধান্তের কারনে মাকে ত্যাগ করেছে, ভুলে বিদ্যুতের তারে হাত পড়ে গেছে ইত্যাদির ক্ষেত্রেও ভুলের সঙ্গে সঙ্গে শাস্তি হয়ে গেছে। অর্থাৎ ভুল কাউকে ক্ষমা করে নি। তাই মানুষের জীবনে ভুল করা বারন। ভুলের কারনে মৃত্যু অনিবার্য হতেও পারে। তবে অপরাধ প্রবন মানুষ নিজেদের অক্ষমতাকে আড়াল করতে বলেন, "ভুল করা মানুষের স্বভাব"। আমি অবশ্য সংশোধন করে এই ভুল লোককথাটির পরিবর্তে বলি **"ভুল কাউকে ক্ষমা করে না, হয় অর্থ দও অথবা শাস্তি তৎক্ষনাৎ প্রদান করে। তাই ভুল না করার অভ্যেস গড়ে তোল। নয়তো যে কোন মূহর্তে জীবন বিপন্ন হতে পারে। আর ভুল করা হল সংস্কারহীন মানুষের অক্ষমতার উদাহরন"।** মনেরাখতে হবে ভুল করার প্রবনতা সৃষ্টি হতে পারে সত্য অথবা মিথ্যার বিচার না করতে পারার কারনে। কার্যতঃ সামান্য ধৈর্য্য ও সুচিন্তার দ্বারা ভুলকে এড়িয়ে যাওয়া সম্ভব হয়।

সংস্কারঃ(নয়) ভুল না করার জন্য সাবধান খাকা উচিৎ। তা সত্ত্বে যদি ভুল হয়ে যায়, তা তখনি শুধরে নেওয়া দরকার। কারন ভুলের সঙ্গে সঙ্গে দওের বিধান কার্যকর হয়।

স্বতন্ত্রজীবন বোধও জীবনের এক উপলব্ধি বলতে পারো। বিভিন্ন পরিস্থিতিতে মানুষের মনে স্বতন্ত্র জীবন নিয়ে ভাবার সময় আসতে পারে। সম্মিলিত প্রয়াসে বাঁচার সুখ ত্যাগ করে সতন্ত্রজীবন ভোগের চিন্তা সহজে আসে না। বহিরাগত পরিকল্পনার ফাঁদে, অথবা আত্মসুখের আশায়, নয়তো আত্মরক্ষার তাগিদে অথবা বিশেষ কোন আপনজনকে খুশি করতে জন্মদাতা পিতামাতা সহ আত্মীয়দের ত্যাগ করে মানুষ সতন্ত্রজীবন যাপনের সিদ্ধান্ত নিয়ে ফেলে। এরপর তাকে পৃথকান্নে ঘর বাঁধতে হয়। কার্যতঃ দেখা যায়, স্বতন্ত্রতার কারনে তার নিজের জীবনের সমস্যা না মিটে পরামর্শ দাতার প্রয়োজন মিটতে থাকে। আর নিজের সমস্যা বেড়ে যায়। তখন জ্ঞান ফিরলেও ফিরে আসার সুযোগ হয় না। স্বতন্ত্র পরিবারের সুবিধা হল নিজের ভুল অথবা ঠিক নিয়ে সমালোচনার কেউ থাকে না। নিজের ইচ্ছা অনুসার কাজ করা আর আয়ের সম্পূর্ণ অংশ নিজের পরিবারের জন্য বিনা বাধায় ব্যয় করার স্বাধীনতা সে ভোগ করতে পারে। কিন্তু নিজের পরিবারের প্রতি কর্তব্য করা নিয়ে তার নিজের মনে দ্বন্দ্ব চলতে থাকে। সে সময় সাহায্যের প্রয়োজন হলে পল্লীর আত্মীয় অথবা পরামর্শ দাতার সাহায্য নিয়ে কাজ সারতে হয়। এই অপরের সাহায্য নেওয়া মূহর্তই পরে তার শোষনের উৎস হয়ে দাঁড়ায়। অপর মানুষ আভ্যন্তরিন অবস্থা না বুঝে পরামর্শ দিতে থাকে। নিজ নিজ স্বার্থ পোষনের উদ্দেশ্যে সংকীর্ণ চাহিদা সৃষ্টি করে ঘরে বিবাদ আনতে সচেষ্ট হয়। যাঁরা এইরূপ শোষন উপলব্ধি করে সতর্ক হয়ে যান তাঁরা নিজের সংগতির মধ্যে খরচের সীমাকে নিয়ন্ত্রন করে ছোট পরিবারকে সুখী করতে সমর্থ হন।

সংস্কারঃ(দশ) আত্মনির্ভরতা ছাড়া সতন্ত্র হওয়া ঠিক নয়। বিশ্বাস নির্ভর সহযোগীতা আস্থার কারন হতে পারে। কিন্তু সে সহযোগীতা ক্ষনস্থায়ী হওয়া স্বাভাবিক। কারন বিশ্বাসের সীমা স্বার্থের মধ্যেই সীমাবদ্ধ থাকে।

চিকিৎসা, সেবা ও সহযোগীতা হল পর-নির্ভরশীল পরিষেবা। চিকিৎসক যে সঠিক চিকিৎসা করতে পারবেন তার গ্যারেন্টি হয় না। ডাক্তার তার জ্ঞান অনুসার চিকিৎসা করেন। তিনি চান রোগী ভালো হয়ে উঠুক। কিন্তু রোগ নির্নয়ে ভুল হলে অথবা ঔষধ না পাওয়া গেলে অথবা উপযুক্ত সময়ে ঔষধ প্রয়োগ না করতে পারলে তিনি কি করতে পারেন? নার্স সেবার কাজে নিযুক্ত থাকেন। যদি তিনি যথা সময় আসতে না পারেন, নিজে অসুস্থ হয়ে যান অথবা অন্য কারনে অনুপস্থিত থাকেন তবে তুমি কি সেবা পেতে পারবে? আর যদি তুমি এমন জায়গায় থাকো যে সেখানে ডাক্তার

পাওয়া বিরল ঘটনা। সে সময় তুমি কি করবে? সহযোগীতার জন্য আশপাশের মানুষকে বললে তারা তোমাকে চিকিৎসালয় পৌঁছে দিতে পারে। তবে আয়োজনের অপেক্ষায় দেরী হয়ে গেলে তাদের কোন দোষ দেওয়া যায় না। এই পরিস্থিতি অতিক্রম করতে চিকিৎসা বিষয়ে প্রাথমিক জ্ঞান অর্জন ও বিকল্প সমাধান শিক্ষা গ্রহন করতে হয় আর পরিস্থিতি এড়িয়ে চলতে সচেতন মানুষ আত্মনির্ভর হওয়ার পরিকল্পনা করেন। তোমাকেও আত্মনির্ভর হওয়ার জন্য দক্ষতা অর্জন করতে হবে।

সংস্কারঃ(এগারো) প্রতিদিন যথেষ্ট পরিমান জল পান করতে ভুলো না। নিয়মিত যোগ করতে ভুলো না। পুষ্টি বিষয়ে খেয়াল রেখে খাদ্য গ্রহনের অভ্যেস করো। পরিচ্ছন্নতা ও পরিবেশ উন্নয়ন বিষয়ে সচেতন থাকো। হাতের কাছে ফাস্ট এইড বক্স রাখো। মানুষের শরীর ও অঙ্গ প্রত্যঙ্গ নিয়ে পড়াশুনা করে প্রাথমিক জ্ঞান অর্জন করো। যে কোনো রোগের প্রাথমিক চিকিৎসা বিষয়ে জ্ঞান অর্জন করো। প্রথমে কিছুক্ষনের জন্য নিজেকে নিয়ন্ত্রন করতে সক্ষম হও। অসুস্থ হলে বিশেষজ্ঞ ডাক্তারের পরামর্শ নিও ও চিকিৎসা গ্রহন করো। অভিজ্ঞতাকে বিশ্বাস করে নয় ল্যাবরেটরীর পরীক্ষায় রোগ নির্নয় করে চিকিৎসা গ্রহন করো।

-ধর্মীয় রীতি ও সংস্কৃতির প্রভাব সমাজ জীবনকে ঘিরে রাখে। ধর্ম হল একটি পন্থা, যা মানুষ বংশ পরম্পরায় অনুসরন করতে থাকে একই পদ্ধতিতে সন্তান ও সমধর্মীর জীবনকে সুরক্ষিত করার আশায়। এই পদ্ধতি অনুসরন করে মানুষ নিজ নিজ সন্তান সন্ততিদের প্রতিকূলতা অতিক্রম করে বেঁচে থাকার উপযোগী করে তোলে। ধর্ম জীবনের শেষ মূহর্ত পর্যন্ত বিচারবোধকে নিয়ন্ত্রন করতে সক্ষম হয়। ধর্ম মানুষকে সংঘবদ্ধ হয়ে বাঁচতে শেখায়। সুবিচার, সত্য ও অসত্যের গণ্ডী নির্ধারন করে। ধর্ম কোন ব্যক্তিগত বিধি নয়, এটি সমষ্টিগত প্রয়াসে রচিত বিশেষ গোষ্ঠীর সম্মিলিত প্রয়াস মাত্র। কোন ধর্ম বড় বা ছোট নয়, সকল ধর্মের কাজই হল অনুগামীদের জীবন সুরক্ষা করা। সম্মিলিত ধর্মের রীতি সংস্কৃতি রূপে প্রকাশিত হয়। কোনো ধর্মই হিংসাকে সমর্থন করে না। তাই ধার্মিক মানুষ শ্রদ্ধার পাত্র হিসাবে গণ্য হন। সংস্কার হল ধর্মীয় রীতির অংশ ও ধর্মীয় গবেষনার সুফল।

সংস্কারঃ(বারো) নিজের ধর্মগ্রন্থ পড়ে জ্ঞান লাভ করলে সংস্কারের যৌক্তিকতা বিষয়ে বিশ্বাস জন্মে। নিজের ধর্ম বিষয়ে বিশ্বাস থাকলেও অপরের ধর্মের প্রতি অবিশ্বাস করা উচিৎ নয়। 'ধর্ম হল সমষ্টিগত প্রয়াস' তাই কোন ব্যক্তির মতবাদ ধর্মগ্রন্থে স্বীকৃত না হওয়া পর্যন্ত মানুষ গ্রাহ্য করে না। ধর্মীয় উন্মাদনায় আবেগ সৃষ্টি হয়। তাই ক্ষমতা ও সম্পদ লাভের আশায় বহু মানুষ অনুগামীদের প্ররোচিত করে হিংসায় প্রবিত করে। ধার্মিক ও ধার্মিক রূপী ভণ্ড দেখতে একই রকম হয়। ভণ্ড ব্যক্তি ভুল ব্যখ্যায় প্ররোচিত করে মানুষকে বিপথে পরিচালিত করতে সমর্থ হয়। অল্প জেনে ধর্মের সমালোচনা করলে বিপত্তি ঘটে। পূজা-পাঠ, উৎসব, মেলা ও সংস্কার প্রনয়ন ধর্মীয় ক্রিয়াকলাপের অঙ্গ হিসাবে গন্য হয়। তাই ধর্মীয় উন্মাদনা এড়িয়ে যাওয়া ভালো। হতাশাগ্রস্ত ও সুবিধাবাদী মানুষ প্রাপ্তির আশায় ধর্ম পরিবর্তন করতে বাধ্য হয়।

-মিত্রতা ও শত্রুতার প্রভাবঃ দুই বা ততোধিক সমাজের সমান বিচারধারার মানুষ একে অপরের সহযোগী হতে মিত্রতার সম্পর্কে আবদ্ধ হন। মিত্র পৃথিবীর যেকোন প্রান্তের মানুষ হতে পারেন। পরস্পর সহযোগীতার প্রতিশ্রুতিই হল মিত্রতার মূল উৎস। প্রতিশ্রুতি অনুসার সহযোগীতার প্রমান পেশ করে মিত্রতা নিভাতে হয়। মিত্রতার কারনে উভয় পক্ষই শক্তিশালী হতে সমর্থ হয়। মিত্রের আপ্যায়নে মানুষ সুখের অনুভূতি লাভ করে। মিত্র সুখ ও দুঃখের সাথী

হয়। তথাপি মিত্র চয়ন এক কঠিন কাজ হিসাবে গন্য হয়। কারন অনেক সময় শত্রুও মিত্ররূপে আত্মপ্রকাশ করে প্রতিদ্বন্দীকে ছলনার দ্বারা পরাস্ত করে। অথবা মিত্র নিজ অস্তিত্ব রক্ষার প্রয়োজনে অসহযোগী হয়ে যায়। এবিষয়ে প্রচলিত লোক কথা হল, 'উত্তমে-উত্তম মিলে অধমে-অধম, উত্তমে-অধমে কভূ না হয় মিলন'।

অপর দিকে প্রতিদ্বন্দীর জীবন ও সম্পদ বিনাশে রত ব্যক্তিকে শত্রু বলা হয়। শত্রুতার কারনে মানুষ নিজের অর্জিত সম্পদ, উন্নয়নের উৎস, সুখ্যাতি এবং নিজের জীবনও হারিয়ে ফেলতে পারেন। অর্থাৎ বন্ধুত্ব ও শত্রুতা হল পরস্পর বিপরীত ধর্মী শক্তি। সাধারনতঃ শত্রু বন্ধুর মাধ্যমে প্রতিপক্ষের দুর্বলতা ও তথ্য সংগ্রহ করার সুযোগ পেয়ে যায়। আজকাল অনেক মানুষ ফেসবুক ও টুইটারে বন্ধুত্বের ছবি পোষ্ট করতে চাইছেন না। কারন শত্রুপক্ষ বন্ধুত্বের পথ ধরে রাজনৈতিক অথবা ধার্মিক স্বার্থ চরিতার্থ করতে মানুষ খুন করে ফেলছেন। বন্ধুত্ব পারিবারিক সংস্কারে মিলিত হলে নারী চরিত্র দূষিত হওয়ার সম্ভবনা বাড়ে ও আপন সংস্কার নষ্ট হয়। এইভাবে প্রত্যেক মানুষের জীবনে শত্রুতা ও মিত্রতা শক্তির প্রভাব অনুভূত হয়। তাই শত্রুতা ও মিত্রতার পরিস্থিতি নিয়ন্ত্রনে দক্ষতা অর্জন জরুরী হয়।

সংস্কারঃ(তেরো) বন্ধুত্বের পরিনতি বিচার করে সিদ্ধান্ত নেওয়ার অভ্যেস গড়া উচিৎ। অপরকে আক্রমন না করে কথা বলতে হয়। অপ্রিয় সত্য বলে নিজেকে জাহির করা যায় না অথচ শত্রু সৃষ্টি হয়ে যায়। নিজের সিদ্ধান্ত ও ক্ষমতা গোপন রাখা দরকার। বন্ধুত্বের সীমা চুক্তির মধ্যে সীমীত থাকা উচিৎ। একবার শত্রুতা হওয়ার পর ঐ ব্যক্তির সাথে মিত্রতা করা উচিৎ নয়। নিজের পরিবারকে শত্রু অথবা মিত্রের থেকে দূরে রাখা আবশ্যক। বন্ধুকে অর্থ সাহায্য করলে তা ফেরতের আশা করা উচিৎ নয়। কারন শর্তসাপেক্ষ লেনদেনে বন্ধুত্বের বিনাশ ঘটে। শত্রুকে সনাক্ত করতে পারলে সজাগ থাকা সম্ভব হয়। অদৃশ্য শত্রু ভয়ঙ্কর হতে পারে। কোন বন্ধুই চির বিশ্বাসী হতে পারে না। বন্ধুত্বের সীমা আকাঙ্খার মধ্যে সীমাবদ্ধ থাকে। স্বার্থের হানী হলে বন্ধু ও শত্রুর সাথে মিলিত হতে পারে অথবা শত্রু হয়ে যেতে পারে।

মনে রাখবে শত্রুতা সব সময় হানীকারক হয় না। নিজের অলসতাকে জাগিয়ে তোলার জন্য অথবা নিজেকে শক্তিশালী করতে শত্রুতা অনেক সময় উপযোগী হয়। একটা ভাইরাস থেকে অপরাধী মানুষের আক্রমন যখন অনিবার্য হয়ে যায় তখন 'অজাতশত্রু' কথাটার মূল্য মানব জীবনে অর্থহীন হওয়া স্বাভাবিক। তবে পড়াশুনা করে বিপদকে সুযোগে পরিবর্তনের কৌশল শেখা যায়।

-প্রতিযোগীতাঃ প্রতিযোগীতা সাধারনতঃ দু-প্রকারের হয়। স্বাস্থ্যকর প্রতিযোগীতা ও অস্বাস্থ্যকর প্রতিযোগীতা। প্রতিপক্ষের ক্ষতি না করে নিজের যোগ্যতা উন্নয়নের প্রতিযোগীতাকে স্বাস্থ্যকর প্রতিযোগীতা বলা হয়। দৌড় প্রতিযোগীতা অথবা অন্যান্য সকল খেলার প্রতিযোগীতা স্বাস্থ্যকর প্রতিযোগীতার উদাহরণ। আবার প্রতিপক্ষের ক্ষতি করে তার উন্নয়ন কমিয়ে আনা, সমস্যায় জর্জরিত করে দক্ষতার হ্রাস করার মত প্রতিযোগীতাকে অস্বাস্থ্যকর প্রতিযোগীতা বলা হয়। হিংসা পরায়ন মানুষ প্রতিপক্ষের উন্নয়নে ঈর্ষান্বিত হলে মিথ্যা চক্রান্তের জাল বুনে তার আর্থিক, সামাজিক ও পারিবারিক উন্নয়নে বাধা সৃস্টি করে। ফলে আক্রান্ত ব্যক্তি সমস্যা জর্জরিত হয়ে হতাশায় ভূগলে হিংসার উদ্দেশ্য চরিতার্থ হয়। অস্বাস্থ্যকর প্রতিযোগীতায় প্রাণনাশ হওয়ার সম্ভবনাও থাকে।

সংস্কারঃ(চৌদ) স্বাস্থ্যকর প্রতিযোগীতায় পুরস্কার ও সম্মান দুইয়ের প্রাপ্তি ঘটে। জীবনের উন্নয়নে এইরূপ প্রতিযোগীতা অত্যন্ত উপযোগী হয়। কিন্তু অস্বাস্থ্যকর প্রতিযোগীতায় আক্রমনকারী অথবা আক্রান্ত ব্যক্তির কোনো লাভ হয় না। উভয়েই জিদের বশে নিজের অর্থ খরচ করে অপরের সামর্থ ক্ষতি করার চেষ্টা করে। এরূপ অস্বাস্থ্যকর প্রতিযোগীতা এড়িয়ে যেতে পারলে জীবনের উন্নয়ন তরান্বিত হয়। এই সময় আক্রান্ত ব্যক্তি প্রতিঘাতের চিন্তা না করে নিষ্ক্রীয় থাকলে সাময়িক ক্ষতি অতিক্রম করে নিজের উন্নতি অব্যাহত রাখতে সমর্থ হয়।

-স্বার্থপরতাঃ মানুষ সমাজবদ্ধ প্রাণী। আমরা যা উপার্জন করি তা সবাই মিলে ভাগ করে খাই। দুঃখ ও সুখের সবটাই ভাগ করে নেওয়া মানব সমাজের রীতি। কিন্তু বাঘ, সিংহ ও বনের হিংসক জানোয়ারদের বেলায় ওরা যে যতটা পারে আগে খেয়ে নেয়। তারা কারুর প্রয়োজন নিয়ে ভাবে না। কেবল নিজের প্রয়োজনকেই ওরা প্রধান্য দেয়। ওদের মত মানুষের সমাজেও একদল মানুষ থাকে যারা নিজের প্রয়োজন ছাড়া কিছুই বোঝে না। এদের প্রাচীনকালে অসুর বলা হত। এখন আমরা স্বার্থপর বলে থাকি। অর্থাৎ কেবল নিজের স্বার্থ পোষনের প্রয়োজনে অন্যকে বঞ্চিত করায় অভ্যস্ত ব্যক্তিকে আমরা স্বার্থপর বলে থাকি। আর তার কাজকে স্বার্থপরতা বলা হয়।

সংস্কারঃ(পনের) স্বার্থপর ব্যক্তিকে মানুষ ঘৃণার চোখে দেখে। তাই স্বার্থপর না হওয়ার জন্য সতর্ক থাকা ভালো। স্বার্থপরতা এড়াতে মানুষ পিতা-মাতার প্রতি কর্তব্য, আত্মীয়ের প্রতি সদ্-ব্যবহার, দেশের প্রতি আনুগত্যবোধ ও কর্তব্য করতে ভূলে না।

-ভাষা জ্ঞানঃ আত্মচক্র ও পরিবারচক্রে মাতৃভাষা অত্যন্ত উপযোগী হয়। পরিবারচক্রে থাকা কালিন সমাজ ও সংষ্কৃতি বিষয়ে জ্ঞান লাভ করতে হয়। তখন মাতৃভাষায় সহজেই নিজের ধর্ম-কর্ম, আচার-আচরন ও যোগাযোগ বুঝতে অসুবিধা হয় না। কিন্তু জাতীয় প্রসাশন ও রাজ্যের অনুশাসন বিষয়ে বিশদ জানতে হলে কতক স্থানে রাষ্ট্রভাষা অথবা ইংরাজী ভাষা জানা দরকার হয়। আর সমাজচক্র ও বিশ্বচক্র অতিক্রম করতে ইংরাজী জানা অতি আবশ্যক হয়। সে কারন আমাদের শিক্ষা ব্যবস্থায় মাতৃভাষা, হিন্দি, সংস্কৃত ও ইংরাজী শিক্ষার সিলেবাস রাখা হয়েছে। এই ভাষাগুলি জানলে সুযোগ সন্ধানী অপরাধপন্থী মানুষের দল তোমাদের বোকা বানিয়ে লাভবান হতে পারবে না। তুমি নিজেই সত্য-মিথ্যা যাচাই করে প্রতারনার হাত থেকে রেহাই পেতে পারবে। এছাড়া মোবাইল তো আমাদের ইংরাজী নির্ভর হওয়ার সুবিধা গুলি প্রতি মূহূর্তে স্মরন করিয়ে দেয়। তাই বয়স বাড়ার সঙ্গে সঙ্গে কখন কি কি ভাষার প্রয়োজন হবে তা তুমি নিজেই নির্বাচন করতে পারবে।

সংস্কারঃ(ষোল) সরকারী সিলেবাসের পড়া অনুসরন ছাড়া অতিরিক্ত সময়ে মাতৃভাষা, হিন্দি ও ইংরাজী শেখার অভ্যেস গড়ে তুলতে হবে। জ্ঞানী ব্যক্তিগন একাধিক ভাষায় কথা বলতে পারেন। এই দক্ষতা তোমাকে আত্মনির্ভর হতে সাহায্য করবে ও বিশ্বজয়ের পথ দেখাবে।

-সুখ-সুবিধা ভোগের কৌশলঃ প্রত্যেক পরিবারে অধিক ভালোবাসা আর যত্ন পাওয়াকে সদস্যরা সুখ ও সুবিধা মনে করে থাকে। ভালো খাবার, বেশী খাবার, ভালো পোষাক, প্রয়োজনীয় বস্তু উপহার পাওয়ার সূযোগ আর সবার ভালোবাসাই পরিবারের সুখ-সুবিধা হিসাবে গণ্য হয়। এই সব সুখ-সুবিধা হাসিল করতে সাধারনতঃ সবাইকে খুশি করতে হয়। খুশি করলে নিজের সুবিধা ভোগের কারনে প্রতিবাদ হওয়ার ভয় থাকে না। যদিও প্রত্যেকটি পরিবারের সদস্য একে অন্যের পরিপূরক হিসাবে কালাতিপাত করে এবং কারুর খুশিতে অখুশি হয় না, তবু অন্যের দোষ ধরাকে কেউ পছন্দ করে না। অনেক সময় অপরের ভূল ধরে হিরো সাজতে গেলে ভালো মানুষও বেঁকে

বসে।

সংস্কারঃ(সতের) পরিবারে সুখ-সুবিধা ভোগের কৌশল হল ভীষন ক্ষতির আশংকা ছাড়া কোন সদস্যের সমালোচনা না করা। ভুল ধরার অভ্যেস পরিত্যাগ করা আর নিজের কর্তব্যে সচেতন থাকা।

-অন্যের অধিকার হরন প্রচেষ্টাঃ অলস মানুষ নিজে কাজ করতে চায় না। অপরের উপার্জনকে সুকৌশলে হস্তগত করার ফন্দি আঁটতে থাকে সারাক্ষন। নিজের দোষ ঢাকতে ওরা সব সময় অপরের দোষ ধরার চেষ্টা করে। ভুল ব্যখ্যা করে তর্কে জেতার প্রয়াস চালায়। চোর যেমন অপরের সঞ্চয় চুরি করে ভোগ করতে থাকে, তেমনি অলস মানুষ সারাক্ষন বুদ্ধি খাটিয়ে অপরকে দিয়ে নিজের কাজ করিয়ে নেয়। সমাজে মোটা মাথার বহু মানুষ আছে, যারা গোলামী করার জন্য সব সময় তৈরী থাকে। তাদেরকে কাজে লাগিয়ে এই ধরনের মানুষ সম্পত্তির অধিকার হরন করতে সমর্থ হয়। কেউ কেউ অর্থ ও সম্পত্তি পাওয়ার জন্য মানুষ খুন করতেও পিছপা হয় না। পারিবারচক্রে মানুষ খুনের সূত্র জমি, নারী ও টাকার মধ্যে নিহিত থাকতে দেখা যায়।

সংস্কারঃ(আঠারো) অপরের অধিকার হরন একটি ভুল পদক্ষেপ ও আইনতঃ দণ্ডনীয় অপরাধ। পাপ কখনো লুকানো সম্ভব হয় না। সাময়িক ভাবে তা এড়িয়ে যাওয়া সম্ভব হয়। কিন্তু পরবর্তী সময়ে যখন বিষয়টি প্রকাশিত হয়, তখন সুদে-আসলে সব লাভটাই নষ্ট হয়ে যায়। পরন্তু ভুলের মাসুল গুনতে দণ্ডভোগ করতে হয়। ফলে 'লোভে পাপ, আর পাপে মৃত্যু' লোককথাটির সত্যতা আমরা বুঝতে পারি। জ্ঞানহীন মানুষ অধিক লোভের আশায় অপরের অধিকার হরনের প্রয়াস করে অকাল মৃত্যুর শিকার হতে থাকে। কারন বেশীরভাগ অপরাধীই ভুল চিন্তার কারনে অকাল মৃত্যুর শিকার হতে বাধ্য হয়।

-ভাতৃত্ববোধ ও বৈরীভাবের পার্থক্যঃ ভাতৃত্ববোধ হল নিঃস্বার্থ ভলোবাসার অনুভূতি। একে অপরকে সুখী দেখার আনন্দ। রক্তের সম্পর্ক থাকা ভাই-বোন এইরূপ সম্পর্ক অনুভব করতে পারে। আবার সৌভাতৃত্ববোধ হল পরিবারের বাইরে সাধারন মানুষকে ভাইয়ের মর্যাদা দেওয়ার ঘটনা। আর বৈরীভাব হল অপরের উন্নয়নে ঈর্ষা পোষনের প্রবৃতি। এই দুই প্রবিতিই সকল মানুষের মধ্যে বিদ্যমান। মানুষ ভুল করে অপরের দোষ ধরতে অভ্যস্ত হয়। নিজের চিন্তাশক্তিকে নিয়ন্ত্রন করে যদি সকলের ভালো থাকার অধিকারকে মেনে নিতে পারো, তবে সৌভাতৃত্ববোধ অনুভব করতে পারবে। বৈরীভাব পোষন করলে নিজের শরীরে স্নায়ুর উপর চাপ সৃষ্টি হয়। অপরের অনিষ্ট চিন্তায় নিজের শক্তি ও সামর্থের হানী ঘটে।

সংস্কারঃ(উনিশ) বৈরীভাব ত্যাগ করে নিজের উন্নয়নে রত থাকা উচিৎ। শুধু ভাবতে হবে সবারই বাঁচার অধিকার আছে। তাই ওরা নিজেদের অস্তিত্ব বাঁচাতে সংগ্রাম করছে। ওদের আক্রমন থেকে বাঁচতে সদা সতর্ক থাকা ও নিজের উন্নয়নে রত থাকা হল তোমার কাজ।

সহযোগীতার সীমাঃ পরিবারে ও সমাজে সহযোগীতা করা হল সাধারন নীতি। মানব জীবনে সহযোগীতা ছাড়া নিজের অস্তিত্ব টিকিয়ে রাখা সম্ভব হয় না। একজন কৃষি করে আর অন্যজন সেই কৃষির উৎপাদন খেয়ে বেঁচে থাকে। একই ভাবে কৃষক বস্ত্র-পরিধান, চিকিৎসা ও দৈনন্দিন প্রয়োজনীয় বস্তু অপরের সহযোগীতায় লাভ করতে সমর্থ হয়। শুধু মানুষই নয় গাছ-পালা, জীব-জন্তু সবাই হয় প্রত্যক্ষ নয়তো পরোক্ষভাবে সহযোগীতার কাজ করে চলেছে। তবে এই সহযোগীতার সীমা রয়েছে। এই সীমা নির্ধারিত হয় সহযোগীর ইচ্ছার উপর। সহযোগী নির্দিষ্ট সীমা পর্যন্ত সুবিধা প্রদান করতে দায়বদ্ধ থাকে মানবিক বিচারবোধের কারনে অথবা কাজের শর্ত

পালনের দায়ে। কিন্তু সহযোগীতার মূল্য যদি সারা জীবনের উপার্জনের সমতুল্য অথবা কর্তব্যের মূল্যের অধিক অনুভূত হয়, তখন সহযোগী অধিক লাভবান হওয়ার আশায় বিপরীত কাজ করতে পারে। এই কারনে উপঢোকন অর্থাৎ ঘুষ নিয়ে সরকারী কর্মী বিপরীতধর্মী কাজে মদত দিতে থাকেন। এটাকেই দুর্নীতি বলা হয়। এক দিনের কাজের মূল্য, নির্দিষ্ট দূরত্ব পর্যন্ত পরিবহন মূল্য, রান্না-ঘরের কাজ ও পরিষেবার কারনে ভরন-পোষন, শিক্ষা গ্রহনের কাল সাপেক্ষে কোর্স ফি ইত্যাদি সবই সহযোগীতার সীমা বহনকারী কাজের উদাহরন। সকল সহযোগীতারই মূল্য নির্ধারিত হয়। কোন সহযোগীতা একতরফা অথবা মূল্যহীন হয় না। আপাতঃ দৃষ্টিতে মূল্যহীন সেবার পিছনে উপার্জনের উৎস লুকিয়ে থাকে। অথবা সহযোগীতা বিনিময় কার্যকর হয়। চতুর মানব সহযোগীতার ভুল ব্যাখ্যা করে অনুগামীদের গোলাম বানিয়ে ফেলে। বোকা অথবা অবস্থার চাপে বশীভূত মানব গোলামীর কারনে অন্যের নির্দেশ মেনে, অথবা ভবিষ্যতে লাভবান হওয়ার আশায় বিনামূল্যে কাজ করতে বাধ্য হয়। এইরূপ পরিস্থিতিতে সহযোগীতার মূল্য পাওয়া সম্ভব হয় না।

সংস্কারঃ(কুড়ি) আত্মীয় অথবা অনাত্মীয় যেকোন ব্যক্তিকে সহযোগীতা করার পূর্বে মূল্য নির্ধারন করা শিখতে হবে। এমন কি ভালোবাসাও একতরফা হওয়া উচিৎ নয়। মনেরাখতে হবে "মূল্যহীন সহযোগীতা আত্মহত্যার সূত্রপাতে পরিনত হতে পারে"। আর সে মূল্য আদায় করতে তুমি শর্ত আরোপ করতে পারো।

-পারিবারিক শক্রতাঃ পরিবারের সকল সদস্য একই উদ্দেশ্যে সংগ্রাম করে সংসার গড়ে। দুঃখ-সুখ যা কিছু আসে হাসি মুখে সবাই তা বরন করে নেয়। যৌথ সংগ্রামের নীতি হল কেউ বেশী উপার্জন অথবা কাজ করে, কেউবা কম। কিন্তু সফলতার কৃতিত্ব সবাই সমান পায়। যেমন-পতি চাকরী করেন। তিনি দৈনিক অফিসের অনেক কাজ করেন বলেই তো মাসের শেষে বেতন পাওয়া সম্ভব হয়। আবার তার এই কাজের পিছনে স্ত্রীর যোগদান এক পরোক্ষ সহযোগীতার নজির। তিনি সকাল থেকে সবার খাওয়ার তৈরী, ঘর ও আসবাবপত্র পরিষ্কার করা আর যথা সময়ে অফিস যাওয়ার আয়োজন করতে পারেন বলে পতি নিশ্চিন্তে অফিসে কাজ করতে পারেন। আপাত দৃষ্টিতে টাকা উপার্জনের দক্ষতা বড় কাজ। কিন্তু যদি কাজটা বদলে দেওয়া যায় দেখা যাবে পতি অক্ষম হয়ে গেছেন। অর্থাৎ সবারই কাজের দাম রয়েছে। কিন্তু পতি যদি অপরের মগজ ধোলাইয়ের কারনে ভাবেন যে তিনিই একমাত্র কাজের মানুষ আর অন্যরা তার উপার্জন ভোগ করছে, তখনি তিনি সবাইকে ছেড়ে নিজের সুখের কথা ভাবলে পারিবরিক বিবাদের সূত্রপাত হয়। শুধু স্বামী-স্ত্রী নয়, পিতা-পুত্র, ভাই-বোন, সহোদর, কাকা কাকীমা অথবা যেকোন সদস্য এইরূপ বিবাদে জড়িয়ে পড়তে পারেন। বিবাদের পর ভাগ বাঁটোয়ারা নিয়ে শুরু হয় শক্রতা। পারিবারিক শক্রতা অত্যন্ত ভয়ঙ্কর ও বিনাশের কারন হতে পারে। রামায়নে বর্ণীত আছে ঘরভেদী বিভীষন এইরূপ শক্রতা করে পরাক্রমী রাবনের বিনাশ করতে সক্ষম হয়েছিল। বিদ্বান ব্যক্তি পারিবারিক বিবাদ এড়িয়ে নিজের উন্নয়নে রত হয়।

সংস্কারঃ(একুশ) পারিবারিক শক্রতা এড়াতে কালহরন করা জরুরী হয়। দীর্ঘকাল সময় অতিবাহিত হওয়ার পর উভয়পক্ষ ভুল বুঝতে পারে। তারপর বিবাদটি সহজেই মিটে যায়। অর্থ ও সম্পদের চাহিদা মিটাতে শক্রতা করে পরিবারের ক্ষতি করা কেবল বোকামী নয় মূর্খতাও বটে। কারন এইরূপ শক্রতায় নিজের ও প্রতিদ্বন্দ্বী আত্মীয়ের বিনাশ সুনিশ্চিত হয়ে যায়।

বিবাদ বিপর্যয়ঃ মানুষের জীবনে বিবাদ হল এক চলতি সমস্যা। সাধারনতঃ বুদ্ধিজীবীরা কৌশলে এই বিবাদ হাতিয়ারটি ব্যবহার করেন। বিবাদ সৃষ্টির উদ্দেশ্য গৌণ রাখা হয়। সামনে যে বিষয়টি নিয়ে বিবাদ শুরু হয়, সাধারন মানুষ কেবল সেই বিষয় নিয়ে ভাবতে থাকে। বিবাদ ঘরে, বাইরে, পাড়ায়, রাজ্যে, দেশে অথবা বিদেশেও হতে পারে। তবে বিবাদের সূত্র একই। উদ্দেশ্য হল সমস্যা সৃষ্টি করে বিষয়টি ঝুলিয়ে রাখা। আর বিবাদিত বিষয় ছাড়া অন্য বিষয়ে জিৎ হাসিল করা। প্রকাশিত সংবাদ অনুসার সম্প্রতি বিশ্ব বানিজ্য প্রতিযোগীতায় চিন আমেরিকাকে শিক্ষা দিতে করোনা ভাইরাস ছড়িয়ে সারা পৃথিবীর বহু মানুষকে মেরে ফেলেছে। তাই পৃথিবীর ক্ষতিগ্রস্ত দেশগুলি ওদের উপর ক্ষিপ্ত। সমালোচকদের মতে, এই অবস্থায় কোন শক্তিশালী দেশ তাদের আক্রমন করলে সারা পৃথিবী ঐ আক্রমনকে সমর্থন করতে পারে। তারা জানে পৃথিবীর আক্রমনে ঐ দেশের অস্তিত্ব মিটে যেতে পারে। তাই ওরা প্রতিবেশীদের সীমা হরনের বিবাদ সৃষ্টি করে সারা পৃথিবীর দৃষ্টি আকর্ষন করতে চাইছে। নিজরাই চুক্তি লঙ্ঘন করে ভারতের সীমায় ঢুকে পড়তে চেয়ে ছিল। তারপর ওরা নেপালকে নক্সা পরিবর্তন করতে বলে নূতন বিবাদ খাড়া করেছে। সেইরূপ পাকিস্তানের নক্সা কাওও ভূয়া স্বপ্নের মত অবাস্তব। তবে বিবাদ শুরু তো সম্ভব হয়েছে। নেপালে তখন রাজনৈতিক লড়াই শুরু হয়ে গিয়েছিল দুই রাজনৈতিক নেতার মধ্যে। অভিযোগ ভিলেন দুই বিবাদমান নেতাকে নাকি তখন অর্থ দিয়ে কিনে ফেলেছিল ড্রাগন। তাদের উদ্দেশ্য হল মিটে যাওয়ার থেকে থারাপ হয়ে বেঁচে থাকা ভালো। অভিযোগ ওরা নাকি পৃথিবীর মানুষের অনুকম্পা পেতে কৃতিম বন্যা সৃষ্টি করছিল নিজের দেশে। ওরা কাউকে আক্রমন করবে না অথবা করলেই যে ওরা মিটে যাবে তা জেনে গিয়েছিল। এখন নাটক করে বাঁচতে চায়। হুমকি দিয়ে শত্রুকে দূরে রাখতে চায়। কেউ কেউ বলছেন মৃতের ক্ষতিপূরন আদায় করতে সকল দেশ রাষ্ট্রসংঘে আবেদন করে বিচার চাইতে পারে। আর তাদের লক্ষ্মীর টাকা থেকে ক্ষতিপূরন কেটে নিলে গোলাম দেশগুলো মুক্তি পেয়ে যাবে। অর্থাৎ সীমা বিবাদ আসল লক্ষ্য নয়, লক্ষ্য হল আন্তর্জাতিক আক্রমন থেকে বাঁচা। দুর্বল ও অনুগত দেশ থেকে সুদ ও ব্যবসার মুনাফা অর্জন করে পরিপুষ্ট হওয়া। আর অনুগত মানুষকে গোলাম বানিয়ে তাদের জীবনের মূল্যকে নিঃস্বপ্রভ ও শোষন করা। এইভাবে বিবাদ দেশের অভ্যন্তরে, রাজ্যে, জেলায়, লোকালয়ে, প্রতিষ্ঠানে, বন্ধুত্বে ও নিজ পরিবারে ঘটে চলেছে অহরহ। অথচ আসল উদ্দেশ্যকে আড়াল করা হয়েছে। তাই মাথা ঠাণ্ডা রেখে সঠিক স্থানে আঘাত করতে না পারলে বিবাদ কোনো দিন মিটবে না। বিবাদকে সুযোগে পরিনত করতে শিখতে হয়। নয়তো বিবাদের কারনে অর্থ, সম্পদ ও নিরাপত্তা সবই বিপন্ন হওয়া সম্ভব।

সংস্কারঃ(বাইশ) বিবাদকে সুযোগে পরিনত করতে শেখ। বিবাদের অভিপ্রায় অনুসন্ধান না করা পর্যন্ত সিদ্ধান্ত নিতে যেও না। লক্ষ্য রেখো বিবাদের কারনে উন্নয়ন যেন বাধিত না হয়। আবেগ প্রবন মানুষ অকারন বিবাদের বলি হয়।

-জমি, নারী ও টাকার অধিকারঃ মানুষের জীবনে জমি, নারী ও টাকার গুরুত্ব অপরিসীম। নিজে সাবলম্বী হলে এই তিন সম্পদ আপনা আপনি এসে ধরা দেয়। তবে সকল মানুষ নিজেকে প্রতিষ্ঠিত করতে পারে না বলে জমি, নারী ও টাকার জন্য অধীর হয়ে পড়ে। পৃথিবীর নব্বই শতাংশ মানুষ দাম্পত্য জীবনের সুখকে বড় প্রাপ্তি হিসাবে গণ্য করে। নারী ও পুরুষ উভয়েই ভালোবাসার সূত্রে আবদ্ধ হলে তা দীর্ঘস্থায়ী হয়। নারী ও পুরুষ দাম্পত্য জীবন শুরু করার পরই জমি ও টাকার প্রয়োজন অনুভব করতে পারে। সে কারনে মানুষের লোভ, লালসা বৃদ্ধি হয়।

কুচক্রী মানুষ অপরের অধিকার হননের উদ্দেশ্যে উত্তরাধীকারীকে মেরে ফেলতে চায়। কিন্তু সত্যকে লুকিয়ে রাখা সম্ভব হয় না। পরে সত্য ঘটনা প্রকাশিত হলে অপরাধীকে শাস্তি ভোগ করতে হয়। এমন কি তার ফাঁসি ও হতে পারে।

সংস্কারঃ(তেইশ) স্হায়ী বাসস্হানের জন্য প্রত্যেক দম্পতির নিজস্ব জমির প্রয়োজন হয়। তারপর উভয়েই শ্রমদান করে অর্থ উপার্জন করতে পারে। অপরাধ প্রবন মানুষ জমি, নারী ও টাকার লোভে নর হত্যায় লিপ্ত হয়। তাই সতর্ক থাকা প্রয়োজন।

জিদঃ শিশুদের মধ্যে একটি সহজাত প্রবৃতি হল জিদ। যে শিশু এইরূপ জেদের আচরন প্রকাশ করে তাকে আমরা জেদী বলে থাকি। যখন শিশু কথা বলতে শিখে না অথবা মনের ভাব প্রকাশে অক্ষম থাকে তখনও তার জিদ আমরা অনুভব করতে পারি। দেখা যায় শিশুটি কাঁদলে যখন কোনো ব্যক্তি তাকে কোলে নেয়, তখনও সে কান্না থামিয়ে শান্ত হতে চায় না। তারপর যখন সে মায়ের কোলে যায় তখন সে কান্না থামিয়ে শান্ত হয়ে যায়। সে সময় আমরা বুঝতে পারি যে সন্তানটি মায়ের কোলে যাওয়ার জন্য জিদ করছে। এইরূপ জিদের ধরন পাল্টে যায় আরও একটু বড় হওয়ার পর। যখন সে হামাগুড়ি দিতে শিখে আর খেলনা নিয়ে খেলতে শিখে, তখন জিদটা আরও স্পষ্টভাবে আমরা বুঝতে পারি। জিদের কারনে না খাওয়া, খেলনা অথবা ভালো লাগার বস্তুটি পাওয়ার সিদ্ধান্তে অনড় থাকা দেখে আমরা বুঝতে পারি যে সন্তান জিদ করছে। অনেক সময় সন্তান একটি জ্বলন্ত বাল্বকে ধরার জন্য জিদ করতে পারে। মা তখন সন্তানকে সেখান থেকে দূরে সরিয়ে নেয়। কারন সন্তান বোঝে না যে গরম বাল্বটি বিদ্যুৎ বাহিত বস্তু। এটি স্পর্শ করলে দুর্ঘটনা হওয়ার সম্ভবনা রয়েছে। তাই মা শিশুকে দূরে সরিয়ে নিয়ে ভূলাতে প্রয়াস করে। কিন্তু শিশু জেদী হলে ঐ বস্তুটি নেওয়ার জন্য আরও বেশী কান্না করতে পারে। অর্থাৎ তার ভালো লাগার বস্তুটি যে কোনো মূল্যে চাই। আরও একটু বড় হলে যখন শিশু চলতে শিখে তখন জিদ টা স্পষ্ট হয়ে যায়। সেসময় সে প্রতিদ্বন্দ্বী শিশুর খেলনা দাবী করতে থাকে। সে অবয়ব সেইরূপ খেলনা না পেলে নিজের ভালোলাগার জিনিস ছুঁড়ে ফেলতে থাকে। কখনো আহার ত্যাগ করে নিজেকে কষ্ট দিতে থাকে। কিন্তু প্রতিদ্বন্দ্বীকে আক্রমন করে না। অথচ বস্তুটি পাওয়ার দাবীতে অনড় থাকে। মা-বাবা ও সাধারন মানুষের মনে তখন অনুভূতি জাগে যে সন্তানটি আত্মাভিমান প্রকাশ করছে। "আত্ম-অভিমান" হল নিজের ভালোলাগা সকল সম্পদকে ত্যাগ করে, নিজের শরীরকে কষ্ট দিয়ে, অপরকে আঘাত না করে স্নেহ, আদর ও ভালোবাসা পাওয়ার দাবী করে, নিজেকে সিদ্ধান্তে অনড় রাখা। পরিনতি বিচার না করে এইরূপ বস্তুটিকে হাসিল করার প্রচেষ্টা বিপদ জনক হতে পারে। সেকারন পিতা-মাতা জেদী সন্তানকে সংস্কার দিয়ে অকারন জেদের স্বভাব পরিবর্তন করাতে বাধ্য হন। তাই সমাজ বিজ্ঞানীদের মতে 'জিদ' হল সংস্কারহীন মানবের অসামাজিক চেতনার উদাহরন ও অন্যায় দাবীর আঙ্কার। জেদী সন্তানের পিতা-মাতাগন এইরূপ আচরনকে কেবল আত্মাভিমান হিসাবে গন্য করেন। একশত শিশুর পিতা-মাতাকে প্রশ্ন করে জানা গেছে প্রায় সকল সন্তানই অভিমান জাহির করতে এইরূপ আচরন করে থাকে। যদিও জেদের মধ্যে প্রতিপক্ষকে আক্রমনের স্পৃহা থাকে না। তবে তার আওতায় থাকা সম্পদ অপরে কেড়ে নিতে চাইলে সে আক্রমনাত্মক হতে পারে। সেক্ষেত্রেও আত্মাভিমান অনুভূত হয় স্নেহ, আদর ও ভালোবাসার দাবীতে।

অনেকে ভালো জিদ ও খারাপ জিদের ব্যাখ্যা করে থাকেন। তাঁদের মতে জিদ অনেক সময় মানব জীবনের সাফল্য আনতে পারে। অভিধানে জিদ এর অর্থ প্রচও ঝোঁক, গোঁ ধরা ইত্যাদি

বলা হয়েছে। কিন্তু সাধারন মানুষ মনে করেন এটি নিজেকে বঞ্চিত করে, কষ্ট থেকে ভালোবাসা আদায় করার গোঁ অথবা প্রচণ্ড ঝোঁক। সরল কথায় এটি সন্তানদের আব্দার বলা হয়। অর্থাৎ জিদের কারনে প্রতিপক্ষের কোন ক্ষতি হয় না অথচ দাবী আদায়ের জন্য সন্তান নিজে কষ্ট পেয়ে সহানুভূতি পেতে চায়। ভালো জিদের উদাহরন হল পরিবারের সহযোগীতা উপেক্ষা করে শিক্ষিত মানুষ হয়ে ওঠা। শত বাধা বিপত্তি অতিক্রম করে নিজের প্রতিষ্ঠা কায়েম করা। আমার পরিচিত এক ব্যক্তি শিশুকাল থেকে এইরূপ ভালো জিদের অভ্যাস বহন করতো। মাত্র ছ-মাস বয়সে তার বাবা মারা গিয়েছিলেন। বিধবা মায়ের দুঃখ দূর করতে সে নিজের শরীরকে কষ্ট দিয়ে, অনাহার সহ্য করেও পড়াশুনা করেছিল। তার অধ্যয়নের জেদ ও সাফল্য তাকে জাতীয় স্তরে গবেষনায় অংশ নিতে সক্ষম করে তুলে ছিল। ক্রমে সে নিজেকে দেশের প্রথম পাঁচজন তরুন বিজ্ঞানীদের মধ্যে স্থান করে নিতে সক্ষম হয়েছিল এবং সে সূর্যের ব্যস মেপে কীর্তি অর্জন করেছিল। কিন্তু তার শরীরের দুর্বলতার কারনে সে স্পেসমেকার নিয়ে কিছুকাল বাঁচতে সক্ষম হয়। তারপর মাত্র 35 বছর বয়সে মায়ের জীবনকালেই হৃদরোগে তার মৃত্যু হয়। অর্থাৎ যৌবনের শ্রেষ্ঠ লগ্নে সে অক্ষয় কীর্তি অর্জন করে মৃত্যু বরন করে। আবার থারাপ জেদের বশবর্তী মানুষ অপরের ভুল ব্যাখ্যায় মোহিত হয়ে অপরাধ জগতে আত্মদান করে। তাদের সমাজ মনেও রাখে না। তাদের হিংসাকে স্মরন করে দেশের শান্তি প্রিয় মানুষ তার প্রতি ঘৃণার ভাব পোষন করে। তার মৃত্যুর পর পরিবারের অন্যান্য সদস্যগন অসহযোগ ও ঘৃণার কারনে সামাজিক সহযোগীতা থেকে বঞ্চিত হয়ে জীবন কাটাতে বাধ্য হয়। জিদের অভ্যাস জীবনকে ভুল করতে বাধ্য করে। তারপর মানুষ ভুলের কারনে অকাল মৃত্যুর শিকার হয়। তাই সকল পিতা-মাতা সন্তানকে দীর্ঘজীবী রাখতে ও নিরাপত্তার আশায় জিদ ত্যাগ করার সংস্কার দান করেন। শিশবে জিদ করার অভ্যাস ত্যাগ না করলে সারাজীবন মানুষ জিদের বশে ভুল করতে বাধ্য হয়।

শুধু মানব সন্তান নয়, বেশীরভাগ জানোয়ারও জেদী আচরন করে। এটি সকল জীবেরই জন্মগত প্রবৃত্তি। বাঘ যখন একটি হরিনকে তাড়া করে তখন পাশে থাকা হরিনকে ধরতে চায় না। কেবল ছুটন্ত লক্ষ্যে থাকা হরিনটিকে ধরতে তার জিদ সক্রীয় হয়। তাই এই ধরনের স্বভাবকে পাশবিক আচরন বলা হয়। মানব সমাজে অক্ষম মানুষ আজও পাশবিক গুনের দ্বারা সামাজিক জীবনযাত্রায় বিঘ্ন সৃষ্টি করে চলেছে। প্রকৃত শিক্ষায় ও সংস্কারে এইরূপ অভ্যাস পরিত্যাগ করা সম্ভব।

আবার জিদকে ইংরাজী অনুবাদ করতে গিয়ে জনৈক অভিধান প্রকাশক "obstinacy, importunity" লিখেছেন। অনেকে বলেন, "childish whim or caprice" এবং হিন্দিতে এটিকে 'জিদ্দি' বলা হয়। ভাষা বিদদের মতে জিদ কথার অর্থ ভালোবাসায় গভীর বিশ্বাস। ইংরাজীতে 'Aggressive expectation for love' বলা যেতে পারে। তবে অজ্ঞানী ব্যক্তি শব্দ কোষে সঠিক অর্থ না পেলে ভুল ব্যখ্যা ফরে সাধারন মানুষকে প্রতারিত করতে পারে। যে যাই হোক এই শব্দের মধ্যে কোন হিংসার সংকেত নাই অথচ ভালোবাসা প্রাপ্তির আশায় নিজেদের ব্যথিত করার প্রয়াস থাকার কারনে শব্দটি মানবতাকে জাগ্রত করে। পৃথিবীতে শব্দের অর্থ অনেক গুরুত্ব বহন করে। বাংলা থেকে ইংরাজী অনুবাদ করার সময় ভুল অর্থ প্রকাশ হলে আইনের ধারা বদলে যেতে পারে। সে ক্ষেত্রে শিশু সন্তান সুবিচার নাও পেতে পারে। তাই 'জেদ' শব্দটির সঠিক অর্থ অনুসন্ধান করে অভিধানে লেখা প্রয়োজন। আমার মতে পৃথিবীর সমস্ত অভিধানে 'জিদ' শব্দের প্রকৃত অর্থ সংশোধন করে এক্ষনই লেখা উচিৎ। অন্যথায় ভূল ব্যাখ্যার কারনে পৃথিবীর

নিরপরাধ শিশু ও মানুষ অবিচারের শিকার হতে পারে।

সংস্কার:(চব্বিশ) 'জিদ' হল সত্য ও সমানতার অধিকারকে অবজ্ঞা করে নিজের সিদ্ধান্তকে প্রতিষ্ঠা করার প্রয়াস। নিজের জিদকে প্রতিষ্ঠা করতে গেলে সমাজের বহু মানুষকে বঞ্চিত করতে হয়। সে কারন এটি এক স্বার্থপর উদ্যোগ। এইরূপ কাজের প্রতি সমাজের স্বীকৃতি থাকে না বরং নিন্দার পরিবেশ সৃষ্টি হয়। তাই 'জিদ' পরিত্যাগ করে মানুষের সেবায় নিযুক্ত হলে পৃথিবী আপন হয়ে যায়। জিদ ত্যাগ করা একটি অত্যন্ত গুরুত্বপূর্ণ সংস্কার।

শক্তি প্রদর্শনঃ যখন এক কোষী ভাইরাস পৃথিবীর যেকোন মানুষকে মেরে ফেলতে পারে, তখন মানুষের শক্তি প্রদর্শন করাটা হাস্যকর হয়ে যায়। তাই পৃথিবীতে বুদ্ধির শক্তিই চিরকাল জয়ী হয়। আর যারা শারীরীক শক্তির উপর নির্শীল হয় তারা অকালে মৃত্যু বরন করে। তাই তোমার কন্ঠ যদি বাঁচার সংগ্রাম করতে চায়, নীরবে বুদ্ধির সাধনা করো। নয় তো অকালে ঝরে যাবে।

পিতা-মাতার প্রত্যাশা

(একুশ)

সন্তান পালন

সুসন্তান সকল মানুষই প্রত্যাশা করেন। কিন্তু প্রত্যাশা করলেই তো সব কিছু পাওয়া যায় না। তাই তাঁদের প্রত্যাশাকে সামনে রেখে পরিকল্পনা করতে হয়। এরপর সেই পরিকল্পনা সার্থক করতে উপযুক্ত পন্থা অবলম্বন করতে হয়। তারপর প্রত্যাশা অনুযায়ী ফল প্রাপ্তি ঘটে। প্রশ্ন উঠবে কে বা কারা প্রত্যাশা করেন? দম্পতি। কি প্রত্যাশা করেন? সু-সন্তান।

লক্ষ্যঃ তাই লক্ষ্য হল দম্পতির সু-সন্তান লাভ। সু-সন্তান কেন? কারন সন্তান অবাধ্য হলে অথবা অপরাধী চরিত্রের হলে পিতা-মাতার জীবন বেদনাময় হয়ে যায়। তার ক্রিয়া-কলাপ পিতা-মাতার সেবা ও বাসনা পূরনের বিপরীত লক্ষ্যে চলতে থাকে। তাই পিতা-মাতার আকাঙ্খা পূর্ণ হয় না। পরন্তু সন্তানের ভবিষ্যৎ নষ্ট হয়ে যায়। সে কারন সকল মানুষই সু-সন্তান প্রত্যাশা করেন।

এখন প্রত্যাশা প্রাপ্তির সূত্র(পরামর্শ + আয়োজন + রূপায়ন = অভিষ্ট লাভ)অনুসার দম্পতির কাজ হল পরিকল্পনা করা। দম্পতির পূর্ব জ্ঞান না থাকা স্বাভাবিক। তাই তারা পরামর্শ চাইবে। এখন ঠিক করতে হবে যে, কারা সঠিক পরামর্শ দেওয়ার যোগ্য ব্যক্তি? অথবা কে পরামর্শ দিতে পারে?

সাধারনতঃ পিতা-মাতা, পরিবারের বয়ঃজেষ্ঠ ব্যক্তি, ডাক্তার, গবেষক, সমাজ বিজ্ঞানী ও অভিজ্ঞ ব্যক্তি এবিষয়ে পরামর্শ দিয়ে থাকেন। অনেক দম্পতি লজ্জার কারনে এই সকল বিষয় পিতা-মাতা অথবা বড়দের সাথে পরামর্শ করতে সংকোচ বোধ করেন। তবু সজাগ পিতা-মাতা নিজেরাই পরামর্শ দিতে এগিয়ে আসেন।

- বরিষ্ঠ পিতা-মাতারা বললেন, প্রচলিত রীতি অনুসার সন্তান-সম্ভবা মাকে ভালো খাদ্য দিতে হয়। বেশী মাসে ভারী কাজ করাতে হয়। এটাই রীতি। তারপর যদি দম্পতি ডাক্তারের কাছে যান, তিনি যথারীতি পরীক্ষা করার পর কিছু পরামর্শ দিয়ে থাকেন।
- ডাক্তার বলবেন, 280 দিন পর সন্তান ভূমিষ্ঠ হবে। ভ্যাকসিন দিতে হবে। নিত্য পরীক্ষা করে মাকে সুস্থ রাখতে হবে। সুচিকিৎসার জন্য তৈরী থাকতে হবে।

- গবেষক ও বিজ্ঞানীদের মতামত ইন্টারনেটে খোঁজ করলে, জন্মের সময় শিশুর স্বাভাবিক ওজন ও রোগ প্রতিরোধ বিষয়ে পরামর্শ পাওয়া যাবে। তাতেও দম্পতির সমস্ত জিজ্ঞাসার উত্তর পাওয়া সম্ভব হয় না। কারন জানতে হবে, দম্পতির প্রত্যাশা কি ছিল?
- দম্পতির প্রত্যাশা ছিল সুসন্তান লাভ করা। অথচ উপরের উত্তরগুলিতে তার সঠিক সমাধান পাওয়া যায় নি। এখানে পিতা-মাতা, ডাক্তার ও অন্যান্য সূত্র গুলি আংশিক পরামর্শ দিয়েছেন। তাই আবার প্রশ্ন-তবে কি সুসন্তান পেতে আরো কিছু ঘটতি থাকছে?

- হ্যাঁ, মনো-বিজ্ঞানীদের মতে শিশু মাতৃগর্ভে থাকা কালিন মায়ের শরীরের অনুভূতি মস্তিষ্কে ধারন করতে পারে। সে কারন গর্ভাবস্থায় মাকে সুন্দর পরিবেশে রাখলে ও সকারাত্মক চিন্তায় মগ্ন রাখলে শিশু প্রতিভাশালী হয়। অথবা মাতা নির্যাতনের শিকার হলে প্রবলেম চাইল্ডের জন্ম হয়।

- উপরের সমস্ত বিষয় জানার পর দম্পতি 280 দিন মাতৃবাসের নিরাপদ স্থান ঠিক করেন।
- সামাজিক নিয়ম অনুসার সন্তান-সম্ভবা মাকে পরিবারের অন্যান্য সদস্যদের সাথে রেখে পরিচর্যা করলে পরিষেবায় ভূল ক্রটি হয় না। তবে সেই পরিবারে শান্তির পরিবেশ থাকা দরকার।
- ব্যস্ত অথবা অশান্ত পরিবারে তদারকির অভাব অথবা পরিবারে যোগ্য পরিষেবার অভাব ঘটলে বিকল্প বসবাসের ব্যবস্থা করতে হয়। সে কারন সম্ভাব্য সমস্যা গুলি এড়িয়ে লক্ষ্যে পৌঁছাতে পরিকল্পনা করার দরকার হয়।

পরিকল্পনাঃ এইরূপ পরিকল্পনার উদ্দেশ্য হবে-

- সুসন্তান লাভ করতে উপযুক্ত আয়োজন সুনিশ্চিত করা। অর্থাৎ অর্থ মজুত রাখা।
- মাকে সর্বদা সন্তান চিন্তায় মগ্ন রাখা ও সন্তান সুরক্ষার পরিকল্পনায় ব্যস্ত রাখা।
- অবসর সময়ে ধর্মের কাহিনী ও মানব সভ্যতার সাফল্যের ইতিহাস শুনানো।
- স্বামীর প্রতি ভলোবাসা ও বিশ্বাস বাড়িয়ে তুলতে উৎসাহ দান করা।
- সন্তানের ভবিষ্যৎ রচনার জন্য স্বামীকে প্ররোচিত করার অভ্যেস গড়ে তোলা।
- অভাব-অনটন ও বিবাদ থেকে মাকে দূরে রেখে সন্তানের মস্তিষ্কে জটিলতা না ভরা।
- পুষ্টি বিশেষজ্ঞের পরামর্শ অনুসার প্রত্যহ মায়ের আহারের ব্যবস্থা করা।
- নিয়মিত ডাক্তার পরীক্ষা ও চিকিৎসার পদ্ধতি জারী রেখে নিশ্চিন্ত হওয়া।
- সর্বদা মাকে সাহায্য করতে একজন সখী বা সেবিকা নিযুক্ত করে শিশু ও মায়ের যত্ননেওয়া।
- মাকে পূজা-পাঠ ও পারিবারিক উৎসবে যোগদানে উৎসাহ দেওয়া।
- যেকোন মূহুর্তে প্রয়োজন হলে সূচনা বিনিময় করার ব্যবস্থা নিশিত করা।
- এইরূপ 280 দিন সন্তান সম্ভবা মাকে যত্ন নিয়ে পরিষেবা দেওয়া।

সাধারন মানুষের মতে 2020 সালে একটি মধ্যবিত্ত পরিবার ভারতের যে কোন শহরে বসবাস করলে, সন্তান পরিকল্পনা বিষয়ে তাঁদের নূন্যতম 2 লক্ষ্য 50 হাজার টাকা খরচ হয়। আর গ্রামের

মানুষ নিজেরাই অনেক কম অর্থ খরচ করে ভালোবাসা আর সহযোগীতার মধ্য দিয়ে সু-সন্তান লাভ করতে পারেন।

আয়োজনঃ পূর্ব প্রস্তুতি ছাড়া আয়োজন সম্ভব হয় না। সে কারন ধাপে ধাপে প্রয়োজনীয় বস্তুর আয়োজন করতে হয়। যেমন-

* পরিকল্পনাটি রুপায়ন করতে প্রথমে একটি বাজেট প্রস্তুত করতে হয়।
* তারপর দম্পতিকে সম্পূর্ণ খরচের অর্থ সঞ্চয় করে একটি ব্যাংক এ্যাকাউন্টে জমা করতে হয়। সাধারনতঃ বিবাহের পূর্বে এই অর্থ উভয় দম্পতি রেকারিং অথবা সেভিংস ব্যংকে জমা করে ফেলেন।
* তারপর মায়ের থাকার ঘর, বসবাসের উপযোগী করে ডেকোরেশন ও অন্যান্য আয়োজন সম্পন্ন করতে হয়।
* ডাক্তারের পরামর্শ নিয়ে রুটিন চিকিৎসার ব্যবস্থা করতে হয়।
* আর প্রতিদিন কেবল পুরুষ দম্পতির তত্ত্বাবধানে সন্তান-সম্ভবা মায়ের যত্ন নিতে হয়।

রুপায়নঃ বসতির কাছাকাছি অথবা সামান্য দূরে একটি রুম, হল্ ও রান্না ঘরের সুবিধা থাকা ঘর নিতে হবে।

* রুমটিতে শিশুদের ছবি ও যথারীতি শয্যার ব্যবস্থা ও ডেকোরেশন করতে হবে।
* বিশুদ্ধ পাণীয় জলের ব্যাবস্থা, পুষ্টিকর খাদ্য ও আরাম দায়ক উপকরন সংগ্রহ করতে হবে।
* জীবন ধারনের সমস্ত উপকরন ও পরিষেবার আয়োজন করতে হবে।
* একজন সেবিকা নিয়োগ করে তদারক করতে হবে।
* মাকে সন্তানের জীবনচক্র বিষয়ে শিক্ষা দেওয়ার বই পড়ালে ভালো হয়। কারন সন্তানের জীবন গঠনে তাঁর যথেষ্ঠ ভূমিকা থাকে। পরে তিনি সন্তানের ভবিষ্যত গঠনে ঐ শিক্ষার প্রয়োগ করতে সমর্থ হবেন।
* ডাক্তারকে নিযুক্ত করে নিয়মিত পরামর্শ নেওয়ার পন্থা নির্ধারন করতে হবে।
* দৈনিক সমস্যাগুলি লিখে সকাল ও সন্ধ্যায় নিবারনের ব্যবস্থা গ্রহন করতে হবে।

এইভাবে 280 দিন অতিবাহিত হওয়ার পর কোন চিকিৎসালয়ে সন্তান প্রসব হওয়া সম্ভব হবে।

সন্তান ভূমিষ্ট হওয়ার পর পিতা-মাতার কর্তব্য হল তার জীবনের সুরক্ষা নিশ্চিত করা আর তাকে উপযুক্ত সংস্কার ও শিক্ষা দান করা। এবিষয় বিস্তারিত দিকগুলি নিম্নে আলোচনা করা হয়েছে।

সুরক্ষাঃ সুরক্ষা বলতে (১) উপযুক্ত পুষ্টিকর খাদ্য, পাণীয় ও চিকিৎসা প্রদান করা। (২)উপযুক্ত পোষাক পরিচ্ছদ দিয়ে শরীরকে বাতাবরন থেকে রক্ষা করা। (৩)পোকা-মাকড়, দংশক প্রাণী, কীট-পতঙ্গ থেকে শিশুর শরীরকে রক্ষা করা। (৪) সুরক্ষিত বাসগৃহ প্রদান করা। (৫)নিয়মিত যত্ন ও তদারকী নেওয়ার ব্যবস্থা করা। (৬) শারীরীক বৃদ্ধিতে নজর রাখা (৭) জ্ঞানেন্দ্রীয় বৃদ্ধিতে সাহায্য করা। (৪)সঠিক জ্ঞানের প্রভাবে সামাজিক সংস্কার শেখানো(৯)সময় মতো শরীরের যত্ন নিয়ে শরীরকে পরিষ্কার রাখা, আর (১০) শত্রুতার আড়ালে সন্তানকে সুরক্ষিত

রাখা।

সংস্কারঃ সংস্কারের উদ্দেশ্য হবে-

- সমস্ত রকম বিপত্তি অতিক্রম করে জীবন সুরক্ষা করার পদ্ধতি শেখানো।
- শিশুকে নিজের শরীর পরিষ্কার-পরিচ্ছন্ন রাখার অভ্যেস গড়তে শিক্ষা দেওয়া।
- পিতা-মাতা ও গুরুজনদের অনুগামী হওয়া ও অবাধ্য না হওয়ার শিক্ষা দেওয়া।
- শিক্ষানুরাগী হতে উৎসাহ দান করা। সামাজিক রীতি বিষয়ে সতর্ক করা।
- জননী ও জন্মভূমিকে সর্ব্বোচ্চ জ্ঞানে মান্য করার অভ্যাস গড়ে তোলা।
- ঈশ্বরানুরাগী হওয়ার সুফল অনুভব করতে সাহায্য করা।
- জীবনের প্রতিটি প্রয়োজনকে সমস্যা ভেবে তা জয় করার প্রয়াস করতে শেখানো।
- সমস্যা অতিক্রম করে জয় সুনিশ্চিত করার অভ্যেস গড়ে তোলা।
- সময় অনুযায়ী প্রত্যেকটি শ্রেণীতে একশ শতাংশ জ্ঞান আরোহন করে উত্তীর্ন হওয়ার অভ্যেস সৃষ্টি করা।
- ভালো-মন্দ বিচার বোধকে উপলব্ধি করে কু-সঙ্গে মেলামেশা থেকে সতর্ক থাকার অভ্যেস গড়া।
- ভালোলাগা আর ভালোবাসার প্রকৃত অর্থ উপলব্ধি করতে শেখানো।
- পরিনতির বিচার করে ভুল না করার অভ্যেস গড়া।

শিক্ষাঃ শিক্ষার উদ্দেশ্য হবে-

- মুখের ভাষাকে অক্ষরে প্রকাশ করার কৌশল রপ্ত করা।
- নিজের প্রয়োজন ও বিচারবোধকে উন্নত করতে উপযুক্ত জ্ঞান অর্জন করা।
- যে কোনো একটি জীবিকার জন্য সন্তানকে উপযুক্ত করে তোলা।
- প্রগতিশীল জীবন থেকে প্রতিষ্ঠিত জীবন লাভের পথে উৎসাহিত করা।
- পৃথিবীর মানুষের কাজে নিজেকে ব্যাবহার করার প্রয়োজনে যোগাযোগ, মত বিনিময়, অভিজ্ঞতা অর্জন ইত্যাদির যোগ্য করে তোলা।
- নিদ্দিষ্ট কাজে দক্ষতা অর্জন করে পৃথিবীর মানুষকে সেবা দিতে সাহায্য করা ও নিজের জীবনের প্রতীষ্ঠা নিশ্চিত করা।
- সর্বাধিক অর্থ উপার্জন করে সমস্ত প্রয়োজন মিটানো সহ ও ভালোভাবে বাঁচার কৌশল জানতে সমর্থ হওয়া।
- একটি সুনর্গঠিত সমাজ গঠনে অংশ গঠন করে সমাজকে সমৃদ্ধ করা।

সঞ্চয়ঃ লোককথায় শোনা যায় "অথই অনর্থের মূল" অর্থাৎ অর্থ না থাকলে পরিকল্পনা ভেস্তে যায়। আমাদের সমাজে যে কোন কাজ সম্পন্ন করতে অথবা সমস্যা সমাধান করতে অর্থের প্রয়োজন হয়। কাজে ব্যস্ত থাকার সময় মানুষ অর্থ উপার্জনের সুযোগ পায় না। তাই পরিকল্পনা অনুসার কাজে নামের পূর্বে মানুষকে অর্থ যোগাড় করে রাখতে হয়। এই পূর্বে অর্থ যোগাড় করে রাখাকে সঞ্চয় বলে। দৈনিক উপার্জনের অংশ থেকে কতকটা বাঁচিয়ে আগামী পরিকল্পনার জন্য

রাখাই হল সঞ্চয়ের উদ্দেশ্য। সে কারন - দম্পতিগন সন্তান লাভের উদ্দেশ্যে পূর্বে সঞ্চয় করেন। সম্ভব না হলে শুভাকাঙ্খীদের দেওয়া উপহার থেকে সঞ্চয় করে সন্তান লাভের পরিকল্পনা সার্থক করতে বাধ্য হন।

তারপর সন্তান জন্মলাভ করলে দম্পতির দায় বেড়ে যায়। এই সময় সচেতন মানুষ সক্ষমতা অনুসার বার্ষিক সঞ্চয় পরিকল্পনা করে সন্তান পালনের প্রস্তুতি নেন। অজ্ঞান ও অসতর্ক মানুষ দিন আনা দিন খাওয়ায় মেতে ভগবান ভরসার অজুহাত প্রকাশ করেন। তাঁরা বোঝেন না ভগবান সমস্যা সমাধানের জন্য মস্তিষ্ক দিয়েছেন আর মস্তিষ্কের প্রয়োগে সমস্যা সমাধানের চিরকালীন পন্থা শরীরে নিহিত রয়েছে। তারপরও ভগবান সকলের ঘরের সমস্যা মিটানোর দায় বহন করবেন কেন? অনেকের মতে বিভিন্ন সম্প্রদায়ের ধর্ম প্রচারকগন সরল মানুষকে বোকা বানিয়ে উপার্জন করার উদ্দেশ্যে ভুল জ্ঞান পরিবেশন করে অক্ষম মানুষ তৈরীর পরিকল্পনা করেন। এইরূপ ভুল জ্ঞানের শিকার ব্যক্তি ভগবান ভরসার নামে কমহীন হয়ে কর্তব্য ভূলে যান। তাই কোন কাজে সফলতা লাভ করতে পারেন না। মনেরাখতে হবে সকল মানুষের মধ্যে সমস্ত রকম সমস্যা সমাধানের শক্তি রয়েছে। মানুষ সতর্ক হয়ে চেষ্টা করলেই (আর্থিক, মানসিক ও দৈহিক সামর্থ অনুসার) যে কোন সমস্যার সমাধান করতে পারেন। তবে সামর্থ সঞ্চয় না করলে কোন কাজই সমাধান সম্ভব হয় না। সতর্ক মানুষ অপরের পরামর্শ নেওয়ার সময় পরনির্ভর না হওয়ার সিদ্ধান্ত বহাল রাখে। ফলে পরামর্শ দানকারী নিজের স্বার্থ কায়েম করার পরিকল্পনা করলেও সতর্ক ব্যক্তি তা এড়িয়ে যায়। কিন্তু অলস মেধার অসতর্ক মানুষ সুবিধা ভোগের আশায় পরনির্ভর হওয়ার ফাঁদে বশীভূত হয়ে যায়। সে কারন সে অসফল হলে পরামর্শ দাতার কৌশল বুঝতে না পেরে ভগবানকে দোষ দেয়।

সে যাই হোক সন্তান পালন বিষয়ে প্রত্যেক পিতা-মাতাকে সতর্ক হয়ে অর্থ সঞ্চয় করতে হয়। অর্থ সঞ্চয়ের বহু পন্থা রয়েছে। পরিকল্পনার লক্ষ্য অনুসার এইরূপ সঞ্চয় পদ্ধতি গ্রহন করা উচিৎ। তবে অনেকে অপরের পরামর্শ পেতে আসক্ত হয়ে যান। তাঁকে "ডর কা আগে জিৎ হ্যায়" বললে খুশি হয়ে যান। অথচ সে সময় "জিৎ কে সাথ মত ভি হ্যায়" ভাবতে পারেন না। সে কারন সন্দেহ থাকা সত্ত্বেও ঐ ব্যক্তি নিরাপদ স্থানে অর্থ সঞ্চয় না করে প্রতারকের শিকার হয়ে যায়। অর্থাৎ সঞ্চয় করতে হলে প্রথম সঞ্চয়ের নিরাপত্তা বিষয়ে স্থির সিদ্ধান্ত নেওয়া উচিৎ।

কয়েকজন সফল অভিভাবকের অভিজ্ঞতা অনুসার সমীক্ষায় জানা যায় যে বর্তমান বর্ষে শূন্য বয়সের শিশুকে 30 দিন যত্ন করতে অগ্রিম প্রায় 30,000 টাকা, এক মাসের শিশুকে 18 মাস পর্যন্ত পালন করতে অগ্রিম 1,80,000 টাকা, 18 মাসের শিশুকে 30 মাস পর্যন্ত পালন করতে অগ্রিম 1.2 লক্ষ টাকা, 30 মাসের শিশুকে 5 বছর পর্যন্ত পালন করতে অগ্রিম 3.0 লক্ষ টাকা, 5 বছরের শিশুকে 9 বছর পর্যন্ত পালন করতে অগ্রিম 6.0 লক্ষ টাকা, 9 বছরের শিশুকে 12 বছর পর্যন্ত পালন করতে অগ্রিম 4.5 লক্ষ টাকা, 12 বছরের শিশুকে 14 বছর পর্যন্ত পালন করতে অগ্রিম 3.0 লক্ষ টাকা, 14 বছর থেকে 16 বছর পর্যন্ত 3.0 লক্ষ টাকা, 16 বছর থেকে 19 বছর পর্যন্ত 3.5 লক্ষ টাকা, 19 বছর থেকে একুশ পর্যন্ত 6.5 লক্ষ টাকা এবং 21 বছরে 10.5 লক্ষ টাকা খরচ হয়। অর্থাৎ মোট মাস্টার ডিগ্রী পর্যন্ত খরচ হবে 42.8 লক্ষ টাকা। আবার কোনো ব্যক্তি যদি মাসে অন্ততঃ পক্ষে 30 হাজার টাকা রোজগার করেন ও তার অর্ধেক সঞ্চয় করতে পারেন তবে অনায়াসে তিনি এই ব্যয় বহন করতে পারেন।

ব্যাখ্যাঃ সাধারন মানুষ এই বৃহৎ অংকের খরচের কথা ভেবে শিক্ষার পথে অগ্রসর হতে ভয় করেন। কিন্তু দরিদ্র হলেও চতুর ব্যক্তি নিজের রোজগার থেকে প্রতি বছরের জন্য লক্ষ্য স্থির করে ও খরচের মাত্রা কমিয়ে সন্তান পালন এবং প্রতিষ্ঠায় সফল হন। তাঁদের মতে এক-দু বছরের সঞ্চয় করতে রেকারিং নিরাপদ ও উপযোগী হয়। আর দীর্ঘ মিয়াদী পরিকল্পনার জন্য নিরাপদ জীবনবীমা সহায়ক হতে পারে।

বিকল্প সমাধান হল ঋনঃ ঋন হল সুযোগ ও ক্ষতির খেলা। ঋন দাতা ঋনের সুযোগ দেওয়ার সময় এমন সব শর্ত আরোপ করেন যে গ্রহীতা যদি তার দেনা পরিশোধ করতে অপারগ হন তবে তার নিজস্ব সম্পদও হারাতে বাধ্য হবে। এই শর্তগুলি অজানা ইংরাজী ভাষায় অথবা স্টার লাগিয়ে ছোট অক্ষরে লেখা থাকে। সমস্যার চাপে চিন্তিতঃ ব্যক্তি সে সব না বুঝে কাগজে স্বাক্ষর করলে ভবিষ্যতে সমস্যায় পড়ে। ঋন গ্রহীতা ঋন গ্রহনের সময় ভাবেন যে সমস্যাটা কাটলেই ধীরে ধীরে ঋন পরিশোধ করে ফেলবেন। কিন্তু সামান্য অবহেলায় ঋনের সুদ বাড়তে থাকে। তাই বাড়তি টাকা তখন দেওয়া সম্ভব হয় না। সে সময় শর্ত লঙ্ঘনের দায়ে নিজের অর্জিত সম্পত্তি নিলাম হয়ে যায়। তাই ঋন গ্রহন করার পর সতর্কতার সঙ্গে ঋন পরিশোধের ব্যবস্থা গ্রহন করা উচিৎ।

সেবা-যন্ত্রঃ শূন্য বয়স থেকেই মা-বাবা সন্তানের সেবা যন্ত্রের দায়ভার গ্রহন করতে বাধ্য হন। তাঁরা নিজেদের আশাকে সার্থক রূপ দিতে, শিশুর জীবন রক্ষা ও সংস্কার প্রদানে অহরহ প্রচেষ্টা চালিয়ে যান। সবথেকে বেশী সতর্ক থাকতে হয় মাকে। তিনি সর্বদা যন্ত্র পরিষেবায় ব্যস্ত থাকেন। আর বাবা সেইসব যন্ত্রের প্রয়োজনে যতটা অর্থ, বস্তু অথবা আয়োজনের প্রয়োজন হয় তার ব্যবস্থা করতে থাকেন। সম্পূর্ণ কাজটি করতে উভয়ের ভূমিকাই গুরুত্বপূর্ণ। কারন আয়োজন ছাড়া যন্ত্র সম্ভব নয়। আবার শুধু আয়োজনে সময় কাটিয়ে দিলে যন্ত্রের অভাবে শিশুর জীবন বিপন্ন হতে পারে। অর্থাৎ পিতা-মাতা উভয়েই শিশুর যন্ত্র নিতে পারে বলে সন্তান পালন সম্ভব হয়। সে কারন প্রথা অনুসার বিবাহের মূল উদ্দেশ্য হল ক)যৌথ উদ্দোগে দম্পতিগনের সকল সমস্যা সমাধান করা, খ)একই লক্ষ্যে চলার প্রতিশ্রুতিতে পরিবার গঠন করা, আর বংশ রক্ষা করে মানব জাতির অস্তিত্ব রক্ষা করা। সাধারনতঃ দম্পতিগন বিবাহের পূর্বে এইরূপ প্রত্যাশায় ঘর বাঁধার স্বপ্ন দেখেন। বিবাহ মন্ত্রের অর্থও এই প্রতিজ্ঞার বয়ানে রচিত হয়।

--

শিক্ষাদানের গুরুত্ব

(বাইশ)

সন্তান পালনে পিতামাতাকে দীর্ঘকাল সংগ্রাম করতে হয়। শূন্য বয়স থেকে নূন্যতম আঠারো বছর বয়স পর্যন্ত সন্তানের ভরন-পোষন, শিক্ষা, সংস্কার ও চিকিৎসার ভার পিতা-মাতা অথবা অভিভাবকই বহন করেন। এই বৃহৎ দায় বহন করতে প্রত্যেক দম্পতি অর্থ সঞ্চয় ও সন্তান পালনের পরিকল্পনা করে থাকেন। তাই সন্তানকে কতটা উন্নত করা উচিৎ? কি কি সুবিধা পেলে সন্তান সুখী হবে? তা কেবল দম্পতিগনই স্থির করেন। অনেক সময় নামকরনের মধ্যে পিতা-মাতার মনের সুপ্ত বাসনা সংযুক্ত করা হয়। তারপর সন্তানের জীবন উন্নয়ন ও সুরক্ষায় তাঁদের অলিখিত অবদানের ইতিহাস রচিত হওয়ার কাজ শুরু হয়। শিশু পালনের প্রথম কাজ হল শূন্য থেকে 30 দিন পর্যন্ত যন্ত্র পরিকল্পনা। এই সময়টাকে সদ্যজাত জীবন বলে। যারা শিশুকালে পিতৃহারা হয়, তাদের ভার অভিভাবক বহন করেন।

সদ্যজাত জীবনঃ সদ্যজাত জীবনের প্রতি পিতা-মাতার কর্তব্য অসীম। কারন পিতা-মাতা সন্তানকে শ্রেষ্ঠ সম্পদ হিসাবে গণ্য করে। সে কারন অধিক সতর্কতার সঙ্গে তার পরিচর্যা ও সুরক্ষার ভার নিজেদের বহন করতে হয়। নবজাতকের যত্ন নেওয়ার উদ্দেশ্য হল-

- শূন্য থেকে তিরিশ (0 থেকে 30) দিন পর্যন্ত্য যত্ন নিয়ে শিশু সন্তানের সুস্থ ও সবল শরীর গড়ে তোলা।
- আর ভবিষ্যতের রোগ প্রতিরোধ ক্ষমতাকে বাড়াতে উপযুক্ত ব্যবস্থা গ্রহন করা।
- সংস্কার অনুসরনে নবজাতককে অভ্যস্ত করানো।
- তার শরীরের আকার ও ইন্দ্রীয় গুলির গঠনে অভাব থাকলে সহযোগীতা করা।
- শিশুর জীবনের নিরাপত্তা সুনিশ্চিত করা।

পরিকল্পনাঃ উপরে বর্নীত উদ্দেশ্য গুলি পূর্ণ করতে প্রথমে শিশুকে বিশেষজ্ঞের পরামর্শ নিতে হবে। জানতে হবে শিশুটির ওজন, শারীরীক অঙ্গের কাজ কর্ম ও অবস্থা স্বাভাবিক কি না? মায়ের স্বাস্থ্যও স্বাভাবিক করতে কি কি ব্যবস্থা নেওয়া প্রয়োজন? শিশুর খাদ্যের প্রয়োজন মা মিটাতে সক্ষম কি না? যদি না হন তবে কিভাবে তা মিটানো সম্ভব? এ বিষয়ে শিশু বিশেষজ্ঞ ডাক্তারের পরামর্শ নেওয়া জরুরী। আরও পরামর্শের জন্য ইন্টারনেটে সঠিক পরামর্শ পাওয়া যেতে পারে।

আয়োজনঃ শূন্য থেকে তিরিশ (0-30) দিন পর্যন্ত্য যত্ন নিয়ে শিশু সন্তানের সুস্থ ও সবল শরীর গড়ে তুলতে দৈনিক পরিষেবার রুটিন তৈরী করতে হয়। দরকার হয়-

- প্রয়োজনীয় অর্থ ও সেবার পরিকাঠামো।
- মা ও শিশুর থাকার জন্য এক সুরক্ষিত ঘর।
- শিশুর জন্য নরম, দূষনহীন, নিরাপদ বিছানা।
- মাথার আকার গোলাকার করতে দরকার হয় সরষের বালিশ।
- মশা-মাছির আক্রমন প্রতিরোধ ব্যবস্থা।
- মা ও শিশুর জন্য প্রয়োজনীয় ঔষধ, খাদ্য ও পরিষেবা।
- শিশু মস্তিষ্ক বিকাশ পরিকল্পনা। দোলনা, আকর্ষক ফুল ও সজ্জা।
- অজ্ঞ ব্যক্তির ভূল সিদ্ধান্ত থেকে সুরক্ষা।

রূপায়নঃ শিশুর শরীরকে ডাক্তারের পরামর্শ মত পরিষ্কার করে তেল, ক্রীম অথবা ভেষজ লাগিয়ে পোষাক পরানো হয়। তারপর সতর্কতার সঙ্গে প্রতি ঘন্টায় দুগ্ধ পান করাতে হয়। সদ্যজাত শিশু দিনে 20 ঘন্টারও বেশী ঘুমাতে পারে। তাই জাগলেই খাবার দিতে হয়। কোনরূপ অসুবিধা হলে ডাক্তার অথবা বিশেষজ্ঞের পরামর্শ নেওয়া দরকার হয়। দু-চার দিন পর যখন শিশু জেগে থাকে ও হাত-পা ছুঁড়ে খেলতে থাকে তখন দোলনায় শোয়ার অভ্যেস করালে তার ভালো লাগে। সারাদিন প্রস্রাবের কারনে ভিজে যাওয়া কাপড় বদলানো, যত্ন নেওয়া, মল-মূত্র পরিষ্কার করা, সময়ে খাদ্য, ঔষধ ও পরিষেবা দিতে কর্মী রাখার দরকার হয়। এইভাবে 30 দিন যত্ন নেওয়ার পর শিশুর সুস্থ ও সবল শরীর গড়ে উঠতে শুরু করে। অভিজ্ঞ দাই অথবা মাতাদের মতে সন্তান জন্মানোর পর তার মাথার আকার লম্বা অথবা চ্যাপটা হতে পারে। সেই লম্বা অথবা চ্যাপটা

মাথাকে গোল করতে সরষের ছোট বালিশ তৈরী করে শিশুকে শোয়াতে হয়। নাক চ্যাপটা ঠিক করতে নাকের দুদিকে হাল্কা চাপ দিয়ে মাঝে মাঝে উপরের দিকে তুললে নাকের আকার বদলে যায়। আবার দাঁতের মাড়ির আকার ঠিক করতে চুষি দিতে হয়। কানে শোনার সমস্যা হলে সন্তান তোতলাতে থাকে। সে সময় ডাক্তার দেখিয়ে সমাধান করতে হয়। আরো বহু সমস্যা সমাধান করতে মায়ের যত্ন জরুরী হয়ে যায়।

প্রথম শৈশবঃ এক মাস থেকে আঠারো (01-18) মাস পর্যন্ত বয়সের জীবন কালকে প্রথম শৈশব বলা হয়। এই সময় পিতা মাতা অধিক যত্ন নিয়ে শিশু সন্তানের সুস্থ ও সবল শরীর গড়ার প্রয়াস করে। তাঁরা সন্তানের শরীরে রোগ প্রতিরোধ ক্ষমতা বাড়াতে উপযুক্ত ব্যবস্থা গ্রহন করেন। ডাক্তারের পরামর্শ ক্রমে পুষ্টিকর খাদ্য, পরিধান, চিকিৎসা ও নিরাপদ বাসগৃহের ব্যবস্থা করেন। সন্তানের সুরক্ষার কারনে নিজেরা ক্ষুদা, তৃষ্ণাকেও বর্জন করতে দ্বিধা বোধ করেন না। পিতা-মাতায় এই সন্তান প্রেমকে মানুষ শ্রেষ্ঠ ভালোবাসা হিসাবে মান্য করে। সদ্যজাত শিশু তিরিশ দিন শুশ্রুষা পাওয়ার পর অনেকটা বদলে যায়। মায়েরা বলেন-

- এক মাস বয়সে শিশুরা একটু সক্রীয় হয়ে উঠে। শুয়ে থাকা অবস্থায় এদিক ওদিক তাকানো, হাত পা ছোঁড়া, শব্দ করলে তাকানো, ফুল অথবা রঙিন জিনিসের দিকে তাকানো অথবা মুখ নেড়ে কথা বললে সাড়া দিতে পারে।
- তখন তার দিনে প্রায় কুড়ি ঘন্টার বেশী ঘুমানোর অভ্যেস কমে যায়।
- প্রি-মেচিওর বেবি অথবা আন্ডার ওয়েট বেবির জন্য ডাক্তারের পরামর্শ নেওয়া দরকার হয়। এদের যত্ন নিয়ে ও ডাক্তারের পরামর্শ মত খাদ্য দিয়ে স্বাভাবিক শিশুর স্তরে উন্নত করা হয়।
- এই সময় শিশুর অনুকরনে আগ্রহ আছে কি না পরীক্ষা করতে হয়। কোনো প্রকার সমস্যা থাকলে ডাক্তারের পরামর্শ নিয়ে তার সমাধান করা হয়।
- অনেকে অন্যান্য পরামর্শের জন্য ইন্টারনেট থেকে পরামর্শ নিয়ে থাকেন।

পরিকল্পনাঃ অভিজ্ঞ বরিষ্ঠ নাগরিকদের মতে, শিশুকে লালন করতে পরিস্থিতি অনুসার ভেবে পরিকল্পনা করতে হয়। দরকার হলে পরিবারের বিশ্বাসী লোকজন দ্বারা অথবা বিশ্বস্ত কর্মচারী নিয়োগের সিদ্ধান্ত নিতে হয়। একটু বড় না হওয়া পর্যন্ত মায়ের থেকে আলাদা থাকা নিরাপদ মনে করা হয় না। পরিচর্যার দায় নিজেরা নিলেও পুষ্টি ও শরীর গঠনে পিতা-মাতার কর্তব্য ডাক্তারের কাছে জেনে নিতে হয়। আর পরামর্শের তালিকা অনুসার পরিকল্পনা করতে হয়।

আয়োজনঃ অর্থের আয়োজন ও পরিকল্পনা অনুসার অন্যান্য আয়োজন একমাস বয়সের পরই সেরে ফেলতে হয়। তার জন্য প্রয়োজন হলে বিশেষজ্ঞের মতামত নেওয়া দরকার হয়। আয়োজনের সব কিছুই আজকাল বাজারে পাওয়া যায়।

রূপায়নঃ রূপায়নের পদ্ধতি হল মা-বাবার তত্ত্বাবধানে প্রতিদিন শিশুর যত্ন নিতে হয়। কোন সমস্যা না হলেও শিশু বিশেষজ্ঞের দ্বারা পরীক্ষা করিয়ে প্রতি তিন মাস অন্তর পরামর্শ নেওয়া দরকার। আর সামান্য অসুবিধা হলে অবহেলা না করে তখনি ডাক্তার দেখানো প্রয়োজন। শিশুকে জল, আগুন, বিদ্যুৎ, বিষাক্ত পদার্থ ও উচ্চ পতনের আশংকা থেকে দূরে রাখতে হয়। যত্ন নেওয়ার উপর নির্ভর করবে শিশুর হামাগুড়ি দেওয়া, কথা বলা ও চলতে শেখা। বিশেষজ্ঞদের মতে-

- শিশুর জন্য বিশুদ্ধ পানীয় জলের ব্যবস্থা করতে হবে।
- মাতৃদুগ্ধ ছাড়া অতিরিক্ত খাদ্যের প্রয়োজন আছে কি না ডাক্তারের কাছে জেনে ব্যবস্থা নিতে হবে।
- সন্তানের শরীরে সকল ইন্দ্রীয়গুলি সঠিকভাবে কাজ করছে কি না বিশেষজ্ঞ দ্বারা তার পরীক্ষা করাতে হবে।
- মায়ের শরীর স্বাভাবিক হতে কি কি ব্যবস্থা নেওয়া দরকার তা ডাক্তারের নিকট জেনে নিতে হবে। মায়ের খাদ্য তালিকা জেনে নিতে হবে। নয়তো মায়ের খাদ্যের কারনে দুগ্ধ পানের পর সন্তানের শরীরেও প্রতিক্রিয়া হওয়া সম্ভব।
- শিশুকে পোকা-মাকড়, মশা-মাছির আক্রমন থেকে বাঁচানোর ব্যবস্থা গ্রহন করতে হবে।
- শিশুকে নিরাপদ ও বিশ্বাসী ব্যক্তির তত্ত্বাবধানে অনবরত দেখাশোনা করার আয়োজন করতে হবে।
- কথা বলা শিখানো ও সংস্কার দান করে পরিচ্ছন্ন থাকার অভ্যেস গড়তে হবে।
- সামান্য কোন সমস্যা হলে তৎক্ষনাৎ ডাক্তার দেখিয়ে চিকিৎসার ব্যবস্থা করতে হবে।
- সরকারী নির্দেশ অনুসার টিকা করন পদ্ধতি অনুসরন করতে হবে।
- সন্তানের জন্ম তারিখ, সময় ও চিকিৎসার সমস্ত তথ্য ফাইলে গুছিয়ে রাখতে হবে।
- সরকারী দপ্তর থেকে তার জন্ম সার্টিফিকেট সংগ্রহ করতে হবে।
- আরামদায়ক পোষাক ও শয্যার ব্যবস্থা করতে হবে।

তথাপি এই সকল তথ্য সঠিক কিনা তা বার বার যাচাই করে নিতে হয়। মুখের কথায় বিশ্বাস না করাই ভালো।

অতিক্রান্ত শৈশবঃ সাধারনতঃ আঠারো থেকে তিরিশ (18-30) মাস পর্যন্ত বয়সকে অতিক্রান্ত শৈশব বলা হয়। এই সময় কেবল যত্ন ও পরিষেবা দিয়ে শিশু সন্তানের সুস্থ ও সবল শরীর গড়ে তোলাই পিতা-মাতার লক্ষ্য হয়। আর ভবিষ্যতের রোগ প্রতিরোধ ক্ষমতাকে বাড়াতে উপযুক্ত ব্যবস্থা গ্রহন করা হয়। শিশুরা এই বয়সে পা-পা হাঁটতে শিখে যায়। তাই বাবা-মাকে ডাক্তার বাবুর কাছে জানতে হয় যে তাঁদের শিশু স্বাভাবিক ভাবে বাড়ছে কি না। তারপর সেই লক্ষ্যে সন্তানকে মানুষ করতে কি করা দরকার তাও ডাক্তার বাবুর কাছে জেনে নিতে হবে। এই সময় শিশুরা-

- সামান্য সুযোগ পেলে যে কোন বস্তু মুখে পুরে ফেলে।
- নিজের ইচ্ছা মত যেকোন দিকে চলে যেতে থাকে।
- পরিনতি অনুমান করার ক্ষমতা না থাকার কারনে জলে অথবা আগুনের দিকে সহজে আকৃষ্ট হয়ে যায়।
- অসমতল জায়গায় পড়ে আহত হতে পারে।
- সাপ অথবা ক্ষতিকারক জন্তু-জানোয়ার, পোকা-মাকড় বিষয়ে কোন অভিজ্ঞতা না থাকার কারনে সেগুলিকে ধরার চেষ্টা করতে পারে।
- উঁচু বিছানায় বসিয়ে রাখলে নীচে নামার চেষ্টা করতে পারে। সে কারন পতন ঘটলে তার জীবন সংকট সৃষ্টি হতে পারে।

- তার মনে ভাষা শেখা, পা-পা চলতে শেখা ও অপরকে অনুকরন করার উৎসাহ সৃষ্টি হয়। ফুল অথবা রঙিন বস্তুর দিকে আকর্ষন বাড়ে।
- সব সময় অপরের সাহায্য চায় না। নিজে করার চেষ্টা করে।
- সমস্যায় পড়লে অথবা কষ্ট পেলে কাঁদে।
- নিজের বয়সের শিশুকে ভালোবাসে কিন্তু ভালোবাসার কৌশল না জানার কারনে তাকে আঘাত করে ফেলতে পারে।
- খিদে পেলে কাঁদে কিন্তু খেলায় মত্ত থাকলে খাওয়ার অভাব ভুলতেও পারে।
- বায়না অথবা জিদ ধরার স্বভাব থাকাও স্বাভাবিক।
- আদর ও ভালোবাসা বেশ বুঝতে পারে। মায়ের কাছে নিজেকে নিরাপদ মনে করে।
- পারিবারিক শত্রুতা ও অপহরন সমস্যার প্রভাব অনুভব করতে পারে না।

পরিকল্পনাঃ আঠারো থেকে ত্রিশ মাস পর্যন্ত শিশুর বেড়ে ওঠা নির্ভর করছে উপরের সমস্যা গুলির সমাধানের উপর। পিতা-মাতা সাধারনত এই সময়ের মধ্যে সংস্কার ও পরিষেবা দিয়ে শিশুর ভবিষ্যৎ গড়ার পরিকল্পনা করেন। তাঁদের মতে উপরে বর্ণীত সমস্যা গুলি নিবারন করতে কেবল একজন দক্ষ সেবিকার প্রয়োজন। সেবিকাটি যেন সব সময় সতর্কতার সঙ্গে শিশুকে আগলে রেখে সংস্কার দিতে সক্ষম হয়। আর তার খাদ্য ও পরিষেবা সময় মতো প্রদান করে তাকে সুস্থ রাখতে পারে। এইরূপ সেবিকা চয়ন আজকাল বেশ কঠিন কাজ। তবে মায়ের বিকল্প হয় না। সে নিজে অধিক যত্ন ও সতর্কতা অবলম্বন করে সন্তান সুরক্ষা করতে পারে। সাধারনতঃ যৌথ পরিবারে সন্তান পালন কোন কঠিন কাজ হয় না। কারন মা কাজে ব্যস্ত হলে বাড়ীর অন্য সদস্যের কাছে সন্তানকে রেখে শান্তিতে কাজ করতে পারেন। কিন্তু ছোট পরিবারে এইরূপ সুবিধা হয়ে ওঠে না। এইরূপ পরিস্থিতিতে সেবিকার সাহায্য নিতে হয়। অভিজ্ঞ ব্যক্তিদের মতে সকল সেবিকা সাধারনতঃ সংবেদনশীল হয় না। সন্তান দুষ্টুমী করলে সেবিকা অনেক সময় সন্তানকে মারধর করে। নিজের কাজে ব্যস্ত থেকে সন্তানের দিকে নজর রাখতে ভুলে যায়। শিশুকে মিথ্যা বলতে শেখায় ও নিজের প্রয়োজনে ব্যবহার করতে পারে। সেকারন সেবিকা চয়নে সতর্কতা অবলম্বন জরুরী হয়। এছাড়া আজকাল সি,সি, টি ভি লাগিয়ে সেবিকার গতিবিধি লক্ষ্য করার সুবিধা পাওয়া সম্ভব হয়েছে। তথাপি সংবেদনশীল পিতা-মাতার বিকল্প হয় না। দরকার হবে পর্যাপ্ত খেলনা, ঘোরা-ফেরা ও খেলার জন্য সুরক্ষিত স্থান, পৌষ্টিক খাদ্যের মজুত ও প্রস্তুত ব্যবস্থা। আর পারিবারিক চিকিৎসকের ফোন নম্বর।

আয়োজনঃ মা ও শিশুর বাস গৃহটি সুরক্ষিত স্থানে হওয়া দরকার। সন্তানের চলাফেরা ও খেলার যথেষ্ট জায়গা থাকা প্রয়োজন। খেলার সামগ্রী ও ঘরের আসবাবপত্র কাছাকাছি রাখা উচিৎ নয়। কারন খেলার সময় কোন ভারী জিনিস টেনে ফেললে বিপদ ঘটতে পারে। প্রতি সপ্তাহের খাদ্য ও ঔষধ ডাক্তারের পরামর্শ অনুসার ঘরে মজুত রাখতে হবে। কম করে চার সেট পোষাক শুকনো করে গুছিয়ে রাখতে হবে। শিশুর বিছানা নরম ও পরিষ্কার হওয়া প্রয়োজন। ডাক্তার বাবুর পরামর্শ মতো সামান্য জ্বর, পেট খারাপ অথবা ফাস্ট এইড বিষয়ে ঔষধ কিনে ঘরে মজুত রাখতে হবে। রাতে অথবা বৃষ্টি বাদলে ডক্তারকে যোগাযোগ করতে না পারলে সাময়িক ভাবে সেই ঔষধ ব্যবহার করে চিকিৎসা করা সম্ভব হয়। ঘরে সি, সি, টিভি ক্যামেরা লাগিয়ে শিশুর গতিবিধি লক্ষ্য রাখতে হবে। এরপর সমস্ত বিপত্তির সম্ভবনাকে মাথায় রেখে সেবিকা নিয়োগ

করতে হবে।

সেবিকা কি কি শেখাবে ও কি কি কাজ করবে তার তালিকা তৈরী করে ফেলতে হবে। পিতা-মাতাকে সেই তালিকা অনুসার শিশু সংস্কার পাচ্ছে কি না তা খতিয়ে দেখতে হবে। যদি সেবিকা ভুল করে তবে তৎক্ষনাৎ দেরী না করে তার বিহিত করা দরকার। কারন ভুল সংস্কারে সন্তানের ভবিষ্যৎ নষ্ট হয়ে যায়। সেইরূপ শিক্ষকেরও ভুলকে ক্ষমা করলে সমাজ দূষিত হতে থাকে। তাই 'শিশুর শিক্ষা' কর্মচারীর রোজগারের প্রয়োজনীয়তার থেকে বেশী গুরুত্বপূর্ণ বিবেচিত হয়। আর মা যদি সে কাজে ভারপ্রাপ্ত হন তবে তাঁকেও সতর্ক হতে হবে। তিনি অলসতা বশত ভুল করলে তা শুধরে নিতে হবে। সন্তানের সামনে বিবাদ করার অভ্যেস ত্যাগ করতে হবে। মনেরাখতে হবে উভয়ের সহায়তা ছাড়া সন্তানের জীবন গড়া সম্ভব নয়।

রূপায়নঃ সমগ্র কাজটি সম্পন্ন করতে একটি খাতায় ডাইরী লেখার ব্যবস্থা করতে হবে। এরপর সম্পূর্ণ কাজটি সেবিকা অথবা মাকে বুঝিয়ে দিয়ে সারা দিনের পরিষেবা গুলি ডাইরীতে লিখতে হবে। শিশুকে কি কি শেখানো হল, কত ঘন্টা খেলল, কখন খাওয়ার খেলো আর কতক্ষন ঘুমালো সবই লিখে রাখা প্রয়োজন। দিনের শেষে সমস্ত পরিষেবা গুলি পরীক্ষা করে তার শরীরের অসুবিধা গুলি চিহ্নিত করা সম্ভব হয়। যদি সারাদিনের এই পরিষেবার মাঝে কোন অসুস্থতা বোঝা যায়, তবে ডাক্তারের সাথে যোগাযোগ করলে তা সহজেই সেরে ওঠে। প্রতিদিন শিশুকে অন্তত: দু-ঘন্টা মায়ের স্নেহ ও এক ঘন্টা বাবার আদর দেওয়া জরুরী। এইরূপ সঙ্গ দানের ফলে পিতা-মাতা ও সন্তানের মধ্যে একাত্মবোধের সৃষ্টি হয়। পরে এই একাত্মবোধ সন্তানকে পিতা-মাতার অনুগামী করে তোলে।

আসন্ন শৈশবঃ আড়াই থেকে পাঁচ (2.5-5) বছর পর্যন্ত শিশুর বয়সকে আসন্ন শৈশব বলা হয়। এই সময় পিতা মাতা অধিক যত্ন নিয়ে শিশু সন্তানের সুস্থ ও সবল শরীর গড়ে তোলার চেষ্টা করেন। এই সময়টি শিশুর জীবনে অত্যন্ত গুরুত্বপূর্ণ। শিশু এই সময় কথা বলতে শিখে যায়। নিজের মনেরভাব প্রকাশ করতে পারে। কিন্তু বুদ্ধির ভাণ্ডার খালি থাকে। তাই ভালো-মন্দ যা খুশি বোঝালে সে অনায়াসে স্মৃতিতে ধরে রাখতে সক্ষম হয়। পিতা-মাতা শিশুর এই দশায় উপযুক্ত সংস্কার ও শিক্ষার ভীত স্থাপন করতে চায়। কিন্তু পিতা-মাতার অজ্ঞতার কারনে অনেক সময় তা সফল হয় না। সাধারন মানুষ বলেন, অনেকের মধ্যে সঠিক সংস্কার ও শিক্ষা বিষয়ে পরিষ্কার ধারনা নাই। তাই ওরা সে বিষয়ে বেশী মাথা না ঘামিয়ে কেবল শিক্ষা প্রতিষ্ঠান ও প্রতিষ্ঠিত ব্যক্তির পরামর্শের উপর নির্ভরশীল হয়ে যায়। তাদের মতে এই বয়সে শিশুকে সামাজিক শিক্ষায় অনুপ্রানীত করার অর্থ হল-কৃতজ্ঞতা প্রদর্শন ও কর্তব্য বোধের কৌশল শিখানো। তাঁরা আরও বলেন স্নেহ-ভালোবাসার সাথে কৃতজ্ঞতা প্রদর্শনের শিক্ষা না পেলে ভবিষ্যতে সন্তান পিতা-মাতার অবাধ্য হয়ে অপরের প্ররোচনায় অসামাজিক কাজে লিপ্ত হতে পারে। অথবা চতুর মানুষের চক্রান্ত বুঝতে না পেরে অসামাজিক হতে বাধ্য হতে পারে। সেকারন শিক্ষিত পিতামাতাগন সন্তানকে সুশিক্ষিত করার প্রয়াস জারী রাখেন। এই বয়সে শিক্ষা ও সংস্কার প্রদানের সমস্যাগুলি হল-

- স্বাস্থ্য চর্চা ও শিক্ষা লাভের সময়কে নিয়ন্ত্রন করা।
- শিশুর গ্রহন ক্ষমতা ও আগ্রহ সৃষ্টির কৌশল বিজ্ঞান সম্মত কি না তা স্থির করা।
- পর্যাপ্ত পরিষেবা বিষয়ে সতর্ক নজর রাখা।
- সামাজিক অপরাধ, অপহরন সমস্যা ও সমবয়সী শিশুদের দ্বারা সংস্কার দূষন সমস্যা।

- শিক্ষকের শিক্ষা দান করার যোগ্যতা, ধৈর্য্য ও অত্যাচার বিষয়ে অজ্ঞানতা।
- পরিচালন কতৃপক্ষের বিচারবোধ ও দায় বহন ক্ষমতা।
- অভিভাবকের দায় ও কর্তব্য পালন করা।
- পিতা-মাতা কতৃক স্নেহ-ভালোবাসা দানের মূল্যায়ন।
- চিকিৎসা ও বিশেষজ্ঞের পরামর্শ গ্রহন।
- ভবিষ্যতের রোগ প্রতিরোধ ক্ষমতা বাড়াতে টিকাকরন ও সুরক্ষা পদ্ধতি অনুসরন।

পরিকল্পনাঃ আড়াই থেকে সাড়ে তিন অথবা চার বছরে প্রি-স্কুল, চার-পাঁচ বছরের মধ্যে নার্শারী, পাঁচ-ছয় বছরের মধ্যে কে,জি,-র সমস্ত পাঠ শেষ করতে হবে। এবং ঠিক ছয় বছর বয়সে সন্তানকে দক্ষ ও সফল ছাত্র হিসাবে প্রথম শ্রেণীতে ভর্তি করতে হবে। এই লক্ষ্যে দুধরনের পদ্ধতি অনুসরন করা যেতে পারে। প্রথম পদ্ধতি হল সন্তানকে নিজ ঘরে গৃহ শিক্ষক দিয়ে শিক্ষা দান করা। এইরূপ শিক্ষায় পড়ার ঘরে সি,সি,টি,ভি, থাকা জরুরী। এছাড়া পিতা-মাতা কতৃক দৈনিক শিক্ষার মূল্যায়ন করা উচিত।

অপর পন্থাটি হল পর্যায় ক্রমে প্রি-স্কুল, নার্শারী, কে,জি, বিদ্যালয়ে পাঠিয়ে সন্তানকে শিক্ষাদান করা। এই পদ্ধতিতে বেশীরভাগ মানুষ সহজেই সন্তানকে শিক্ষা দিয়ে থাকেন। সতর্ক অভিবাবকদের মতে-

- স্বাস্থ্য চর্চা ও শিক্ষা লাভের সময়কে নিয়ন্ত্রন করতে মায়েরা রাতেই সুস্বাদু ও পুষ্টিকর খাওয়ার তৈরী করে রাখেন। সন্তান সকালে স্কুলে যাওয়ার সময় দাঁত মাজা, মুখ ধোয়া, হাত-পা ধুয়ে পরিস্কার হওয়ার পর পোষাক পরিয়ে তাকে প্রাতঃরাশ করানো হয়। তারপর পূর্বের তৈরী করা টিফিন বাক্স দিয়ে তাকে স্কুলে পাঠানো হয়।
- শিশুর গ্রহন ক্ষমতা ও আগ্রহ সৃষ্টির কৌশল বিজ্ঞান সম্মত কি না তা পরখ করতে প্রতিদিন সে কি শিখলো আর শিক্ষক কি বললেন তা জিজ্ঞাসা করলেই সন্তান খুলে বলতে পারবে। এমনকি বন্ধুদের আচরন ও পরামর্শ নিয়েও জানা সম্ভব। তবে অসঙ্গতি লক্ষ্য করলে তা এড়িয়ে যাওয়া ঠিক হবে না।
- পর্যাপ্ত পরিষেবা বিষয়ে স্কুল কতৃপক্ষকে সি,সি, টি,ভি, দ্বারা পঠন-পাঠন ও পরিচর্যার বিষয় নজর রাখা ও প্রয়োজনে তার কপি অভিবাবককে দেওয়ার শর্ত আরোপ করা দরকার।
- ব্যর্থ পরিষেবা অথবা যে কোন ক্ষতির কারনে ক্ষতিপূরন দিতে বাধ্য থাকা, সন্তানকে পরিষেবা মূল্যের বিনিময়ে ঘরে পৌঁছে দেওয়া ও তার অসুস্থতা বিষয়ে তখনি পিতা-মাতাকে লিখিত সূচনা দেওয়ার শর্ত থাকা দরকার।
- সমনয়গামী শিশুদের দ্বারা সংস্থান দূষন বিষয়ে সতর্ক হতে সন্তানের প্রতিক্রিয়া অনুধাবন করে তা সংশোধন করতে উপদেশ দানের পন্থা অবলম্বন করতে হবে।
- শিক্ষকের শিক্ষা দান করার যোগ্যতা, ধৈর্য্য ও অত্যাচার খবর সহজেই সন্তানের কাছে পাওয়া যাবে।
- অভিভাবকের দায় ও কর্তব্য আগাম সতর্কতা অবলম্বন করা। বিশ্বাস, ক্ষমা ও ভুল শব্দগুলির ব্যবহার না করে সন্তানের জীবনকে গুরুত্ব দেওয়া। সন্তান কোন অত্যাচারের শিকার হচ্ছে কি না সে বিষয়ে নজর রাখা। যে প্রতিষ্ঠানে সন্তানকে মারধর করা হয়, সেখানে না পড়ানোর

সিদ্ধান্ত নেওয়া।

- পিতা-মাতা কতৃক দেওয়া স্নেহ-ভালোবাসার কারনে সন্তান অনুগামী হচ্ছে কি না তা পরথ করা দরকার। ভূল ধারনা সৃষ্টি হলে তা দূর করতে আরও সময় দেওয়া দরকার।
- প্রয়োজন মতো চিকিৎসা ও বিশষজ্ঞের পরামর্শ গ্রহন করা উচিৎ ও ভবিষ্যতের রোগ প্রতিরোধ ক্ষমতাকে বাড়াতে টিকাকরন ও সুরক্ষা পদ্ধতি অনুসরন করা দরকার।

আয়োজনঃ একজন প্রাপ্ত বয়স্ক ব্যক্তি একদিনে যত টাকার খাদ্য খেয়ে থাকেন তার নূন্যতম মূল্যের সাড়ে পাঁচগুন অর্থ সন্তানের শিক্ষা ও পরিষেবায় খরচ হতে পারে। অনেক অভিবাবক অক্ষমতার কারনে কতক পরিষেবা কম করে সন্তানকে কষ্ট করতে বাধ্য করেন। সে কারন অভিবাবক অথবা পিতা-মাতার উচিৎ নিজের জীবনমান ব্যয় অনুসার সারাদিনের আহারের 5.4 গুন অর্থমূল্য সন্তানের শিক্ষার জন্য অগ্রিম জমিয়ে রাখা। অর্থাৎ যদি পিতার সারাদিনের খাদ্য ব্যয় (20+30+20+30)=100 টাকা হয়, তবে দৈনিক জীবনমান ব্যয় হবে 100 X 5.4=540/- টাকা আর এক বছরের জীবনমান ব্যয় হবে 540X365=1,97,100 টাকা অর্থাৎ এক বছরের পড়ার জন্য প্রায় দু-লক্ষ টাকা জমিয়ে রাখলে সন্তানের পড়ার অসুবিধা হয় না। সাধারন মানুষ এই অর্থ জমাতে পারেন না বলে সরকার অবৈতনিক ও সরকারী শিক্ষার প্রচলন করেছেন। অভিবাবক এই সামান্য অর্থ খরচ করলেও সরকার বোর্ড, কাউন্সিল, ইউনিভার্সিটি ও সরকারী শিক্ষা পরিকাঠামো তৈরী করতে অনেক অর্থ ব্যয় করেন। সরকারী হিসাব অনুসার একজন সন্তানকে নূন্যতম স্নাতক করতে সরকার কমপক্ষে দশ লক্ষ টাকা খরচ করেন। অর্থাৎ-

- আমাদের দেশ যাকে জন্মভূমি বলি, যার আইনের বন্ধন ও সুরক্ষা পরিষেবায় জন্ম লগ্ন থেকে প্রত্যেকটি সন্তানের জীবন সুরক্ষিত।
- তারা শূন্য বয়স থেকে 21 বছর বয়স পর্যন্ত সংস্কার ও শিক্ষা লাভ করে প্রাপ্ত বয়স্ক নাগরিক হয়ে উঠছে।
- প্রাপ্ত বয়স্ক হওয়ার পর উপার্জন করে জীবীকা নির্বাহের পথ রচনা ও জীবনের নিরাপত্তা, স্বাধীনতা, সমানতার অধিকার ও মর্যাদা সুরক্ষা করে, সে কি সবার মায়ের সমকক্ষ হতে পারে না?
- সে কারনেই বলা হয় "জননী জন্মভূমিশ্চ স্বর্গাদপী গরিয়সী" অর্থাৎ জননী ও জন্মভূমি স্বর্গের চেয়েও শ্রেষ্ঠ।

পরবর্তী আয়োজন হল একটি স্কুল নির্বাচন করা যা কিনা সুরক্ষার শর্তগুলি পূরনে সক্ষম হবে। যদি সবগুলি শর্ত পূরন সম্ভব না হয়, তবে অসম্পূর্ণ পরিষেবার দায় নিজেকে বহন করতে হবে। স্কুলের পাঠ্য পুস্তক, ইউনিফরম ও পরিষেবা ছাড়া আরও আয়োজন করতে হবে গৃহ শিক্ষকের। অবশ্য মা নিজে সময় দিতে পারলে গৃহ শিক্ষকের প্রয়োজন হয় না। কেবল মা-ই সব থেকে ভালো শিক্ষক হতে পারেন। এরপর নিজের তদারকীর সময় নির্ধারন করলে আয়োজন সম্পূর্ণ হবে।

রূপায়নঃ স্কুলে ভর্তির পর প্রতিদিন সন্তানের পোষাক-পরিচ্ছদ পরিষ্কার আছে কি না, জুতো পালিশ হয়েছে কি না, ব্যাগে বইগুলি ঠিকমত গুছানো হল কি না, সেদিনের পড়া হয়েছে কি না, নখ কাটা হয়েছে কি না, পেট ভরে থেয়েছে কি না, টিফিন ব্যাগে পোরা হয়েছে কি না, ঠিক সময়ে স্কুল

পৌঁছাতে পারবে কি না? সবই মাকে দেখে নিতে হয়। ভুল ভ্রান্তি এড়াতে মায়েরা সব বিষয় গুলি খাতায় লিখে রাখেন। তারপর সন্তান স্কুল যাওয়ার পূর্বে সে সব মিলিয়ে দেখে নেন।

এরপর স্কুল ছুটির সময় ও স্কুল থেকে ফেরার সময় জেনে নিতে হয়। স্কুল টিচার, অফিস ও প্রিন্সিপালের ফোন নম্বর সংগ্রহ করে কাছে রাখতে হয়। কারন কোন জরুরী প্রয়োজনে একটি ফোনে যোগাযোগ সম্ভব না হলে অন্য একটি নম্বরে যোগাযোগ করা যাবে। আর সন্তান বাড়ী ফেরার পর তার ডাইরী ও ব্যাগ পরীক্ষা করতে হয়। সাধারনতঃ প্রি-স্কুল পড়ার সময় ছাত্রছাত্রী অনেক নূতন পরিস্থিতির সম্মুখীন হয়। যেমন-

- সে অপরিচিত বন্ধুদের উপস্থিতি পছন্দ নাও হতে পারে।
- কেউ কেউ সম-বয়সীদের প্রতিদ্বন্দ্বী ভাবতে পারে।
- মায়ের থেকে দূরে গেলে কষ্ট অনুভব করতে পারে।

কয়েক দিন স্কুলে যাওয়ার পর যখন দু-একজন ছাত্র বন্ধু হয়ে যায়, তখন এই সমস্যা দূর হয়ে যায়। এর পরের সমস্যা হল-

- তার পেন্সিল, খাতা, বই হারিয়ে যাওয়া।
- অপরের পেন্সিল, খাতা, বই তার ব্যাগে চলে আসা।
- বন্ধুদের কাছ থেকে জেদ্ করতে শেখা।
- কিছু ভালো অথবা কিছু থারাপ সংস্কার শেখা। ইত্যাদি।

এসময় বাবা-মা সতর্ক হয়ে অপরের বই, খাতা ও পেন্সিল ইত্যাদি ফেরত দিলে ও সন্তানকে অপরের জিনিস আনতে বারন করলে এই অভ্যাসটি চলে যায়। কিন্তু যেসব অভিভাবক এই সামান্য বিষয়ে সতর্ক থাকেন না তাঁদের সন্তান চুরি করার কৌশল শিখে যায়। এই শিক্ষা পরে কু-সংস্কার হিসাবে তার মস্তিষ্কে বাসা বাঁধে। এইরূপ ভুলের জন্য মারপিট অথবা বকুনি দেওয়া উচিত নয়। কেবল বুঝিয়ে বললেই বিষয়টা শুধরে যায়। এর পরের কাজ হল সন্তানকে পড়াশুনায় আগ্রহী করতে স্কুলের পাঠ অভ্যেস করানো।

- ছবির বই পড়া, কবিতা মুখস্ত করা, গল্প বলা সবই করতে হবে খেলার ছলে।
- এক টানা পড়ায় তার কষ্ট হচ্ছে বুঝলে সে সময় আঁকা অথবা খেলার সুযোগ করে দিতে হবে তাকে।
- সারা দিন কম শিখলেও যেটুকু শিখবে সেটা যেন সে মনে রাখতে পারে।
- বার বার একটা কথা বলতে বলতে সেটা মস্তিষ্কে ধরা হয়ে যায়। তাই বিভিন্ন সময়ে কঠিন শব্দকে মনে করিয়ে দিলে সেটা সহজ হয়ে যায়।
- সন্তান স্কুলে ঘুমিয়ে পড়লে ডাক্তারের পরামর্শ নিতে হবে।
- দুর্বল হয়ে পড়লেও ডাক্তার দেখানো জরুরী।
- অন্য বন্ধুর দ্বারা ভয় দেখানো, শিক্ষকের প্রহার জনিত ভীতি দূর করতে দেরী করা চলবে না। দরকার হলে স্কুলে গিয়ে শিক্ষকের সাথে পরামর্শ করতে হবে।

- মনে রাখতে হবে পাঠ্য তালিকাভুক্ত সম্পূর্ণ জ্ঞান না হলে সন্তান পরের পড়া বুঝতে পারবে না। সেকারন কেবল পাশ নয়, সকল পড়ায় তার সম্পূর্ণ জ্ঞান হল কি না অভিভাবককে জেনে নিতে হবে।

- আর জানা দরকার প্রতিবন্ধী না হলে সকল সন্তানই সমান মেধার অধিকারী হয়। কেবল তাকে আকর্ষিত করতে না পারলে অথবা বোঝাতে না পারার কারনে সে বিষয়টিকে কষ্টকর ভেবে এড়িয়ে যাওয়ার চেষ্টা করে মাত্র। পরে অজ্ঞতা বাড়লে আমরা তাকেই অপরাধী করে কর্তব্য এড়িয়ে যাই। তাই শিক্ষিত ব্যক্তিগন শিক্ষক বদল করেই এইরূপ সমস্যার সমাধান করে থাকেন।

এইরূপ সতর্কতার মধ্যে সন্তানকে পড়িয়ে ছয় বছর বয়সের পূর্বে প্রি-স্কুল, নার্শারী, কে,জি-র পাঠ সমাপ্ত করতে হবে এবং যখন সে প্রথম শ্রেণীতে পড়তে যাবে তখন সে যেন অনায়াসে প্রথম শ্রেণীর পড়া বুঝতে পারে তা যাচাই করে নিতে হবে।

সাধারনতঃ বেশিরভাগ নাগরিক নিজের বাড়ীতে পড়িয়ে সন্তানকে সরাসরি প্রথম শ্রেণীতে ভর্তি করে থাকেন। সরকারী নিয়ম অনুসার ছয় বছর বয়সে সন্তানকে প্রথম শ্রেণীতে ভর্তি করানো হয়। তবে অক্ষর জ্ঞান, শব্দ পরিচিতি, বাক্য গঠন, সংখ্যা পরিচিতি ও নামতা বাড়ীতে না শিখলে প্রথম শ্রেণীর পড়া বোঝা সহজ হয় না। সেকারন সন্তান অন্যন্য ছাত্রছাত্রীদের তুলনায় পিছিয়ে পড়ে।

প্রি-স্কুলে খেলা, যোগ ব্যায়াম, নাচ-গান ইত্যাদি শিখিয়ে শিশুকে অনেকটা চটপটে করে তোলা হয়। সে বন্ধুদের সাথে মেলামেশা করা ও শিক্ষককে অনুসরন করতে শিখে যায়। তারপর নার্শারীতে অক্ষর পরিচিতি, শব্দ জ্ঞান, বাক্য তৈরী, গণিত ও লেখার অভ্যেস গড়ে তোলে। আর কে, জি –তে বিষয় পরিচিতি ও সিলেবাসের পড়া বুঝতে তার অসুবিধা হয় না। এই তিন শ্রেণীতে বেশী লেখার অভ্যেস করানো হয়। এছাড়া শিশুর পড়াশুনার সাথে সাথে খেলার ছলে শরীর চর্চা করানো ও সংস্কার শেখানো হয়ে থাকে। কিন্তু যারা ঘরে পড়াশুনা করে তাদের পিতামাতা সক্ষম না হলে শিশুর প্রতিভা বিকাশে ঘাটতি দেখা যায়। সে কারন প্রথম শ্রেণীতে ভর্তির পূর্বে অর্থাৎ ছয় বছর বয়স হওয়ার পূর্বে সন্তানকে ঐ শ্রেণীর উপযুক্ত করে তুলতে মা-বাবা অথবা অভিভাবকে সতর্ক থাকতে হবে। সন্তানকে তৈরী না করে ভর্তি করে দিলে আর তার বুদ্ধি কম বলে সিদ্ধান্ত নেওয়াও বোকামী। এইরূপ পরিস্থিতিতে সন্তানের ভবিষ্যৎ নষ্ট হয়ে যাওয়ার সম্ভবনা বেড়ে যায়। আজকাল সতর্ক অভিভাবকগন সন্তানকে তৈরী করতে অবহেলা করেন না। সেকারন বেশীর ভাগ সন্তান পাঁচ বছর বয়সেই প্রথম শ্রেণীতে ভর্তি হয়ে যায়।

অবশ্য প্রশ্ন উঠতে পারে কেমন স্কুল ভালো? সরকারী না বেসরকারী? সাধারনতঃ এধরনের প্রশ্নের উত্তর এড়িয়ে যাওয়া ভালো। কারন মন্তব্য করলে রাজনীতির অনুপ্রবেশ ঘটতে পারে। তবু সহজ কথায় বলা যায় "সোনালী রঙের ছবি আর আসল সোনার মধ্যে যতটা পার্থক্য থাকে, অনুপযুক্ত প্রতিষ্ঠান কতৃক পাশের সার্টিফিকেট ও আসল জ্ঞানের মধ্যে তফাৎ ঠিক ততখানি"। তবে সরকারী-বেসরকারীর কোন তফাৎ নেই। কারন উভয় প্রতিষ্ঠানই সরকারী সিলেবাস অনুসার শিক্ষা দান করেন। স্কুলে ভর্তির জন্য জন্ম সার্টিফিকেট দরকার হয়। স্থানীয় পঞ্চায়েত অথবা পৌরসভায় এই সার্টিফিকেট পাওয়া যায়।

মধ্য বাল্যকালঃ পাঁচ থেকে নয় বছর বয়স পর্যন্ত শিশুর জীবনকালকে মধ্য বাল্যকাল বলা হয়। মধ্য বাল্যকালে পিতা মাতার লক্ষ্য হল পাঁচ থেকে নয় বছর বয়স পর্যন্ত যত্ন নিয়ে শিশু সন্তানের সুস্থ ও সবল শরীর গড়ে তোলা। ভবিষ্যতের রোগ প্রতিরোধ ক্ষমতাকে বাড়াতে উপযুক্ত ব্যবস্থা গ্রহন করা। আর শিক্ষা ও সংস্কার গ্রহন করতে সন্তানকে সাহায্য করা। পরিকাঠামো, পরিবেশ ও আর্থিক সাহায্যের যোগান দেওয়া। নয় অথবা দশ বছর বয়সের মধ্যে সন্তানকে চতুর্থ শ্রেণী পাশ করানোর জন্য উপযুক্ত ব্যবস্থা গ্রহন করা। সাধারনতঃ যারা পাঁচ বছর বয়সে প্রথম শ্রেণীতে ভর্তি হতে পারবে, তারা নয় বছর বয়সে ও যারা ছয় বছর বয়সে প্রথম শ্রেণীতে ভর্তি হতে পারবে তারা দশ বছর বয়সে চতুর্থ শ্রেণী উত্তীর্ণ হতে পারে। অর্থাৎ পাঁচ-ছয় বছরে প্রথম, ছয়-সাত বছরে দ্বিতীয়, সাত-আট বছরে তৃতীয় ও আট-নয় বছরে চতুর্থ পাশ হতে পারে। নতুবা ছয়-সাত বছরে প্রথম, সাত-আট বছরে দ্বিতীয়, আট-নয় বছরে তৃতীয় ও নয়-দশ বছরে চতুর্থ পাশ করতে পারে।

সাধারনতঃ পূর্বের পাঠ গুলিকে প্রস্তুতি পর্ব ও প্রথম শ্রেণীতে ভর্তিকে, শিক্ষা শুরুর পর্ব হিসাবে ধরা হয়। ঘরের যেমন ভীত গড়তে ইট, বালি, সিমেন্ট, লোহার রড দরকার হয়, তেমনি পড়াশুনার প্রাথমিক তথ্য, কৌশল ও ফরমূলা প্রথম থেকে চতুর্থ শ্রেণীর মধ্যে শিখিয়ে জ্ঞান দানের রীতি প্রচলিত রয়েছে। এই নীতি দেশের শিক্ষাবিদ, অভিজ্ঞ বৈজ্ঞানিক ও সরকার স্থির করে থাকেন। এই চার বছরে শিশুকে কেবল সঠিক অক্ষর জ্ঞান, দ্রুত লিখে প্রকাশ করার ক্ষমতা ও দ্রুত পড়ে অর্থ বোঝার ক্ষমতা অর্জন করতে হয়। আর বিভিন্ন সংকেত পরিচিতি ও প্রয়োগ কৌশল শেখানো হয়। সে কারন এই সময়ের প্রত্যেকটি পড়া অত্যন্ত গুরুত্বপূর্ণ। কোনো কারনে স্কুলে না যাওয়া, প্রতিদিনের পড়া প্রতিদিন না করা ও অবহেলা বশত কোন অধ্যায় এড়িয়ে গেলে ভবিষ্যতে না বুঝতে পারার কারনে সন্তানটি পড়াশুনা করতে অপারগ হয়ে যায়।

পরিকল্পনাঃ একটি ভালো বিদ্যালয় চয়ন করতে হবে। সেখানে সন্তানকে নিরাপদে পৌঁছানো ও সেখান থেকে ফেরার ব্যবস্থা করতে হবে। উপযুক্ত পোষাক, টিফিন ও খাদ্যের ব্যবস্থা করতে হবে। সিলেবাস অনুসার সমস্ত বই কিনে দিতে হবে। প্রতি বিষয়ে লেখার জন্য আলাদা আলাদা খাতা কিনে দিতে হবে। ঘরে সময় মতো তৈরী রাখতে হবে প্রয়োজনীয় খাদ্য। স্কুল কতৃপক্ষের সাথে যোগাযোগ করার নম্বর, ডাইরী, প্রোশপেকটাস সংগ্রহ করতে হবে। গৃহ শিক্ষক অথবা তদারকির জন্য উপযুক্ত ব্যক্তি নিয়োগ করতে হবে। দৈনিক সবকিছু ঠিক মত চলছে কি না নিত্য তার মূল্যায়ন করতে হবে। প্রতি শ্রেণীতে পড়শুনার সাফল্য বিচার করে গৃহ শিক্ষকের চয়ন করতে হবে। গুরুত্ব দিতে হবে সন্তানের পড়ার কাজকে। সামান্য অবহেলা অথবা অবজ্ঞা দেখলে শিক্ষক পরিবর্তন করতে হবে। মারধর করে এমন শিক্ষককে চয়ন করলে সন্তানের মেধার ক্ষতি হয়, তাই এমন শিক্ষক চয়ন না করা উচিৎ।

আয়োজনঃভর্তির পূর্নে অভিনানককে সতর্কতার সঙ্গে কতকগুলি গুরুত্বপূর্ণ কাজ করতে হয়। এই কাজ গুলি করে রাখলে ভর্তির কোনো অসুবিধা হয় না। যেমন-

- জন্ম সার্টিফিকেট সংগ্রহ।
- আধার কার্ড নথিকরন।
- স্কুলের বিবরণী পুস্তিকা সংগ্রহ।
- ভর্তির জন্য টেষ্ট দিতে হলে, তার জন্য সিলেবাস সংগ্রহ ও গৃহ শিক্ষক নিয়োগ।

- নিরাপদ যানবাহনের ব্যবস্থা করার আয়োজন।
- ইউনিফরম বানানোর সংগতি।
- বই পত্র কিনে দেওয়ার সংগতি।
- স্কুলের ভর্তি ফি সংগ্রহ করা।
- নিজ গৃহে নিয়মিত তদারকির ব্যবস্থা।
- অতিরিক্ত শিক্ষার প্রয়োজনে নাচ, গান, আঁকা ও খেলাধূলার শিক্ষা রাখা দরকার।
- নিয়মিত স্বাস্থ্য পরিক্ষার জন্য ডাক্তার নির্নয় ইত্যাদি।

রূপায়নঃ বাড়ীর পাশাপাশি একটি স্কুল নির্বাচন করুন। সেই স্কুলে ভর্তির প্রক্রিয়া জেনে সেই অনুসার সন্তানকে তৈরী করে ফেলুন। তারপর স্কুল থেকে ভর্তির ফরম ও বিবরনী পুস্তিকা সংগ্রহ করুন। ফরমে লেখা নির্দেশ অনুসার কাগজ পত্র নিয়ে সন্তানের সাথে স্কুলে গিয়ে ভর্তির নিয়ম অনুসার তাকে স্কুলে ভর্তি করে দিন। এরপর নিরাপত্তার দিকগুলি বিচার করে উপযুক্ত ব্যবস্থা গ্রহন করুন। মনেরাখা দরকার বিদ্যালয়ে শিশুর সাফল্য অভিবাবকের সক্রীয়তার উপর নির্ভরশীল হয়। তাই-

- প্রার্থনা হওয়ার দশ মিনিট পূর্বে সন্তানকে স্কুলে পৌঁছে দিতে হবে।
- তার পোষাক পরিচ্ছদ দৈনিক পরিক্ষার ও চকচকে থাকা আবশ্যক।
- স্কুলে আসার পূর্বে তার পড়া সম্পূর্ণ হয়েছে কি না যাচাই করে নিতে হবে।
- সন্তান পড়া হয়ে গেছে বললেও তার পরীক্ষা নেওয়া দরকার। কারন না বোঝা বিষয় কঠিন ভেবে সে এড়িয়ে যাওয়ার চেষ্টা করতে পারে।
- মনেরাখতে হবে সিলেবাসের কোন পড়াই কঠিন নয়। সমাজের অশিক্ষিত অথবা অর্ধশিক্ষিত মানুষ নিজের যোগ্যতার অভাবকে শিশুর কর্তব্যের সাথে জুড়ে দিয়ে কঠিন সিলেবাসের অজুহাত খাড়া করেন। অথচ সকল সিলেবাসই শিক্ষাবিদগন গবেষনা করে শিশুর উপযুক্ত প্রমান করার পর প্রয়োগ বিধি নির্ধারন করেন।
- সিলেবাসে থাকা সমস্ত পড়াই সন্তানের জীবনকে আলোকিত করে। সে কারন সবগুলি পুস্তকে লেখা সমস্ত জ্ঞানই তার জীবনে অত্যন্ত উপযোগী।
- তাই শিক্ষকের ডিগ্রী দেখে শিক্ষক চয়ন করবেন না। শিক্ষক বইয়ের প্রথম পৃষ্ঠা থেকে শেষ পৃষ্ঠা পর্যন্ত পড়াতে সক্ষম কি না তা যাচাই করে নিয়োগ করুন।
- দৈনিক সন্ধ্যায় বা সকালে পরীক্ষা করে দেখুন সব কিছু ঠিকঠাক চলছে কি না।
- যদি পড়া আপনারও বোধগম্য না হয় তবে ইন্টারনেট দেখে সমাধান করে ফেলুন।
- সন্তানকে উদাহরন দেখে অংক করতে শেখান। এতে আপনার সময় বাঁচবে আর সন্তান নিজেই সমস্যা সমাধান করতে সক্ষম হয়ে উঠবে।

এইভাবে প্রতি বছর পড়িয়ে তদারক করতে পারলে আপনার সন্তানও অনায়াসে ভালো ফল করে চতুর্থ মান উত্তীর্ণ হয়ে যাবে। তার অন্যান্য প্রতিভা যেমন নাচ, গান, আঁকা, খেলাধুলা ও অভিনয় ইত্যাদি বিকাশের পরিকল্পনা করতে হবে। আর তার ভালোগুন গুলো রেখে খারাপ গুন গুলি মুছে ফেলার চেষ্টা করতে হবে।

প্রান্তীয় বাল্যকালঃ প্রান্তীয় বাল্যকাল চলবে নয় থেকে বারো (9-12) বছর পর্যন্ত। এই সময় অভিভাবকের কাজ হবে যত্ন নিয়ে শিশু সন্তানের সুস্থ ও সবল শরীর গড়ে তোলা। আর ভবিষ্যতের রোগ প্রতিরোধ ক্ষমতাকে বাড়াতে উপযুক্ত ব্যবস্থা গ্রহন করা। সংস্কার ও শিক্ষা অব্যাহত রেখে তিন বছর সন্তান লালন-পালন করাও অভিভাবকের দায় হয়ে যায়। এই তিন বছরে সন্তান পঞ্চম, ষষ্ঠম ও সপ্তম অথবা শিক্ষা শুরুর কাল অনুসার শিক্ষা বর্ষগুলি অতিক্রম করতে পারে। তবে সতর্ক অভিভাবকদের মতে সকল সন্তান সমান পারদর্শী হতে পারে না। তাদের মধ্যে কেউ কেউ কতক পড়ার বিষয়কে কঠিন বলে এড়িয়ে যেতে থাকে। এই ধরনের পরিস্থিতির কারন হল-

- অভিভাবকের অজ্ঞাতে সন্তান স্কুল কামাই করায় অথবা অন্যমনস্ক থেকে পড়া না বোঝার কারনে পরবর্তী পড়া বুঝতে তার অসুবিধা হচ্ছে। সেকারন সন্তান বিষয়টিকে কঠিন আখ্যা দিয়ে আর পড়ার আগ্রহ দেখাচ্ছে না।
- আরও একটি সমস্যা হল থারাপ প্রবৃত্তি অনুকরন সমস্যা। স্কুলে আসা ছাত্রছাত্রীদের মধ্যে অনেকে মিথ্যা বলা, পিতা-মাতাকে নিজের দুর্বলতা না বলা, বন্ধুদের সাথে মারপিট করা, অপরের জিনিস চুরি করা, অপরের বক্তব্য না শুনে সিদ্ধান্ত নিয়ে ফেলা ইত্যাদি কু-সংস্কারে আচ্ছন্ন থাকতে পারে। তাদের অনুকরন করতে গিয়ে আপানার সন্তানও সেইরূপ আচরন করতে পারে।
- আসলে এইসব প্রবৃত্তি হল সংস্কারহীন মানবের জন্মগত স্বভাবের অংশ। এইরূপ প্রবৃত্তি আপামর সকল মানুষের মধ্যে রয়েছে। সংস্কার ও শিক্ষা দিয়ে সেগুলির পরিবর্তে অন্য পরামর্শ দিয়ে সমস্যা সমাধান করা হয় বলে শিক্ষিত মানুষ এইসব কাজ থেকে বিরত থাকে।
- আপনাকে তার সমস্যা সমাধানের বিকল্প শেখাতে হবে। কারন সমস্যা তো সবার সামনে আসতেই পারে। এটা স্বভাবিক বিষয়। কিন্তু সংস্কার ও শিক্ষা যদি সে সমস্যা সমাধান করতে ব্যর্থ হয়, তবে সন্তান তো নিজের জীবনকে সন্তুষ্ট করতে পরিনতি বিচার না করে ভুল করবেই।
- মনেরাখতে হবে সন্তানের কোন কাজই তার নিয়ন্ত্রনের অধিন নয়। সেটি সংস্কারের অভাবে অসংশোধিত চিন্তাশক্তির প্রভাবকে সক্রিয় করলে অপরাধ রূপে প্রকাশিত হয়। সে কারন কোন সন্তানই কম মেধা অথবা অবাধ্য হওয়ার জন্য দায়ী নয়। সে প্রাকৃতিক নিয়ম অনুসার সিদ্ধান্ত নিতে সক্ষম ও বাধ্য হয় জীবনের অস্তিত্ব রক্ষার প্রয়োজনে। অসফল সন্তানের অপরাধ প্রবনতা হল ব্যর্থ অভিভাবকত্ব ও সামাজিক শিক্ষার ঘাটতি বিষয়ক পরিস্থিতির পরিনাম মাত্র।

পরিকল্পনাঃ যখন সমস্যা চিহ্নিত হয়ে যায় তখন সমাধানের পরিকল্পনাটি ও সহজ হয়ে যায়। তাই সমস্যার দিকগুলি মাথায় রেখে সমাধানের পরিকল্পনা করতে হবে। আমার লেখা উপরের সমস্যা যে হবেই তার গ্যারেন্টি নাই। অন্য ধরনের সমস্যা ও হতে পারে। তবে সকল ধরনের সমস্যা সমাধান করতে একই রকম ফরমূলা কাজ করতে পারে। এই পরিস্থিতিতে যখন সন্তান পঞ্চম শ্রেণীতে পড়তে যাবে, তখন তার জন্য একটি ভালো স্কুল চয়ন করা দরকার। ভালো স্কুল বলতে প্রতিষ্ঠানটির নিয়মানুবর্তীতা, শিক্ষার পরিষেবা দানে সাফল্য, শিক্ষকগনের যোগ্যতা ও ছাত্রছাত্রীদের নিরাপত্তা বিষয়ে খোঁজ নেওয়া দরকার। তারপর পূর্বে বর্ণীত পদ্ধতিতে পড়াশুনার

কাজ তদারকী করলে সন্তান ভালো ফল করতে পারে। পরবর্তী সমস্যাগুলি সমাধান করতে কিছু অতিরিক্ত ব্যবস্থা গ্রহন করা দরকার হয়। যেমন-

- যদি সন্তান অভিভাবকের অজ্ঞাতে স্কুল কামাই করে অথবা অন্যমনস্ক থেকে পড়া না করে। সেকারন সন্তান বিষয়টিকে কঠিন আখ্যা দিয়ে আর পড়ার আগ্রহ না দেখায়, এইরূপ পরিস্থিতিতে অবহেলা না করে তখনি গৃহ শিক্ষক নিয়োগ করে সম্পূর্ণ বিষয়টিকে প্রথম থেকে বোঝানোর ব্যবস্থা করুন। শরীরের দুর্বলতা আছে কি না তা ডাক্তার দেখিয়ে নিশ্চিন্ত হন। তার খাদ্যের উপযুক্ত ব্যবস্থা করে মেধাকে সক্রিয় রাখুন।
- গৃহ শিক্ষক নিয়োগের সময় কেবল পাশ করানোর শর্ত রাখলে চলবে না। প্রতি অধ্যায় বুঝিয়ে দিতে কত অর্থ লাগবে তার শর্ত রাখতে হবে। এরপর শর্ত অনুসার ঐ শিক্ষক বোঝাতে পারছেন কিনা যাচাই করলে সমস্যা মিটে যাবে।
- খারাপ প্রবৃত্তি অনুকরন সমস্যাকে অতিক্রম করতে সন্তানের সঙ্গে বন্ধুর মতো মিশতে চেষ্টা করুন। দরকার হলে মাকে দিয়ে তার সমস্যা ও মনের কথা গুলি জানতে চেষ্টা করুন। তারপর ঐ সকল সমস্যা কিভাবে বুদ্ধির দ্বারা সমাধান সম্ভব হয় তার কৌশল শিখিয়ে দিন।
- স্কুলে আসা ছাত্রছাত্রীদের মধ্যে অনেকে মিথ্যা বলা, পিতা-মাতাকে নিজের দুর্বলতা না বলা, বন্ধুদের সাথে মারপিট করা, অপরের জিনিস চুরি করা, অপরের বক্তব্য না শুনে সিদ্ধান্ত নিয়ে ফেলা ইত্যাদি কু-সংস্কারে আচ্ছন্ন থাকতে পারে। তাদের অনুকরন না করতে পরামর্শ দিয়ে এই সকল কাজের খারাপ পরিনতির কথা ব্যথ্যা করলেই সন্তান নিজেকে শুধরে নিতে পারবে।

আয়োজনঃ এবার নূতন স্কুলে ভর্তির জন্য আপনাকে একটি ভালো স্কুল চয়ন করতে হবে। ভর্তির জন্য দরকার হবে-

i. চতুর্থ মান পাশ সার্টিফিকেট।
v. আধার কার্ড।
v. স্কুলের বিবরণী পুস্তিকা সংগ্রহ।
v. ভর্তির জন্য টেষ্ট দিতে হলে, তার জন্য সিলেবাস সংগ্রহ ও গৃহ শিক্ষক নিয়োগ।
v. নিরাপদ যানবাহনের ব্যবস্থা করার আয়োজন।
v. অতিরিক্ত শিক্ষার প্রয়োজনে নাচ, গান, আঁকা ও খেলাধূলার শিক্ষা রাখা দরকার।
v. ইউনিফরম বানানোর সংগতি।
v. বই পত্র কিনে দেওয়ার সংগতি।
v. স্কুলের ভর্তি ফি সংগ্রহ করা।
v. নিজ গৃহে নিয়মিত তদারকির ব্যবস্থা।
v. নিয়মিত স্বাস্থ্য পরিক্ষার জন্য ডাক্তার নির্নয় ইত্যাদি।

রূপায়নঃ স্কুলে ফরম পূরন করে প্রতিষ্ঠানের নিয়ম অনুসার সন্তানকে পঞ্চম শ্রেণীতে ভর্তি করে দিন। তারপর পূর্বে বর্ণীত পদ্ধতি অনুসরন করে সন্তানের তদারকী করতে পারলে সে সফলতার সঙ্গে শিক্ষা বর্ষগুলি উত্তীর্ন হতে পারবে। সন্তানকে নাচ, গান, আঁকা ও খেলাধুলায় দক্ষ করতে

প্রতিযোগীতায় অংশ নিতে উৎসাহ দিতে হবে। তার সাফল্যের সকল প্রমানপত্র ও পুরস্কার গুলি গুছিয়ে রাখতে হবে। মনেরাখা দরকার পড়াশুনার মাঝে এই ধরনের দক্ষতা উৎসাহ দান করতে ও ভবিষ্যতে প্রতিভা বিকাশে সহায়ক হয়। প্রান্তীয় বাল্যকালে কেবল তিনটি শ্রেণী উত্তীর্ণ হওয়া সম্ভব হয়। বারো বছরের পরথেকে শুরু হয় যৌবনাগম কাল। যৌবনাগম কাল বারো বছর বয়স থেকে একুশ বছর বয়স পর্যন্ত চলতে থাকে।

যৌবনাগমঃ সাধারনতঃ আঠারো বছর বয়সে সন্তান প্রাপ্ত বয়স্ক হয়ে যায়। তবে বারো বছর বয়সের পর তার শরীরে বিভন্ন প্রকার আভ্যন্তরীন পরিবর্তন লক্ষ্য করা যায়। অবশ্য শিক্ষা ও সংস্কারের প্রভাবে সে সময় সন্তান নিজেকে অনেকটা নিয়ন্ত্রন করতে শিখে যায়। এই আভ্যন্তরীন পরিবর্তনটিকে ষড় রিপু বিন্যাস বলা হয়। মানুষের শরীরে থাকা স্নায়ুর জালগুলি সক্রিয় হয়ে কাম, ক্রোধ, লোভ, মোহ, অহংকার ও মাৎসর্যতে সুখ অনুভব করে। কিন্তু এইসব ভোগ করলে অপরের স্বার্থ হানী ঘটে। সমাজে অপরের অনিষ্ট করে নিজের স্বার্থ পোষনকে স্বার্থপরতা বলা হয়। এগুলি সামাজিক অপরাধ হিসাবে স্বীকৃত। শিক্ষা ও সংস্কারে এই খারাপ দিকগুলি কৌশলে নিয়ন্ত্রন করার শিক্ষা প্রদান করা হয়।।

এসময় সন্তান প্রেম-ভালোবাসার স্বাদ বুঝতে পারে। স্কুলে তাকে সাহায্য করতে জুড়িরও অভাব হয় না। বারো থেকে একুশ (12-21) বছর পর্যন্ত যত্ন নিয়ে সন্তানের সুস্থ ও সবল শরীর গড়ে তোলার প্রয়োজনীতাও অসীম। উচ্চতা ও গঠন 25 বছর বয়সের মধ্যে স্থির হয়ে যায়। তাই সন্তান সে সময় অন্যের সমতুল্য হওয়ার আশায় জিম করে অথবা ব্যায়াম করে নিজেকে সবল করার প্রয়াস করে। আর ভবিষ্যতের রোগ প্রতিরোধ ক্ষমতাকে বাড়াতে উপযুক্ত ব্যবস্থা গ্রহন করে। তাই বারো বছর বয়স থেকে সন্তানকে উন্নত করার লক্ষ্য হবে-

- অর্ষ্টম, নবম ও দশম শ্রেণীর পাঠ সাফল্যের সঙ্গে শেষ করা ও সর্বোচ্চ নম্বর পাওয়া।
- একাদশ ও দ্বাদশ 17-18 বছর বয়সের মধ্যে শেষ করা ও সর্বোচ্চ নম্বর পাওয়া।
- জীবীকার পন্হা নির্ধারন করা অথবা যে কোন একটি উন্নত পেশায় নিজেকে প্রতিষ্ঠিত করতে লক্ষ্য স্থির করা।
- প্রবেশিকা পরীক্ষা দিয়ে সেই লক্ষ্য হাসিল করতে স্লাতক ডিগ্রী হাসিল করা।
- একুশ বছর বয়সের মধ্যে স্লাতকোত্তর উত্তীর্ন হয়ে সফল কর্মজীবন শুরু করা।

এইসব সম্পূর্ণ করতে কমপক্ষে আটটি শিক্ষাবর্ষ লাগে। অথচ সন্তানের হাতে নয় বছর সময় থাকে। সেকারন সফল ও সতর্ক অভিবাবকের কাছে সন্তান পালন কোন সমস্যা হয় না। অবশ্য সতর্ক অভিবাবক 'বেকারত্ব' ও 'বেকারের সমাজসেবা' বিষয়ক বিপত্তি বিষয়ে চিন্তা ভাবনা করে থাকেন। তবে যে সব সন্তান পূর্বেই উন্নত পেশায় নিজেকে প্রতিষ্ঠিত করার লক্ষ্য স্থির করতে পারে, তাদের বেকার জীবন নিয়ে ভাবতে হয় না। তাই স্লাতক ডিগ্রী করার পূর্বে লক্ষ্য স্থির করা একান্ত আবশ্যক।

শিক্ষকের কর্তব্যঃ শিক্ষকের কর্তব্য হল ছাত্রছাত্রীর মানসিক পরিস্থিতি অনুমান করে শিক্ষার উদ্দেশ্যে ও বিষয় বস্তু ব্যাখ্যা করা। প্রকৃত শিক্ষক সহজেই এই পরিস্থিতি অনুমান করতে পারেন। কারন শিক্ষা গ্রহনকালে শিক্ষকও সেই পরিস্থিতি অতিক্রম করে থাকেন। এছাড়া বাস্তব জীবনে ঐ শিক্ষার প্রয়োগ সম্পর্কেও ব্যাখ্যার প্রয়োজন হয়। শিক্ষকগন পিতা-মাতার ন্যায় ছাত্রছাত্রীকে

সদ্ আচরন ও সদ্ ব্যবহার শিখতে উৎসাহিত করেন। তথাপি শিক্ষক অসৎ চরিত্রের অধিকারী হলে সন্তানের জীবন নষ্ট হয়ে যায়। সে কারন অসৎ, চরিত্রহীন ও সংস্কারহীন শিক্ষকের আওতা থেকে সন্তানকে সত্ত্বর সরিয়ে নেওয়া ভালো। মনেরাখতে হবে অভিবাবক দ্বারা শিক্ষকের চরিত্র সংশোধন, সংস্কার হীনতার প্রতিবাদ অথবা অসদ্ প্রবৃত্তি উন্মোচন সন্তানের জীবনে প্রভাব ফেলতে পারে। সেকারন নীরবে সন্তানকে সরিয়ে নিয়ে তার জীবনকে সুরক্ষিত করা দরকার।

--

9 798890 265715